"十三五"普通高等教育应用型规划教材

国际贸易系列

国际货运代理实务

（第二版）

孙家庆　姚景芳　编著

中国人民大学出版社

·北京·

内容简介

本书突破了现有教材的结构模式，在国内率先将国际货运代理分为代理人（含经纪人）和当事人两种角色来阐述国际货运代理业务操作实务，具有视角独特、体系清晰、内容全面、可读性强的特色。全书由基础知识、代理人操作实务和当事人操作实务三篇组成，包括国际货运代理概述、国际货运代理协议、国际货运代理责任保险、国际海上货运代理操作实务、租船操作实务、国际陆路货运代理操作实务、国际航空货运代理操作实务、报关报检代理操作实务、无船承运操作实务、无机承运操作实务、国际多式联运操作实务、无车承运与货运代理物流操作实务 12 章。

本书可作为高等院校国际贸易、物流管理、物流工程、交通运输、工商管理以及相关专业的本科生、研究生（包括 MBA、EMBA）的教材，也适于相关企业培训业务人员之用。

第二版前言

按照教育部高等教育教材改革、国际货运代理从业人员资格证书与FIATA国际证书"双证对接"的最新精神，结合国际货运代理业发展的需要，并参照使用本教材的专家与学者的建议，我们对《国际货运代理实务》（第一版）进行了修订。新修订的教材与第一版教材相比，其差别主要体现在以下几个方面：

（1）调整结构，增补了两章。全书由基础知识、代理人操作实务和当事人操作实务三篇组成，包括国际货运代理概述、国际货运代理协议、国际货运代理责任保险、国际海上货运代理操作实务、租船操作实务、国际陆路货运代理操作实务、国际航空货运代理操作实务、报关报检代理操作实务、无船承运操作实务、无机承运操作实务、国际多式联运操作实务、无车承运与货运代理物流操作实务12章。

（2）参照2015年7月1日颁布的《国际铁路货物联运协定》及其附件第1号《货物运送规则》、附件第2号《危险货物运送规则》和附件第6号《国际货约/国际货协运单指导手册》，以及我国最新的铁路运输法律法规，依托中欧、中俄、中亚班列的运营实践，对国际铁路货运代理部分进行了修改。

（3）借助"一带一路"建设的东风，近年来，我国国际道路运输行业发展较快，已开通了更多的双边、多边道路运输路线，并于2016年7月正式加入《国际公路运输公约》。为此，我们对国际道路货运代理部分进行了修改，进一步强化了跨境道路运输业务方面的操作。

（4）参照交通运输部、国家发展改革委联合发布的《关于开展多式联运示范工程的通知》（交运发［2015］107号）以及欧盟的《组合运输术语》、我国《货物多式联运术语》等最新的政策、标准，同时依托国际多式联运的运营实践，对国际多式联运部分进行了修改。

（5）增加了报关报检代理操作实务、无车承运与货运代理物流操作实务等内容。增补这些内容的原因在于：一方面，出入境检验检疫局并入海关总署，在采用"关检合一"后将实行新的报关报检流程；另一方面，随着我国无车承运试点工作的逐步推进，无车承运业务将成为国际货运代理的重要服务内容。同时，现代物流服务已成为国际货运代理企业新的利润增长点，国际货运代理企业向现代物流企业转型已成为各方的共识，因此有必要探讨国际货运代理企业如何依托自身优势与特点开展物流业务。

大连海事大学孙家庆任本教材的执行主编，并参与了本教材部分内容的撰写及文字校对工作。同时，我们也对为本教材的写作提供了大量实务材料和咨询意见的有关企事业单位的诸位前辈及朋友，以及本教材所参阅文献的作者表示感谢。

本教材在写作过程中曾参考、吸收、采用了有关专家和学者的研究成果，我们在此向这些专家和学者表示衷心感谢！同时，我们对营口职业技术学院姚景芳副教授以及孙倩雯、张磊磊、张雪彤、李明泽、姜媚、杨佳、焦丰、张风春、王浩、党琴琴、许红香、翟飞飞、张婷玉等物流管理专业研究生参与本教材部分内容的撰写及文字核对工作表示衷心感谢！

由于作者水平有限，书中的不妥之处在所难免，敬请同行专家和广大读者批评指正。

孙家庆
于大连海事大学

第一版前言

　　国际货运代理业被誉为国际运输的组织者和设计师，是国际贸易中不可或缺的重要环节。自改革开放以来，伴随着我国经济的高速增长，我国的国际货运代理业得到了迅猛发展，现已成为一个初具规模的新兴行业，在服务对外贸易、促进国际运输事业发展、吸引外资、吸纳就业方面发挥了重要作用，成为我国国民经济的重要组成部分。但不容忽视的是，当前国际货运代理业在我国仍属发展尚不成熟的服务行业。随着国际货运代理市场的逐步开放和国际货运代理企业的数量激增，现阶段我国的国际货运代理市场鱼龙混杂，因而国际货运代理业无序竞争和发展失衡的问题比较突出。与之相应的是，目前我国已出版了大量有关国际货运代理方面的教材，虽然这些教材的内容侧重点并不相同，但它们均存在两大不可忽视的问题：一是未能反映货运代理作为商事代理，它区别于一般民事代理的特点；二是未能体现货运代理企业分别作为代理人和当事人时，这两种业务的差异。显然，这无法适应国际货运代理业的发展趋势以及我国国际货运代理人才的培养目标。基于此，为了将最新的国际货运代理理论和实务操作技能及时传授给相关专业的学生及企业管理人员，满足教学与培训的需要，我们编著了这本教材，并力求体现以下特点：

　　（1）视角独特。从货运代理作为代理人和当事人的视角，全方位地阐述其作为国际运输的组织者、设计师的理论与实践。

　　（2）形式合理。本教材的每一章均由案例导入，即用问题驱动，这样可以启发教学、突出重点。大多数章节设置了单项选择题、多项选择题、判断题、计算题等基本训练题，以便学生掌握各章的重点知识并运用所学的知识分析实际问题，真正体现"重在应用"。

　　（3）体系清晰。本教材由基础知识、代理人操作实务和当事人操作实务三篇，以及国际货运代理概述、国际货运代理协议、国际货运代理责任保险、国际海上集装箱货运代理操作实务、海上租船货运代理操作实务、国际陆路货运代理操作实务、国际航空货运代理操作实务、无船承运操作实务、国际航空集中托运操作实务、国际多式联运操作实务10章组成，初步构建了相对完整的国际货运代理管理体系。

　　（4）操作性强。在编写过程中，我们十分注重实务操作，并通过大量的实例、计算和图、表、流程来帮助学生理解相关的基本理论、基本概念和业务操作程序与技术。本教材既反映了专家、学者对国际货运代理理论的最新研究成果，又吸收了国际货运代理企业管理层业务运作的经验和体会，从而将理论性和实用性较好地结合在一起。

　　（5）适用性强。本教材可作为高等院校国际贸易、物流管理、物流工程、交通运输、工商管理以及相关专业的本科生、研究生（包括 MBA、EMBA）的教材，也适于相关企业培训业务人员之用。

本教材在写作过程中曾参考、吸收、采用了有关专家和学者的研究成果，我们在此向这些专家和学者表示衷心感谢！同时，我们对营口职业技术学院姚景芳副教授以及孙倩雯、张磊磊、张雪彤、李明泽、姜媚、杨佳、焦丰、张风春、王浩、党琴琴、许红香、翟飞飞、张婷玉等物流管理专业研究生参与本教材部分内容的撰写及文字核对工作表示衷心感谢！

由于作者水平有限，书中的不妥之处在所难免，敬请同行专家和广大读者批评指正。

孙家庆
于大连海事大学

目　录

第一篇　基础知识

第一章　国际货运代理概述 ·· 3
第一节　国际货运代理的概念与业务范围 ···················· 4
第二节　国际货运代理的产生与发展 ·························· 6
第二章　国际货运代理协议 ·· 10
第一节　国际货运代理协议概述 ···························· 10
第二节　国际货运代理协议的主要内容 ···················· 13
第三节　国际货运代理委托书 ······························ 22
第三章　国际货运代理责任保险 ···································· 25
第一节　国际货运代理责任保险概述 ························ 25
第二节　国际货运代理责任保险的险种结构 ················ 28
第三节　国际货运代理责任保险的义务与赔偿处理 ·········· 33
第四节　国际货运代理责任保险的投保与索赔 ·············· 36

第二篇　代理人操作实务

第四章　国际海上货运代理操作实务 ································ 47
第一节　概　述 ·· 47
第二节　国际海上集装箱出口货运代理操作实务 ············ 52
第三节　国际海上集装箱进口货运代理操作实务 ············ 72
第四节　北美航线国际集装箱货运代理操作实务 ············ 81
第五节　国际海上危险品货运代理操作实务 ················ 84
第五章　租船操作实务 ·· 92
第一节　概　述 ·· 92
第二节　租船合同 ·· 96
第三节　租船操作程序 ···································· 106

第四节　租船提单及其业务 ································· 110

第五节　滞期费、速遣费及其计算 ························· 112

第六章　国际陆路货运代理操作实务 ··················· 123

第一节　国际铁路货运代理操作实务 ····················· 123

第二节　国际道路货运代理操作实务 ····················· 138

第七章　国际航空货运代理操作实务 ··················· 153

第一节　国际航空货运代理概述 ························· 154

第二节　国际航空货物运费 ····························· 156

第三节　国际航空货运单 ······························· 163

第四节　国际航空货运代理操作流程 ····················· 171

第八章　报关报检代理操作实务 ····················· 176

第一节　概　述 ····································· 176

第二节　进出口货物报关代理操作实务 ··················· 179

第三节　进出口货物报检代理操作实务 ··················· 183

第三篇　当事人操作实务

第九章　无船承运操作实务 ························· 189

第一节　无船承运人 ································· 189

第二节　无船承运人提单及其应用 ····················· 195

第三节　海运集中托运业务 ··························· 207

第四节　海上货运代理身份识别与案例分析 ··············· 212

第十章　无机承运操作实务 ························· 219

第一节　航空缔约承运人概述 ························· 220

第二节　航空分运单操作实务 ························· 221

第三节　航空集中托运业务 ··························· 232

第四节　国际航空快递业务 ··························· 235

第十一章　国际多式联运操作实务 ··················· 239

第一节　国际多式联运概述 ··························· 239

第二节　国际多式联运业务操作流程 ····················· 247

第三节　国际多式联运单据操作实务 ····················· 250

第四节　国际多式联运成本管理 ······················· 261

第五节　国际多式联运事故处理 ······················· 263

第十二章　无车承运与货运代理物流操作实务 ··········· 269

第一节　无车承运操作实务 ··························· 270

第二节　国际货运代理物流操作实务 ····················· 273

附录 1A　集装箱货物托运单 ······················· 283

附录 1B　场站收据 ····························· 284

附录 2　设备交接单 ··· 285

附录 3　提　单 ··· 286

附录 4A　提货单 ··· 287

附录 4B　交货记录 ··· 288

附录 5　航次租船订租确认书 ··· 289

附录 6A　《国际货协》运单 ··· 291

附录 6B　《国际货协》运单背面 ··· 292

附录 7　国际公路货物运单 ··· 293

附录 8A　航空主运单（MASTER AIR WAYBILL） ··· 294

附录 8B　航空分运单（HOUSE AIR WAYBILL） ··· 296

附录 8C　集中托运货物舱单 ··· 298

附录 8D　集中托运货物识别标签 ··· 299

参考文献 ··· 300

第一篇 基础知识

❖第一章 国际货运代理概述
❖第二章 国际货运代理协议
❖第三章 国际货运代理责任保险

第一章

国际货运代理概述

国际货运代理协会联合会（FIATA）

国际货运代理协会联合会（International Federation of Freight Forwarders Associations），法文缩写为 FIATA，成立于 1926 年 5 月 31 日，总部设在瑞士苏黎世。FIATA 的组织机构为大会和执行委员会。大会是最高权力机构，通常每两年举行一次大会；执行委员会是由大会选举产生的，任期四年，每年召开两次会议，下设公共关系、运输和研究中心、法律单据和保险、铁路运输、公路运输、航空运输、海运和多种运输、海关、职业训练以及统计 10 个技术委员会。FIATA 会员包括一般会员和联系会员，其中，一般会员是各国货运代理协会，联系会员是货运代理企业。目前，FIATA 在 86 个国家和地区有 96 个一般会员，2 400 个联系会员。

FIATA 是世界运输领域最大的非政府组织和非营利组织，具有广泛的国际影响，在联合国经济及社会理事会、联合国贸易和发展会议、联合国欧洲经济委员会以及联合国亚洲及太平洋经济社会委员会中均扮演了咨询顾问的角色。同时，FIATA 也被许多政府组织、权威机构和非政府的国际组织（如国际商会、国际航空运输协会、国际铁路联盟、国际公路运输联合会、世界海关组织等）一致确认为国际货运代理业的代表。

FIATA 取得的令人瞩目的成就有 FIATA 推荐的国际货运代理标准交易条件范本、FIATA 国际货运代理业示范法及制定的各种单证。现已制定出的单证有八种，即 FIATA 运送指示（FIATA FFI）、FIATA 货运代理运输凭证（FIATA FCT）、FIATA 货运代理收货凭证（FIATA FCR）、FIATA 托运人危险品运输声明（FIATA SDT）、FIATA 仓库收据（FIATA FWR）、FIATA 可转让联运提单（FIATA FBL）、FIATA 不可转让联运货运单及 FIATA 发货人联运重量证明。

随着空运业务日趋复杂化，为促进空运代理业的专业化，FIATA 与国际航空运输协会（International Air Transportation Association，IATA）合作，在 11 个国家中推行空运培训计划。其培训课程分为入门课程和高等课程，经考试合格后，由 IATA/FIATA 授予毕业文凭和证书，比如 IATA/FIATA 的高级证书包括国际空运货物定价证书以及国际危险品和特殊货物运输代理证书。

第一节 国际货运代理的概念与业务范围

一、国际货运代理的概念

国际货运代理（international freight forwarding）一词具有两种含义：一是国际货运代理业（international freight forwarding industry）；二是国际货运代理人（international freight forwarder）或国际货运代理企业（international freight forwarding enterprise）。由于国际货运代理人或国际货运代理企业是国际货运代理业的主体，因此，如果不特殊说明，以下所称的国际货运代理均指国际货运代理人或国际货运代理企业。

目前，无论是从国际货运代理本身所从事的业务范围来看，还是从国内外立法、司法审判的实践来看，均已出现国际货运代理由代理人向当事人的演变，即国际货运代理已具有代理人与当事人的双重角色。因此，国际货运代理的内涵有狭义与广义之分。

1. 狭义的解释

狭义的国际货运代理是指接受进出口发货人、收货人的委托，以中间人、代理人的身份，为委托人办理国际货物运输及其相关业务并收取服务报酬的人。

狭义的国际货运代理包括以下两种类型。

（1）中间人型国际货运代理。此类国际货运代理的特点是其经营收入的来源为佣金，即作为中间人，根据委托人的指示和要求，向委托人提供订约的机会或进行订约的介绍活动，在成功促成双方达成交易后，有权收取相应的佣金。例如，租船经纪人、船舶买卖经纪人就属于这种类型。

（2）代理人型国际货运代理。此类国际货运代理的特点是其经营收入的来源为代理费。根据代理人在开展业务活动时是否披露委托人的身份，可再细分为以下两种类型：

第一，披露委托人身份的国际货运代理，即国际货运代理接受委托后，以委托人的名义与第三方发生业务关系。传统意义上的国际货运代理就属于这种类型，在英美法系国家，这类代理通常称为直接代理、显名代理。

第二，未披露委托人身份的国际货运代理，即国际货运代理接受委托后，以自己的名义与第三方发生业务关系。在英美法系国家，这类代理通常称为间接代理、隐名代理；在德国、法国、日本等大陆法系国家，这类代理通常称为经纪人。在《中华人民共和国合同法》（以下简称《合同法》）中的委托合同一章，吸收了英美法系有关这类代理的相关规定，并对此做了相应的规定。

2. 广义的解释

广义的国际货运代理是指接受进出口发货人、收货人的委托，既可以以中间人、代理人的身份，也可以以独立经营人的身份，为委托人办理国际货物运输及其相关业务并收取服务报酬的人。这类国际货运代理通常称为当事人型国际货运代理，又称委托人（principal）型国际货运代理、独立经营人型国际货运代理。此类国际货运代理的特点是其经营收入的来源为运费或仓储费差价，即已突破传统国际货运代理的界线，成为独立经营人，具有承运人或场站经营人的功能。

根据《中华人民共和国国际货物运输代理业管理规定》(以下简称《国际货物运输代理业管理规定》)和《中华人民共和国国际货物运输代理业管理规定实施细则》(以下简称《实施细则》)的规定,国际货运代理企业是指在中国境内依法注册并经主管部门备案的从事国际货运代理业务的企业。国际货运代理企业可以作为进出口货物的收货人、发货人和其他委托方的代理人或独立经营人从事国际货运代理业务。国际货运代理企业作为代理人从事国际货运代理业务,是指接受进出口货物的收货人、发货人和其他委托方或其代理人的委托,以委托人的名义或者以自己的名义办理有关业务,提供增值服务,收取代理费、佣金或其他增值服务报酬的行为。国际货运代理企业作为独立经营人从事国际货运代理业务,是指接受进出口货物的收货人、发货人和其他委托方或其代理人的委托,承办货物运输、签发运输单证、履行运输合同、提供增值服务并收取运费以及服务报酬的行为。显然,在我国,依法设立的国际货运代理企业应属于广义的国际货运代理。

二、国际货运代理的类型与业务范围

1. 国际货运代理的类型

基于不同的角度,比如按法律地位不同,国际货运代理可分为代理人型国际货运代理和当事人型国际货运代理两大类。限于篇幅,以下介绍三种常见分类。

(1) 按运输方式划分,国际货运代理可分为国际海上货运代理、国际陆路(铁路、公路)货运代理、国际航空货运代理。目前,随着客户需求的多样化和运输管制的放开,越来越多的国际货运代理企业在提供单一运输方式代理服务的基础上,正力图提供集海、陆、空为一体的综合性服务,如国际多式联运和物流服务。

(2) 按业务内容划分,国际货运代理可分为国际集装箱货运代理和国际非集装箱货运代理。前者是指国际货运代理企业主要提供国际集装箱货运代理服务,后者是指国际货运代理企业主要提供散杂货货运代理服务。

(3) 按所有制结构不同划分,国际货运代理可分为国有或国有控股货运代理、外资货运代理、民营或民营控股货运代理。

国有或国有控股货运代理,包括由中远海运、招商局外运等大型国有独资或控股经营的货运代理,以及由进出口贸易公司组建的、以"自货自代"为主的货运代理,如五矿国际货运有限公司等。

外资货运代理是指由国外船公司、货运代理、贸易公司独资或与国内外贸、运输企业合资创办的货运代理企业,因而可分为中外合资货运代理和外商独资货运代理。

民营或民营控股货运代理是指国内私营经济投资设立、控股的货运代理企业。它分为两大类:少数民营大型货运代理企业及数量众多的中小型民营货运代理企业。

目前,国有货运代理企业的数量约占20%,但从市场份额来看,国有或国有控股货运代理、外资货运代理、民营或民营控股货运代理分别占市场份额的40%、30%、30%。

2. 国际货运代理的业务范围

《中华人民共和国国际货物运输代理业管理规定实施细则》第三十二条规定,国际货运代理企业的业务范围包括：①揽货、订舱（含租船、包机、包舱）、托运、仓储、包装；②货物的监装、监卸、集装箱装拆箱、分拨、中转及相关的短途运输服务；③报关、报检、报验、保险；④缮制签发有关单证、交付运费、结算及交付杂费；⑤国际展品、私人物品及过境货物运输代理；⑥国际多式联运、集运（含集装箱拼箱）；⑦国际快递（不含私人信函）；⑧咨询及其他国际货运代理业务。

在实际业务中，有些国际货运代理向专业化方向发展，专注于某一领域的服务；有些国际货运代理则向多元化方向发展，力争成为现代物流服务的组织者、供应链的管理者。

第二节　国际货运代理的产生与发展

一、国外货运代理业的产生与发展

在国际贸易发展初期，运输依附于贸易，随着海上贸易的发展，运输逐渐成为独立的行业。由于信息不对称，在贸易与运输之间需要中间人，以便为国际贸易商探听运输信息，选择承运人和运输工具，并为组织安排货物运输办理相应的业务手续。因此，从 10 世纪起，国际货运代理开始在欧洲出现，最初是作为佣金代理（commission agent），依附于进出口贸易商，代表进出口贸易商进行货物的装卸、储存、运输、收取货款等日常业务工作。

在第二次世界大战后，随着航空货运的发展，产生了航空货运代理业（以下简称"空运代理"）。最初的空运代理是由经营海运、旅游代理业务的公司兼营的，后独立经营。目前，空运代理致力于开展集运业务、包机业务、快递业务以及航空联运业务，约80％的空运货物由空运代理掌握。

从 20 世纪 60 年代开始，随着国际集装箱运输的发展，部分国际货运代理开始尝试拼箱服务。国际货运代理在提供这种服务中所扮演的角色也发生了变化，已突破作为代理人的传统作用，实际上担负起一个委托人（当事人）的作用。例如，美国通过立法，建立了无船公共承运人制度。

20 世纪 70—80 年代，单一的海运、陆运或空运的方式已不能满足时代的需要，越来越多的国家开始大力发展和促进本国的国际多式联运，并放松了运输管制，从而使一些有能力的国际货运代理突破了单一运输方式的限制，介入了国际多式联运。

自 20 世纪 90 年代以来，为了迎合生产企业的需要，许多国际货运代理积极开展全球性的现代物流服务，并尝试提供包括进出口货物运输、仓储、包装、拼货、选货、装配、产品测试、库存管理、"门到门"服务等在内的现代物流服务。

二、中国国际货运代理业的产生与发展

中国国际货运代理业的出现晚于欧美一些发达国家几百年。从总体上讲，旧中国时期的货运代理服务规模小、依赖性强，尚未发展成一个有影响的行业。1949 年新中国成立

后，特别是自 1978 年改革开放以来，为适应不同时期中国对外贸易和外贸运输的需要，以国际货运代理管理体制演变及其业务发展为主线，中国的国际货运代理业经历了三大发展阶段。

1. 独家专营阶段（1949—1978 年）

1955 年，天津国外运输公司、中国海外运输公司、中国陆运公司合并组建了中国对外贸易运输公司［以下简称"中外运"（Sinotrans）］，独家专营中国的国际货运代理业务，形成了"统一行政管理、集中业务经营"的国际货运代理体制。

2. 有限竞争阶段（1979 年—2004 年 6 月）

（1）两家经营。1984 年 11 月 3 日，《国务院关于改革我国国际海洋运输管理工作的通知》（国发［1984］152 号）允许中国远洋运输公司［以下简称"中远"（COSCO）］和中外运及其各自下属分支机构船、货交叉经营，引进竞争机制，即中远可以承揽部分货物和少量租船业务，中外运可以经营部分船队和少量船舶代理业务。从这一年起，中国的国际货运代理企业由一家经营变为两家经营（中外运和中远）。

（2）几家经营。1992 年 11 月 10 日，《国务院关于进一步改革国际海洋运输管理工作的通知》（国发［1992］64 号）要求：放开货运代理、船舶代理，允许多家经营，鼓励竞争，以提高服务质量；大型企业集团和进出口公司经批准可以建立船公司。随后，原外经贸部批准中国五矿、粮油、中机、纺织、轻工等十多家专业进出口总公司在各自公司原储运部（处）的基础上，组建储运公司及其口岸分支机构经营实体，赋予其国际货运代理业务经营权，进一步放开国际货运代理市场。

（3）多家经营。1995—2004 年对外贸易经济合作部（以下简称"外经贸部"）颁布了多项法规，进一步放宽了国际货运代理市场。例如，《中华人民共和国国际货物运输代理业管理规定》（1995 年 6 月 29 日）、《外商投资国际货物运输代理企业审批规定》（1996 年 9 月）、《关于台湾海峡两岸间货物运输代理业管理办法》（1996 年 8 月）、《中华人民共和国国际货物运输代理业管理规定实施细则（试行）》（1998 年 1 月）、《中华人民共和国国际货物运输代理业管理规定实施细则》（2004 年 1 月）。一方面，取消投资人主体资格限制，允许自然人申请经营国际货运代理业务；另一方面，允许外商投资企业或中国台湾地区投资者以合资、合作方式在中国境内经营国际货物运输代理业务。

2000 年 9 月 6 日，中国国际货运代理协会（China International Freight Forwarders Association，CIFA）宣告成立。在此之前，全国已有近 20 个省、市、自治区成立了各地的国际货运代理协会。2001 年 2 月，CIFA 代表中国国际货运代理业加入国际货运代理协会联合会（FIATA），成为其国家和地区级的"一般会员"（ordinary member）。CIFA 的成立标志着政府对该行业的管理进入了一个政府监管和行业自律并重的新阶段。

2001 年 12 月 11 日，国务院颁布《中华人民共和国国际海运条例》（国务院令［2001］335 号），该条例决定放开海上运输及国际船舶代理、国际海运装卸、国际海运集装箱站及堆场等相关辅助业务，实行登记备案制。该条例还参照美国做法，首次引入"无船承运业务"的概念，并将本属于国际货运代理业务范畴的无船承运业务划归交通部门管理。由此导致一批难以通过外经贸部门审批、无法获得国际货运代理资质的中小企业转向交通部门申请开展无船承运业务的经营资质，这使得由历史形成的国际货运代理业的完整性受到了较大程度的挑战。

3. 市场全面开放阶段（2004年7月至今）

（1）中资备案登记制与外资审批制并存。在2004年7月1日后，对中资国际货运代理企业经营资格的行政管理由审批制调整为备案登记制，并取消了《国际货物运输代理业管理规定》中对投资人资格、股权比例及经营地域等的一切限制。根据2005年2月1日《商务部、国家工商行政管理总局关于国际货物运输代理企业登记和管理有关问题的通知》（商贸发〔2005〕32号）以及2005年3月2日商务部发布的《国际货运代理企业备案（暂行）办法》（商务部令〔2005〕9号）的规定，新设立的中资货运代理企业，只要符合《中华人民共和国公司法》规定的设立公司的条件，达到《国际货物运输代理业管理规定》中有关经营不同国际货运代理业务所需要的最低注册资本的要求（经营海上国际货物运输代理业务的，注册资本最低限额为500万元人民币；经营国际航空货物运输代理业务的，注册资本最低限额为300万元人民币；经营国际陆路货物运输代理业务或者国际快递业务的，注册资本最低限额为200万元人民币。经营前款两项以上业务的，注册资本最低限额为其中最高一项的限额。国际货物运输代理企业每设立一个从事国际货物运输代理业务的分支机构，应当增加注册资本50万元），在当地工商局可以直接登记注册成立公司，经营国际货运代理业务。此外，商务部委托中国国际货运代理协会组织实施国际货运代理企业业务备案。

境外的投资者以中外合资、中外合作以及外商独资形式设立的国际货运代理企业仍实行审批制。

（2）多头管理。国际货运代理业务的多样性和政府职能的交叉性造成了我国政府部门对国际货运代理业自始至终存在着多头管理、政策法规交叉的局面。正因为如此，在工商行政部门取得营业执照的国际货运代理企业，并没有取得从事代理报关、报验、报检、保险等资格，只有到海关、检验检疫、银保监会等主管部门办理了相应的审批备案手续并取得相关资格后，才能从事相应的代理业务。

商务部是国际货运代理业的主管部门。商务部外资司主管外资货运代理的法规制定及审批经营国际快递业务的外资货运代理企业，并授权地方省级商务机构审批除经营国际快递业务之外的其他货运业务的外资货运代理企业；商务部外贸司主管货运代理企业的资格标准和备案政策。

交通运输部负责国际货运代理企业经营无船承运、国际船舶代理、班轮运输、道路运输等业务的资格登记，国家民航局及中国航空运输协会负责国际货运代理企业经营民航销售代理业务的资格认可，海关总署负责国际货运代理企业经营报关和会展运输业务的资格登记，原国家质检总局负责代理报检单位的资格审定，国家邮政局负责国际货运代理企业经营国际和国内快递业务的委托资格认定，中国银保监会负责国际货运代理企业经营保险代理业务的资格登记。

 本章小结

本章重点阐述了国际货运代理的含义、类型、业务范围及其产生与发展的历程。

一、单项选择题

1. 传统的国际货运代理一般是（　　　）。

A. 货主的代理人　　B. 承运人的代理人　C. 独立经营人　　　D. 当事人

2. 目前，我国国际货运代理业实行（　　　）。

A. 备案制　　　　　B. 经营许可证制　　C. 无须备案　　　　D. 无注册资金限制

3. 设立国际海上货运代理企业的注册资金为（　　　）万元人民币。

A. 500　　　　　　　B. 300　　　　　　　C. 200　　　　　　　D. 50

二、多项选择题

1. 现代意义上的国际货运代理可以充当（　　　）。

A. 代理人　　　　　　　　　　　　　B. 无船承运人

C. 国际多式联运经营人　　　　　　　D. 中间人

2. 按照现有法规，取得工商行政部门签发的营业执照的国际货运代理企业仍禁止从事（　　　）。

A. 无船承运业务　　　　　　　　　　B. 报关业务

C. 报检业务　　　　　　　　　　　　D. 保险兼业代理业务

3. 我国国际货运代理企业的业务备案工作由（　　　）负责具体组织实施。

A. 中国国际货运代理协会　　　　　　B. 工商行政部门

C. 交通运输部　　　　　　　　　　　D. 商务部

三、判断题

1. 我国禁止自然人投资设立国际货运代理企业。　　　　　　　　　　（　　　）

2. 我国国际货运代理企业可以以自己的名义开展业务。　　　　　　　（　　　）

3. 我国禁止外商独资设立国际货运代理企业。　　　　　　　　　　　（　　　）

四、简答题

1. 简述国际货运代理的概念。

2. 简述国际货运代理企业的主要业务范围。

3. 简述我国国际货运代理业的产生与发展过程。

第二章

国际货运代理协议

中国海事仲裁委员会发布《CMAC 货运代理协议示范条款》

国际货运代理业在当前世界经济运行中已是一个不可或缺的行业。"一带一路"倡议的实施，使国际货运代理企业面临一个前所未有的发展契机和更大的国际市场，但同时必然会给国际货运代理企业带来许多法律风险。当前，我国货运代理业仍存在以下问题：第一，货运代理业务的复杂性，货运代理在整个物流环节中起到连接和润滑的重要作用，涉及多重身份和交叉责任，较为复杂。第二，货运代理企业的利润薄、增值率有限，在社会产业链中属于离不开的业务，但它不属于高端业务，其市场地位相对弱势。第三，国际货运代理企业的风险防范意识较差，因而操作不当、经营违规是货运代理业务出现纠纷与损失的主要原因。第四，货运代理协议缺乏统一的规则和标准，导致在货运代理合同履行中的一些所谓的惯例一旦涉讼，却发现并没有合法合规的依据。

2016 年 4 月 26 日，中国海事仲裁委员会（China Maritime Arbitration Commission, CMAC）上海分会推出了《CMAC 货运代理协议示范条款》，力求让国际货运代理合同的内容反映国际货运代理业的特殊性和复杂性，体现其合法性和公平性，既使国际货运代理合同能够有效履行，又能有效控制法律风险，为协议当事人提供符合法律规范、符合业务实践、便于当事人履行、如有纠纷也利于双方协商解决或提交仲裁的格式合同。

第一节 国际货运代理协议概述

一、国际货运代理协议的概念与特点

1. 国际货运代理协议的概念

国际货运代理协议是指委托人和受托人约定，由受托人为委托人处理货物运输及相关业务的协议。其中，委托人包括进出口货物的发货人、收货人（以下简称"货主"），在转委托中，还包括接受发货人、收货人委托的货运代理；受托人一般为货运代理；货物运输及相关业务包括订舱、仓储、监装、监卸、集装箱拼装拆箱、包装、分拨、中转、短途运

输、报关、报验、报检、保险、缮制单证、交付运费、结算交付杂费等货运代理所从事的具体业务。

2. 国际货运代理协议的特点

（1）诺成合同而非实践合同。在当事人意思表示一致时，国际货运代理协议即告成立，不以货物或单证的交付为要件。

（2）双务合同而非单务合同。国际货运代理协议双方当事人既享受权利又需要承担义务与责任。

（3）有偿合同而非无偿合同。按约完成代理服务后，国际货运代理有权收取代理费及垫付费用等。

（4）商务合同而非民事合同。一方面，国际货运代理协议实行有偿收费；另一方面，国际货运代理协议的主体和内容均具有特定性，它是调整货运代理企业与进出口收（发）货人之间有关国际货物运输服务的经济关系。

（5）仅涉及内部关系而非外部关系。国际货运代理协议纠纷中所涉及的争议是委托人和受托人之间的内部权利与义务关系，通常不涉及委托人与第三人、受托人与第三人之间的外部关系。

二、国际货运代理协议的类型

从不同的角度出发，国际货运代理协议有不同的种类，以下为实践中常见的国际货运代理协议。

1. 根据代理内容的不同分类

根据代理内容的不同，国际货运代理协议可分为专门处理一项货运事务的代理协议和处理数项，甚至概括处理一切货运事务的代理协议。

2. 根据委托人的不同分类

根据委托人的不同，国际货运代理协议可分为货运代理协议、互为代理协议、揽货/销售代理协议。

（1）在货运代理协议下，委托人通常为发货人、收货人或其代理，受托人通常为货运代理，它包括出口货运代理协议、进口货运代理协议及中转货运代理协议等。

（2）在互为代理协议下，委托人通常为另一家货运代理，受托人通常为货运代理。当货运代理需要转委托或以承运人身份从事集运、分拨、转运业务时，通常与另一家货运代理签署委托协议。在实务中，这种代理协议既可以是双向的（即互为代理），也可以是单向的。

（3）在揽货/销售代理协议下，委托人为承运人或其代理，受托人通常为国际货运代理。在实践中，很多国际货运代理也常常作为承运人或其代理的代理为其提供揽货/销售、代收运费等服务，此时双方需要签署揽货/销售代理协议。

3. 根据代理时间的长短不同分类

根据代理时间的长短不同，国际货运代理协议可分为长期代理协议和航次代理协议。

（1）在长期代理协议下，只要未发生协议所规定的可以终止长期代理关系的事项，代理关系长期有效。

（2）在航次代理协议下，在代理人完成委托人的委托事务后，代理关系即行终止。在国际货运代理市场竞争激烈的情况下，国际货运代理应力争与委托人签署长期代理协议。

4. 根据委托人授权的大小不同分类

根据委托人授权的大小不同，国际货运代理协议可分为总代理协议、独家代理协议和一般代理协议

（1）在总代理协议中，代理人是委托人在指定地区的全权代表，他不仅对委托人某项货运事务享有独家专营权，而且还有权代表委托人委托分代理人并处理相关事务。在实际业务中，总代理一般不直接代办代理业务和处理相关事宜，而是交由自己的分支机构或分代理人代为办理。换言之，委托人和业务关系人在具体的业务活动中通常直接与总代理下设的分支机构或分代理人进行联系和业务的具体委托。

（2）在独家代理协议中，代理人在规定的区域和一定的时期内享有代理某项货运事务的专营权。与总代理不同，独家代理一般不允许再行委托分代理，即一般应由自己直接面对客户办理具体代理事宜。

（3）在一般代理协议中，代理人不享有代理专营权，委托人可以同时委托若干个代理人处理事务。由于航运市场竞争激烈，代理人一般难以取得总代理权或独家代理权，因而在实践中，货主或承运人与代理人之间签署总代理协议或独家代理协议的很少，不过在代理人之间签署的互为代理协议中时常出现互相指定为总代理的情况。

5. 根据协议内容是否事先协商分类

根据协议内容是否事先协商，国际货运代理协议可分为标准协议与非标准协议。

（1）标准协议，又称格式合同、定型化合同、定式合同、附和合同，是指由一方当事人为重复使用而预先拟定交易条件，并于缔约时不容相对人协商的代理协议。

（2）标准协议与标准条款的区别。如果当事人一方事先只拟定合同中的部分条款，该类条款就称为标准条款或格式条款。相对人仍可就合同中的其他非格式条款进行磋商。因此，标准协议是全部采取标准（格式）条款的协议。只有合同中的部分条款是以标准（格式）条款的形式反映出来的，才称为普通合同中的格式条款。

（3）国外货代标准协议应用情况。为缩小各国货运代理法律制度的差异，FIATA 于1996 年制定了《FIATA 货运代理服务示范法》（FIATA Model Rules for Freight Forwarding Service，以下简称《FIATA 示范法》）。与此同时，世界上很多国家（如英国、德国、马来西亚等）的货运代理行业组织都制定了本国的国际货运代理标准交易条件，供作为会员的国际货运代理企业使用，以便将其作为货运代理协议。

（4）我国国内货运代理标准协议的应用情况。2002 年 7 月 15 日，中国国际货运代理协会颁布了《中国国际货运代理协会标准交易条件》，并推荐会员使用。该标准交易条件参考了《FIATA 示范法》，并吸纳了新加坡、德国和英国等十几个国家及中国香港等地区的标准交易条件，同时充分借鉴了《海牙-维斯比规则》和《中华人民共和国海商法》（以下简称《海商法》）的有关条款，补充完善了货运代理的免责条款。不过，尽管该标准交易条件的特点或优势十分鲜明，但因"学术性浓、应用性弱"，至今很少被货运代理企业所采用。

2016 年 4 月 26 日，中国海事仲裁委员会上海分会制定了《CMAC 货运代理协议示范

条款》（以下简称《CMAC 示范条款》）。《CMAC 示范条款》由十个部分七十余个条款组成，包括定义、委托事项、甲方义务、乙方义务、费用结算、违约责任、特别约定、其他约定、协议适用法律和争议解决以及协议的生效、修改、终止等。

第二节　国际货运代理协议的主要内容

一、国际货运代理协议的基本条款

国际货运代理协议的内容因协议种类的不同而有所不同，但通常包括以下条款：

（1）委托人的名称、地址、法定代表人姓名及公司电话。

（2）代理人的名称、地址、法定代表人姓名及公司电话。

（3）代理授权、代理期限、代理权限。

（4）代理人的义务，包括一般性义务及特定义务（可列若干选择性条款）。

（5）委托人的义务，包括一般性义务及特定义务（可列若干选择性条款）。

（6）代理事项，包括通常事项、特定事项（需要声明的）。

（7）收费标准、收费时间、收费方式以及未按时支付费用的法律后果。

（8）协议纠纷的解决办法，选择适用法律。

（9）协议生效条件、终止、变更、续展及有效期。

（10）协议正本数，所用文字及其效力。

（11）其他协议事项。

（12）单位盖章，法定代表人或其代理人签字。

（13）协议附件说明，包括代理公司的业务规程、收费标准以及双方协商的往来电报、电文。

对于采用总代理协议或独家代理协议的情形，委托方通常需要约定代理人应完成的最低限额以及定期报告市场营销情况等，而代理人通常需要规定委托方不得直接或间接地在代理区域内再委托其他代理人以及委托方不得直接与客户洽谈，若客户坚持与委托方直接成交，委托方应按成交额支付约定比例的佣金等，以确保双方利益的平衡。

由于代理人身份的不确定性，在代理协议中通常应对诸如代理人是否可以以自己的名义与第三人签约、与第三人签约前是否需要委托方书面确认、是否有权转委托等事项做出明确而具体的规定，以免日后发生争议。

对于代理费/服务费的标准及其支付办法，应做出明确的规定。例如，是按代理事项类别、服务量大小等约定不同档次的收费标准，还是采取包干收费的方式；是"一船/机一结"，还是"定期结算"；支付时间以及未能按时支付的后果；代理人是否有义务垫付有关费用及垫付后的处理等。

限于篇幅，下面仅对运输代理人的权利、义务与责任做简要分析。

二、国际货运代理的权利、义务与责任

由于国际货运代理的不同身份（代理人、当事人），其享有的权利与承担的义务与责任也有所不同。下面仅探讨国际货运代理以代理人身份开展业务时的权利、义务与责任，至于国际货运代理充当中间人及承运人角色时的权利、义务与责任，将在后面章节予以说明。

（一）国际货运代理的权利

1. 报酬请求权

货运代理是以代办货物运输为营业之人，报酬请求权对其非常重要。在货运代理报酬请求纠纷中，委托人识别、报酬数额、支付报酬时间、约定包干费时的报酬等是主要的争议焦点。下面对概括委托下的报酬请求权问题予以说明。

概括委托是指双方当事人约定受托人为委托人处理一切事务的协议，这种委托有别于特别委托（即双方当事人约定受托人为委托人处理一项或者数项事务的委托）。在概括委托下，受托人的费用比较难以计算，因此，除双方有明确的约定外，往往会产生争议。从2012 年 5 月 1 日起施行的《最高人民法院关于审理海上货运代理纠纷案件若干问题的规定》（法释 ［2012］ 3 号，以下简称《司法解释》）第九条规定："货运代理企业按照概括委托权限完成海上货运代理事务，请求委托人支付相关合理费用的，人民法院应予支持。"也就是说，在双方没有明确约定的情况下，货运代理请求委托人支付概括委托下的费用，法院可以根据具体的情况，支持货运代理合理的费用请求。对此，货运代理应进行初步的举证，而"合理的费用"则需要根据具体的情况判定。

2. 费用偿还请求权

委托人应当偿还货运代理为处理委托事务而垫付的必要费用及其利息。

（1）必要费用。必要费用是指受托人依指示并尽职处理委托事务时所需的费用。在确定必要费用的范围时，需要考虑委托事务的性质、货运代理的注意义务以及支出费用时的具体情况等因素，在具体个案中加以认定。此外，货运代理主张必要费用的，应当负举证责任。

（2）垫付费用与预付费用。对于垫付费用，货运代理有偿还请求权；对于预付费用，当委托人应当预付而不预付时，货运代理可以拒绝处理委托事务而不承担违约责任。

（3）利息。货运代理为了委托人的利益而垫付必要费用，实际上是委托人占用了货运代理的资金，理应从占用（即支出）之日起计算该资金的法定孳息；对此，各国立法例及学说概莫能外。关于利息的起算点，《中华人民共和国合同法》没有规定。在审判实践中，法院通常从货运代理主张权利之日起算。

3. 留置权

一般来说，留置权是指债权人因合同关系占有债务人的财物，在由此产生的债权未得到清偿以前留置该财物并在超过一定期限仍未得到清偿时依法变卖留置财物，从价款中优先受偿的权利。

从货运代理业务的实践考虑，货运代理业务涉及的货物通常是在承运人的掌控之下，而货运代理企业只有通过持有单证才能有效地维护自身的利益。

《司法解释》第七条规定："海上货运代理合同约定货运代理企业交付处理海上货运代理事务取得的单证以委托人支付相关费用为条件，货运代理企业以委托人未支付相关费用为由拒绝交付单证的，人民法院应予支持。合同未约定或约定不明确，货运代理企业以委托人未支付相关费用为由拒绝交付单证的，人民法院应予支持，但提单、海运单或者其他运输单证除外。"

该条款明确了货运代理企业在满足行使同时履行抗辩权条件的情形下，可以扣留有关单证，但对于国际贸易的正常秩序有重大影响的提单等运输单证则禁止扣留。

（1）同时履行抗辩权。同时履行抗辩权是指双务合同中应当同时履行的一方当事人有证据证明另一方当事人在同时履行的时间不能履行或者不能适当履行，则到履行期时，其享有不履行或者部分履行的权利。关于这一点，主要体现在《合同法》第六十六条："当事人互负债务，没有先后履行顺序的，应当同时履行。一方在对方履行之前有权拒绝其履行要求。一方在对方履行债务不符合约定时，有权拒绝其相应的履行要求。"

《司法解释》确认了货运代理企业可以行使同时履行抗辩权，拒绝交付有关单证，并具体设置了两款。第一款依据的是《合同法》"有约定从约定"的基本规则，即海上货运代理合同中对于货运代理企业交付单证和委托人支付费用互为给付条件做了明确规定。该约定对双方当事人具有约束力，委托人未履行费用支付义务而请求货运代理企业交付单证的，货运代理企业有权予以拒绝。第二款是针对合同没有明确约定或约定不明的情形。在满足同时履行抗辩权的条件下，货运代理企业在委托人履行其义务之前有权拒绝交付单证。

（2）提单、海运单或者其他运输单证的留置。鉴于运输单证往往涉及国际贸易的结算，赋予货运代理企业拒绝交付提单等运输单证的权利将直接影响国际贸易的顺利进行，而且货运代理企业扣留核销单、报关单的行为基本上可以保护其合法权益，故《司法解释》明确规定，货运代理企业不得以行使同时履行抗辩权为由拒绝交付提单等运输单证，否则将构成违约并应承担相应的赔偿责任。

（二）国际货运代理的义务

1. 事务处理义务

国际货运代理协议的标的就是货运代理为委托人处理货物运输及相关事务的行为，事务处理义务是国际货运代理协议的主义务。

（1）依约处理委托事务。从法律行为的角度，可以将货运代理的事务处理义务分为两大类：代为订立运输合同（法律行为），代订运输合同之外的其他事务（事实行为）。委托人授予代理权时，前一种义务的约定一般伴随代理权的授予，其履行将产生代理的法律效果；后一种义务与代理无涉，可称为附随义务，主要包括：无偿接受和交付货物，货物的保管、仓储、收仓、装载、称量，向承运人交付货物，包装，收取和预付保险费用，办理有关关税业务，以及更为普遍的行政性管理及检验等。

（2）依指示处理事务。货运代理应根据被代理人的指示进行代理活动。由于代理的后果由被代理人承受，因而被代理人可根据客观情况随时指示代理人，代理人具有遵守被代理人指示的义务。代理人不遵守被代理人的指示，构成代理人过错；由此给被代理人造成损失的，代理人应承担赔偿责任。

（3）忠实义务。该义务实际上是一种原则和精神，体现在受托人（代理人）各项具体的活动中，并延伸出若干具体规定。委托合同建立在双方当事人互信的基础上，受托人应当完全忠实于委托人，为委托人的利益处理事务，不得利用信息优势谋取合同以外的私利，也不得为第三人的利益而损害委托人的利益。自己代理、双方代理之所以被法律禁止，皆是因代理人违反了忠实义务。

（4）谨慎尽职的义务。所有的代理人对被代理人都有谨慎办事的义务。对此，大陆法系的民法要求代理人尽到一个"善良家长"对自己事务所应尽的责任，英美代理法则要求代理人对其所代理的事务给予"应有的注意"。代理人只有积极行使代理权，尽勤勉和谨慎的义务，才能实现和保护被代理人的利益。因此，货运代理在执行任务时应做到合理谨慎、尽职尽责、在合理时间内履行其义务，但合同另有约定的除外。

（5）自己处理义务。委托合同是具有高度属人性的劳务合同，基于当事人之间的相互信赖，受托人应当亲自处理委托事务，不得将事务转委托他人处理。

关于转委托的认定问题。《司法解释》第五条规定："委托人与货运代理企业约定了转委托权限，当事人就权限范围内的海上货运代理事务主张委托人同意转委托的，人民法院应予支持。没有约定转委托权限，货运代理企业或第三人以委托人知道货运代理企业将海上货运代理事务转委托或部分转委托第三人处理而未表示反对为由，主张委托人同意转委托的，人民法院不予支持，但委托人的行为明确表明其接受转委托的除外。"

显然，《司法解释》采取了严格控制转委托的司法政策，以禁止转委托为原则。如果双方当事人约定了转委托权限，货运代理企业在约定权限内转委托他人办理相关事务，主张转委托经委托人同意的，应予以认定。在没有约定转委托权限的情况下，如果只是委托人知道货运代理企业将相关事务转委托他人而没有表示反对的，则不认为转委托经同意。

[案例2—1]　互利贸易公司和巨龙贸易公司签订了一份委托合同，欲将一批棉花存放于巨龙贸易公司所属的仓库。巨龙贸易公司将棉花运到仓库存放时发现该仓库严重破损，并且天气预报最近两天内将有大雨降临，若将棉花存放于此仓库内必将导致严重损失，而此时巨龙贸易公司又无法与互利贸易公司取得联系。无奈之下，巨龙贸易公司决定将这批棉花转至利达公司的仓库内存放，并委托利达公司代为管理。然而，棉花存放在利达仓库期间发生了失窃，为此，互利贸易公司要求巨龙贸易公司赔偿其损失，但巨龙贸易公司拒绝赔偿，理由是自己的转委托正当，该损失应该由互利贸易公司直接向利达公司索赔。双方争执不下，诉至法院。

案例评析：

本案例中的受托人巨龙贸易公司在情况紧急且无法及时与委托人互利贸易公司取得联系的情况下，为避免互利贸易公司遭受损失，将互利贸易公司委托的事项转托给利达公司，虽然这一转委托行为未经委托人同意，但符合法律规定的特殊情况下转委托的要件，因而该转委托的发生与已经委托人同意的转委托具有相同的效果。因此，利达公司因疏忽而导致棉花被盗窃造成的损失应该由互利贸易公司直接向利达公司索赔。

2. 告知与保密的义务

《合同法》第四百零一条规定："受托人应当按照委托人的要求，报告委托事务的处理情况。委托合同终止时，受托人应当报告委托事务的结果。"报告义务分为两种：一种是事务处理过程中的报告义务，另一种是事务终止时的报告义务。在货运代理收取总额运价并赚取其中差价时，其对差价的构成和明细更应负有报告义务。另外，货运代理应尽保密的义务，保守其商业秘密。若代理人未尽到职责，给被代理人造成损害的，代理人应承担责任。

3. 利益交付义务

《合同法》第四百零四条规定："受托人处理委托事务取得的财产，应当转交给委托人。"就货运代理合同而言，应当转交的"财产"既包括货运代理接收的货物，也包括货运代理在合同履行过程中取得的各种单证，如从承运人处取得的提单、从海关取得的报关单和核销单等。

以提单为例，要求承运人签发提单是法律赋予托运人的一项权利。依据《海商法》第四十二条第三项的规定，托运人可以分为契约托运人和实际托运人。契约托运人是与承运人订立运输合同的人，实际托运人是将货物实际交付给承运人的人。在 FOB 贸易（即装运港船上交货）条件下，买方为契约托运人，卖方为实际托运人。《海商法》第七十二条规定："应托运人的要求，承运人应当签发提单。"在同时面对契约托运人和实际托运人时，承运人应向哪一个托运人签发提单，法律规定得并不明确，这也是《海商法》的不足之处。

实际上，依据《海商法》第七十二条的规定，国内卖方作为实际托运人亦有权请求承运人签发提单。虽然这一结论突破了合同相对性原则，即承运人应当将提单交付给与其订立海上货物运输合同的契约托运人，而非与其不具有运输合同关系的实际托运人，但该结论并不违反《海商法》的规定，实际托运人的地位正是《海商法》基于海商业务的特殊性而特别设定的。更重要的是，如此规定并未损害国外买方的利益，却能有效地保护国内卖方的合法权益，为我国的对外出口提供有力的保障。基于此，《司法解释》第八条规定："货运代理企业接受契约托运人的委托办理订舱事务，同时接受实际托运人的委托向承运人交付货物，实际托运人请求货运代理企业交付其取得的提单、海运单或者其他运输单证的，人民法院应予支持。"

由此可见，对于在 FOB 贸易条件下，货运代理企业应向买、卖哪一方交付提单这一问题，《司法解释》采取了保护货物所有人利益的司法政策，明确货运代理企业应向实际交付货物的卖方交付提单。首先，从国际贸易制度的设计上讲，在 FOB 贸易条件下，买方为契约托运人，卖方为实际托运人。FOB 贸易条件实际上是单证的买卖，买方按照约定支付价款与卖方交付单证构成对等给付义务，也就是卖方取得运输单证是其请求买方支付货款的前提条件，否则贸易合同将无法履行。据此，可以认为买卖双方已经约定应由卖方取得运输单证以保证贸易合同的履行。因此，实际托运人有优先于契约托运人向货运代理企业主张交付单证的权利。此外，从我国的贸易实践出发，目前我国出口贸易中采用 FOB 贸易条件成交的交易居多，这一规定也有助于保护国内卖方的利益。

需要注意的是，在实践中，有些实际托运人可能怠于向货运代理企业请求交付单证，此时货运代理企业应履行报告义务，及时询问实际托运人如何处理单证，并取得实际托运人的书面授权，从而保护自己的合法权益，避免介入买卖双方的贸易纠纷之中。

（三）国际货运代理的责任

1. 国际货运代理作为直接代理的责任

（1）对委托人的法律责任。《中华人民共和国民法通则》（以下简称《民法通则》）做了如下规定：

第一，代理人不履行职责而给被代理人造成损害的，应当承担民事责任。

第二，代理人和第三人串通，损害被代理人的利益的，由代理人和第三人负连带责任。

第三，代理人在非因紧急情况而事先没有征得被代理人同意，事后又未被追认的情况下转委托的，由代理人对自己的转委托行为负民事责任。

（2）对第三人的法律责任。根据《民法通则》第六十三条中"被代理人对代理人的代理行为，承担民事责任"的规定，国际货运代理的代理行为所产生的民事法律关系，其民事权利和民事义务的承担者只能是被代理人和第三人，而不包括代理人，因此国际货运代理在履行代理义务过程中对第三人产生的责任应由委托人负责。但是，以下情况除外：

第一，国际货运代理没有代理权、超越代理权或者代理权终止后实施民事法律行为所产生的法律责任，但经委托人追认的行为，或者委托人知道国际货运代理以自己的名义实施民事行为而不做否认表示的，应由委托人承担责任。

第二，第三人知道国际货运代理没有代理权、超越代理权或者代理权终止，仍与其实施民事行为而给他人造成损害的，由第三人与国际货运代理负连带责任。

第三，委托书授权不明的。此时被代理人应当向第三人承担民事责任，国际货运代理负连带责任。

第四，代理事项违法。国际货运代理知道委托代理的事项违法仍然进行代理活动的，或者被代理人知道国际货运代理的代理行为违法而不表示反对的，由被代理人与国际货运代理负连带责任。

2. 国际货运代理作为间接代理的责任

根据《合同法》的有关规定，国际货运代理作为间接代理承担如下责任：

（1）国际货运代理以自己的名义，在委托人的授权范围内与第三人订立合同，第三人在订立合同时知道国际货运代理与委托人之间的代理关系的，该合同直接约束委托人与第三人，但有确切证据证明该合同只约束国际货运代理和第三人的除外。

（2）国际货运代理以自己的名义与第三人订立合同，而第三人不知道国际货运代理与委托人之间的代理关系的，国际货运代理因第三人的原因对委托人不履行义务，国际货运代理应当向委托人披露第三人，委托人因此可以行使国际货运代理对第三人的权利，但在第三人与国际货运代理订立合同时如果知道该委托人就不会订立合同的除外。国际货运代理因委托人的原因对第三人不履行义务，国际货运代理应当向第三人披露委托人，第三人因此可以选择国际货运代理或者委托人作为相对方主张其权利，但第三人不得变更选定的相对人。委托人行使国际货运代理对第三人权利的，第三人可以向委托人主张其对国际货运代理的抗辩。第三人选定委托人作为相对人的，委托人可以向第三人主张其对国际货运代理的抗辩以及国际货运代理对第三人的抗辩。

由此可见，在国际货运代理作为隐名代理时，国际货运代理具有对外索赔、理赔的协助义务，而且也有可能直接对第三人承担责任。

3. 货运代理的举证责任

《司法解释》第十条规定："委托人以货运代理企业处理海上货运代理事务给委托人造成损失为由，主张由货运代理企业承担相应赔偿责任的，人民法院应予支持，但货运代理企业证明其没有过错的除外。"

显然，委托人向货运代理索赔，只需证明其实际遭受损失且该损失与货运代理处理货运代理事务具有因果联系即可。在满足上述两个条件的情况下，法院将推定货运代理应承担赔偿责任，除非货运代理能够证明其没有过错。此外，根据过错推定的一般理论，如果货运代理能够证明委托人存在过错，也可免除或减轻自身的责任。因此，该规定加大了货运代理企业的举证责任，对货运代理较为不利。

4. 货运代理选择无资质的无船承运人或代为签发提单的责任

[案例2-2] 货运代理为未在中国登记备案的境外无船承运人签发提单而承担连带责任。

HS物流株式会社（以下简称"HS会社"）与宁泰华欣曾签订《合作协议及授权委托书》，双方约定：宁泰华欣为HS会社在中国的代理，HS会社授权宁泰华欣代其在中国签发HS会社的HOUSE提单。

山东亚光纺织集团进出口有限公司（以下简称"山东亚光"）按照贸易合同买方的指示，分六次将出口货物交给宁泰华欣出运。这六票货物均由宁泰华欣作为代理人签发了HS会社的HOUSE提单，宁泰华欣交给威海威东航运有限公司（以下简称"威东航运"）实际承运。其中，前四票货物的运输业务履行完毕并如期收回货款。后两票货物的具体情况如下：宁泰华欣接受委托后，向威东航运办理租船订舱手续。威东航运将货物分别装于"香雪兰"轮O514E、O515E航次承运，并分别缮制了两份记名电放MASTER提单副本。两份提单的托运人均为山东亚光，通知人、收货人均为HS会社；装货港为中国青岛，卸货港为韩国仁川。就上述两票货物的海上运输，HS会社分别缮制了两份HOUSE提单，两份提单的托运人均为山东亚光，收货人凭韩国KOOKMIN银行指示，通知人为SANGMI国际株式会社，装货港为中国青岛，卸货港为韩国仁川。但是，HS会社未将提单交给山东亚光。上述两票货物抵达韩国仁川港"联和保税仓库"。青岛华欣国际贸易有限公司（以下简称"华欣国贸"）就两票货物分别向威东航运发出电放保函，请威东航运将以上货物直接电放给HS会社。

两票货物的货款共计34 627.50美元，山东亚光至今没有收回。为此，山东亚光作为原告要求被告威东航运、HS会社、华欣国贸、宁泰华欣承担责任。

案例评析：

青岛海事法院认为：若HS会社向山东亚光签发其HOUSE提单，则HS会社应为该HOUSE提单项下货物的无船承运人。根据《中华人民共和国国际海运条例》（以下简称

《国际海运条例》），HS 会社未在我国交通部登记提单，也未交纳保证金，无权从事无船承运业务。威东航运缮制了涉案的两份电放 MASTER 提单副本且从事了对涉案货物的实际运输，因而威东航运为涉案货物的实际承运人。其违反合同约定，接受华欣国贸的保函并将货物释放，直接导致了山东亚光两票货物的灭失，造成山东亚光损失 34 627.50 美元。对此，威东航运应承担其相应的违约责任。

宁泰华欣明知 HS 会社不具有从事国际货运代理业务以及无船承运业务的资质，仍为其代理货运业务，违反了中国的有关法律规定，当与被代理人负连带责任。判决：威东航运偿付山东亚光的货物损失 34 627.50 美元及利息；华欣国贸、HS 会社、宁泰华欣连带承担赔偿责任。

威东航运和 HS 会社不服原审判决提出上诉。山东省高级人民法院认为：HS 会社未按照《国际海运条例》的规定办理提单登记、交纳保证金，不具备在中国从事无船承运业务的资质。山东亚光将涉案货物交给 HS 会社在中国的代理宁泰华欣出运，HS 会社是威东航运副本提单中的收货人和通知人，且在目的港从威东航运处提取了货物。上述事实可以证明，HS 会社与山东亚光之间的运输合同关系成立，HS 会社为涉案货物的承运人。HS 会社在目的港取得并掌管货物后至今不能提供有效证据证明货物的下落，与山东亚光的损失之间有因果关系，应当对山东亚光承担赔偿责任。宁泰华欣作为从事运输代理的企业，应当知道 HS 会社从事的经营行为违法，并且应当知道 HS 会社未交纳可用于承担民事责任的保证金，仍为其代理货运业务，其代理行为违法且与山东亚光的损失之间有因果关系，依照《民法通则》第六十七条的规定，应当与被代理人 HS 会社负连带责任。

威东航运就涉案货物未签发正本提单。副本提单上记载的内容不能证实山东亚光与威东航运之间存在运输合同关系。威东航运接受 HS 会社的代理人宁泰华欣的委托，实际上从事了涉案货物的运输，是涉案货物的实际承运人。山东亚光与威东航运之间未建立运输合同关系，山东亚光无权要求威东航运承担违约责任。威东航运将货物运至目的港后交给收货人 HS 会社，其行为没有过错，对山东亚光亦不存在侵权行为。二审判决 HS 会社偿付山东亚光的货物损失 34 627.50 美元和利息，宁泰华欣承担连带责任；驳回山东亚光对威东航运、华欣国贸的诉讼请求。

从本案可见，青岛海事法院和山东省高级人民法院都认为，如果境外的无船承运人没有按照《国际海运条例》的规定办理提单登记并交纳保证金，不具备在中国从事无船承运业务的资质，则它们的中国代理人应当就该承运人对货主的责任承担连带赔偿责任。

鉴于以上种种弊端，《司法解释》特别设定三个条款对货运代理企业的违规行为进行规范。

（1）不当选任的民事责任。《司法解释》第十一条规定："货运代理企业未尽谨慎义务，与未在我国交通主管部门办理提单登记的无船承运业务经营者订立海上货物运输合同，造成委托人损失的，应承担相应的赔偿责任。"

显然，在满足如下两个条件的情况下，货运代理应承担赔偿责任：一是未尽谨慎义务，与未办理提单备案的无船承运人签订运输合同；二是造成委托人损失。因此，货运代理想要免责，则需证明其已尽到了谨慎义务或者委托人没有受到损失。

由此可见，针对实践中少数货运代理企业为追求自身利益，将委托人的货物交给不具有资质的无船承运人运送的情况，《司法解释》明确了货运代理企业对其不当选任承运人应当承担相应的赔偿责任。因此，货运代理企业在代委托人向境内外无船承运人订舱时，应本着对货主负责的态度，选择合格、合法的无船承运业务经营者，并谨慎订立海上货物运输合同，否则货运代理企业应对其不当选任承担民事责任。

（2）货运代理与无船承运人在一定条件下承担的连带责任。在实践中，有些货运代理企业接受不具有资质的无船承运人的委托，代为签发提单。从法律上说，货运代理企业接受无船承运人的委托签发提单，货运代理企业的身份只是代理人。但是，《民法通则》第六十七条规定："代理人知道被委托代理的事项违法仍然进行代理活动的，或者被代理人知道代理人的代理行为违法不表示反对的，由被代理人和代理人负连带责任。"作为委托人的无船承运人未将提单进行备案，违反了《国际海运条例》的有关规定，属于非法行为。因此，如果货运代理企业知道无船承运人的提单未进行备案而接受其委托签发提单，在性质上就属于《民法通则》中规定的违法代理。

基于此，《司法解释》第十二条规定："货运代理企业接受未在我国交通主管部门办理提单登记的无船承运业务经营者的委托签发提单，当事人主张由货运代理企业和无船承运业务经营者对提单项下的损失承担连带责任的，人民法院应予支持。货运代理企业承担赔偿责任后，有权向无船承运业务经营者追偿。"

因此，货运代理企业应当制定运输单证的签发、审批流程并严格执行。货运代理企业在接受承运人委托并代为签发运输单证时，应当严格审核承运人的资信状况，订立书面委托合同，取得承运人的书面授权，并保留运输单证签发过程中的文件记录。货运代理企业在代无船承运人签发提单时，应注意审核该无船承运人是否具备无船承运人经营资质和代签提单是否已在上海航运交易所进行登记，禁止代为签发未经登记的无船承运人提单，并注意防范境外无船承运人与收货人相互勾结的欺诈行为；否则，若货运代理企业接受其委托并签发提单，则需要承担连带责任。同时，根据《司法解释》第十一条的规定，货运代理企业还可能面临委托人追究其选任不当的责任。在委托人指定未合法登记无船承运人的情况下，若委托人要求公司向第三人代为转交、传递有关运输单证，各公司应当谨慎处理，可以建议委托人直接转交、传递，也可以在充分评估风险后，在法务人员的指导下实施。

需要注意的是，该规定并没有要求货运代理企业"知道"无船承运人的违法状况，即提单没有备案。因此，只要货运代理企业接受了上述无船承运人的委托，即需要承担连带责任。因此，该规定的责任属于严格责任，它对《民法通则》的规定做了突破。

（3）行政处罚。《司法解释》第十四条规定："人民法院在案件审理过程中，发现不具有无船承运业务经营资格的货运代理企业违反《中华人民共和国国际海运条例》的规定，以自己的名义签发提单、海运单或者其他运输单证的，应当向有关交通主管部门发出司法建议，建议交通主管部门予以处罚。"

最高人民法院做出这一规定主要是基于两点考虑：一是大量无船承运人未进行提单备案就开展无船承运业务，违反了国家的管理制度；二是此举会影响货主的利益。在实践中，虽然《国际海运条例》要求经营无船承运业务需要进行备案，但仍有一些企业不备案，由于难以监管，所以它们基本不会受到处罚。而《司法解释》的这一规定，加大了未备案的无船承运人的违法成本。

此外，《司法解释》明确规定：人民法院发现货运代理企业有违规操作行为的，要向主管部门发出司法建议，建议行政部门对货运代理企业进行行政处罚。这意味着违规企业在承担民事责任的同时，还将面临行政处罚。

第三节　国际货运代理委托书

一、国际货运代理协议与国际货运代理委托书的区别

国际货运代理委托书是委托代理授权行为的书面形式，在实践中，通常由委托人以电传、传真、电子邮件等形式向国际货运代理发出，它与国际货运代理协议的区别在于：

1. 法律行为不同

国际货运代理协议是委托人与国际货运代理之间建立委托代理关系的协议，是一种双方的法律行为，而国际货运代理委托书是委托人向代理人授予代理权的意思表示，是一种单方法律行为。因此，在实践中，委托方以电传、传真、电子邮件等形式向国际货运代理发出的书面委托，如果未经国际货运代理书面确认，其代理关系并未成立。在收到书面委托后，国际货运代理应及时做出接受书面委托的承诺，或在答复期限内用实际履行的方式做出，并通知委托人已开始履约。

2. 产生基础不同

在一般情况下，国际货运代理协议是委托授权的原因，是发生国际货运代理关系的基础，但国际货运代理协议的成立与生效，并非必然产生国际货运代理权，只有委托人做出委托授权的单方行为，国际货运代理权才发生，即国际货运代理委托书是委托授权的形式，是表明国际货运代理关系的根据。此外，职务关系、劳动合同关系、合伙关系等也能产生委托代理授权。

3. 法律效果不同

国际货运代理协议是代理人与委托人之间产生权利与义务关系的根据，而国际货运代理委托书是国际货运代理对外实施代理行为的凭证，具有单独的证明力。在实践中，当国际货运代理实施代理行为时，只需出具国际货运代理委托书即可表明其代理权的存在，而不以出示国际货运代理协议为必要。这意味着，即使国际货运代理协议存在无效的原因或者可撤销原因，或者即使国际货运代理协议已解除，只要国际货运代理委托书没有收回，委托人又没有公开声明国际货运代理委托书无效，则国际货运代理凭借国际货运代理委托书对于善意第三人所做的法律行为，其法律效果仍归于委托人。

二、实务中的国际货运代理委托书及其弊端

长期以来，由于没有各方都接受的国际货运代理协议范本，加之与委托方相比，国际货运代理处于弱势地位，因而在业务实践中，通常采用国际货运代理委托书来代替国际货运代理协议。

1. 国际货运代理委托书的名称各异

以下为常见的国际货运代理委托书。

（1）货物进出口订舱委托书。

（2）货物进出口委托书。

（3）国际货物委托书。

（4）订舱单，用于非集装箱货物。

（5）集装箱货物托运单，用于集装箱货物。

（6）租船确认书，租船中使用。

（7）海运出口货物代运委托单。

（8）陆/海运出口货物委托书。

（9）出口货运代理委托书。

2. 国际货运代理委托书代替国际货运代理协议的弊端

对于上述国际货运代理委托书来说，尽管它们的名称、格式各异，但其内容只涉及承运的货物、承运的终到地点、承运时间、承运工具等方面的记载，并未涉及代理人与委托人之间的权利、义务与责任等方面，即使涉及此方面的内容，其条款也过于简单。因此，这些国际货运代理委托书难以有效地保护国际货运代理的利益，双方一旦产生纠纷，很难分清双方的权利、义务与责任。

基于此，与《CMAC货运代理协议示范条款》相配套的《货运委托书》右上角专门注明："本委托书经受托方承诺/履行，为双方之间成立货运代理关系证明。有关权利、义务和责任适用中国的《合同法》及相关法律法规。"

本章重点阐述了国际货运代理的概念、特点、类型及主要内容，国际货运代理的权利、义务与责任，国际货运代理协议与国际货运代理委托书的区别等。

一、单项选择题

1. 国际货运代理作为进出口货物收（发）货人的代理人，在安排货物运输事宜时，依照我国相关法律法规的规定，其享有一定的权利并需要承担一定的义务，下列表述不正确的是（　　）。

A. 国际货运代理有权要求委托人支付服务报酬

B. 国际货运代理有权在授权范围内自主处理委托事务

C. 国际货运代理有向委托人报告委托事务处理情况的义务

D. 国际货运代理有向承运人报告委托事务处理情况的义务

2. 根据《最高人民法院关于审理海上货运代理纠纷案件若干问题的规定》，在FOB出口合同下，国际货运代理企业应将提单交付给（　　）。

A. 实际托运人　　　　B. 契约托运人　　　　C. 船舶代理　　　　D. 无船承运人

3. 根据《最高人民法院关于审理海上货运代理纠纷案件若干问题的规定》，国际货运代理企业不得扣押（　　）。

A. 保险单　　　　B. 退税核销单　　　　C. 提单　　　　D. 报关单

二、多项选择题

1. 国际货运代理的事务处理义务主要包括（　　）。

A. 依约处理　　　　B. 依指示处理　　　　C. 谨慎处理　　　　D. 自己处理

2. 国际货运代理协议具有的特点为（　　）。

A. 单务合同　　　　B. 实践合同　　　　C. 有偿合同　　　　D. 商事合同

3. 国际货运代理企业享有的权利为（　　）。

A. 报酬请求权　　　　　　　　　　B. 费用偿还请求权

C. 留置提单权　　　　　　　　　　D. 留置出口退税核销单权

三、判断题

1. 国际货运代理协议涉及内部关系和外部关系。　　　　　　　　　　（　　）

2. 国际货运代理作为直接代理时不对第三人承担责任。　　　　　　　（　　）

3. 国际货运代理企业可以代为签发提单。　　　　　　　　　　　　　（　　）

四、简答题

1. 简述国际货运代理企业作为直接代理的责任。

2. 简述国际货运代理企业的主要义务。

3. 简述国际货运代理企业选择无船承运人或代为签发提单的责任。

4. 简述国际货运代理委托书与国际货运代理协议的区别。

第三章

国际货运代理责任保险

企业的"护身符"——国际货运代理责任保险

国际货运代理居于外贸流程的最末端，处于弱势和被动地位。通常说来，国际货运代理责任保险是为了弥补国际货物运输方面的风险。这种风险不仅来源于运输本身，而且来源于完成运输的许多环节。一个错误的指示、一个错误的地址往往会给国际货运代理带来非常严重的后果和巨大的经济损失，因此国际货运代理有必要投保自己的责任保险。另外，当国际货运代理以承运人身份出现时，不仅有权要求合理的责任限制，而且其经营风险还可通过投保责任保险而获得赔偿。国际上通行的国际货运代理责任保险条款彰显了既专业又成熟的职业责任保险条款应具有的特点，它的应用是建立在被保险人高度的职业素质和规范操作的基础之上。在西方发达国家，国际货运代理责任保险运用广泛，被称为国际货运代理企业的"护身符"。我国的很多国际货运代理企业依然处于较盲目的状态，只顾埋头做业务，很少考虑从事国际货运代理业务可能产生的法律责任及存在的风险，或是心存侥幸，明知存在风险也不愿意投保，因此，我国的国际货运代理责任保险长期处于停滞状态，亟待推广应用。

第一节　国际货运代理责任保险概述

一、国际货运代理责任保险的含义与投保意义

1. 国际货运代理责任保险的含义

国际货运代理责任保险是为了补偿国际货运代理企业在从事货物运输服务中从收货到交货的所有环节可能出现的责任赔偿。

在实务中，很多国际货运代理企业误认为货物已投保了运输保险，无须再投保责任保险。实际上，货物运输保险的投保主体是货主，而国际货运代理责任保险的投保主体是国际货运代理企业。它们之间的区别如表3-1所示。

表 3-1　　　　　　　　　　国际货运代理责任保险与货物运输保险的区别

比较项目	国际货运代理责任保险	货物运输保险
险种	责任险类	运输险类
标的	责任事故	货物
运输方式	无须申报运输方式	按运输方式投保
保障内容	意外事故、过失、疏忽、错误、遗漏	自然灾害、意外事故
赔偿内容	货损货差、费用损失	货损货差
重要免责	自然灾害	责任事故
责任区段	自收货到交货全程	标明运输线路
投保方式	按年度投保	单票投保
保费计算依据	国际货运代理企业的年度营业额	货物价值（加成）
赔偿对象	国际货运代理企业或实际货主	实际货主
追偿对象	实际责任人	国际货运代理企业或实际承运人

2. 投保国际货运代理责任保险的意义

（1）责任风险是国际货运代理企业面临的最大风险，而投保国际货运代理责任保险是转移责任风险最有效的途径。

（2）投保国际货运代理责任保险可缓解国际货运代理企业所面对的"小企业、大责任"的矛盾，避免因责任事故而使国际货运代理企业处于无力赔偿的境地。

（3）投保国际货运代理责任保险既保障了国际货运代理企业的自身利益，又凸显为货主负责的态度，因而可争取到新的揽货机会。

（4）引入国际货运代理责任保险机制，通过保险公司进行责任认定和损失检验，在一定程度上可以缓解国际货运代理企业尴尬的弱势处境。

二、国际货运代理责任保险的种类

1. 按责任限额与免赔额不同划分

（1）限额责任保险。限额责任保险主要分 3 种类型：一是根据标准交易条件确定的国际货运代理责任范围，国际货运代理企业可选择只对其有限责任投保。二是国际货运代理企业可接受保险公司的免赔额，免赔额部分的损失须由国际货运代理企业承担。免赔额越大，保险费越低。三是国际货运代理企业缩小保险范围，以便降低其保费。

（2）足额责任保险。国际货运代理企业按其所从事的业务范围和应承担的法律责任进行足额投保，保险公司无免赔额规定。

（3）超限责任保险。即使在投保足额责任保险的情况下，对超出约定责任限额的部分，保险公司仍是不予赔偿的。因此，为了获得全部赔偿，在欧洲一些国家可投保超限责任保险，即国际货运代理企业通过支付额外的保险费用，保险公司可承保超出法律规定的最低责任限制的责任。

2. 按承保范围划分

（1）基本责任保险。基本责任保险又称代理人责任保险，主要承保国际货运代理企业作为代理人所造成的委托人直接损失（以疏忽、错误、遗漏、延迟费用为主以及仓储、集装箱货损货差责任）以及施救费用、法律费用。基本责任保险通常不包括第三者责任、特殊货物责任，但有些保险公司，比如联运保赔协会（Through Transport Club，TT Club）的经营人基本责任保险包括第三者责任。

（2）综合责任保险。综合责任保险又称当事人责任保险或提单责任保险，主要承保国际货运代理企业作为独立经营人所产生的责任。综合责任保险所承保的责任范围是在代理人责任的基础上增加了国际货运代理企业因所签发运输单证所产生的货损货差责任，即综合责任保险承保责任＝代理人责任＋货损货差责任。此外，综合责任保险仍不承担第三者责任和特殊货物责任。

（3）扩展责任保险。如果需要承保第三者责任和特殊货物扩展责任，需要增加第三者责任保险条款和特殊货物扩展责任保险条款。

三、国内外国际货运代理责任保险发展概况

1. 国外国际货运代理责任保险发展概况

目前，许多国家行业协会或管理机构对投保国际货运代理责任保险制定了专门规定，将投保国际货运代理责任保险作为从事国际货运代理业务的必要条件。表3-2显示了部分国家或地区对国际货运代理责任保险的规定。

表3-2　　　　　　　　部分国家或地区对国际货运代理责任保险的规定

国家/地区	责任保障规定	责任限额	规定条款
国际货运代理协会联合会（FIATA）	签发提单应投保国际货运代理责任保险	根据各国规则制定	FIATA提单授权协议
美国	无船承运人和国际货运代理企业	5万～15万美元保证金或相应的国际货运代理责任保险及担保	FMCUBCHAPTER B Subpart C—PART 515 —Subpart C —515.21
新加坡	多式联运经营人登记规则	国际货运代理责任保险的最低赔偿限额为50万美元	Singapore Registry of Accredited Multimodal Transport Operators
加拿大	行业协会责任保险制度	国际货运代理责任保险的最低赔偿限额为250万加元	Qualifications for Regular Freight Forwarding Membership
德国	行业协会责任保险制度	购买足够赔偿的国际货运代理责任保险	—

续前表

国家/地区	责任保障规定	责任限额	规定条款
英国	行业协会责任保险制度	货损货差责任保险的最低赔偿限额为 15 万英镑；过失和遗漏，单项责任保险的最低赔偿限额为 5 万英镑，累计 10 万英镑	Application for Trading Membership
中国香港	行业协会责任保险制度	国际货运代理责任保险的最低赔偿限额为 25 万美元	入会规定

2. 国内国际货运代理责任保险发展概况

长期以来，我国保险公司没有开展国际货运代理责任保险业务。究其原因，一方面，国际货运代理责任保险的专业性强，保险公司对该行业缺乏了解，没有开发出适用的保险产品；另一方面，相当数量的国际货运代理企业对从业风险的重视程度不够、保险需求不强、缺少统一组织，保险公司很难满足单一企业对新险种的需求。

2007 年，在中国国际货运代理协会的大力推动和专业保险服务机构的配合下，国内数家最具实力的保险公司联合推出了国际货运代理责任保险新险种，由此诞生了我国国际货运代理责任保险的"协会条款"。

第二节　国际货运代理责任保险的险种结构

下面以我国国际货运代理责任保险［两个主险＋扩展责任保险（特殊货物、第三者责任）］为例，说明国际货运代理责任保险的责任范围、免责范围、责任限额、免赔额及保险期间。

一、基本责任保险

（一）责任范围

1. 委托人的直接损失

在合同保险期间，被保险人及其代理人作为国际货运代理接受委托人的委托，若在提供国际货运代理业务的服务过程中发生下列情况，导致委托人的直接损失，依法应由被保险人承担的经济赔偿责任，保险人按照保险合同的规定在约定的责任限额内负责赔偿：

（1）未发、错发、错运、错交货物。由于安排货物运输代理业务时未发、错发、错运、错交货物而造成的额外运输费用损失，但不包括因此产生的货物损失。

（2）遗漏、错误缮制和签发单证。由于遗漏、错误缮制和签发有关单证（不含无船承运人提单）、文件而给委托人造成的相关费用损失。

（3）货物延迟交付。事先以书面形式约定货物交付日期或时间的，因被保险人不作为导致货物延迟交付所造成的运输费用损失。

（4）监装、监卸和储存过失。在港口或仓库（包括被保险人自己拥有的仓库或租用、委托暂存他人的仓库、场地）监装、监卸和储存保管工作中给委托人造成的货物损失（包括因盗窃、抢劫造成的损失）。

（5）拆箱、装箱过失。在集装箱运输业务中因拆箱、装箱、拼箱操作失误给委托人造成的货物损失。

（6）包装、加固过失。因受托包装、加固货物不当或不充分而给委托人造成的货物损失。

（7）征收额外关税。在报关过程中，由于被保险人过失造成违反国家有关进出口规定或报关要求，被当局征收的额外关税。

2. 相关费用

（1）施救费用。当保险事故发生时，被保险人为防止或者减少对货物或相关费用损失的赔偿责任而支付的必要的、合理的施救或保护费用以及事先经保险人书面同意支付的其他费用（以下简称"施救费用"），保险人按照保险合同的约定负责赔偿。

（2）法律费用。保险事故发生后，被保险人因保险事故而被提起仲裁或者诉讼的，对应由被保险人支付的仲裁或诉讼费用以及其他必要的、合理的费用（以下简称"法律费用"），经保险人事先书面同意，保险人按照保险合同的约定负责赔偿。

（二）免责范围

（1）由下列原因造成的损失、费用或责任，保险人不负责赔偿。

1）被保险人及其代表和雇员的故意行为。

2）行政行为或司法行为。

3）被保险人或其代理人的违法行为。

4）自然灾害。

5）托运货物的自然特性、潜在缺陷或固有的包装不善所致变质、霉烂、受潮、生锈、生虫、自然磨损、自然损耗、自燃、褪色、异味。

6）战争、类似战争行为、敌对行动、军事行动、武装冲突、罢工、骚乱、暴动、政变、谋反、恐怖活动。

7）核辐射、核裂变、核聚变、核污染及其他放射性污染。

8）大气、土地、水污染及其他各种污染。

（2）对被保险人代理以下货物所引起的赔偿责任，保险人不负责赔偿。

1）金银、珠宝、钻石、玉器、贵重金属。

2）古玩、古币、古书、古画。

3）艺术作品、邮票。

4）枪支弹药、爆炸物品。

5）现钞、支票、信用卡、有价证券、票据、文件、档案、账册、图纸。

6）核材料。

7）计算机及其他媒介中存储的各类数据、应用软件和系统软件。

8）活动物、牲畜、禽类和其他饲养动物及有生植物。

对上述特殊货物，如需要投保，则须向保险人申报。

（3）违规签发提单。

1）因签发无船承运人提单而引发的损失。说明：这是指不具有无船承运人资格的国际货运代理企业签发提单。在投保时凡申报无船承运人资质的国际货运代理企业，可扩展因签发无船承运人提单在保险责任范围内的损失。

2）因无单放货、倒签提单、预借提单造成的损失。

（4）对于下列情形，保险人不负责赔偿。

1）任何人身损害、精神赔偿。

2）被保险人与委托人或其他第三方签订的协议中所约定的责任，但即使没有这种协议依法仍应由被保险人承担的责任不在此限。

3）责任范围第 7 款之外的罚款、罚金及惩罚性赔偿。

4）保险合同中载明的免赔额。

5）被保险人自有的或拥有实际所有权或使用权的任何财产损失及责任。

6）被保险人无有效的国际货运代理业务经营资格或超过许可经营范围从事国际货运代理业务。

7）被保险人超越代理权限从事国际货运代理业务。

8）被保险人将有关业务委托给不合法或无相应经营资格的代理人、承运人、仓库出租人、船务公司等主体。

（5）属于国际公约、《国内水路货物运输规则》、《汽车货物运输规则》、《铁路货物运输管理规则》及其他相关法律法规规定的国际货运代理免责范围的责任，保险人不负责赔偿。

（6）其他不属于保险责任范围内的损失、费用或责任，保险人不负责赔偿。

说明：免赔责任条款分为常规性免赔条款和专业性免赔条款，上述第 1～2 条属于常规性免赔范畴，第 3～6 条属于专业性免赔范畴。

（三）责任限额与免赔额

1. 责任限额

保险人对每次事故承担的赔偿金额之和不超过保险合同约定的每次事故责任限额；在保险期间，保险人承担的赔偿金额之和不超过保单约定的累计责任限额。

2. 免赔额

每次事故的免赔额由投保人与保险人在签订保险合同时协商确定，并在保险合同中载明。

我国现行的做法：

具有法人资格的国际货运代理企业投保提单责任保险，每次事故的最低责任限额不少于 100 万元人民币，不足 100 万元的，按 100 万元计算。责任限额可在 100 万～1 000 万元自由选择，但不能高于年度营业额。每增设一个分支机构，责任限额的增加应不低于 20

万元人民币。

每次事故的免赔额分为 5 000 元、8 000 元、10 000 元、15 000 元、20 000 元五档。保费与年度营业额、责任限额、分支机构的数量成正比，与免赔额成反比。

（四）保险期间

除另有约定外，保险期间为一年，以保险合同载明的起讫时间为准。

二、综合责任保险

虽然综合责任保险的名称是提单责任保险，但其承保范围实际上是国际货运代理企业作为独立经营人时的责任保险，因而不签发提单的国际货运代理企业，若在业务过程中发生了保险范围内的责任事故，保险公司同样予以赔偿。

（一）责任范围

（1）委托人的直接损失以及施救费用和法律费用，即包含国际货运代理责任保险的全部范围。

（2）货物直接损失。在保险期间，对于被保险人及其代理人在从事国际货运代理业务的过程中，签发在商务主管部门备案的国际货运代理提单、货运单、航空货运分运单等运输单证（不含无船承运人提单）或承担独立经营人责任，除国际货运代理基本责任保险规定的各项责任外，因下列事件造成上述运输单证项下货物的直接损失，依法应由被保险人承担的经济赔偿责任，保险人根据保险合同的规定在约定的责任限额内负责赔偿：

1）火灾、爆炸。

2）偷窃、提货不着、抢劫。

3）运输工具发生碰撞、出轨、倾覆、坠落、搁浅、触礁、沉没，或道路、隧道、桥梁、码头坍塌。

4）货物遭受震动、碰撞、挤压、坠落、倾覆导致破碎、弯曲、凹瘪、折断、散落、开裂、渗漏、沾污、包装破裂或容器的损坏。

5）装卸人员违反操作规程进行装卸、搬运。

6）符合运输安全管理规定而遭受水损。

7）错发、错运、错交导致货物无法追回或追回费用超过货物自身价值。

8）装箱、拆箱、拼箱、交付/接收货物、配载、积载、装卸、存储、搬移、包装或加固不当。

9）交接货物时发现数量短少、残损。

10）冷藏机器设备原因导致货物腐烂变质。

11）机械操作不当或使用的机械故障。

（二）免责范围

与国际货运代理基本责任保险的免责范围相同。

（三）责任限额与免赔额

与国际货运代理基本责任保险的责任限额与免赔额相同。

（四）保险期间

与国际货运代理基本责任保险的保险期间相同。

三、附加条款——扩展责任保险

（一）特殊货物扩展责任保险条款

1. 保险责任

兹经双方同意，鉴于被保险人已交付了附加保险费，保险人根据附加险条款和主险条款规定，承担被保险人代理以下货物引起的赔偿责任：

（1）金银、珠宝、钻石、玉器、贵重金属。

（2）古玩、古币、古书、古画。

（3）艺术作品、邮票。

（4）活动物、牲畜、禽类和其他饲养动物及有生植物。

2. 责任限额和免赔额

（1）本附加险累计责任限额不超过主险累计责任限额的 15％或 100 万元，两者以低者为准。

（2）每次事故责任限额以附加险累计责任限额的 50％为限。

（3）每次事故的免赔额同主险免赔额。

3. 赔偿处理

当上述货物发生全损时，保险人赔偿约定的保险金额。

4. 其　他

对于附加险条款与主险条款相抵触之处，以附加险条款为准，其他未尽事项以主险条款为准。

（二）第三者责任保险条款

1. 保险责任

经保险合同双方特别约定，鉴于投保人向保险人支付了相应的附加保险费，在保险期间，被保险人及其代理人在从事国际货运代理业务过程中造成第三者的人身伤亡或财产损失，依法应由被保险人承担的民事赔偿责任，保险人按照附加保险合同的约定负责赔偿。

保险合同所称的第三者是指保险人、被保险人及其代理人和雇员以外的人。

2. 责任免除

对于下列损失、费用和责任，保险人不负责赔偿：

（1）被保险人及其代理人和雇员的人身伤亡或财产损失。

（2）因机动车发生意外造成的第三者的人身伤亡或财产损失。

3. 责任限额和免赔额

（1）附加险累计责任限额不超过主险累计责任限额的 30%。

（2）每次事故的责任限额为附加险累计责任限额的 50%。

（3）每次事故的免赔额同主险免赔额。

（4）人身伤亡的赔偿限额为每人 10 万元，无免赔额。

4. 其　他

附加险与主险条款内容相抵触之处，以附加险条款为准，其他未尽事项以主险条款为准。

第三节　国际货运代理责任保险的义务与赔偿处理

一、被保险人的义务

1. 如实告知义务

（1）投保人应履行如实告知义务，如实回答保险人就保险合同所涉及的被保险人的营业额等相关情况提出的询问，并如实填写投保单。

（2）投保人故意隐瞒事实、不履行如实告知义务的，或者因过失未履行如实告知义务，足以影响保险人决定是否同意承保或者提高保险费费率的，保险人有权解除保险合同，保险合同自保险人的解约通知书到达投保人或被保险人时解除。

（3）投保人故意不履行如实告知义务的，保险人对于保险合同解除前发生的保险事故不承担赔偿责任，并且不退还保险费。

（4）投保人因过失未履行如实告知义务，对保险事故的发生有严重影响的，保险人对于保险合同解除前发生的保险事故不承担赔偿责任，但可退还保险费。

2. 妥善收受、保管、安排、处置货物

被保险人应当在国际货运代理合同所涉及的责任范围内妥善收受、保管、安排、处置货物。如果被保险人未按合同规定履行应尽的责任，保险人有权要求增加保险费或解除保险合同。

3. 重大事项变更的书面通知义务

在保险期间，如果出现足以影响保险人决定是否继续承保或是否增加保险费的保险合同重要事项变更，被保险人应及时书面通知保险人，保险人有权要求增加保险费或者解除合同。保险人要求解除保险合同的，保险人按照保险责任开始之日起至合同解除之日止的时间与保险期间的日比例计收保险费，并退还剩余保险费。

被保险人未履行上述通知义务，因上述重要事项变更造成危险程度增加而导致保险事故发生的，保险人不承担赔偿责任。

4. 事故施救、现场保护与通知义务

如果发生保险责任范围内的事故，被保险人应该：

（1）尽力采取必要、合理的措施，防止或减少损失，否则，对因此扩大的损失，保险人不承担赔偿责任。

（2）立即通知保险人，并书面说明事故发生的原因、经过和损失情况；对因未及时通知而使保险人无法对事故原因进行合理查勘的，保险人不承担赔偿责任；对因未及时通知而使保险人无法核实损失情况的，保险人对无法核实部分不承担赔偿责任。

（3）如果发生盗窃或抢劫事故，应立即向当地公安机关或行政管理部门报案，并获得其立案或事故证明，否则，对因未及时报告而扩大的赔偿责任，保险人不负责赔偿。

（4）保护事故现场，允许并协助保险人进行事故调查。对于拒绝或者妨碍保险人进行事故调查，导致保险人无法确定事故原因或核实损失情况的，保险人不承担赔偿责任。

5. 在被保险人出现被索赔、诉讼等事项时的义务

（1）当被保险人收到赔偿请求人的损害赔偿请求时，应立即通知保险人。未经保险人书面同意，被保险人自行对赔偿请求人做出的任何承诺、拒绝、出价、约定、付款或赔偿，保险人均不承担责任。

（2）当被保险人获悉可能发生诉讼、仲裁时，应立即以书面形式通知保险人。接到法院传票或其他法律文书后，被保险人应将其副本及时送交保险人。保险人有权以被保险人的名义处理有关诉讼或仲裁事宜，被保险人应提供有关文件，并给予必要的协助。

对于因未及时提供上述通知或必要协助引起或扩大的损失，保险人不承担赔偿责任。

6. 向保险公司索赔时的义务

（1）在保险事故发生后，若依照保险合同请求保险人赔偿，投保人、被保险人应提交规定的单证（具体单证清单将在后面予以说明）。

被保险人未履行规定的单证提供义务，导致保险人无法核实损失情况的，保险人对无法核实部分不承担赔偿责任。

（2）被保险人在请求赔偿时应当如实向保险人说明与保险合同的保险责任有关的其他保险合同的情况。对未如实说明导致保险人多支付保险金的，保险人有权向被保险人追回多支付的部分。

（3）如果发生保险责任范围内的损失，应由有关责任方负责赔偿的，被保险人应行使或保留向该责任方请求赔偿的权利。

在保险事故发生后，但保险人未履行赔偿义务之前，被保险人放弃对有关责任方请求赔偿的权利的，保险人不承担赔偿责任。

在保险人向有关责任方行使代位请求赔偿权利时，被保险人应当向保险人提供必要的文件和其所知道的有关情况。

由于被保险人的过错，导致保险人不能行使代位请求赔偿权利的，保险人相应扣减赔偿金额。

二、赔偿处理

（一）基本要求

1. 赔偿基础

保险人的赔偿基础以被保险人的赔偿责任来确定。被保险人的赔偿责任按以下列明的

任一方式确定：

（1）被保险人和向其提出损害赔偿请求的相关利益方协商并经保险人确认。

（2）仲裁机构裁决。

（3）人民法院判决。

（4）保险人认可的其他方式。

2. 保险人行为的界定

保险人受理报案、进行现场查勘、核损定价、参与案件诉讼、向被保险人提供建议等行为，均不视为保险人对保险赔偿责任的承认。

3. 重复保险

当保险事故发生时，如果存在重复保险，保险人按照该保险合同的累计责任限额与所有有关保险合同的累计责任限额总和的比例承担赔偿责任。其他保险人应承担的赔偿金额，本保险人不负责垫付。

4. 及时核定

在保险人收到被保险人的赔偿请求后，应当及时做出核定，并将核定结果通知被保险人；对属于保险责任的，在与被保险人达成有关赔偿金额的协议后十日内，履行赔偿义务。

5. 诉讼时效

国际货运代理责任保险的诉讼时效为 2 年。被保险人对保险人请求赔偿的权利，自其知道保险事故发生之日起 2 年不行使而消灭。

（二）赔偿计算

1. 损失赔偿的计算

在发生保险责任范围内的损失后，保险人按以下方式计算赔偿：

（1）对于每次事故造成的损失，保险人在每次事故的责任限额内计算赔偿。

（2）若约定了分项责任限额且适用分项责任限额的，保险人对每次事故的赔偿不超过该分项责任限额。

（3）在依据上述第（1）项和第（2）项计算的基础上，保险人在扣除每次事故的免赔额后进行赔偿。

保险人对每次事故造成的损失（包括发生的施救费用与法律费用），只能扣除一次免赔额。

（4）在保险期间内，保险人对多次事故损失的累计赔偿金额不超过累计责任限额。

2. 施救费用和法律费用的计算

因保险事故而发生的施救费用和法律费用，保险人按以下方式计算赔偿：

（1）对每次事故施救费用的赔偿金额，保险人在上述赔偿损失计算的赔偿金额以外按被保险人实际发生的数额另行计算，但以每次事故的责任限额为限。

（2）对每次事故法律费用的赔偿金额，保险人在上述赔偿损失计算的赔偿金额以外按被保险人实际发生的数额另行计算，但最高不超过每次事故责任限额的 30%。

第四节　国际货运代理责任保险的投保与索赔

一、投　保

（一）选择适合的险种

1. 适合选择国际货运代理基本责任保险的情形

国际货运代理责任保险适用于以纯粹代理型业务为主、不签发提单的中小型企业。

（1）不签发货运代理提单、无船承运人提单。

（2）中小规模。

（3）自建仓库或租用仓库管理。

（4）纯粹代理型业务居多。

2. 适合选择国际货运代理综合责任保险的情形

（1）签发货运代理提单、FIATA 单证或无船承运人提单。

（2）经营规模较大。

（3）多式联运、增值服务业务多。

（4）内陆运输业务量较大。

（5）FOB 出口，接受进口人指定的货运代理委托。

（6）不发达国家和危险路线业务量较大。

（7）历史上发生过高额赔偿事故。

【案例 3-1】　错误选择险种，导致保险公司拒赔

A 国际货运代理公司（以下简称"A 公司"）于 2017 年 2 月 28 日投保了国际货运代理基本责任保险，该保险的截止日期为 2018 年 2 月 27 日 24：00。A 公司受 B 公司委托提供进口漆类货物的运输服务，并与 B 公司签订了集装箱全程运输合同，A 公司向 B 公司签发了编号为 7720013332201 的海运提单。2018 年 2 月 1 日，在货物抵达 B 公司库房进行开箱检验时，发现部分包装桶破损、桶内货物渗漏。2018 年 2 月 12 日，B 公司向 A 公司发送出险通知书和索赔清单，列明受损货物 5 500 欧元、关税 4 600 元人民币、运费 7 560 元人民币，合计索赔 67 000 元人民币。

在事故发生后，A 公司迅速向保险公司提出索赔申请，并提供如下证明材料：

（1）事故情况说明。

（2）编号为 7720013332201 的提单。

（3）与 B 公司的运输服务合同。

（4）B 公司向 A 公司提交的出险通知书和索赔清单。

（5）11 张包装破损、货物渗漏的照片。

保险公司对本案的核赔方法如下：

（1）业务属实，其依据是 A 公司与 B 公司的运输合同、海运提单、报关单等资料。

（2）案情无误。其依据是保险公司到 B 公司勘查现场和货物损失的照片。

（3）责任认定——A公司的责任。其依据是运输合同。该运输合同中约定A公司负责全程运输（多式联运），并且A公司负责包装。说明：本案的海运提单不能作为索赔的关键性依据。因为所签发的海运提单是清洁提单，并且无海运区段的事故证明，所以A公司承担全程责任，无权向船公司追偿。

（4）赔偿金额——根据责任限制赔偿。其依据是本案发生在多式联运的非海运区段，但无法找到事故的实际发生区段。《海商法》第一百零六条规定：货物的灭失或者损坏发生的运输区段不能确定的，多式联运经营人应当依照关于承运人赔偿责任和责任限额的规定负赔偿责任。虽然B公司提供的货物发票和损失金额对应无误，但应重新计算A公司的责任赔偿金额，按每件或者每个货运单位666.67特别提款权，或按货物毛重每公斤2特别提款权，以两者孰高确认责任赔偿金额。

（5）是否属于保险赔偿范围——不属于。其理由是A公司投保的国际货运代理基本责任保险不保货物渗漏损失。如果A公司投保的是国际货运代理综合责任保险，则保险公司赔偿按责任限额计算的全部损失。

（二）正确选择附加条款

国际货运代理基本责任保险和国际货运代理综合责任保险均有两款标准的附加条款，而投保附加条款需要额外加费。

1. 特殊货物扩展责任保险条款

主保险条款对贵重金属和活动物等特殊货物的运输不承担责任，如果要运输特殊货物，需要选择特殊货物扩展责任保险条款。

2. 第三者责任保险条款

第三者责任是指国际货运代理企业及其代理人对第三方造成的财产损失和人身伤害的赔偿责任。例如，某国际货运代理企业负责向美国出口新闻纸的集装箱运输，在集装箱抵港接受美国海关人员的开箱检验时，箱内卷状纸捆滑落，砸伤了检查人员。经认定，该事故是箱内货物捆扎不当所致，因运输合同约定该国际货运代理企业负责装箱及捆扎，故它应对美方检查人员的人身伤害承担赔偿责任。

（三）根据需求增加扩展条款或特别约定

扩展条款或特别约定是指在保单的特别约定栏内对保险条款不明确或不承保的责任范围予以准确标注的条款或约定。当扩展条款和特别约定与主保险条款有冲突时，以扩展条款和特别约定的内容为准，而主保险条款中与此冲突的部分不再生效。在通常情况下，扩展条款和特别约定的内容包括扩大承保范围、限制承保范围、明示承保范围。

【案例3-2】　明示责任范围，及时获得保险赔偿。

当A国际货运代理公司（以下简称"A公司"）投保时，在保险经纪人的帮助下，增加了"本保险承保被保险人及其雇员、代理人因疏忽、错误或遗漏导致未能发出指令或遵循指令而引发的责任"的特别约定条款，但未增加保费。2008年8月，A公司受四川某纺织品生产商委托，向越南提供纺织品出口运输服务。因进口商采用货到付款的结算方式，因而委托人要求A公司凭通知交货，A公司在提单上注明了"凭通知交货"字样。但货物抵港后，A公司的操作员因疏忽，忘记了凭通知交货的条件，向目的港代理发出电放通知，致使委托人无法收回货款。事发后，A公司迅速向保险公司报案，经保险公司核查无误后，按特别约定条款，保险公司在扣除免赔额后，向A公司赔偿14万元。

（四）选择合适的保险渠道

1. 在国外投保国际货运代理责任保险的保险渠道与特点

目前，在国外投保国际货运代理责任保险主要采取如下两种形式：

（1）互保协会。互保协会的组织形式不同于保险公司，它是由企业自愿成立的一种互相保险的组织，其会员各自交纳保险费，共同分担赔偿金额。在国际货运代理业最具代表性的互保协会是联运保赔协会，该协会提供国际货运代理和码头操作责任及相关财产损失的保险业务。

（2）保险公司。国外保险公司普遍开展国际货运代理责任保险业务，其保险名称多为"运输服务商责任保险"、"运输专业经营者法律责任保险"或"运输及相关责任保险"。

国外的国际货运代理责任保险具有以下特点：

（1）条款结构复杂，分为货损货差和疏忽遗漏两类责任，分别列明各自的责任范围、免责范围、被保险人义务。

（2）对被保险人义务的规定多而明晰。

（3）投保人的信息披露多而复杂。保险人通过约定被保险人的义务，实现了风险控制。

（4）保费较高。国内险种的保费是国外同类险种保费的 $1/3\sim2/3$，甚至更低。

2. 在国内投保国际货运代理责任保险的保险渠道与特点

国内各大商业保险公司均承保国际货运代理责任保险。表3-3显示了在国内投保国际货运代理责任保险的要素概览。

表3-3 在国内投保国际货运代理责任保险的要素概览

责任区间	自收货到交货的全程
被保险人	国际货运代理企业及分支机构
连带被保险人	被保险人的合法代理人和业务合作人
责任赔偿限额	最低100万元人民币，每增加一个分支机构相应增加20万元人民币
运输方式	任何运输方式，含仓储等全部业务环节
适用对象	国际货运代理企业、无船承运人、多式联运经营人、物流经营人
保费计算依据	根据上年营业额计算本年预付保费，根据本年实际营业额多退少补
投保周期	年度一次性投保全年责任
投保方式	网上投保（国际货运代理综合服务网，www. ciffic. org）
保险服务	中国国际货运代理协会及其指定的保险经纪服务机构
承保公司	人保财险、平安财险、太平洋财险、大地财险公司等

（1）保费低廉。例如，100 万元国际货运代理责任保险的费率如表 3-4 所示。

表 3-4 国内国际货运代理责任保险的费率表

年度营业额 （万元）	基本责任保险		综合责任保险		每次及累计的 责任限额 （万元）
	保费 （万元）	每次事故 的免赔额 （万元）	保费 （万元）	每次事故 的免赔额 （万元）	
0～500（含）	1.5	0.5	3.6	0.5	
500～1 000（含）	2.0	0.5	4.1	0.5	
1 000～3 000（含）	2.5	0.5	5.1	0.8	
3 000～5 000（含）	3.0	0.5	6.1	0.8	
5 000～8 000（含）	4.0	0.8	7.1	1.0	100
8 000～10 000（含）	4.5	0.8	8.1	1.0	
10 000～20 000（含）	6.0	1.0	10.1	1.5	
20 000～50 000（含）	8.0	1.0	15.1	2.0	
50 000 以上	可单独邀约，保费优惠				

（2）保障全面。承保范围涵盖国际货运代理企业及其代理人自收货到交货的全程责任。

（3）投保便利。采用网络投保方式，投保单需要披露的信息简明，无须向保险公司报备运输合同和业务资料，没有任何附加条件限制。

（4）理赔及时。保险公司开放全球所有检验机构处理赔案，24 小时服务，小额事故采用便捷理赔程序，克服了到国外索赔的语言障碍和不便难题。

二、索　赔

图 3-1 显示了国际货运代理责任保险的索赔流程。

（一）事故处理

1. 提交损失通知

一旦发生有可能在保险单项下索赔的事件，被保险人应立即按照保单上的报案电话通知保险人，并尽快以书面形式提供有关信息，主要有：

（1）损失发生的时间、地点。

（2）损失发生的经过、可能的原因。

（3）损失程度及预计费用。

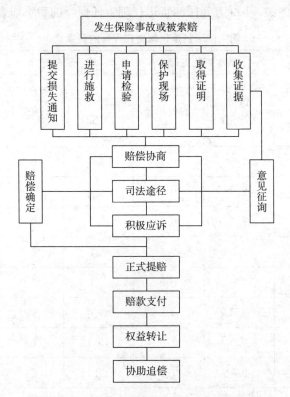

图 3-1　国际货运代理责任保险的索赔流程

2. 进行施救

被保险人应采取一切必要措施防止损失进一步扩大，并将损失减少到最低程度。

3. 申请检验

如果涉及物质损失，对于物质损失的原因和损失程度的确定，需要由公估人、检验人或保险人进行现场的查勘，被保险人应按照保单规定或保险人的指示，申请并安排现场查勘和检验。

4. 保护现场

在保险人的代表、公估人或检验师进行查勘之前，保留事故现场及有关实物证据。若损失涉及其他责任方，应及时向该责任方行使或保留索赔权利。

5. 取得证明

在货物遭受盗窃或恶意破坏时，应立即向公安机关或行政管理部门报案，并取得其立案或事故证明。

6. 收集证据

根据损害赔偿请求人提出的赔偿要求，向其收集相关证据。一方面证明请求人要求的合理性，另一方面以备向保险人索赔。

（二）应对索赔

1. 赔偿协商

根据损害赔偿请求人的请求及其提供的相关证据，被保险人结合本方查勘检验的结果和掌握的其他证据及相关法律法规，与损害赔偿请求人进行协商。

2. 司法途径

在通过协商无法达成一致的情况下，可通过仲裁、诉讼和其他适用的途径解决。

3. 意见征询

（1）在收到损害赔偿请求人的赔偿请求时，应立即通知保险人。未经保险人书面同意，被保险人不要对损害赔偿请求人做出任何承诺、拒绝、出价、约定、付款或赔偿。

（2）在预知可能引起诉讼时，立即以书面形式通知保险人，并在接到法院传票或其他法律文件后，立即将副本交付保险人，同时征询保险人有关下一步的处理意见。

4. 积极应诉

（1）在保险人的协助下，如果被保险人未能与损害赔偿请求人协商解决损害赔偿请求，并被起诉，则被保险人要与保险人保持密切联系，就如何应诉、委托律师及法律费用等事项与保险人进行沟通。

（2）如果在保险人要求（或在被保险人要求）下，保险人同意以被保险人的名义应诉，则被保险人应予以积极配合。

5. 赔偿确定

经过与损害赔偿请求人的协商，或者通过仲裁、诉讼或其他方式，最终确定了赔偿金额，那么该赔偿金额既是被保险人应该赔付损害赔偿请求人的赔偿金额，也是被保险人向保险人索赔的基础索赔金额，而保险人的赔偿金额与被保险人赔付给损害赔偿请求人的金额可能不完全一致。

（三）保险提赔

1. 正式提赔

在损害赔偿请求人提交的证据充足、赔偿金额确定后，被保险人即可向保险人正式提赔。此时，被保险人应以书面形式将索赔金额正式向保险人提出，同时附上所有保单中要求的索赔单证。

（1）出险通知书（获知发生保险事故时提供）。

（2）有效保险单正本。

（3）索赔申请书（在损失责任、金额均已确定，索赔证明材料均已齐全，需要正式提赔时，连同其他索赔单证一并提供）。

（4）有关部门出具的事故证明。

（5）损失清单。

（6）损失证明材料及支付凭证（有关费用的发票等）。

（7）相应的货物运输合同/提单（如有）。

（8）有关的法律文书（裁定书、裁决书、调解书、判决书）或和解协议（如有）。

（9）被保险人上年度的财务报表。

（10）保险人合理要求的作为请求赔偿依据的其他证明和资料。

在索赔金额中还应包括被保险人进行施救和为了应诉所产生的法律费用。

2. 赔款支付

保险人在接到被保险人的正式索赔后，应审核索赔单证，并根据保单中规定的保险责任、除外责任、赔偿限额、免赔额等条款，以及被保险人履行保单中规定的被保险人义务等情况，对被保险人进行赔付。

3. 权益转让

根据《中华人民共和国保险法》的规定，保险人在赔付后，与赔款有关的权益相应转移给保险人，保险人为了行使这一权益，需要被保险人向其签发权益转让书，被保险人应履行该义务。

4. 协助追偿

如果损失是由对被保险人负责的另一方造成的（如实际承运人、仓储管理人等），保险人就可以在赔付被保险人后，凭被保险人签发的权益转让书，向第三方实际责任人进行追偿，此时，被保险人应予以协助。

 本章小结

本章在对国际货运代理责任风险的内涵、产生动因以及防止和减少国际货运代理责任风险的方法进行分析的基础上，重点阐述了国际货运代理责任保险的内涵、投保意义、内容、除外责任等，并介绍了相关案例。

综合练习

一、单项选择题

1. 在通常情况下，保险公司对于国际货运代理企业的（　　）负赔偿责任。

A. 倒签提单　　　　　　　　　　　B. 预借提单

C. 无单放货引起的损失　　　　　　D. 错误与遗漏

2. 国际货运代理责任保险具有的特点为（　　）。

A. 单票投保　　　　　　　　　　　B. 投保时申报运输方式

C. 按年度投保　　　　　　　　　　D. 属于运输险类

3. 国际货运代理基本责任保险不包括（　　）

A. 施救费用　　　　　　　　　　　B. 法律费用

C. 货物直接损失　　　　　　　　　D. 委托人直接损失

二、多项选择题

1. 国际货运代理责任保险主要承保（　　）。

A. 错误与遗漏　　　　　　　　　　B. 仓库保管中的疏忽

C. 货损货差责任不清　　　　　　　D. 迟延或未授权发货

2. 国际货运代理企业在投保国际货运代理责任保险时可选择（　　）。

A. 商业保险公司　　　　　　　　　B. 互保协会

C. 社保机构　　　　　　　　　　　D. 商业银行

3. 我国推出的国际货运代理责任保险包括（　　）。

A. 国际货运代理基本责任保险　　　B. 国际货运代理综合责任保险

C. 第三者责任保险   D. 特殊货物责任保险

三、判断题

1. 投保国际货运代理责任保险是规避国际货运代理责任风险的主要方法。   （   ）

2. 国际货运代理责任保险的标的为责任事故。   （   ）

3. 国外的国际货运代理企业大多把投保国际货运代理责任保险作为从事国际货运代理业务的必要条件。   （   ）

四、简答题

1. 简述国际货运代理责任保险的索赔流程。

2. 简述国际货运代理责任保险与货物运输险的区别。

3. 简述国际货运代理责任保险的种类。

第二篇 代理人操作实务

❖第四章 国际海上货运代理操作实务

❖第五章 租船操作实务

❖第六章 国际陆路货运代理操作实务

❖第七章 国际航空货运代理操作实务

❖第八章 报关报检代理操作实务

第四章

国际海上货运代理操作实务

海运保函的效力

2015年8月5日,原告所属的特罗皮坎纳轮靠泊秦皇岛港装载被告的中国蚕豆。8月6日11:30～14:00,因下大雨,该轮停止作业。14:30,该轮船长发出了内容为"很遗憾地通知你们,大量的潮湿杂物混合货物装进了货船1号舱和7号舱,因此要求你们对上述问题承担责任"的声明。8月7日,被告出具了内容为"特罗皮坎纳轮的船长通知我们,大量的潮湿杂物混合货物装入货船1号舱和7号舱,对出现这种问题我们愿意承担责任"的保函。8月8日,原告根据保函签发了清洁提单。同日,该轮驶离秦皇岛港,驶往其他港口继续装货。11月9日,该轮驶抵意大利卡塔尼亚港,11月16日开始卸货。由于货物遭受雨淋后在舱内保留三个月且航行中遇到酷热天气,致使部分货物损坏并变质,原告因此赔付收货人31万美元,后依据保函起诉被告,要求其承担原告赔付收货人的损失。

保函是海运实务中常见的担保形式之一,保函对航运和国际贸易的发展起到了一定的积极作用,亦产生了一定的消极影响。自从保函在航运实践中出现以来,其效力问题一直受到航运界和法律界的关注。此案的关键问题就是保函的性质及保函在承、托双方间效力的认定和处理。

第一节 概 述

一、海上班轮运输概述

(一) 海上班轮运输的概念与分类

1. 海上班轮运输的概念

海上班轮运输 (liner shipping) 又称定期船运输,是指班轮公司使用固定的船舶、按固定的船期、在固定的港口间为非特定的众多货主提供规则的货物运输服务,并按运价成本或协议运价的规定计收运费的一种营运方式。

2. 海上班轮运输的分类

基于不同的角度,海上班轮运输可以分成不同的类型。

（1）按船舶到离港时间是否可以有一定的伸缩性划分，可分成定期定线的班轮运输和定线不严格定期的班轮运输。目前，定期定线班轮运输是班轮运输的主要形式。

（2）按所使用船舶的不同类型，可分成杂货班轮运输、海上集装箱运输。到 20 世纪 90 年代后期，集装箱运输已逐渐取代传统的杂货班轮运输；换言之，通常我们所称的班轮运输，实际上就是指海上集装箱运输。

（二）海上班轮运输的特点

1. 实行"五固定、一负责"的经营方式

海上班轮运输的特点可概括为"五固定、一负责"。

（1）"五固定"，即固定船舶、固定航线、固定港口、固定船期、相对固定的运费率。

（2）"一负责"，即货物由班轮公司负责配载和装卸，核收的运费中包括装卸费用，承运人和托运人不计算滞期费和速遣费。此外，在班轮运输的情况下，承运人和托运人的权利、义务及责任豁免以签发的提单条款为依据。

2. 参与部门多

（1）托运人与收货人。托运人（shipper）又称发货人（consignor），通常是指与承运人订立运输合同并支付运输费用的企业。收货人（consignee）是指有权提取货物的企业。在法律上，它们统称货主。在实践中，它们通常委托国际货运代理为其代办货物运输业务。

（2）班轮公司。班轮公司又称船公司，是指运用自己拥有或经营的船舶，提供国际港口间的班轮运输服务，并依据法律规定设立的船舶运输企业。在法律上，班轮公司被称为承运人；有时，为了同本身不拥有船舶但以承运人身份开展运输经营的无船承运人相区别，这类承运人又称实际承运人。

（3）船舶代理。船舶代理又称船务代理，是指接受船舶所有人或者船舶承租人、船舶经营人的委托，为其揽货、揽客和/或为其在港船舶办理各项业务和手续并收取报酬的企业。2017 年 3 月 7 日，交通运输部公布的《关于修改〈中华人民共和国国际海运条例实施细则〉的决定》（交通运输部令〔2017〕4 号）规定，中资企业设立国际船舶代理实行备案制，外资企业设立国际船舶代理实行许可证制，其中，外资企业可申请设立中外合资、中外合作国际船舶代理，不得独资设立国际船舶代理。此外，对于在非自贸区设立的国际船舶代理，外资企业不得控股且行政审批机构为交通运输部；对于在自贸区设立的国际船舶代理，外资企业可以控股，外资股的占比放宽至 51%，其行政审批机构为自贸区所在地省级交通运输主管部门。

（4）场站经营人。场站经营人（operator of transport terminals）是指接受货主、承运人或其他有关方的委托，负责接管运输货物，并为这些货物提供或安排包括堆存、仓储、装载、卸载、积载、平舱、隔垫和绑扎等与货物运输有关服务的企业，包括码头（terminals）与货运站（CFS）。其中，集装箱码头以堆场（CY）为依托，主要办理集装箱的交接、堆存、装卸船等业务；集装箱货运站主要对货物进行装箱、拆箱工作，并完成货物的交接、分类和短时间的保管等辅助工作。

（5）外轮理货公司。外轮理货公司（以下简称"外轮理货"）是指以中间人的身份独立地对承、托双方的货物交接数字和外表状况做出实事求是的判断及确认，并出具具有法律效力的理货证明，据以划分承、托双方责任的企业。外轮理货处于承、托双方的中间地位，履行判断货物交接数字和外表状况的职能，因此它对于承、托双方履行运输契约，承运方保质保量地完成运输任务，以及买、卖双方履行贸易合同都具有重要的意义。

3. 实行独特的组织方式与交付方式

根据发货人或收货人是否单独需要使用一个集装箱，可分为整箱货（full container load，FCL）和拼箱货（less than container load，LCL）两大类。整箱货是指由发货人负责装箱、计数、积载并加铅封，以箱为单位向承运人进行托运的货物；拼箱货是指承运人或其代理人接受货主托运的数量不足装满箱的小票货物后，根据货物性质和目的地进行分类整理，将运往同一目的地的货物集中到一定数量，再拼装入箱。由于箱内不同货主托运的货物拼装在一起，因此称为拼箱货。

整箱货与拼箱货涉及货物在起始地的装箱和目的地的拆箱是由货主承担还是由承运人承担等相关问题，因此在货主与承运人之间产生了以下四种组织方式：

（1）整箱接/整箱交（FCL/FCL）。双方以整箱为单位进行交接，货物的装箱与拆箱均由货主负责。

（2）整箱接/拼箱交（FCL/LCL）。在始发地，装箱由货主负责，双方以箱为单位进行交接；在目的地，拆箱由承运人负责，双方以货物为单位进行交接。

（3）拼箱接/拼箱交（LCL/LCL）。双方以货物为单位进行交接，货物的装箱与拆箱均由承运人负责。

（4）拼箱接/整箱交（LCL/FCL）。在始发地，装箱由承运人负责，双方以货物为单位进行交接；在目的地，拆箱由货主负责，双方以整箱货物为单位进行交接。

基于贸易条件所规定的交接地点不同，整箱货和拼箱货在货主与承运人之间也存在如下九种交接方式：

（1）门到门（DR/DR）。由发货人负责装载的集装箱，在其工厂或仓库交承运人验收后，承运人负责全程运输，直到收货人的工厂或仓库交箱为止。

（2）门到场（DR/CY）。由发货人工厂或仓库至目的地或卸箱港的集装箱装卸区堆场。

（3）门到站（DR/CFS）。由发货人工厂或仓库至目的地或卸箱港的集装箱货运站。

（4）场到门（CY/DR）。由起运地或装箱港的集装箱装卸区堆场至收货人的工厂或仓库。

（5）场到场（CY/CY）。由起运地或装箱港的集装箱装卸区堆场至目的地或卸箱港的集装箱装卸区堆场。

（6）场到站（CY/CFS）。由起运地或装箱港的集装箱装卸区堆场至目的地或卸箱港的集装箱货运站。

（7）站到门（CFS/DR）。由起运地或装箱港的集装箱货运站至收货人的工厂或仓库。

（8）站到场（CFS/CY）。由起运地或装箱港的集装箱货运站至目的地或卸箱港的集装箱装卸区堆场。

（9）站到站（CFS/CFS）。由起运地或装箱港的集装箱货运站至目的地或卸箱港的集装箱货运站。

由于 FCL 货物由发货人/收货人在工厂装拆箱，而 LCL 货物由承运人委托的货运站装拆箱，因此 FCL 货物的交付地点必定为 DR 或 CY，LCL 货物的交付地点必定为 CFS。由此可见，四种组织方式与九种交接方式之间存在一定的联系与对应关系，即 DR/CY、DR/DR、CY/CY、CY/DR 对应为 FCL/FCL；DR/CFS 对应为 FCL/LCL；CFS/CY 对应为 LCL/FCL；CFS/CFS 对应为 LCL/LCL；CFS/DR 对应为 LCL/FCL；CY/CFS 对应为 FCL/LCL。

综上所述，与传统运输相比，集装箱运输增加了空箱调运、装拆箱等业务内容，因而装拆箱业务和箱管业务成为集装箱运输业务中的重要内容。

4. 独特的单证系统

如图 4-1 所示，与传统运输相比，为了适应集装箱运输的需要，除了对托运单证、交付单证、监管单证、运单应做出相应的修改外，还需要增加箱管单证，如装箱单、装箱证明单、设备交接单等。与此同时，还有区别于陆运与空运方式的、具有物权凭证功能的

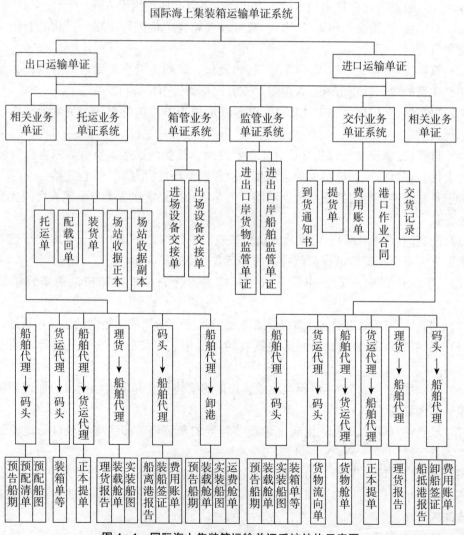

图 4-1 国际海上集装箱运输单证系统结构示意图

海运提单，因而大量的风险都是因单证操作不当所致。

二、国际海上货运代理概述

1. 国际海上货运代理的概念与分类

国际海上货运代理又称远洋货运代理（以下简称"海运货代"），通常是指接受进出口发货人、收货人的委托，代办国际海上货物运输及其相关业务并收取服务报酬的企业。

（1）按货源不同划分，可分为集装箱海运货代和散杂货海运货代。

（2）按业务性质不同划分，可分为操作性代理、订舱代理和综合代理。

操作性代理是指接受货主的委托，为其办理海运相关操作，如报关报检、装拆箱、港口中转等。

订舱代理是指接受船公司的委托，为其受理货主或其代理的订舱业务。一般的订舱流程为：货主→海运货代（操作性代理）→订舱代理→船公司。若按严格的职能划分，只有船舶代理企业才有资格成为订舱代理，然而，由于现行法规仅规定国际船舶代理企业享有代表船公司办理船舶通关及进出港靠离泊业务的专营权，因而在海运货代取得船公司的授权后，也可成为订舱代理。这也导致海运货代与船舶代理之间在业务内容上存在一定的交叉，因而也具有一定的竞争性。

综合代理是指提供包括海运在内的多种运输方式的一体化服务，实现由口岸代理服务转向以口岸为主向内陆货运网点辐射的网络型综合物流服务。

2. 国际海上货运代理的特点

（1）业务范围以集装箱代理为主，95％的海运货代的主营业务是集装箱代理业务。

（2）从业人员较多，大多从事缮制单证、报关报检以及装拆箱、港口中转服务。

（3）一些具有船公司背景的海运货代往往兼做班轮公司的订舱代理，为船公司揽货。

（4）一些海运货代已发展成无船承运人或国际多式联运经营人。

（5）大多兼营铁路、公路集疏运业务和仓储业务。

3. 国际海上货运代理的机构设置

海运货代通常设有销售员、操作员、调度员、单证员、客服等业务岗位。

（1）销售员。销售员主要负责客户开发工作。

（2）操作员。操作员主要负责接受进出口货物发货人、收货人的委托，为其办理订舱、报关报检等操作。

（3）调度员。调度员负责安排拖车、装箱等业务的受理、协调和安排，业务跟踪、反馈和完结，月度统计、分析与评估。

（4）单证员。单证员主要负责提单、保单等进出口业务单证的流转、操作和结算方式等。

（5）客服。客服主要负责业务的受理（接单）、指派和跟踪，报价的对外发布、跟踪和核实，客户日常操作维护。

第二节　国际海上集装箱出口货运代理操作实务

图4-2显示了国际海上集装箱出口货运代理的操作流程。在实践中，海运货代通常作为发货人的代理，为其办理订舱、制单、付费等货运业务；船舶代理通常作为班轮公司的代理，为其办理揽货、受理订舱、收费、签发提单、箱管等货运业务；码头代表班轮公司负责整箱货的发放空箱、收取重箱、签发相关单证及装船等业务；货运站代表班轮公司负责拼箱货的接收、储存、装箱、签发收货单据及送重箱进码头等业务；外轮理货负责在货运站或码头的理货及理箱业务。

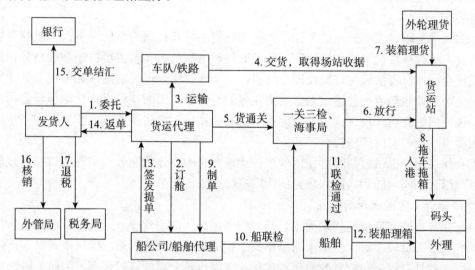

图4-2　国际海上集装箱出口货运代理的操作流程（拼箱货）

一、订舱操作

1. 揽货接单

揽货接单是指国际货运代理接受货主委托订舱的过程，实质上是货主与国际货运代理签署货运代理合同的过程。

除了那些与国际货运代理签署了长期代理协议的货主可直接在具体托运时向国际货运代理递交托运单作为托运指示外，一般的揽货与接受委托大多要经过货主电话简单询问→国际货运代理予以报价→货主填写委托书/订舱联系单以示确认→国际货运代理接单表示确认等步骤。

（1）接收货主的询盘。询盘一般应包括如下内容：

1）托运货物的说明，包括货物的名称、重量、尺寸、性能、积载因素、每件/每捆重量等。

2）运输要求，包括目的地、出运日期、交货地点、交接方式、运输方式及运输要求、付费条款、是否需要安排接运与转运等。

3）其他服务，包括是否需要代为报关报检、代办仓储等业务。

4）运输单证的发放形式，在实际业务中，对于运输单证的签发、流转等，货主可能提出有违常规的要求，比如货主提出提单电放、预借提单、倒签提单、转换提单、提单拆分与合并（拆单、分单）及异地放单等要求。

（2）审核询盘是否符合收运条件。国际货运代理在接到货主询盘后，一般应从海关、承运人及货运代理自身等方面确定该询盘是否符合收运的条件。

1）海关方面：货主是否具有进出口经营权，所要进口或出口的货物是否在其经营范围之内；能否向海关提供有效的全套报关单据。

2）承运人方面：是否符合承运人的规定，不符合承运人规定的货物不能办理托运。

3）国际货运代理方面：对于无法操作，或因货主提供的文件资料不全，以及成本太高、无法承受的货物，国际货运代理不能收运。

（3）向有关承运人询价、询问有无舱位等。在实践中，国际货运代理应掌握如下内容：

1）发货港至各大洲、各大航线常用的及货主常需服务港口的基本情况。

2）主要船公司班期信息及有关航线的运价。

3）主要内陆运输承运人及其运价。

4）各港区货运站及内陆装箱点的情况及其装拆箱价格。

5）各挂靠港的报关报检要求及其收费标准等。

6）使用船公司集装箱是否需要押金以及押金的数额等。

（4）向货主报价。国际货运代理根据自己与承运人签署的服务协议或根据承运人的报价，并结合本公司的收费标准等情况定价后，应及时向货主报价，供货主确认。

（5）货主确认报价。如果货主同意其报价，则应要求货主提交委托书，以便代为办理报关报检、提取空箱、装箱、拖车运输、装船等各种手续。如果货主不满意其运价或船舶/运输工具，国际货运代理可继续联系承运人再进行商讨。若最后仍不能使货主满意，则该项业务只好放弃。

（6）国际货运代理接受委托。国际货运代理签署委托书或通过接单、制单以示确认（俗称"接单"）。

国际货运代理不应接受的委托：

（1）非法经营进出口贸易或国际货运代理业务的企业或者个人所托运的货物。

（2）国家规定禁止进出口的货物。

（3）托运单证内容与实际出运物品明显不符的货物。

（4）明知违反运输合同规定，包装不良的货物。

（5）资料不全、货物性质不清、说明模糊、没有危险品鉴定包装证书的危险品货物。

（6）拖欠运费及其他费用严重，信誉不好的托运人所托运的货物。

（7）托运单证不齐全、单证内容不正确或托运不及时，可以不接受托运。

2. 订　舱

（1）订舱的含义。订舱是指国际货运代理代表货主向承运人或其代理人提出托运申请，承运人或其代理人对这种托运申请予以承诺的行为。显然，订舱包括托运、受理托运两大环节。

（2）订舱的类型。订舱可分为暂定订舱（provisional booking）及确定订舱（confirmed booking）两种。暂定订舱是指货主或国际货运代理向承运人或其代理人申报的初步订舱计划。暂定订舱一般于船舶到港前30天左右提出。确定订舱是指国际货运代理向承运人或其代理人提出的正式订舱申请。确定订舱一般要求在船舶到港前7～10天提出。

（3）订舱处理。

1）对于具有订舱权的国际货运代理，可根据承运人预分配的舱位情况，对客户的委托书及托运单的内容进行订舱处理，由计算机生成装载清单或预配清单。在装载清单上为委托的每一票货物安排船名、航次，分配一个提单号，并将相应编号填入托运单。然后，国际货运代理除了向客户以书面或口头形式通知船名、提单号、入货地点和入货时间外，还应通过EDI传输给承运人或其代理人，并传输给下属的有关部门，如库场车队、集装箱货运站及报关报检部，以便办理空箱的发放、装箱、重箱的交接及货物的报关报检等。

2）对于不具有订舱权的国际货运代理，应将托运单递交给承运人或其代理人作为订舱申请，承运人或其代理人加盖订舱确认章并为每票货物分配一个提单号或运单号以示确认。国际货运代理订舱取得订舱号后，应将订舱信息输入计算机，缮制本公司的货物装载清单，并将有关信息传输给客户及其下属的有关部门，如库场车队、集装箱货运站及报关报检部，以便办理空箱的发放、装箱、重箱的交接及货物的报关报检等。

3）对于中转货、联运货，订舱后还应将订舱信息及其他有关信息通知中转港代理和国外代理。

3. 订舱单证

目前，最常见的订舱单证是场站收据（dock's receipt），通常制成联单形式，包括托运单（booking note）、装货单（shipping order）、收货单及其副本等各联（参见附录1A、附录1B）。由于这套单证的第一联为托运单，所以有时又称托运单。表4-1和图4-3分别显示了十联场站收据的构成、用途与流转。

表4-1   场站收据各联的名称与用途

顺序	名称	颜色	主要用途
1	集装箱货物托运单——货主留底	白色	系托运合同，托运人留存备查
2	集装箱货物托运单——船舶代理留底	白色	系托运合同，据此编制装船清单等
3	运费通知（1）	白色	计算运费
4	运费通知（2）	白色	运费收取通知
5	装货单——场站收据副本（1）	白色	又称下货纸、关单，报关单证之一，并作为海关放行的证明
5	缴纳出口货物港杂费申请书	白色	港方计算港杂费
6	场站收据副本（2）——大副联	粉红色	报关单证之一，并证明货已装船等
7	场站收据	淡黄色	报关单证之一，船舶代理凭此签发提单
8	国际货运代理留底	白色	缮制货物流向单
9	配舱回单（1）	白色	国际货运代理缮制提单等
10	配舱回单（2）	白色	根据回单批注修改提单

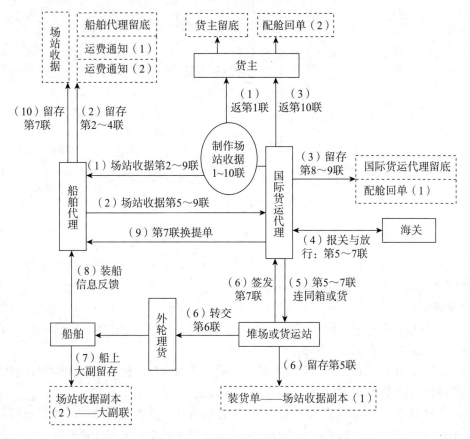

图 4-3 场站收据流转示意图

场站收据的签发意味着各自责任的终止或开始：对于拼箱货，应在货运站收到货物后，向托运人或其代理人签发场站收据；对于整箱货，应在码头堆场收到重集装箱后，向托运人或其代理人签发场站收据，如图 4-4 所示。对于托运人或其代理人而言，货物一旦交付船公司或其代理人，并由船公司或其代理人签发场站收据，则表明履行货物交付责任（义务）的终止；对于船公司或其代理人而言，场站收据的签发表明船公司开始承担货运责任。当然，如果发生货运事故，船公司在赔偿托运人或其代理人以后，可以行使追偿权，向相关货运站或堆场追偿其损失。

4.常见的不规范操作

（1）未签署委托-代理合同。

[案例 4-1] 2006 年 9 月 8 日，帕诺公司向华展公司提交订舱单，注明"请配 2006-09-14 船/航班"。随后，华展公司向金鹏公司传真了一份出口货运委托书，其右上角注明"预计出运日期 2006 年 9 月 14 日"，其他内容均与上述订舱单一致。此后，金鹏公司向海丰公司订舱，取得了盖有海丰公司订舱确认章的场站收据，其上载明了具体的船名、航次及预配船期 2006 年 9 月 15 日，其他均与上述货运委托书一致。金鹏公司将该场站收据传真给华展公司，后者加盖了自己的订舱章后又传真给帕诺公司。然而，该箱未能如期出运，而是于 9 月 16 日装船出运。海丰公司声称，该货物未能及时装船出运，系因

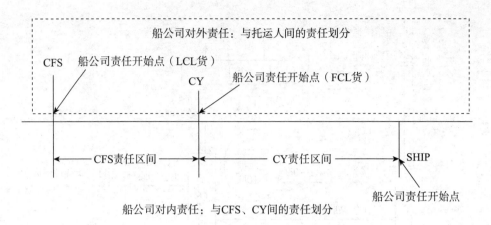

图 4 - 4 场站收据有关各方责任划分示意图

货物报关时经历海关查验，故较其他配载货物晚到港区。2006 年 12 月 11 日，华展公司在赔偿了帕诺公司损失后向金鹏公司追偿。

案例评析：

第一，华展公司传真的出口货运委托书的性质是什么？金鹏公司采取了哪种承诺方式？双方的货运代理合同关系是否成立？

该出口货运委托书在性质上应为要约。金鹏公司通过自己接受出口货运委托书之后的订舱行为做出了承诺。双方的货运代理合同依法成立。

第二，本案双方在合同的履行日期问题上存在分歧，金鹏公司承诺的装船日期与出口货运委托书上的不一致，这是不是对要约的实质性变更？华展公司能否胜诉？

出口货运委托书显示的装船日期为 9 月 14 日，场站收据显示的装配船期为 2006 年 9 月 15 日，两者之间仅相差一天，在航行时间较长的海运中几乎可以忽略不计。因此，根据国际货运代理业和航运业的惯例，被告的行为并未对原告要约的内容做出实质性变更。而原告在收到该场站收据后，加盖自己的订舱单并传真给帕诺公司，足以证明原告认可了被告对其要约的非实质性变更。因此，双方的权利和义务应以承诺的内容（即被告的场站收据确认的内容）为准，故华展公司不能胜诉。

第三，承、托双方应吸取的教训是什么？

对于华展公司来说，它败诉的关键原因在于，其不仅一厢情愿地将出口货运委托书视为合同，并且接受了金鹏公司交付的场站收据。此时，金鹏公司的国际货运代理义务已完成，至于之后货物未能按时出运，系承运人方面的原因，并非自己的义务范围和过错所致。如果华展公司对出运日期有相差一天也不行的严格要求，其应当在出口货运委托书上明确注明。

对于金鹏公司来说，它应签订详细的书面委托-代理合同或运输合同，以免届时产生不必要的纠纷。

（2）对业务人员的授权审核不严。

[**案例 4 - 2**] 1994 年 11 月 11 日，A 公司业务员以公司的名义与 B 公司签订了一份货物托运书，委托 B 公司办理两个货柜蜡笔从深圳运至意大利热那亚港的海运手续，并约

定了海运费。随后，B公司根据业务员通知两次派车到深圳拖取货柜，但因货未备妥，从而发生了空车费。业务员对上述空车费均承诺与海运费一并支付，并将发运日期推至 12 月 15 日。15 日，B公司办妥了 A 公司两个货柜的海运手续，并将海运提单正本一式三份交给了业务员，而后两个货柜的蜡笔被如期运抵热那亚港。由于 B 公司在交付提单之前已向实际汽车承运人垫付了空车费，故向 A 公司索要海运费及空车费。A 公司仅支付了海运费给 B 公司，却拒付空车费，其理由是业务员与 B 公司签订的合同应视为个人行为，与本公司无关，况且货物托运书中也没有空车费的约定。

案例评析：

第一，A 公司的抗辩是否正确？

A 公司的抗辩不正确。在本案中，虽然作为合同签订人的业务员未持 A 公司出具的任何授权委托证明，并且与 B 公司签订了国际货物运输代理合同，即其行为属于无权代理，但由于货物实际上为 A 公司所有，并且 A 公司还依据该合同向 B 公司支付了海运费，因而应视为对业务员的行为已予追认。可见，业务员的行为应是 A 公司的行为，其签名承诺还款的后果应由 A 公司承担。B 公司的空车费损失是由 A 公司的过错造成的，A 公司应予偿还。

第二，B 公司的失误有哪些？

B 公司的失误有：一是未要求业务员出具授权委托书；二是在交付提单之前没有收妥空车费或者要求 A 公司而不是业务员对空车费进行书面确认。

（3）货主未如实申报货物。

[案例 4-3] 2005 年 4 月 25 日，被告在大连将涉案货物装入集装箱内。29 日，被告委托其代理人向原告申请订舱，原告签发了提单。提单记载的托运人为被告；40 英尺集装箱；货物毛重 39 吨；皮重 4 900 公斤。5 月 17 日，船舶航行到马来西亚的巴生港中转，发现被告的货物重量为 52.8 吨（含集装箱重量），超过该港口的最大承重能力，因此无法卸下。为了将货物卸下，船舶绕行至斯里兰卡的科伦坡港，但在该港口仍无法卸下该货物。根据该港口的检验结果，该货物的重量为 51.4 吨（含集装箱重量），同样超过了该港口吊车的最大承重能力，因而无法卸下该货物。5 月 21 日，船舶从科伦坡港开航，于 6 月 4 日到达德国汉堡港，以开舱货的方式卸下该货物。汉堡港的检验结果表明，该货物的重量为 44 吨（不含集装箱）。6 月 9 日，该货物在汉堡港被转运至印度蒙德拉港，该港口的检验结果表明，货物重量为 46 吨（不含集装箱）。被告辩称原告越过目的港绕航科伦坡港是原告单方面的行为，损失应由原告自行承担。

案例评析：

第一，被告委托原告运输的货物是否为 39 吨？

根据《海商法》的规定，托运人应向承运人申报正确的货物品名、标志、包数（或者重量、体积）等，本案的货物是由被告装箱后交付本案原告，因此关于货物重量的准确性应由托运人（即本案的被告）提供，承运人对货物重量的审查应限于表面审查。所以，原告签发提单，并不一定代表对货物真实重量的确认。

原告的四份检验结果均经过公证认证。四个港口称重时的货物状态不同、各港口吊装的仪器存在误差，因此四个港口的称重结果不一致是合乎逻辑的。四份检验结果均超出被告申报的 39 吨，因此可以认定被告的货物已超过其申报的重量 39 吨。

第二，原告是否存在不合理的绕航？被告是否应承担责任？

判断船舶绕航是否合理，应考虑不可抗力、合同约定以及是否符合托运人、收货人或其他权利人利益等多种因素。原告在巴生港中转时，发现货物超重而无法卸下，为及时卸下货物，原告没有按公布的航线直接到苏伊士运河，而是选择到离巴生港最近的大港科伦坡港卸货。在科伦坡港仍未卸下货物的情况下，原告按公布的航线航行至汉堡港并以开舱货的形式卸下货物，而后转运到目的港印度的行为，是原告为及时卸下货物、保护被告的利益而进行的合理行为，因此原告到科伦坡港的绕航应属于合理的绕航。承运人不承担船舶合理绕航给托运人、收货人或其他权利人造成的损失。根据《海商法》第六十六条的规定，因托运人申报不实，对承运人造成损失的，托运人应负赔偿责任。原告为卸下超重货物而产生的额外卸货费和码头费、检验费、公证认证费、集装箱损害修理费，是原告因货物超重而产生的损失。被告应赔偿原告的相应损失。

（4）擅自更改航线、甩柜。

[案例 4-4]　1998 年 7 月初，原告畜产公司向被告永合船务订舱，要将 8 个货柜的洋葱从青岛运至日本神户，双方约定了运杂费。被告接受订舱后，又以自己的名义通过第三人金安储运向第三人箱运公司订舱，并取得箱运公司的提单号。1998 年 7 月 7 日，永合船务从原告工厂接受已装箱铅封的集装箱入港。因该航次船舶超载，原告有 5 柜货物共 120 吨洋葱未能装上预定的船舶，导致甩箱，被告迟至 7 月 15 日才将货物送回原告工厂；经双方共同盘货，发现部分洋葱已腐烂。为此，原告向法院起诉被告，要求其支付因甩箱造成的货损。在庭审时，被告永合船务称自己是原告的国际货运代理，已履行了代理责任，应由金安储运及箱运公司承担责任；金安储运称自己是被告的国际货运代理，对于甩箱不应承担责任；箱运公司称自己只是提供了提单号但没有签发提单，因而与被告之间的海上货物运输合同关系并未成立。

案例评析：

第一，本案永合船务、金安储运、箱运公司的法律地位如何？

被告永合船务是承运人。被告以自己的名义接受原告的订舱，双方约定的权利和义务是被告将货物从青岛港运至目的港日本神户，原告支付约定的海运费、港杂费等费用，这是典型的运输合同内容。根据《海商法》第四十一条的规定，原、被告间的海上货物运输合同关系成立。被告虽未签发提单，但已提供提单号，并接受了货物，因此被告是本案所涉航次的合同承运人。

金安储运是被告的国际货运代理。金安储运接受被告委托租船订舱，其依照被告的装运指示，选择合适的承运人并向选定的承运人订舱、索取提单号后就已履行完毕被告所委托的订舱义务。

箱运公司是实际承运人。金安储运按被告要求向箱运公司订舱，箱运公司接受订舱并出具提单号，表明其与被告间的装货协议已明确成立，承、托双方的海上货物运输合同已成立。

第二，甩箱责任应由谁承担？

甩箱责任应由承运人与实际承运人承担连带责任。根据《海商法》第四十六条、第四十八条的规定，承运人对因其积载不当而造成的甩箱应当负赔偿责任。根据《海商法》

第六十三条的规定，被告永合船务与第三人箱运公司分别作为本案的承运人与实际承运人，因它们都对给原告造成的货损负有赔偿责任，即应承担连带赔偿责任。

金安储运是为被告办理订舱的国际货运代理，被告要求其承担责任，无事实和法律依据。

（5）擅自货装甲板。除非根据双方约定或者商业习惯允许装于舱面的货物（如木材），或者有关法律法规规定必须装于舱面的货物（如某些危险货物）之外，承运人不得擅自将货物装于舱面，否则不但要承担赔偿责任，而且还将失去享受责任限制的权利。

[案例 4-5]　上海某公司从美国进口一个装载电子产品的 40 英尺集装箱，美方的托运人在向船公司订舱时，在订舱单上注明"装载舱内"。船公司接受托运，但在实际运输中，集装箱并非装载舱内，而是装载甲板运输。提单上的运输条款为 CY-CY，并记载了货主装箱计数（SLAC）。集装箱运抵上海外高桥集装箱码头，在卸船时箱子外表状况良好、铅封也正常。当收货人前来提箱时，箱子外表状况良好、铅封也正常，但拆箱时却发现箱内部分电子产品已受潮，经商检认定，锈损系海水所致。为此，收货人向承运人索赔。

案例评析：

承运人以"根据提单上舱面货选择权条款，承运人有权将任何货主集装箱装载舱面运输而无须征得货主同意"为由，拒绝对此损害承担责任是否正确？

不正确！由于托运人要求将箱子装载舱内，而事实上是装载甲板运输，致使电子产品锈损，而装载舱内，即使在一定程度上箱子漏水也不至于造成电子产品锈损。因此，承运人对集装箱内电子产品的锈损不仅应承担赔偿责任，而且不能享受提单上的责任限制，应按实际损失赔偿。

二、箱管操作

对于提取空箱、装箱、安排重箱进码头等操作，如果是整箱货，这些操作应由发货人或其代理人完成；反之，如果是拼箱货，这些操作应由货运站完成。

1. 集装箱交接

出口集装箱交接包括货主或其代理人从码头提取空箱以及装箱后将重箱送交码头。

（1）设备交接单（equipment interchange receipt/equipment receipt，E/R）是集装箱所有人或其代理人签发的用以进行集装箱等设备发放、收受等移交手续并证明移交时箱体状况的书面凭据，在港、台俗称"提柜纸"。

设备交接单作为集装箱在流转过程中每个环节所发生变化和责任转移的事实记录，除了用于对集装箱的盘存管理和对集装箱进行跟踪外，还可代替集装箱发放通知单，作为用箱人或其代理人向港（站）办理提取、交接或回送集装箱及其设备的依据，更是划分箱体在使用过程中损坏责任的唯一依据。

设备交接单可进一步分为进场设备交接单和出场设备交接单。无论是进场设备交接单还是出场设备交接单均由船舶代理留底联（白色）、码头堆场联（白色）和用箱人、运箱人联（黄色）三联构成，见附录 2。

设备交接单的流转过程，如图 4-5 所示。

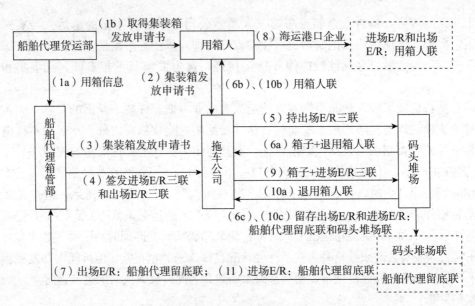

图4-5 进场设备交接单和出场设备交接单流转示意图

（2）集装箱交接程序。国际货运代理在代表货主办理集装箱空（重）箱的交接时，应遵循船舶代理有关集装箱管理的规定（见图4-6）。其中，提空箱时应交付押金，并签发出场设备交接单，送重箱时应签发进场设备交接单。

在实务中，如果提取普通箱，则由国际货运代理填开提箱联系单后到承运人代理处换取提箱单，然后再安排车队持提箱单到指定库场提箱。如果需用特种箱，国际货运代理应填开特种箱提箱联系单送箱管部，经箱管部同意后方可提箱。箱管部通知库场放箱，同时通知国际货运代理到承运人代理处换提箱单，国际货运代理再安排车队持提箱单到指定库场提箱。

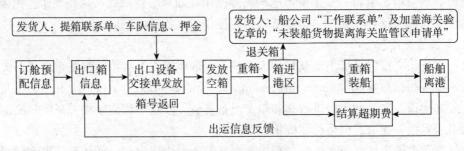

图4-6 出口箱管理流程

（3）集装箱检查与批注。集装箱检查主要包括以下几点：

第一，外部检查。检查时应对箱体的表面进行察看，检查是否有变形、损伤等。

第二，内部检查。检查时应进入箱内，然后关上箱门，观察有无漏光现象，由此判断集装箱是否有破损。

第三，箱门检查。箱门应完好、水密。

第四，清洁检查。检查箱内有无残留物和污染、锈蚀、水湿、异味等。

第五，根据货物及有关要求进行其他检查，如防虫、防病疫检查等。

凡有下列情况之一的，均应在设备交接单上予以批注：

第一，箱号及装载规范不明、不全，封志破损、脱落、丢失、无法辨认或与进口文件记载不符。

第二，擦伤、破洞、漏光、箱门无法关紧。

第三，焊缝爆裂。

第四，凹损超过内端面3cm，凸损超角件外端面。

第五，箱内污染或有虫害。

第六，装过有毒有害货物，未经处理。

第七，箱体外贴有前次危险品标志，未经处理。

第八，集装箱附属部件损坏或丢失。

第九，特种集装箱机械、电气装置异常。

第十，集装箱安全铭牌（CSC plate）丢失。

2. 货物装箱

货物装箱分为产地装箱和场地装箱两种。对于产地装箱，国际货运代理操作部门应与车队联系，由车队携带打印好的装箱单、行车路单、托运单、铅封、设备交接单在空箱堆场提箱后到产地装箱、封箱，把重箱提回，并于截港前送入港区。国际货运代理除了应结合拟装箱货物的数量、性质、积载因素，各种集装箱的装载重量、最大容积和不同货物的亏箱率对装箱单位制定的初步装箱积载图予以审核外，还应到装箱现场了解装箱情况；若发现问题，应及时予以解决。

国际货运代理监装箱时应注意以下几点：

第一，箱内货物的重量不得超过该箱允许的额定载重量。每一个集装箱的额定载重量在箱体上均有记载，对于某些国家对进口集装箱的货物重量另有限制的，应按其规定办理。例如，运往美国的货物，20英尺集装箱不得超过17.24吨；40英尺集装箱不得超过19.95吨；超过者需要开具重量证明书，否则美国将进行罚款。

第二，如果对货物进行加固或绑扎的材料是木材，且目的地是澳大利亚、新西兰等国，则应在箱体外表明显地方贴上有关部门出具的木材经检疫处理证明。

第三，对于根据"出口种类表"以及国际惯例、合同或信用证条款规定需要由商检局出具商检证书或监装证书的，商检局人员应在装箱完毕进行封箱，同时记录箱号及封志号并签发商检证书或监装证书。

第四，有关冷藏货和危险货的装箱要求，请参见本章中的相关内容。

第五，在装载粮食、冷藏食品、危险货物时，托运人或其代理人应向港务监督、商检、卫检、动植检等主管部门申报，经出证批准后方可装载。

3. 操作不当的案例分析

（1）漏装箱。

[案例4-6]　上海一家公司（以下简称"发货人"）为履行以FOB价成交的30万美元的皮鞋出口合同，委托集装箱货运站装箱出运，发货人在合同规定的装运期内将皮鞋送到货运站，并由货运站在卸车记录上签收后出具场站收据和装箱单。该批货出口提单记载

CY/CY 运输条款、SLAC（由货主装载并计数）。国外收货人根据提单的表面记载向发货人支付了货款，在目的港提箱时，箱子外表状况良好、关封完整，但打开箱门后一双皮鞋也没有。后经查实，该批皮鞋仍堆存在货运站的仓库内。

案例评析：

第一，由于出口提单记载"由货主装载并计数"，收货人根据提单记载向发货人索赔，但发货人以"在 FOB 条款下，随着货交承运人，其贸易风险也转移给了买方"为拒赔理由充分吗？

该理由不充分。根据国际贸易价格术语解释，国际货物买卖风险是指运输的风险。本案货物并未装入集装箱，因货物未发生越过船舷的客观事实，所以不存在风险转移的问题。因此，收货人根据接收货物的实际情况向发货人索赔，这不仅符合国际贸易惯例，而且有法律依据。

第二，在收货人向承运人提出赔偿时，承运人拒赔的理由是什么？

承运人拒赔的理由为"提单记载的运输条款是 CY/CY"，即整箱交接，提单的反面条款也规定"整箱货交接的情况下，承运人在箱子外表状况良好、关封完整下接货、交货"。既然收货人在提箱时没有提出异议，则表面上承运人已完整交货。此外，"提单上记载由货主装载并计数"，因此对承运人来说，他事实上并不知道箱内是否装载了皮鞋。

第三，收货人向保险人提出赔偿时，保险人拒赔的理由是什么？

保险人提出"这种赔偿归属于集装箱整箱货运输下的'隐藏损害'，即无法确定皮鞋灭失区段和责任方"。如果收货人向保险人提赔，收货人应向保险人举证说明皮鞋的灭失区段、责任方，这样才能保证保险人在赔付后可行使追偿权，即进行"背对背"赔偿。另外，保险人还表示：整箱货隐藏损害应同时具备三个条件：

1）货物灭失或损害发生在保险人责任期限内。

2）货物灭失或损害属保险人承保范围的内容。

3）箱内货物的名称、数量、标志等装载必须与保单内容记载一致。

第四，本案货运站的法律地位是装箱人、仓储合同保管人？货运站以"即使由货运站装箱，也是货主委托行为，货运站是货主的雇用人员"为拒赔理由充分吗？

货运站既是发货人委托的装箱人，又是与发货人订有仓库合同的一方，承担仓储合同责任，同时又是装箱人，应承担装箱过失责任。因此，货运站拒赔的理由不充分。因为装箱单和场站收据的出具表明货运站已收到货主的皮鞋并已装箱，同时也意味着货运站开始承担责任。因此，货运站应承担赔偿责任。本案最终以货运站承担皮鞋出运的所有费用并给予收货人相应补偿而结案。

（2）装箱监装不力。

[案例 4-7]　1999 年 5 月 17 日，原告轻工业品公司为履行 FOB 出口合同，口头委托被告海沧公司代其办理一批货物的订舱、仓储、报关、场装、代办提单等国际货运代理业务。根据被告的要求，原告将待出口货物运至被告指定的和丰公司堆场，由被告向和丰公司堆场安排了场装计划。在货物装船后，原告取得了承运人签发的托运人为原告，所装货物为 475 箱文具，批注由托运人自行装箱、点数和铅封的已装船指示提单，并通过银行以信用证方式结得全部货款。货物运到墨西哥后，收货人称已收到该货柜，但因短少型号

为 No.8896 及 No.8835 的 70 箱价值为 7 840 美元的笔刨，而从另一单交易中直接扣除了 7 840 美元的货款。为此，原告以被告漏装为理由，要求被告承担 7 840 美元的货款损失。

案例评析：

第一，被告以"原告的外销价为 FOB 价格条件，根据该条件，货物装船则风险转移，提单已经记载了全部货物装船。即使货物有 70 箱未实际装船，根据国际惯例，原告不应对国外客户承担赔偿责任，原告自愿返还原已收到的部分货款，应自负其责"为拒赔理由，是否正确？

该拒赔理由错误。根据国际贸易价格术语解释，本案国际货物买卖风险是指运输的风险。

第二，被告以"货物漏装的责任在和丰公司，因为漏装是堆场未按其作业指令造成的，且原告并未委托其监装"为拒赔理由，是否正确？

该拒赔理由错误。被告作为国际货物运输代理的专业公司，接受了原告的委托，收取了包括场装费在内的相关费用，即应认真履行代理职责、保证货物如数装箱并安全装船。虽然本批货物的装箱是由和丰公司实际操作的，但该公司与原告并无直接的委托关系，根据合同的相对性原则，被告不能以第三方的原因对抗原告。从本案的实际情况看，70 箱笔刨漏装亦与被告未尽监装义务有关。因此，被告应向原告独自承担合同责任。

三、运费操作

1. 海上集装箱运价的特点

海上集装箱运价的计算办法与普通班轮件杂货运价的计算办法一样，也是根据费率本规定的费率和计费办法计算运费，并且同样有基本运费和附加费之分。不过，由于集装箱货物既可以交集装箱货运站（CFS）装箱，也可以由货主自行装箱整箱托运，因而在运费计算方式等方面有所不同。表 4-2 显示了海上班轮件杂货运价与集装箱货物运价的主要差别。

表 4-2　　　　海上班轮件杂货运价与集装箱货物运价的主要项目对比

对比项目	集装箱货物		班轮件杂货
	整箱货	拼箱货	
普通货物费率级别	一般为 4 个级别费率，例如：1～7 级，8～10 级，11～15 级，16～20 级；或者 1～8 级，9 级，10～11 级，12～20 级等		21 个级别费率，由 20 级商品与 Ad. Val 构成
货类划分	普通货、一般化工品、半危险品、全危险品、冷藏货 5 类，有的还单列出挂衣箱费率		普通货、冷藏货、活牲畜等
计费方式	除采用与班轮件杂货相同的计费方式外，大多采用 FCS、FCB、FAK 等包箱计费	与班轮件杂货计算方法相同	按等级费率或商品列名费率计收运费

续前表

对比项目	集装箱货物		班轮件杂货
	整箱货	拼箱货	
超长、超重附加费	无（因为是货主自行装箱，与船公司无关）	收，CFS/CY 减半收取	收取
变更目的港附加费	有	无（不允许变更卸货港）	有
选择卸货港附加费	有	无（不允许选择卸货港）	有
转船附加费	有	有	有
对于家具、行李与服装的计费	对于非成组装箱的载于集装箱内的家具与行李，运费按箱内容积的 100%计收；对于挂衣箱，运费按箱内容积的 85%计收		按实际运费（吨）计收运费
最低运费	每箱规定最低运费，计算办法与班轮件杂货不同	每份提单规定最低运费	每份提单规定最低运费
最高运费	有	无	无
货物滞期费	有	有	有
箱滞期费	有	无	无
运价表费率适用范围	港至港（包括港区附近的货运站）间费用		舷（钩）至舷（钩）间费用

2. 拼箱货的运价计算

拼箱货的计费方式与传统班轮件杂货相同，即按货物的重量或体积计收运费。此外，拼箱货不允许变更目的港和选择卸货港，因而也无对应的附加费。

（1）基本费率与附加费。海上班轮件杂货的运费由基本费率（basic rate）与附加费（additional 或 surcharge）构成。

基本费率是运价表中对货物规定的必收的基本运费单位，是运价的主要部分，也是其他一些按百分比收取的附加费的计算基础。

基本费率只是根据一般商品在班轮公司定期挂靠的基本港口之间进行运输的平均水平制定，并不包括在运输、装卸、积载过程中以及因经济等原因而额外增加的费用。因此，运价表中除列明了基本费率外，还列明了名目繁多的附加费。

常见的附加费主要有以下几种：

1）因商品的特点而需要特殊设备或作业所发生的附加费，比如超重附加费（heavylift additional）、超长附加费（long length additional）等。

2）因商品运达港口的不同情况而增收的附加费，比如港口附加费（port additional）、直航附加费（direct additional）、转船附加费（transshipment additional）、港口拥挤费（port congestion surcharge）、选择卸货港附加费（additional for optional destination）、变更卸货港附加费（additional for alteration of destination）等。

3）因经济变化、货币汇率浮动、原油产量增减等原因而临时增加的附加费，比如燃油附加费（bunker surcharge，BS；bunker adjustment factor，BAF）、货币贬值附加费（currency adjustment factor，CAF）等。

各种附加费的计算办法，或者是在基本费率的基础上以一定的百分比计算，或者是按绝对数增收若干美元。

（2）计费标准。目前，运费的计算标准不尽相同。例如，对于重货，一般按重量吨（weight ton）作为运费吨/计费吨（freight ton，FT；revenue ton，RT；西方人常用 RT，中国人常用 FT）计收运费；轻泡货按体积吨（measurement ton）计收；有些价值高的商品按 FOB 货值的一定百分比计收；有些商品按混合标准计收，比如先按重量吨或体积吨计收，然后再加若干从价运费。各种计费标准在运价表中表现为：

● 注明"W"。表示按商品的毛重，以重量吨为计费单位，每 1mt（吨，1mt＝1 000 kg）为 1 重量吨。

● 注明"M"。表示按货物"满尺丈量"的体积，以 m³ 为计费单位，每 1m³ 为 1 体积吨。

● 注明"M/W"。表示分别按重量吨和体积吨计算运费。

● 注明"Ad. Val"。表示按货物 FOB 价格的一定百分比收取运费，即采取从价计费。

● 注明"W/M or Ad. Val"。表示分别按重量吨、体积吨或从价运费计算运费，并选择其中的运费高者计收。

● 注明"W/M plus Ad. Val"。表示按重量吨或体积吨再加从价运费。

在一般情况下，主要使用的计费标准是按重量吨或体积吨计算运费；对于贵重商品，则按其货价的一定百分比计算运费；当货物以重量吨、体积吨或从价计费时，择其运费收入高者进行计费，称为"择大计费"。至于各种商品应按何种计算标准计收运费，通常在承运人公布的运价表中均有具体规定。

（3）等级运价与费率运价。等级运价是以航线为基础的等级运价，即按照货物的价值、易受损程度等因素把商品分为若干等级，每个等级都规定了不同航线上的基本费率，等级越高，运价越贵。等级费率表由航线、基本港、货物等级、计费标准、东行费率、西行费率、计费币种等构成，如果是集装箱货物还需要增加"交付方式"项，它需要与"货物分级表"配套使用。付费人首先在"货物分级表"中确定商品所属的等级，然后再根据指定航线的"等级费率表"查出该商品等级所对应的运价，即该类商品的运价。

费率运价又称单项费率运价，是对各种货物在不同的航线上分别制定一个基本运价，即将每种商品及其基本费率逐个列出，付费人只需根据货物的名称及所运输的航线，即可直接查找出计收该货物运费的运价表。由于无须与"货物等级表"配套使用，因此费率运价的使用方便，但缺点是有些商品未能列入运价表中，在计费时需要合理地"靠"或"套"在与运价表中商品相同或相似的费率上。

在船公司公布的航线运价表中，有些货物采取商品等级运价，有些货物采取商品费率运价，有些货物则混合以上两种运价，即有些货物采用商品等级运价、有些货物采用商品费率运价。在实践中，大多数公司采用商品等级运价的形式制定运价。

（4）运费的计算。运费的计算并不是一项困难的工作，但它是一项具体而细致的工作。在进行运费计算时，一般应按照选用运价表→确定航线、基本港等→确定是否采取协议运价或特价→确定商品的基本费率→查出各项应收附加费的计算办法及费率→确定商品的计量单位和计量单位的换算等步骤具体计算。

[案例4-8] 某货主以CFS/CFS条款从上海装运10吨、共计11.3立方米蛋制品到英国普利茅斯港，要求直航。经查货物分级表、中国—欧洲地中海航线等级费率表和附加费率表可知：蛋制品是10级，计算标准是W/M，10级货物的基本费率为116元/吨；普利茅斯港直航附加费，每计费吨为18元，燃油附加费为35%。试求运费。

案例评析：

由于重量吨小于体积吨，所以该货物的计费吨应为11体积吨，因此全部运费为：

$$F=(116+116\times35\%+18)\times11=1\ 920.60(元)$$

3. 整箱货运价的计算

（1）计费方式。对于整箱货，目前普遍实行与传统班轮件杂货不同的计费方式——包箱费率（box rates），其特点是以每个箱子为计费单位，不计实际装货量。

目前，这种包箱费率可分为3种形式：

第一，FAK包箱费率（freight for all kinds，FAK）。它是指对每一集装箱不细分箱内货类、不计货量（当然不能超过规定的重量限额），而只按普通货、一般化工品、半危险品、全危险品、冷藏货分别制定出不同箱型的费率计收运价。

第二，FCS包箱费率（freight for class，FCS）。它是在FAK包箱费率计费方式的基础上，将其中的普通货细分为3~4个等级并制定相应的费率。显然，在这种费率下，对于整箱货，首先根据货名查到等级，然后按等级和交货条件以及箱子规格查到每个箱子的相应费率。

第三，FCB包箱费率（freight for class and basis，FCB）。它是在FCS包箱费率计费方式的基础上，针对货物计算标准的不同分别制定了不同的包箱费率。显然，在这种费率下，以重量吨或体积吨为计费吨时，其包箱费率并不相同。

（2）最低运费。出于市场竞争的需要，目前很少有船公司收取最低运费。

（3）最高运费。最高运费的含义是当托运人箱中所装货物的体积吨超过承运人所规定的最高运费吨时，承运人仅按最高运费吨计收运费，超过最高运费吨的部分免收运费。设置最高运费的目的是鼓励托运人采用集装箱装运货物并最大限度地利用集装箱的内容积。它仅适用于按体积计算运费且由货方自行装箱的商品，不适用于按重量吨计算运费的商品，以及货方使用自有箱或者由承运人货运站装箱或采用包箱费率的场合。

四、提单操作

1. 提单的含义与功能

根据《海商法》的定义，提单（bill of lading，B/L）是指用以证明海上货物运输合同和货物已经由承运人接收或者装船，以及承运人保证据此交付货物的单证。基于上述提单的定义，表明提单具有合同证明、货物收据和物权凭证三大功能。

在班轮运输下，承运人通常自行拟定印有公司名称的班轮提单（因而也常称有抬头提单），而且在实务中，为了便于使用，班轮提单大多按"一式两用"的方式印制。例如，用于集装箱运输的集装箱提单大多以"港到港或多式联运"（port to port or multimodal transport）为提单的"标题"，以表明该集装箱提单兼具直达提单和多式联运提单的性质，而且在提单中设置了专门条款，按"港到港"运输或多式联运为承运人规定了不同的责任。此外，班轮提单的背面通常列有详细的运输条款，因而又称全式提单（long form B/L）。

2. 提单的内容

（1）提单正面的内容。提单正面除了包括当事人（承运人、托运人、收货人、通知人等）栏、运输项目（收货地、前程运输工具、装货港、船名、卸货港、交货地、目的地等）栏、货物方面记载栏等内容，供货方缮制和承运方签署之外，还包括一些标准的契约文句。

提单正面一般都印有契约文句（详见附录3），内容大致包括以下5个方面：

第一，收货或装船条款。该条款表明承运人是在货物（集装箱）外表状况良好（除非另有说明）下接收货物和交付货物（或者装上船和卸下船）。如果是收货待运提单，则以"RECEIVED"开头；如果是已装船提单，则以"SHIPPED ON BOARD"开头。

第二，不知条款。此条款表明承运人只对货物的表面状况进行核实，对其内部状况并不知情，因此承运人只是负责在目的地交付表面状况与提单描述相符的货物。提单上对此的措辞大致为："重量、体积、标志、号数、品质、内容和价值由托运人提供，承运人在收货（装船）时并未核对，这些也不构成提单合同的一部分。"

第三，提单效力与交付条款。该条款的目的在于说明承运人签发提单的份数，以及凭其中一张提单提货后其余提单均失效，以提醒有关方注意。此外，有些提单上还有递交正本提单条款，内容大致是："经承运人要求，本正本提单必须被恰当背书以便提货或换取提货单。"

第四，承认/接受条款。该条款声明货方已确认全部接受提单的条款，内容大致为："托运人、收货人和本提单持有人明白表示接受并同意本提单上（包括背面所载）的一切印刷、书写或打印的规定、免责事项和条件。"

第五，签署条款。该条款表明提单是由承运人或其代理人签发的。

（2）提单背面的条款。目前，实际承运人与无船承运人印制的提单内容基本相同，只不过大多数无船承运人的提单并无运价本条款，而实际承运人除了具备运价本条款外，还常常有约束无船承运人的无船承运人条款等。下面简要介绍提单背面的主要条款，详细内容可参照有关的提单格式。

第一，提单应具备的共同条款。除了简式提单和租船提单外，一般的提单均具备如下条款：定义条款、管辖权条款、首要条款、留置权条款、承运人责任期间条款、承运人赔偿责任限制与免责、货方责任条款（如发货人申报货物内容的责任等）、运费及其他费用条款、索赔通知与时效、危险品、运输方式与运输路线条款、通知与交付、共同海损条款、新杰森条款、双方有责碰撞条款、美国地区条款等。

第二，集装箱提单所具备的条款。在适用于集装箱货的提单中，提单背面除了具备前述的共同条款外，还增加了舱面货选择条款、铅封完整交货条款、货物检查权条款、海关启封检查条款、货主自行装箱的集装箱条款、承运人集装箱条款、特种箱条款、冷藏箱条款、保温箱条款，以及分包人及赔偿、抗辩、免责与限制等适用于集装箱运输的条款。

3. 提单缮制

提单缮制应符合买卖合同、信用证规定，并与托运单（场站收据）和托运的货物相一致。

（1）托运人（shipper）。根据信用证的规定填制，在中美航线上，如果托运人与承运人签署了服务合约，则除了应填写托运人的全名外，还应注明合约号，否则不能享受服务合约规定的优惠运价。

（2）收货人（consignee）。此栏可采取不记名式、记名式或指示式三种，至于采用何种形式取决于信用证的规定。在实务中，一般多为指示式或记名式。

根据此栏记载的不同，相应的提单可分为不记名提单、记名提单和指示提单。

第一，不记名提单（open B/L，bearer B/L，blank B/L）。这是指在提单收货人栏内没有指明任何收货人，而只注明提单持有人（bearer）字样的提单。不记名提单无须背书即可转让，流通性极强，但一旦丢失或被窃，由于谁持有提单，谁就可以提货，故风险极大。

第二，记名提单（straight B/L）。这是指在提单收货人栏内具体写明收货人名称的提单。《海商法》规定，记名提单不能通过背书方式转让给第三人，即它不能流通，只能由该特定收货人提货。

第三，指示提单（order B/L）。这是指在提单收货人栏中填写"凭指示"（to order）或"凭某人指定"（to order of…）字样的提单。前者称为不记名指示，又称空白抬头；后者称为记名指示。指示提单通过背书可以实现转让。在转让时，有空白背书和记名背书两种方式。空白背书（endorsed by blank）仅由背书人（提单转让人）在提单的背面签字盖章，而不注明被背书人（提单受让人）的名称；记名背书是指在提单背面既有背书人签字盖章，又有被背书人的名称（endorsed to the order of sb）。由此可见，指示提单经空白背书后成为不记名提单，而经记名背书后就成为记名提单。

（3）被通知人（notify party）。此栏应按信用证的规定填写，如果信用证上未注明被通知人，则提单正本中此栏可保持空白，但提供给承运人的提单副本中应注明实际被通知人，以便承运人的目的港代理向其寄送提货通知。

（4）标志、集装箱号/铅封号（marks & nos, container/seal no）。此栏填入的标志须与商业发票及有关单据上的标志相一致，而且不得与信用证有任何抵触。对于集装箱货物，还应注明集装箱箱号及其铅封号，以便核对与查询。对于无包装标志的散货等，应在提单上注明"无标志"（N/M），不得在提单货物标志栏内保持空白。此外，有时托运人要求将标志图案直接贴在提单标志处，这种提单俗称"贴唛提单"。此时，承运人或代理人应在所贴唛头与提单本身之间加盖章，以证明所贴唛头是经承运人批准的，与货物唛头一致，而不是伪造的，也可避免日后将原唛头换掉，贴上其他唛头。

（5）集装箱数/货物件数及货物描述（number of containers or packages, description of goods）。集装箱数或货物件数可按商业发票描述填写，并且应与信用证的要求相一致。

对于货物的描述可填货物总称，不需要填写详细的规格、等级、成分等，但应注意如下几点：①如果同一种货物使用不同的包装或者不同的货物使用相同的包装（即使这批货物使用相同的包装也需要分别列出），则应在提单上分别列明，最后注明总件数；②如果是过境运输，必须在品名下注明过境所去的地点，比如"过境到巴格达"（intransit to Baghdad）；③如果是样品，应在品名下加注"样品无商业价值"（sample with no commercial value）字样。

(6) 毛重、体积（gross weight，measurement）。毛重应与发货单、装箱单一致，并且应填货物的总毛重。货物的毛重以 kg 为计量单位，并取整数；体积一般以 m^3 为计量单位，并且保留小数点后 3 位，但信用证另有规定的除外。

(7) 总箱数/货物总件数（total number of containers and/or packages）。通常用英文大写字母而不是阿拉伯数字来填写集装箱的总箱数或货物的总件数，总箱数或总件数是指本提单项下的总箱数或货物总件数，而件数则依最终多少件以及什么样的包装来填写。在件数前，须加上"SAY"字样，相当于"合计"；在件数后加上"ONLY"，相当于"整"。例如，25 carton cotton yard 与 36 bales cotton piece goods，总数为 61 packages，完整的表达式应为"SAY SIXTY ONE PACKAGES ONLY"。

(8) 有关运费及费用栏目（包括运费及费用、计费吨、费率、支付方式、兑换率、运费支付地点等）。在通常情况下，此栏只需注明运费支付方式，即预付还是到付。通常在CIF 和 C&F 条款下，提单必须注明"预付"，而在 FOB 时应为"到付"。但是，如果信用证要求在提单上注明运费金额，则应在提单上注明运费金额，并须与发票上的运费金额相同。

(9) 正本提单的份数（number of original B/L）。此栏应按信用证规定的份数出具，一般正本提单为 3 份。若信用证无特别规定，仅要求出具全套正本提单，也可出具 1 份。根据国际商会《跟单信用证统一惯例》，即国际商会第 600 号出版物（以下简称"UCP 600"）的规定：标有副本字样的、没有标明正本字样的、无签署的均属于副本提单。副本提单不具有法律效力，不能凭此提货或转让。

(10) 提单签发地和签发日期（place and date of issue）。提单的签发地一般为装运港地点，当然也可以是承运人公司所在地或其他地点。

提单的签发日期应与货物的实际装船日期相一致，既不能提前，也不能延后，否则将使提单变成倒签提单、预借提单和顺签提单，承运人将面临较大风险。

倒签提单（anti-dated B/L），是指在货物装船后，承运人或其代理人应托运人的要求使提单的签发日期早于实际装船日期的提单。

预借提单（advanced B/L），是指货物尚未装船或未装船完毕时，承运人或其代理人应托运人的要求而签发的提单。

顺签提单（deferred B/L），是指在货物装船后，承运人或其代理人应托运人的要求使提单的签发日期晚于实际装船日期的提单。

(11) 承运人签名（signed for the carrier）。根据 UCP 600 的规定，班轮提单的签发人可以是承运人、船长或者他们（承运人、船长）的代理人。此外，无论是承运人、船长还是他们的代理人均应做到其身份的可识别性，换言之，当由承运人或船长签发时，既要标明承运人的公司名称或船长的姓名，也要标明为承运人（carrier）或船长（master）；如果由代理人签署，既要标明代理人的名称及身份（agent），也要标明被代理人的名称及身份（carrier or master）。

4. 提单签发

（1）签发权。对于拥有签单权的国际货运代理，在收到船公司或船舶代理的放单信息后，可直接签发提单；对于无签单权的国际货运代理，根据委托协议，国际货运代理应代表货主到船公司或其代理处申请签发提单。

（2）凭保函换发清洁提单。根据 UCP 600 第 27 条的规定，清洁提单（clean B/L）是指未载有明确宣称货物或包装有缺陷的条款或批注的提单；反之，则称为不清洁提单（unclean B/L，foul B/L）。清洁提单是提单转让时必须具备的基本条件之一。银行只接受清洁运输单据。此外，UCP 600 进一步明确：“清洁”一词并不需要在运输单据上出现，即使信用证要求运输单据为“清洁已装船”的。

在装货的时候，如果发现货物或包装有缺陷，大副要在收货单上批注；发货人为了拿到清洁提单，可出具保函，保证在提货人提出异议或索赔时发货人承担一切责任，这样就可以换取清洁提单交银行结汇。

关于保函的法律效力，《海牙规则》和《维斯比规则》没有规定，根据《汉堡规则》第 17 条的规定，保函是承运人与托运人之间的协议，不得对抗第三方，承运人与托运人之间的保函，只有在无欺骗第三方意图时才有效；如果发现有意欺骗第三方，则承运人在赔偿第三方时不得享受责任限制，且保函也无效。

[案例 4-10]　某远洋运输公司在承运 6 000 吨白糖时，发现有 10％的脏色，大副在收货单上做了相关批注。因为货物容易变质，而信用证（L/C）即将过期，故托运人急于获取清洁提单结汇，遂出具“保函”声明：“如收货人有异议，其一切后果均由发货人承担，船方概不负责。”但是，在货物抵达目的港时，收货人以货物脏色为由扣船，并向远洋运输公司索赔 10 多万美元。

案例评析：

第一，远洋运输公司可否凭保函作为拒赔的理由？

答：不能。因为对第三人而言，保函一概无效。

第二，假若远洋运输公司赔偿后，可否凭保函要求托运人赔偿其因签发清洁提单而遭受的损失？托运人是否应赔偿远洋运输公司的损失？

答：不能。对于承运人与托运人而言，只有在保函无欺骗第三方意图时才有效，而此案中明显具有欺骗第三方的故意，故保函无效，所以承运人在赔偿第三方后无法追偿。

5. 提单的审核

依据“单与证一致”“单与单一致”“单与货一致”的原则，货主或国际货运代理应重点对提单的下述内容予以审核：

（1）起运港、转运港、目的港须符合信用证规定。

（2）提单签发日期必须在信用证规定的装运期限以内。

（3）必须是清洁、已装船提单。

（4）抬头人、收货人和被通知人必须符合信用证规定。

（5）商品名称可用货物的统称，但不得与发票上货物的说明相矛盾。

（6）运费支付情况的打法必须严格符合信用证规定。

（7）唛头、包装、件数、重量、尺码等内容必须与其他单据一致。

（8）全套正本提单必须经过承运人签章（包括涂改处要盖其校对章）。

（9）受益人背书必须符合信用证规定。

（10）提交的正、副本份数应符合信用证的规定。

6. 收费放单

根据客户委托，依据完船数及客户委托书、信用证等缮制提单，经客户确认无误后，送达船公司或其代理人处签单、取单。

根据实际需要，对于提单交付，可采取见款放单、托收、协议放单等形式。如果船公司或其代理人要求见款放单，国际货运代理在向承运人或其代理人垫付运费之前，应确保货方支付了运费；否则，不能垫付运费，或在未收回垫付运费之前不可将提单交付货方。

海运单

不可转让海运单（non-negotiable sea waybill，SWB）是近年来新兴的一种海运单据，从 20 世纪 70 年代后期开始，欧洲、北美等地试行以海运单（sea waybill）替代提单作为结汇的附属票据。目前，在国内沿海运输中，用海运单替代提单已得到广泛应用。在国际海上运输中，海运单主要用于不涉及或不必担心买方不支付货款的场合。

海运单与陆路运单或空运单一样，不具有物权凭证功能。根据 UCP 600 第 21 条的规定，不可转让海运单既是已装船单证，又是不可转让的单证。因此，对于不可转让海运单的制作与签发，除了收货人一栏必须填写实际收货人之外，其他方面与海运提单的要求基本相同。

五、费用结算与相关事宜处理

1. 国际货运代理费用的构成

国际货运代理费用包括货运服务费和代收/代付费用。

（1）货运服务费。货运服务费是指国际货运代理因提供国际货运代理服务而向委托人（货主或承运人）收取的费用，主要包括操作服务费、签单费等。其中，操作服务费是指为货主提供与国际货运代理服务内容相对应的收费项目，签单费是指签发国际货运代理提单时所收取的费用。比如开展无船承运业务，则签单费、国际货运代理操作服务费应同时收取。

（2）代收/代付费用。代收/代付费用与委托人及委托业务有关。代收费用主要发生在货物转卖和货主委托的其他代办收款事宜上；代付费用主要是那些代付运杂费、代付关税和海关手续费、代办银行赎单费用以及发生在货物出口和进口过程中的与委托事项有关的费用。

2. 国际货运代理费用的计收方法

在实务中，常用的费用计收方法主要有以下 3 种：

（1）包干计收法。它是指以总费用包干或一揽子费用形式向委托人计收费用。

（2）部分包干计收法。它是指部分项目费用实行包干计收，其余项目费用照实计收。

（3）照实计收法。它是指对垫付费用凭原始单据向委托人进行实报实销，而代理报酬则按双方约定标准计收。

3. 国际货运代理费用的结算

国际货运代理费用的结算是指国际货运代理企业的财务部门对业务相关费用与税收进行整理、汇总、核实、确认和结清的整个过程。

国际货运代理费用的结算方式包括即时结算与定期结算。随着国际货运代理市场的竞争日趋激烈，目前大多采用定期结算方式。

4. 相关事宜处理

在货物装船后，除了结算国际货运代理费用外，国际货运代理还需要邮寄相关单证以及处理货物的退关、短装、溢装等（如发生的话）。

第三节　国际海上集装箱进口货运代理操作实务

图4-7显示了国际海上集装箱进口货运代理的操作流程。在实践中，国际海上货运代理通常是作为收货人的代理，为其办理进口换单、提货、拆箱、内陆转运、还箱等货运业务；船舶代理通常是作为班轮公司的代理，为其签发提货单、代收到付运费以及代办与箱管有关的业务，比如签发设备交接单、办理放箱手续等；码头代表班轮公司负责卸船、集装箱重箱发放、签发相关单证及收取返还空箱等业务；货运站代表班轮公司负责拼箱货的提取、运输、储存、拆箱、签发交付单据等业务；外轮理货负责在货运站或码头的理货及理箱业务。

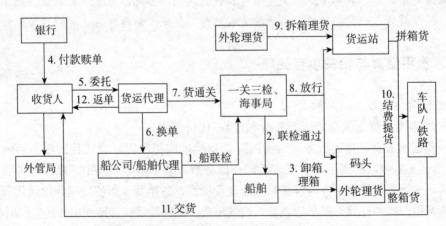

图4-7　国际海上集装箱进口货运代理的操作流程

一、掌握进口船舶的动态

货物在装货港装船后至船舶抵达卸货港之前，国际货运代理应掌握船舶的动态，以便做好接船、接货的准备工作。国际货运代理应从下列渠道取得有关船舶的动态并予以归类建档。

（1）国际货运代理在装货港的分支机构或代理人提供的有关船舶动态。

（2）各大船公司提供的船期表或船舶动态表。

（3）进口商向国际货运代理提供的进口货物装船情况。

（4）国外发货人寄来的货运单证或发送电报所提供的船期。

（5）各船公司卸货港代理人提供的船舶进口时间。

二、进口换单操作

1. 换单单证

在实务中，为了规范单证管理和提高效率，船公司通常将到货通知、提货单、交货记录等单据以联单形式一并印制，构成复合式的提货单或交货记录（详见附录4A、附录4B）。表4-3和图4-8分别显示了五联提货单的构成、用途与流转。

表4-3　　　　　　　　　　　　　　提货单各联的名称与用途

顺序	名称	颜色	主要用途
1	到货通知联（arrival notice）	白色	通知提货及确认提货日期和日后结算集装箱或货物堆存费的依据
2	提货单联（delivery order）	白色	又称小提单，是报关单证之一，便于提取货物和货方进行某些贸易、交易（拆单）
3	费用账单（1）联	蓝色	用于场站向收货人结算港杂费
4	费用账单（2）联	红色	用于场站向收货人结算港杂费
5	交货记录（delivery record）	白色	证明货物已经交付，承运人对货物运输的责任已告终止的单证

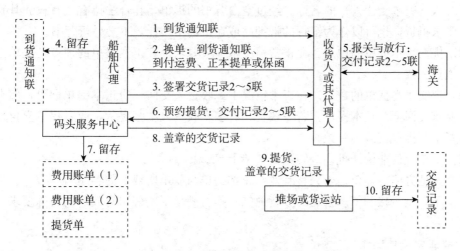

图4-8　提货单流转示意图

由此可见，对于拼箱货，船舶代理应安排集装箱转运至指定的货运站拆箱，然后通知各个收货人办理提货手续；国际货运代理收到到货通知后，应凭船公司签发的正本提单（若正本提单未到，经船公司允许，可采取电放或银行保函等形式放货）和到货通知到船舶代理的业务部办理换单事宜。经审核无误，并在支付到付运费和相关费用（如单证费、理货费等）后，船舶代理的业务部向其签发提货单，收货人在报关报检后，凭加盖海关放行章的提货单到船舶代理指定的货运站提取货物，双方签收交货记录。对于整箱货，除了办理换单手续、报关报检外，国际货运代理还应到船舶代理的箱管部门办理提重箱与还空箱手续，箱管部门将开具提箱通知单（或提箱工作联系单）、进场与出场设备交接单，并在提货单上加盖船舶代理的"放箱章"。国际货运代理从码头提取重箱至工厂后，应尽快拆箱并安排返还空箱。

2. 正常换单操作

正常换单是指船公司或其代理人在收货人提交正本提单并支付到付费用等后向其签发提货单的过程。正常换单必须满足如下条件：

（1）提单的背书应正确、适当、连续。背书是实现提单转让的一种手段。记名提单因不能转让而不能背书，不记名提单无须背书即可转让，因此只有在指示提单的情况下才发生背书的问题。

提单的背书有两种方法：一种是记名背书，另一种是空白背书。记名背书是指在背书时，背书人在提单的背面签字盖章的同时，还须列明被背书人的名称。记名背书通常有两种做法：受让人指示的背书和无指示的背书。受让人指示的背书将在提单背面批注"DELIVER TO THE ORDER (IN THE FAVOUR) OF ××"即"转让于××的指示（由××受益）"，然后在背面签字盖章。这种经过背书的提单仍可由受让人在市场中继续转让。无指示的背书将在提单背面批注"DELIVER TO ××"（转让于××）。经过这种背书的提单，只能由受让人持提单在目的港直接向承运人或其代理人提货，而不能再背书转让。空白背书是指在背书时仅由背书人（即提单转让人）在提单背面签字盖章，而无须注明被背书人（提单受让人）的名称。经过空白背书的提单，其合法持有人有权凭其直接向承运人要求提货，也可以作为银行的抵押品或在市场中转让，不必另行背书。

（2）提交正本提单的地点。在正常情况下，应要求提交正本提单的地点与提单上记载的卸货地点一致。

（3）提交正本提单的数量。在正常情况下，收货人交回一份正本提单即可，但在以下情况应要求交回全套正本提单：若一票货物有多个收货人主张提货，或者提单交付地点或实际卸货地与提单记载不一致。

（4）提单上的非清洁批注应转到提货单上。

（5）其他方面。提单是否完整有效？正本提单与舱单所载的内容是否一致？在到付运费的情况下，是否接到了船公司的放货通知？是否满足了船公司对放货的特殊要求（如有的话）？

3. 非正常换单操作

（1）无单放货。无单放货（delivery of the goods without the original bill of lading）是无正本提单放货的简称。在无单放货的情况下，收货人一般凭副本提单和银行保函向船公司目的港代理人办理提货手续。虽然无单放货可以化解因提单迟于船舶到达而无法交货的困境，但无论是中国的《海商法》还是国外法律，凭正本提单交付货物都是承运人的法定义务。即使货物已不在承运人占有或控制之下，提单持有人仍可向其或实际占有人无条件地主张对货物的所有权。因此，关于无单放货责任承担的总原则是：承运人对无单放货承担全部责任，只要没有免责事由，就应负损害赔偿责任而不论主观上有无过错。

[案例4-11] 2006年12月，A公司取得了船公司签发的以A公司为托运人的全套正本指示提单。12月27日，该轮停靠于连云港码头并将货物卸入港务公司仓库。货物入库后，一直无人凭正本提单办理提货手续。船公司一直未指示卸货港代理人签发提货单，也没有通知放货，但港务公司却于2007年1月1日将货物交付给华星公司。后来，A公司以无单放货为由向船公司索赔。经查，船公司及其代理人在A公司起诉前并不知晓港务公司的放货行为。

案例评析：

第一，船公司认为，根据《海商法》第四十六条的规定，货物进入港口仓库后，已不在承运人的责任期间，承运人不应承担赔偿责任；另外，该船承运的货物在连云港一旦卸至港务公司泊位，承运人就失去了对货物的掌管；承运人无法控制港务公司的擅自放货行为，港务公司应是本案中的真正责任方。此主张是否正确？

此主张错误。《海商法》第四十六条规定的承运人责任期间，是指从装货港接收货物时起至卸货港交付货物时止，货物处于承运人掌管之下的全部期间。其中，交付货物是指将货物交给提单的合法持有人而非其他人。当承运人将货物运到港口，而收货方未及时提货时，承运人将货物存放到港务公司仓库。此时，港务公司为承运人所存货物的管理人，对货物无处分权。如果有人向港务公司要求提货，港务公司须通知承运人，在得到承运人的指示后，港务公司方可放货。因此，港务公司擅自放货，应由承运人向提单持有人承担赔偿责任。

第二，承运人可否向港务公司追偿？

可以。承运人事后可再向港务公司追偿。

第三，若目的港无人提货，承运人应如何处理？

若目的港无人提货，根据《海商法》第八十六条的规定，船长可以将货物卸在仓库或者其他适当场所，费用和风险由收货人承担。

（2）电报放货与异地放货。电报放货（telex release）又称电放或提单电放，是指承运人或其装货港代理人在收到货物后已签发或应签发而尚未签发提单，根据提单上托运人的要求在装货港收回全套正本提单或不签发正本提单，然后以电报、电传形式通知承运人的卸货港代理人将货物交给提单收货人或托运指定人。

电放的操作流程如图4-9所示。

此外，还存在另一种放货形式，即异地放货，是指无船承运人或其代理人在卸货地点以外的地方接受申请人的请求并收回全套正本提单，并通知卸货港代理人将货物交给申请方指定的收货人。另外，异地放货也包括在船舶更改卸货港时所导致的提单提交地点与提单上记载的卸货地点不一致的情况。显然，异地放货实际上属于变相电报放货，其操作流程与电报放货基本相同。

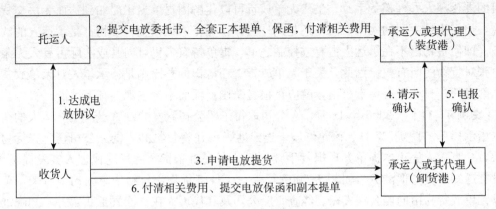

图 4-9　电报放货操作流程

如前所述，尽管在电报放货和异地放货的情况下，提货人在目的港办理提货时没有出示正本提单，但由于船公司或其代理人在异地（装货港或其他地点）已收回正本提单，因而这两种行为并不构成通常意义上的无单放货。

办理电放时应注意的事项如下：

第一，并非世界上所有港口及地区都接受电放。例如，非洲和南美洲的部分地区必须凭正本提单放货。

第二，货主申请电放时，在装货港，托运人必须付清预付运费及相关费用、出具书面保函并交回全套正本提单；在卸货港，代理人应取得船舶代理的电报确认，并凭收货人出具的保函、支付到付运费及相关费用的证明和副本提单换单。

[案例 4-12]　2005 年 10 月 12 日，以色列甲公司以 FOB 条款向深圳 ABC 公司购买若干彩电。随后，以色列甲公司指定 ST 公司负责安排货物的租船、订舱及装船，ST 公司遂向中海公司租船、订舱、装船并取得了中海公司出具的以 ABC 公司为托运人的正本海运提单。与此同时，ABC 公司将该批货物的报关业务委托 XYZ 公司办理。因 ABC 公司与以色列甲公司商议改用电放的形式放货，所以 ABC 公司未领取正本提单并将其交回中海公司。12 月 30 日，中海公司根据 ST 公司的电放申请和保函，向目的港代理人发出放货通知，目的港代理人依放货通知并收取相关费用后遂向以色列甲公司放货。2006 年 1 月 2 日，因 ABC 公司仍未收到以色列甲公司应支付的剩余货款，在分别向 ST 公司、中海公司发出扣货申请后，才获悉货物已交给客户。为此，ABC 公司向 ST 公司、中海公司、XYZ 公司提出索赔。

案例评析：

第一，中海公司应接受谁的电放保函？此案中有无失误之处？

中海公司作为承运人应接受提单上托运人（即 ABC 公司）的电放保函。其失误之处是未能取得 ABC 公司的书面电放申请与保函。

第二，本案中 ST 公司的身份是什么？它应根据谁的指示办理电放？

ST 公司既是买方以色列甲公司的订舱代理人，也兼作卖方的装货港代理人（办理托运、指示放货等），它应根据 ABC 公司的指示办理电放。

第三，XYZ 公司的身份是什么？它是否应对电放损失承担责任？

XYZ公司是报关代理人，不应对电放损失承担责任。该批货物已顺利通关并到达目的港，故其报关义务已履行完毕。由于 ABC 公司并未授权 XYZ 公司对涉案货物的电放事宜，因此 XYZ 公司既无权利亦无义务制止他人的电放行为。

第四，ABC 公司存在哪些失误之处？能否胜诉？

ABC 公司的失误之处为：一是不应该接受卖方指定的国际货运代理作为代理人；二是不应该将正本提单交回船公司。ABC 公司不能胜诉，因其交回正本提单的行为表明同意办理电放。

（3）在记名提单情况下的放货。对于记名提单能否作为物权凭证的问题，在中国是有争议的，而在不同的国家有不同的规定。

《海商法》第七十一条在强制规定承运人凭单交货的义务时，并未将记名提单排除在外，因而记名提单的承运人同样负有凭正本提单交付货物的原则。

在有些国家（比如美国）并不承认记名提单具有物权凭证的功能，承运人无须凭正本提单即可交付货物给指定记名收货人。

由此可见，对发货人而言，除非货款已收回或已决定放弃通过控制物权来确保收取货款，否则在出口业务中，应慎用记名提单。如果必须使用，则要审查记名提单背面条款的法律适用，并了解该法律对记名提单的规定，考虑可能出现的风险并采取相应的防范措施。

[案例 4-13]   2002 年 3 月，恒通公司为履行向美国礼品公司出售蜡烛的合同，通过振华公司向船公司订舱，约定装货港为中国大连港，目的港为美国长滩，提单签发方式为电放，于马尼拉付费放单。3 月 16 日货物装船，3 月 20 日振华公司将船公司所做的托运人为恒通公司、收货人为美国礼品公司的加盖不能流通（non-negotiable）印章的记名提单的正面内容传真给恒通公司。3 月 19 日，该批货物在韩国釜山换船，同年 4 月 2 日到达最终卸货港，4 月 3 日收货人提货。随后，因没有收到货款，恒通公司以船公司未经恒通公司电放通知而私自将货物的提单放给收货人为由，向船公司索赔。经查，本案所涉及的提单为美国 APL 提单，该提单背面的首要条款规定：本提单争议法律适用美国 1936 年《海上货物运输法》。

案例评析：

第一，船公司以"根据美国法律，在记名提单的情况下，承运人向记名提单的记名收货人交付货物时，不负有要求记名收货人出示或提交记名提单的义务"为由抗辩，能否胜诉？

不能。因为船公司既未正式向恒通公司签发提单，亦未告知提单背面条款的内容，因此该提单背面条款不能约束恒通公司，即双方并未对处理争议适用的法律进行选择。

第二，本案争议应适用哪国法律？船公司是否需要承担责任？

本案托运人为中国公司，起运港亦为中国港口，因此中国是与本次运输有最密切联系的国家，故本案应适用中国法律。根据中国法律，船公司在未得到托运人指示的情况下将提单放给收货人，致使上述提单上的货物在托运人未收到货款的情况下被收货人提走，故应对其货款损失承担赔偿责任。

（4）在"假提单"情况下的放货。如果提单的伪造行为被承运人或其代理人已知或怀疑，或者承运人或其代理人已被告知提单有伪造可能的情况下仍然将货物交付，其必然要对自己的不良行为负责。此外，即使该伪造单据难以识别，并且在伪造提单下释放了货物，承运人仍要承担责任。其原因在于：一方面，承运人若有权凭伪造提单交货，提单便失去了作为开启移动货仓的"钥匙"的作用；另一方面，尽管承运人和货主均无过错，但由于承运人有权控制提单的形式及其签发，因此，若无辜的双方中必须有一方承担因第三方的欺诈行为而造成的损失，则由承运人承担相对较合理。

[案例4-14] 2000年9月8日，原告浙江康恩贝集团有限公司与案外人签订了售货合同，约定以FOB上海617 460美元的价格向案外人出售安乃近等7种药品，同时约定货款分两部分支付，其中20%的货款（计123 492美元）在货物装运前三天支付；80%的货款（计493 968美元）在货物到达圣彼得堡后7个银行工作日内支付，并且康恩贝集团确认已收到20%的货款。10月30日，康恩贝集团按成交价格出具了货物的装箱单和发票。11月24日，该批货物经康恩贝集团向上海浦江海关申报核准后，由被告胜利船务（中国）有限公司（以下简称"胜利中国"）安排装上"HANJINBREMEN"轮0052W自上海运往圣彼得堡。胜利中国于11月18日向原告签发了抬头为被告德国胜利航运有限公司（以下简称"胜利德国"）的正本提单一式三份。根据提单记载，托运人为康恩贝集团，收货人凭指示，通知方为案外人。货物运抵目的港后，胜利德国未凭胜利中国签发的正本提单放货，由此造成康恩贝集团损失货款493 968美元，并遭受退税损失共计人民币672 735.57元。康恩贝集团为此诉至上海海事法院，请求判令被告赔偿货物损失、退税损失及上述款项的利息，并由胜利德国和胜利中国承担本案的诉讼费。一审判决被告德国胜利航运有限公司向原告赔偿货款损失，被告胜利德国不服，向上海市高级人民法院提起上诉。上海市高级人民法院审理认为，本案的承运人为被告胜利德国、托运人为原告、提单的签单代理人为被告胜利中国。对此，各方当事人均无异议。被告胜利德国对原告的起诉依据及持有的三份正本提单的真实性没有异议，同时又承认涉案货物已在目的港放行，因此其无单放货的行为已经成立。被告胜利德国称本案涉嫌伪造提单诈骗，已由俄罗斯警方立案调查，但没有提供有效证据加以佐证，无法采信。被告胜利德国也没有证明原告实际参与了上述经济犯罪活动，故其要求移送刑事司法机关处理本案的请求亦无法支持。涉案提单为一份指示提单，被告胜利德国未经作为托运人的原告指示而放货，违反了承运人凭正本提单在目的港交货的义务，理应承担由此产生的赔偿责任。综上，高级法院依法驳回了被告胜利德国的上诉，维持了原审法院的判决。

案例评析：

就本案各方当事人的举证而言，还无法推断究竟是谁参与了提单的制假，但就原告提供的涉案正本提单和被告提供的放货提单（复印件）的表面形式及内容来看，两份提单几乎一模一样，可以以假乱真。由于原告提供的是正本提单原件，被告对此也没有任何异议，加之被告所称的放货提单只是复印件，而且被告所称的涉嫌诈骗已经被俄罗斯警方立案的证据未经过公证认证，不符合法定的证据形式。此外，就承运人与托运人双方的地位而言，承运人识别真假提单的能力明显高于托运人。所以，法院根据当事人的举证和质证情况，认定了原告所持正本提单的真实有效性，而对于被告的主张未予采信。

就本案而言，如果像被告胜利德国所称，有人凭伪造的提单从其处骗取了货物放行，则作为承运人的被告也显得非常无辜和无奈，但在严格责任下，尽管承运人对无单放货并无过错或无能为力，但其对无单放货仍应承担全部责任。

三、货交收货人

除收货人自行到码头提货（自提）外，对于收货人委托国际货运代理安排转运的，双方应签订"海运进口国内交接、代运协议书"，以便国际货运代理安排货物转运到收货人指定的地点。

国际货运代理应在船抵港前备妥向海关申报的单证，并在海关放行货物后，及时办理提箱、提货等工作，并做好船、货车（船）的衔接，安排代运；货物发运后，国际货运代理应及时通知收货人接货。对于过境、转运和通运的货物，国际货运代理应当向进境地海关如实申报，并在海关监管下实施运输。在货物发运后，国际货运代理应将铁路车皮号/承运船名/汽车车牌号以及发运时间等通知收货人，以便收货人准备接货。

四、空箱返还与滞箱费

1. 空箱返还

空箱返还是指国际货运代理代表收货人将已拆箱完毕的集装箱返还给承运人的过程，包括安排运输车辆、交纳滞期费（如有的话）、收回用箱押金（如有的话）及办理空箱交接验收手续等环节。

2. 滞箱费

对于整箱货，船公司通常给予货主免费使用集装箱的期限。但是，如果货主超过这个期限，船公司就要向货主收取一定的超期使用费，即集装箱超期使用费，又称集装箱滞期费（以下简称"滞箱费"）。至于免费用箱的期限与滞箱费的收取标准，各船公司的规定不尽相同，表4-4和表4-5是海南泛洋航运有限有限公司的相关规定。

表4-4   海南泛洋航运有限公司国内港口进口外贸集装箱超期使用费标准 单位：元人民币/天

集装箱种类		时间（从卸船之日至空箱返堆场止，以日历天计算）			
干货箱（DC）	规格	1～10天	11～20天	21～40天	40天以上
	20英尺	免费	40	80	160
	40英尺		80	160	320
40英尺高箱（HC）	规格	1～7天	8～15天	16～40天	40天以上
	40英尺	免费	112	200	400
开顶/框架箱	规格	1～7天	8～15天	16～40天	40天以上
	20英尺	免费	64	120	240
	40英尺		128	240	480
冷藏箱、罐箱等特殊箱	规格	1～4天	5～10天	11～20天	20天以上
	20英尺	免费	160	280	560
	40英尺		320	560	1 120

资料来源：海南泛洋航运有限公司网站。

表 4 - 5　　　　海南泛洋航运有限公司国内港口出口外贸集装箱超期使用费标准 单位：元人民币/天

集装箱种类	时间（从卸船之日至空箱返堆场止，以日历天计算）			
干货箱（DC）	规格	1～7 天	8～20 天	21～40 天	40 天以上
	20 英尺	免费	40	80	160
	40 英尺		80	160	320
40 英尺高箱（HC）	规格	1～7 天	8～15 天	16～40 天	40 天以上
	40 英尺	免费	112	200	400
开顶/框架箱	规格	1～5 天	6～15 天	16～40 天	40 天以上
	20 英尺	免费	64	120	240
	40 英尺		128	240	480
冷藏箱、罐箱等特殊箱	规格	1～4 天	5～10 天	10 天以上	
	20 英尺	免费	160	280	
	40 英尺		320	560	

资料来源：海南泛洋航运有限公司网站。

在实践中，设备交接单记载的内容在通常情形下可视为用箱人与箱主之间的约定，是运输合同中涉及用箱事宜的具体规定，也是运输合同的一部分，一般可予以适用。

超期使用集装箱应当支付集装箱超期使用费是一种行业惯例，无期限免费使用集装箱则是例外。因此，"集装箱发放/设备交接单"上印制的"免费期限"一栏就是提醒当事人对此应做考虑或约定。当事人有三种选择：

（1）填写确定的天数，表明超过该确定的免费期后开始计算超期使用费，不存在超期使用的问题。

（2）填写"无限期"或类似的用语，表明用箱人可一直免费使用该集装箱。

（3）空白，表明签署交接单当时对此尚不做书面约定，或待日后协商一致再补充约定，或双方按照交易惯例行事，或做口头约定，等等。对此，用箱人应当按照行业惯例支付超期使用费。免费使用期限可参照原交通部颁布的《国际集装箱超期使用费计收办法》的规定。

[案例 4 - 15]　　2002 年 12 月 26 日，被告郯城公司与被告华丰公司签订了一份委托代理协议，委托被告郯城公司在青岛、连云港接运进口废纸，双方约定在货柜产生超期使用费时，被告华丰公司有义务协助被告郯城公司商请船公司减免其费用。2004 年 2—4 月华丰公司作为收货人郯城公司的进口国际货运代理，在支付了换箱费、设备交接单费后，从承运人 APL 公司的代理人处提取了 11 票废纸（该货物的运输方式为 SLAC CY/CY）。2005 年 3 月 4 日，华丰公司出具情况说明，声明其受郯城公司委托与 APL 公司发生业务关系，并产生了滞箱费。同时，华丰公司在附表中采用了"华丰公司欠 APL 公司滞箱费明细"的表述并列明了滞箱费明细。在 APL 公司的催款下，华丰公司于 2005 年 3 月 9 日向 APL 公司缴纳了 10 万元滞箱费并出具了与滞箱费余款数额相符的银行转账支票。因其在银行无存款，故该转账支票被银行拒付，因而余款至今未付。本案在诉讼过程中，被告

华丰公司与被告郯城公司披露了它们之间委托合同的全部内容，并一致表示被告郯城公司有义务承担集装箱超期使用费，而原告 APL 公司也表示愿意选择被告郯城公司作为债权主张的对象。

案例评析：

第一，华丰公司在本案中的身份是什么？它是否有义务承担本案中的滞箱费？

华丰公司是收货人郯城公司的进口国际货运代理，因而有义务承担本案中的滞箱费。理由是在 2005 年 3 月 4 日的"情况说明"中，虽然华丰公司提出其是受郯城公司委托发生业务关系，但在行文附表采用了"华丰公司欠 APL 公司滞箱费明细"的表述。因此，该"情况说明"是对委托-代理合同以外的第三人做出了确认华丰公司欠款的明确表示，作为委托合同外的第三人在当时条件下无从了解华丰公司与郯城公司之间委托合同的具体约定，因此委托合同外的第三人确认欠款承担方为华丰公司是合理的。同时，华丰公司不仅支付了 11 票货物的换箱费、设备交接单费，还交付了 10 万元滞箱费，并出具了与滞箱费余额相符的银行支票。上述付款行动表示其自认承担本案所涉及的滞箱费。

第二，APL 公司是否有权选择被告？

有权。在本案中，虽然郯城公司与华丰公司是委托合同关系，但在滞箱费发生后，虽然被告华丰公司曾提及有委托合同，但未及时披露委托合同的具体内容，而且不断做出承担责任的表示，因此对委托合同的披露仍属于事后披露。作为委托合同外的第三人，原告有权选择由委托方还是受托方承担责任，因而原告可以选择被告郯城公司承担责任。

第四节　北美航线国际集装箱货运代理操作实务

一、北美陆桥运输概述

1. MLB

MLB（mini land bridge）是小陆桥运输，也就是比大陆桥的海-陆-海形式缩短了一段海上运输，成为海-陆或陆-海形式。目前，北美小陆桥运送的主要是远东、日本经美国西海岸（W/C），尤其是美国太平洋岸西南向（PSW）港口、墨西哥湾海岸（G/C）港口到美国东海岸（E/C）港口的集装箱货物，如大连—长滩—休斯敦。当然，北美小陆桥也承运从欧洲到美国西海岸及海湾地区各港的大西洋航线的转运货物。

2. IPI

IPI（interior point intermodal）是内陆地点多式联运，即 IPI 运输是指远东、日本经美国西海岸（W/C），尤其是美国太平洋岸西南向（PSW）港口、墨西哥湾海岸（G/C）港口，利用集装箱拖车或铁路运输将货物运至美国内陆城市的海陆联运。

IPI 与 MLB 的区别在于：

（1）目的地。IPI 的目的地是指定的内陆点，MLB 的目的地是美国西海岸（W/C）、墨西哥湾海岸（G/C）的港口。

（2）内陆运输方式。IPI 可采用火车或拖车，MLB 不可用拖车-公路运输。

此外，在美国西海岸的运输中，还有与 IPI 极为相似的 R-IPI。R-IPI 下的 R 应为 reverse or return 等表示"回""返回"之类的词，是指货物在美国东海岸（E/C）卸船后采用内陆运输至 IPI 内陆点。很显然，IPI 与 R-IPI 的区别在于，IPI 为美国内陆多式联运的统称，R-IPI 则是指在全海运情况下经美国东海岸（E/C）卸船转运至 IPI 内陆点的行为，并非多式联运。

3. OCP

OCP（overland common points）称为内陆公共点或陆上公共点，是使用两种运输方式将卸至美国西海岸港口的货物通过铁路转运至美国的内陆公共点地区，并享有优惠运价。

尽管 OCP 与 IPI 的目的地均为美国内陆点，但两者有本质的不同：

（1）虽然 OCP 由海运、陆运两种运输形式来完成，但海运段、陆运段分别由两个承运人签发单据，相应的运输与责任风险也是分段负责，因此它并不是国际多式联运。然而，IPI 运输是真正的国际多式联运。

（2）OCP 通常是经美国西海岸（W/C）的美国太平洋岸西北向（PNW）港口（如洛杉矶、西雅图、旧金山）转运，而 IPI 通常是经美国西海岸（W/C）的美国太平洋岸西南向（PSW）港口、墨西哥湾海岸（G/C）港口转运。

（3）由于现阶段 OCP 运输没有明显的运价优惠，加上 OCP 运输时收货人必须于美国西海岸自行办理中转手续，因此目前 OCP 使用得不多。

二、北美航线提单操作实务

1. 在成交订约方面

（1）在 MLB 和 IPI 下，发货人应采用 CIF 价或 CFR 价交易。

（2）如果收货人的最终目的地是在 OCP 区域的城市，如芝加哥（Chicago），则原来的成交价 CIF 或 CFR CHICAGO 可改为 CIF 或 CFR 美国西海岸指定港口，如西雅图（Seattle），并在贸易合同中明确货物的运输方式是从中国口岸到美国西海岸指定港口，再转运至 OCP 的最后目的地，即写明"shipment from China to Seattle west coast OCP Chicago"。

2. 在贸易合同、信用证及货物运输标志方面

（1）在 MLB 和 IPI 下，贸易合同和信用证的目的地一栏应加注"MLB"或"IPI"字样，在货物的运输标志内，应把卸货港和 MLB 或 IPI 的最后目的地同时列明，如"LONG BEACH MLB HOUSTON"。

（2）在 OCP 下，贸易合同和信用证的目的地一栏应加注 OCP 字样，在货物的运输标志内，应把卸货港和 OCP 的最后目的地同时列明，如"SEATTLE OCP CHICAGO"。

3. 卸货港与交货地的记载

（1）在卸货港和交货地的记载方面，除显示具体地点外，还必须加上州名，如"LONG BEACH，CA"。

（2）申请订舱时，应说明 MLB 或 IPI，并在货运单证中将卸货港和 MLB 或 IPI 的最后目的地同时列明。在提单制作时，提单上的交货地栏中应加注"MLB"或"IPI"字样。例如，在 MLB 下，卸货港为长滩（Long Beach），目的地为休斯敦（Houston），则提单

上的卸货港和交货地分别填写"LONG BEACH"和"MLB HOUSTON"。在 IPI 下，卸货港为长滩（Long Beach），目的地为孟菲斯（Memphis），则提单上的卸货港和交货地分别填写"LONG BEACH"和"IPI MEMPHIS, TN"。

（3）在申请订舱时，应说明 OCP，并在货运单证中将卸货港和 OCP 的最后目的地同时列明。在提单制作时，提单上的交货地栏中应加注"OCP"字样，同时在提单正面的货物内容栏内加注"转运至内陆点"字样。例如，卸货港为西雅图，目的地为芝加哥，则应在卸货港栏内填写"SEATTLE"，在目的地栏内填写"OCP CHICAGO"，在货物内容栏内加注"转运至芝加哥"（intransit to CHICAGO）。

4. 发货人、收货人、通知方的记载

（1）发货人的资料必须完整，包括发货人的名称、详细的地址。如果由于发货人的资料不详细，导致货物不能装船，或在目的港不能卸货、清关等，一切后果及由此引起的罚金将由发货人自行承担。

（2）收货人或通知方必须是美国境内的，而且收货人或通知方必须有一方是美国境内真正的收货人。对目的地收货人/通知方的地址必须严格按照以下格式填写：

BUILDING NO.（收货人/通知方办公室或住址门牌）

STREET NAME（街道名称）

CITY NAME（城市名称）

STATE NAME OR ABBREVIATION（E.G. NY FOR NEW YORK）（州名或州名缩写）

US FIVE DIGIT ZIP CODE（美国 5 位邮政编码）

（3）美国海关现已正式同意接受指示提单（TO ORDER），但拒绝接受 TO ORDER 或者 TO ORDER OF SHIPPER /BANK 等空白抬头的指示提单输入方式，而是必须采取记名抬头的方式（TO ORDER OF THE ACTUAL NAME OF BANK 或者 TO ORDER OF THE ACTUAL NAME OF THE SHIPPER）。此外，SHIPPER 或 BANK 的详细名称、地址和联系方法必须在"TO ORDER OF"后面列明。

（4）使用的服务合约签约方必须是发货人/收货人/通知方中的一个，而且必须有关联；与此同时，如果发货人为签约方，则运费条款必须是运费预付（FREIGHT PRE-PAID）；如果收货人/通知方为签约方，运费条款必须是运费到付（FREIGHT COL-LECT）；涉及两个以上通知人的，签约方必须是第一通知人。

5. 货名、标志、数量与体积的记载

发货人必须提供详细准确的毛重、体积、件数、品名及正确的柜号、柜型和封签号。

（1）件数应体现最小的外包装单位数，如"CARTON""PACKAGES""WOODEN CASE"，不允许以 PALLET 作为最小包装单位。

（2）品名应尽量详细，能描述出货物的性质、形状等。提单不接受概括的品名描述，如"FAK""GENERAL CARGO""CHEMICALS""FOODSTUFF""POLYRESIN""ACCESSORIES"等。此外，美国海关不接受个人物品（personal effects），只接受家用物品（household goods），并加上详细品名。

（3）提单不显示"SAID TO CONTAIN"。

（4）美国内陆点的限重为17 236KG/20GP、19 958KG/40GP（40HC），但最高不能超过20 900KG/20GP、22 500KG/40GP（40HC）。加拿大内陆点的限重为21 500KG/20GP、24 000KG/40GP（40HC）。

6．运输条款

（1）至美国基本港的运输条款为CY/CY。

（2）至美国内陆点的运输条款为CY/RAMP（码头堆场至铁路堆场）。

（3）至美国门点的运输条款为CY/DOOR，而不要使用CY/CY，以免货物延迟运输。

此外，无船承运人提单的编号必须体现在船公司提单的备注栏内。

第五节　国际海上危险品货运代理操作实务

一、国际海上危险品安全申报实务

1．"货申报"

船舶载运危险货物，托运人或收货人应在船舶进出港口前24小时，向海事管理机构办理危险货物申报手续。其中，货物申报员应经过有关危险货物法规和专业技能培训，并经海事部门考核发证。如果无法直接申报，可委托有危险货物申报资质的货运代理或船舶代理企业办理申报。

（1）申报材料。托运人应提交危险货物安全适运申报单及其相关证明材料（见表4-6）。危险货物安全适运申报单一式三份，经主管机关审核批准后，一份留主管机关存查，另外两份退申报人（其中一份由申报人转送承运船舶）。

（2）"危规"未列名危险品：托运人应当于托运前向主管机关提交有效的注明其性质的有关材料，经主管机关按规定审批后，按相应"未另列明"项办理。

（3）申报变更。危险货物安全适运申报单的有效期为：经主管机关核准后7天内有效。因故需要改船或改航次出运的货物，应当向海事局提交更改原因的书面报告、货物申报单以及经认可的船舶代理出具的退关、漏装、短装证明等单证，经审核后，方予办理申报变更手续。

表4-6　　　　　　　　申报不同包装或货类危险品需要提交的证书

序号	单证名称	出具单位	适用包装或货种
1	包装性能证、包装使用证	"商检"或"质检"	一般包装
2	罐柜检验合格证明书	船级社	罐柜
3	集装箱装运危险货物装箱证明书	集装箱场站	普通柜
4	压力容器检验合格报告（证明书）	"锅检所"	压力容器
5	检验报告	商检（柔性）或船级社（半刚性或刚性）	中型散装容器或大宗包装
6	放射性剂量证明	环保部门	装载放射性物品

续前表

序号	单证名称	出具单位	适用包装或货种
7	限量危险货物证明	国家认可机构	装运限量危险货物
8	油、水含量品质证书	商检	含油压榨物质
9	含水量检测报告	国家认可机构	散装固体"硅铁"
10	危险货物鉴定表	交通部认可机构	"危规"未列的货物
11	危险化学品技术说明书	国家认可机构	散装液货船装化学品
12	熏蒸剂类型和用量等技术说明书	国家认可机构	集装箱托运熏蒸物
13	危险货物安全技术说明书	国家认可机构	易燃、易爆、易腐蚀、剧毒、放射性、感染性、污染危害性等危险品
14	包装危险货物技术说明书	国家认可机构	按"未另列明"项装运、需拼箱出运的危险货物等
15	船舶适装证明、码头作业许可证、散装液态化学品技术说明书	国家认可机构	散装液态危险货物
16	货况安全适运证明	国家认可机构	装运货况有特殊安全要求
17	爆炸物品运输证	县市公安机关	托运内贸民用爆炸品

2. "箱申报"

在集装箱装箱点装运危险货物时，应接受现场检查员监督并由其出具装箱证明。其中，现场检查员应经过有关危险货物法规和专业技能培训，并经海事部门考核发证。

在危险货物装箱后，装箱检查员应及时通过网上报送《集装箱装运危险货物装箱证明书》，并以附件形式附送装箱情况的照片（照片内容应包括作业前、作业中、作业后，要求能看到箱号、标牌和箱内货物标记、标志及绑扎、衬垫等情况）。同提单号、同种货物、一次性装箱的集装箱可只发送其中一个集装箱作业的照片（所有照片存放在一个 word 文档中），货物申报员应积极督促场站及时报送。

经检查合格，装箱检查员负责现场签署《集装箱装运危险货物装箱证明书》一式两份，并由装箱单位核盖公章，一份提交海事局危防处，另一份应在办理集装箱进港时通过码头转交承运人。

3. "船申报"

如果船舶载运了危险货物，船舶负责人、船舶所有人或经营人应在船舶进出港口前 24 小时，向海事管理机构办理危险货物申报手续。其中，货物申报员应经过有关危险货物法规和专业技能培训，并经海事部门考核发证。如果无法直接申报，可委托有危险货物申报资质的船舶代理企业办理申报。

在申报时，应提交《船舶载运危险货物申报单》以及相关证书、舱单、配载等附加资料。以集装箱船为例，其报送的附送材料包括：危险货物安全适运申报单、危险货物清单或舱单（书面）（包括所有在船危险货物），出口申报应加报积载图（书面）（预配图也可）等。过境申报需要报送上一港申报单或危险货物舱单（清单）的书面附送材料，中转申报应在书面附送材料危险货物舱单（清单）中注明二程船船名和航次，作为二程航危险安全适运申报。

《船舶载运危险货物申报单》一式三份，经主管机关审核批准后，一份留主管机关存查，另外两份退申报人（其中一份由申报人转送港口作业单位）。该证书的有效期为：经主管机关核准后 7 天内有效。

二、国际海上危险品的订舱与进出港操作实务

1. 危险品订舱

（1）订舱前应了解船公司的相关规定。装载危险货物的船舶必须具备一定的条件，特别是装载的全部是危险品的船舶必须具备船舶监管部门的检验合格证书。对高度危险货物（即危险品类别为 CLASS 1、CLASS 2、CLASS 3.1、CLASS 5.2、CLASS 7 的货物）的托运，事先应对船舶能否适运了解清楚，以免造成配船后再退关而延误装期。

（2）订舱前应了解挂靠港口的相关规定。例如，若货物需要在中国香港和新加坡转运，两港口对危险货物的进出转运都有特殊的规定和要求，许多品种被禁止转运。

（3）预订舱。危险品订舱需要事先填写危险品申请书，待船公司确认所申请危险品可以接受后，再进行电子订舱或纸面订舱，请务必在托运单上标注危险品类别（CLASS）及联合国危险货物编号（UN NO.）；若无，则无法接受订舱。

（4）对于不同类型的危险品，必须按各类危险品的不同危险特性分别办理订舱，以便船方根据各种不同特性的危险品按照《国际海运危险货物规则》（International Maritime Dangerous Goods Code，IMDG Code）的隔离要求分别堆装与运输，以保安全。例如，一份信用证和合同中同时出运氧化剂、易燃液体和腐蚀品三种不同性质的货物，托运时必须按三种不同性质危险货物分别缮制三份托运单，切不能一份托运单同时托运三种性质互不相容的危险货物，否则船方就会将三种危险货物装在一起，而三种不同性质、互不相容的货物极容易互相接触，发生化学反应，引起燃烧、爆炸，造成事故。如果是集装箱运输，切忌将互不相容的危险货物装在同一个集装箱内。

（5）危险品的包装应能经受一定程度的温度、湿度、压力的变化，包装的重量、体积、外形应便于运输、装卸和堆码。

2. 危险品单证的缮制

（1）托运单。危险品托运单应增加以下七项内容：

1）货物名称必须用正确的化学品名或技术名称，不能使用人们不熟悉的商品俗名。例如，"漂白粉或漂粉精"不能用"BLEACHING POWDER"，而应使用"三氧化二砷"。

2）必须注明危险品"DANGEROUS CARGO"字样，以引起船方和船舶代理的重视。

3）必须注明危险品的性质和类别，如"氧化剂"（"Oxidizing Agent"）和第 5.1 类（CLASS 5.1）字样，或"易燃液体"（"Inflammable Liquid"）和第 3.2 类（CLASS 3.2）。

4）必须注明联合国危险货物编号，如磷酸为"UN NO. 1805"。

5）必须注明《国际海运危险货物规则》页码，如硝酸钾为"IMDG Code Page 5171"。

6）易燃液体必须注明闪点，如"Flash Point 20℃"。

7）在积载时有特殊要求的，也必须在托运单上注明，供船舶配载时参考。例如，必须装舱面的货物，需要注明"DECK SHIPMENT ONLY"；需要远离火源和热源的货物，应注明"FAR AWAY FROM FIRE AND HEAT"等。

（2）危险品申请表或危险品信息表。对于危险品订舱，除了需要提供十联托运单之外，还需要提供出境危险货物运输包装性能检验结果单、出境危险货物运输包装使用鉴定结果单、危险申请表（IMDG Application Form）或危险品信息表（Hazardous Materials Shipping Information Form）或多式联运危险品信息表（Multimodal Dangerous Goods Form，MDGF）等单证；如果是普通化工品，则在出口订舱时，一般船公司会要求国际货运代理提供由有资质的化工研究院检测中心出具的货物运输条件鉴定书（Certification for Safe Transport of Dangerous Goods），并注明该货物为普通化工品，以证明此商品不属于危险品，部分船公司委托人会要求生产厂家提供非危险品保函一份，明确责任。

危险品申请表或危险品信息表必须用英文填妥所有项目（其中，所有联系人一栏须填写全名）并加盖货主及国际货运代理的公章。申请表上的所有内容需要与十联托运单完全一致，实际出运装船的件数、毛重、箱型必须符合申请，一旦申请并得到确认后就不允许更改。若擅自更改，由此引起的一切后果（包括箱子不能装船）由订舱单位承担。

3. 危险品装箱作业

危险品装箱一般是在船结关前三四天，装箱太早会引起不必要的重柜堆存费（危险品在码头通常不会免堆存费），装晚了会耽误报关、危险品申报的时间。装箱分两种方式：一种是货主送货至危险品仓库内装箱再重柜返回堆场，货主要在船结关前四天内把货物送到船舶代理指定的危险品仓库；另一种是工厂装箱，货主要提前准备好货物，以免因为备货太晚耽误船期。在货物装箱后进港时，一定要在集装箱的四周贴上危险品标志；如果所装的货物一旦泄漏会对海洋造成污染，还需要贴上海洋污染标记。

危险品在装箱时一定要拍照，拍照一定要由持有港监证的监装员进行。拍照的流程是装箱前空柜拍一张，装箱过程拍一张，装箱完再拍一张，并要显示柜号；如果是铁桶包装的货物，装箱时一定要垫板加固，否则无法做港监，垫板加固的要求是铁桶装货物上下层之间垫板，柜门要用铁丝或木方加固好。

4. 危险品装卸作业

目前，不同码头对危险品的装卸、储存有不同的规定。例如，宁波港规定：凡《国际危规》中第 1 类、第 7 类危险货物集装箱作业，不予受理；第 2 类及冷冻危险货物集装箱采用车-船、船-车直装、直提方式接运；特殊情况按操作部指令进行。

在实践中，可根据每一种危险品的危险系数，将其分为红色标志或绿色标志危险品，并对每一类危险品制定详细的操作程序，以保证与这些货物有关的操作风险能降到最低（见表 4-7）。

危险品种类	红色标志第1类	红色标志第2类	绿色标志
1.1、1.2、1.3、1.4、1.5、1.6 爆炸物	▲		
2.1 易燃气体		▲	
2.2 非易燃，无毒气体			▲
2.3 有毒气体		▲	
3.1 易燃液体	▲		
3.2 易燃液体		▲	
3.3 易燃液体			▲
4.1 易燃固体			▲
4.2 易燃固体		▲	
4.3 易燃固体		▲	
5.1 氧化剂		▲	
5.2 有机过氧化物	▲		
6.1 有毒物质			▲
6.2 感染性物质	▲		
7. 放射性物质	▲		
8. 腐蚀品			▲
9. 杂类危险物质和物品			▲

表 4-7　　　　　　　　　　　红色或绿色标志危险品的构成

从表 4-7 可以看出，红色标志危险品集装箱被分成第 1 类和第 2 类，每一类都有相应的规定。

（1）红色标志第 1 类：出口危险品集装箱同进口集装箱一样，红色标志第 1 类危险品只能采取车-船直取方式。船务公司在收箱前，会进行检查以确保司机带有正确的单据，同时检查箱子是否有损坏以及有无必要的危险品标签，如不符合将被拒收。危险品类别第 1 类和第 7 类进口集装箱的程序同时也适用于出口集装箱。

（2）红色标志第 2 类：红色标志第 2 类的危险品比第 1 类危险品稳定，对其限制也就相对较少。红色标志第 2 类危险品可以存放在堆场中，但最多只能存放 4 个小时，且必须遵循一定的标准。

（3）绿色标志：所有绿色标志的危险品集装箱均会被堆存在指定的堆场位置，且同红色标志第 2 类危险品隔离开。绿色标志的集装箱可以堆码 3 个高，但会根据危险品的类别不同进行隔离。绿色标志的集装箱最多存放 7 天，如果超过此期限，该集装箱会被转运到指定的场站堆存和发箱，相关的运输费用由进口商承担。

由此可见，发货人或国际货运代理应遵守码头对不同类型危险品的要求及进港时间安排货物进港。在到达检查桥入口时，港口工作人员将对司机、卡车以及是否持有海事局盖章确认的《危险品装箱证明》等进行检查。在收箱之前，港口工作人员还要检查铅封号和危险品标签是否有损坏，然后集装箱会被放到预先指定的位置，并由危险品专管员进行监控。

5. 危险品进口操作

（1）在进口危险品时，应提前与国际货运代理公司联络，以便及时通知相关单位安排提货计划。

（2）在进口危险品并提货前，应确保所有进口清关手续已完成，以方便卸船时直接提货（只限于红色标志第 1 类和第 2 类危险品）。

（3）车队在到达码头检查桥之前，一定要确保持有正确的单证，确保所有运输危险品集装箱的卡车都具有必需的证件和授权，确保托盘上所有的集装箱的安全固定装置处于正常状态。

首先，本章简述了海上货物运输及海上货运代理的基本概念、分类与特点；其次，本章对海上集装箱进出口货运代理的操作实务，尤其是托运业务、箱管业务、交付业务进行了系统的阐述；最后，本章介绍了两类特殊业务操作——北美航线和国际海上危险品货运代理操作。

一、单证制作

根据下面提供的信用证条款的主要内容及有关制单资料，填制集装箱提单中（1）～（15）项内容。

Irrevocable documentary credit

Number：LC123-258866

Date：August 24，2013

Date and place of expiry ：October 30, 2013，Qingdao，China

Advising bank：Bank of China

Beneficiary：China XYZ Import and Export Corp.

Applicant：UVW Corporation

Total amount：USD 9 000 （SAY US DOLLARS NINE THOUSAND ONLY）

Shipment from：Qingdao China

To：Osaka Japan

At the latest：October 15，2013

Description of goods：100% Cotton Towel as per S/C No. CH200

Total quantity：8 000 pieces packing：800 Cartons

Total gross weight：20 000 KG

Total measurement：30CBM

Price term: CIF Osaka

Following documents required:

Signed commercial invoice in three copies.

Full set of clean on board ocean bill of lading made out to order and endorsed in blank and marked "freight prepaid" and notify applicant.

Insurance policy for 110 PCT of the invoice value covering the Institute Cargo Clauses（A），the Institute War Clauses.

Ocean Vessel："Golden Star" Voy. No.：018E

Container No. GSTU3156712/20'

Marks & Nos.：ITOCHUOSAKA NO. 1-800

Laden on board the vessel：October 14，2013

B/L date：October 14，2013

B/L signed by BBB shipping agency

Carrier：AAA Shipping Co.

Shipper (1)	B/L NO.
Consignee (2)	
Notify Party (3)	**AAA Shipping Co.**

Pre-carriage by	Place of Receipt	**AAA Shipping Co.**
Ocean Vessel Voy. No. (4)	Port of Loading (5)	**Bill of Lading**
Port of Discharge (6)	Place of Delivery	

Container No. (7)	Seal No. or Marks & Nos. (8)	No. of Containers or P'kgs (9)	Kinds of Packages; Description of Goods (10)	Gross Weight (kg) (11)	Measurement

TOTAL NUMBER OF CONTAINER OR PACKAGES（IN WORD）

SAY ONE CONTAINER ONLY

Freight & Charge (12)	Revenue Tons	Rate	Per	Prepaid	Collect

Ex. Rate.	Prepaid at	Payable at		Place and date of Issue（13）
	Total Prepaid	No. of Original B(s)/L (14)		Signed for Carrier (15)

LADEN ON BOARD THE VESSEL

DATE（TERMS PLEASE FIND ON BACK OF ORIGINAL B/L）

二、计算题

某轮从广州港装载杂货——人造纤维，体积为 20 立方米、毛重为 17.8 吨，运往欧洲某港口，托运人要求选择卸货港 Rotterdam 或 Hamburg，Rotterdam 和 Hamburg 都是基本港口，基本运费率为 USD 80.0/FT，三个以内选卸港的附加费率为每运费吨加收 USD 3.0，"W/M"。请回答以下问题：

（1）该托运人应支付多少运费（以美元计）？

（2）如果改用集装箱运输，海运费的基本费率为 USD 1 100.0/TEU，货币附加费为 10％，燃油附加费为 10％。改用集装箱运输时，该托运人应支付多少运费（以美元计）？

（3）若不计件杂货运输和集装箱运输两种方式的其他费用，托运人从节省海运费的角度考虑，是否应选择改用集装箱运输？

第五章

租船操作实务

航运经纪人的产生与发展

航运经纪人起源于19世纪后期的英国，最初仅为英国的船舶所有人和货主服务，后来随着租船业务的逐步扩大，各种航运习惯日益健全，相关海运法律法规逐渐完善，很快吸引其他国家的船舶所有人和货主到伦敦市场寻找租船业务。1920年，伦敦租船经纪人协会正式得到官方承认，取得皇家特许状（royal charter），成立了英国皇家特许租船经纪人协会（The Institute of Chartered Shipbrokers）。随着美国的崛起及其海运贸易的发展，1934年在美国纽约成立了航运经纪人和代理人协会（Association of Shipbrokers and Agents）。目前，在国际航运经纪人领域最有影响力的是英国皇家特许租船经纪人协会。英国凭借其拥有世界一流的航运经纪人公司，掌握了全球航运市场的信息资源，在与其他高端航运服务业结合后，确立了其在全球航运资源配置方面的话语权。

传统上的航运经纪人一般是指船舶经纪人，根据波罗的海交易所的通俗说法，即为委托人安排货物和商品通过船舶进行海上运输或者从事船舶买卖的人。按照传统的航运经纪人分类，一般可以分为租船经纪人和船舶买卖经纪人，但从20世纪90年代开始，随着航运远期交易（以下简称"FFA"）业务的发展，产生了FFA交易经纪人。2008年，全球FFA的交易规模已达到了1 500亿美元，超过了现货市场的交易规模，也给航运经纪人带来了新的业务和利润增长点。

世界航运业一百多年的实践证明，航运经纪人的经纪活动在提高船舶利用率、节约交易费用、协调船货双方之间的关系等方面起到十分重要的作用。

第一节 概 述

一、租船运输概述

1. 租船运输的概念与特点

租船运输（transport by chartering）又称不定期船运输（tramp shipping），它是一种

既没有事先制定的船期表，也没有固定的航线和挂靠港，而是根据货源的情况，按照货主对运输的要求安排船舶就航的航线，组织货物运输，并根据租船市场行情确定运价或租金水平的一种运营方式。

租船运输的特点是机动灵活，它以承运价值较低的大宗货物为主，如粮食、饲料、矿砂、煤炭、石油、化肥等，并且经常以整船或整舱方式装运。在沿海和内河运输中，租船运输是一种辅助的、不可缺少的形式。例如，不需要开辟航线的小批量货物运输、特种货物运输、急需和救灾物资运输等都可采用租船运输形式。租船运输包括航次租船（以下简称"程租"）、定期租船（以下简称"期租"）、光船租船（以下简称"光租"）、包运租船（以下简称"包船"）等形式。

表 5-1 显示了租船运输与班轮运输的差别。

表 5-1　　　　　　　　　　　　租船运输与班轮运输的比较

项目	租船运输	班轮运输
托运人	特定租船人	非特定的众多货主
双方的权利和义务依据	以租船合同为主，以提单为辅	以提单或海运单为主
货物	低价的大宗散装货	高价的件杂货、集装箱货
国际组织与国家管理	对租船合同内容无强制性规定	对提单内容做出强制性规定
运费	由租船合同约定，不稳定	船公司公布运费表，较稳定
船型	散装专用船、油轮等	杂货船或集装箱船
航线、港口、船期	不固定	固定
船公司规模	租船公司的规模通常较小	班轮公司的规模通常较大

2. 租船运输的分类

根据承租人的不同要求，租船运输可分为航次租船、定期租船、光船租船等不同的租船方式。

（1）航次租船。航次租船（voyage charter）又称航程租船或程租船，是指船舶出租人向承租人提供特定的船舶或者船舶部分舱位，在特定的两港或数港之间进行一个特定的航次或几个航次并承运特定货物的租船。

航次租船属于运输承揽的范畴，其主要特点是：船东和船员由船舶出租人指派并听从船舶出租人的指挥；出租人负责船舶营运工作；承租人除支付运费和按合同条款规定由其承担的货物装卸费用外，其他一切费用均由出租人负担；按装载货物的数量或按船舶总载重吨位及航线（或航程）计收运费。

航次租船根据当事人的运作要求与签约内容，又分为单航次租船（single trip charter）、往返航次租船（return trip charter）、连续单航次租船（consecutive single trip charter）以及连续往返航次租船（consecutive return trip charter）等多种形式。

此外，在实践中，还有称为包运租船（contract of affreightment，COA）的、具有"连续航次租船"特征的租船形式。包运租船是指船舶出租人提供给承租人一定的吨位，在确定的港口之间，以事先约定的期间及约定的航次周期和每航次较均等的货运量完成合同规定的总运量的租船方式。

（2）定期租船。定期租船（time charter）又称期租船，是一种以时间为基础，由船舶出租人将特定的船舶出租给承租人使用一个时期的租船方式。

有关租期的长短主要由出租人与承租人根据实际情况洽商而定。在实际业务中，当事双方也有采取以抵达装运港交船时起到目的港卸货完毕时止的航次时间为租期，并按期租方式进行业务运作、支付租金的租船方式，即航次期租（voyage charter on time basis）。

定期租船具有运输承揽和财产租赁双重性质，其基本特征是：船长、船员由船舶出租人指派，但要听从承租人的指挥；承租人负责船舶的调度和营运工作；船舶所有人负担资本费用、固定营运费用；承租人负担航次费用，如燃料费、港口使费等；租金按船舶载重吨和租期长短计算。

（3）光船租船。光船租船（bare boat charter，demise charter）是由船舶出租人向承租人提供一艘未配备船员的空船，承租人在合同规定的租期内按所确定的租金率支付租金并配备船员、管理和经营船舶的租船。

光船租船不属于运输承揽方式，而是一种财产的租赁。除了船舶保险费、检验费可依合同约定由出租人负担外，其他所有费用均由承租人负担。

表 5-2 显示了不同租船方式与班轮运输的差别。

表 5-2　　　　　　　　　　不同租船方式与班轮运输之间的主要差别

项目		班轮运输	租船运输			
			航次租船	定期租船	光船租船	包运租船
船员配备与船长任命		船东	船东	船东	承租人	船东
船舶调度与安排		船东	船东	承租人	承租人	船东
揽货		船东	船东	承租人	承租人	船东
运费/租金		运费	运费	租金	租金	运费
订租舱位		部分舱位	整船或部分舱位	整船	整船	整船
承运人		船东	船东	承租人	承租人	船东
有关营运费用的分担	船员工资等	船东	船东	船东	承租人	船东
	港口使费	船东	船东	承租人	承租人	船东
	燃油费	船东	船东	承租人	承租人	船东
	装卸费	船东	合同约定	承租人	承租人	合同约定
	船舶维修费	船东	船东	船东	承租人	船东
	滞期/速遣费	无	有	无	无	有
	检验/保险费	船东	船东	船东	合同约定	船东

二、租船经纪人概述

1. 租船经纪人的基本概念

一般来说，租船经纪人（chartering broker）是指在不定期船市场上从事航次租船、定期租船和光船租船中介业务的经纪人。

在我国现有法律法规中并没有租船经纪人的相关规定。从租船经纪人的起源与发展来看，在传统上，租船经纪人是以中介人（居间人）身份从事租船订舱业务，因而他与国际货运代理有明显的区别。

（1）在是否事先签署委托协议上不同。在实务中，委托人与租船经纪人很少签署能够约束双方的书面协议，只能将双方往来的电传、电报或传真等书面资料作为确定双方之间关系的依据或划分责任的证据；而国际货运代理与委托人通常事先签订委托代理协议。

（2）在是否以委托人名义从事活动上不同。目前，绝大多数的租船经纪人是以自己的名义从事租船、订舱、揽货中介活动。国际货运代理已超出传统意义的代理概念，具有代理人（直接代理人与隐名代理人）和承运人（无船承运人）双重职能。

（3）在是否有独立的意思表示上不同。租船经纪人不能独立为意思表示，只是按照委托人的指示和要求，向委托人提供签约的机会或进行签约的介绍活动，而国际货运代理可以独立为意思表示，国际货运代理在委托人的授权范围内有权斟酌情况，独立地进行意思表示。

（4）在与委托人是否有固定的、连续性的关系上不同。租船经纪人的服务对象（承运人、货主）较为随意，与委托人之间并非一种固定的、连续性的关系，大多是一次性往来，而国际货运代理与委托人有较为固定的、连续性的关系。

（5）在服务报酬和费用支出上不同。航运经纪人的佣金大多是按"无效果，无报酬"（no cure，no pay）处理，即：如果租船经纪人成功地促成双方达成交易，则有权获得报酬；反之，如果最终租船经纪人未能成功地促成双方达成交易，则无法获得报酬。国际货运代理的代理费是按所完成委托事项的多少予以支付。

（6）在法律责任上不同。租船经纪人独立承担法律责任，只有在他与委托人或第三人恶意串通时，才与委托人或第三人承担连带责任，而国际货运代理的法律责任较为复杂，应视代理的方式而定。

综上所述，租船经纪人不同于国际货运代理，一些专业书籍和资料将其称为租船代理极易混淆两者的差别。

2. 租船经纪人的法律地位

在每一个具体案例中，应根据租船经纪人的行为特征和有关法律法规等因素来确定其身份，从而进一步确定该行为的合法性以及租船经纪人享有的权利和承担的义务与责任。

（1）居间人。租船经纪人成为《民法通则》中规定的居间人。

（2）代理人。租船经纪人成为《合同法》"委托合同"一章中的受托人。

（3）当事人。包括租船经纪人期租或程租船舶用于经营或者转租两种情况，此时租船经纪人成为当事人（出租人、承租人或承运人）。

（4）技术咨询人。租船经纪人接受委托人的委托，向其提供有关租船方面的咨询较为常见，至于此时的租船经纪人是属于代理人还是技术咨询人应视咨询的具体内容而定。如果属于技术咨询性质，则应按技术咨询合同的有关规定处理；如果属于委托-代理性质，则应按委托合同的有关规定处理。

第二节　租船合同

一、航次租船合同

1. 航次租船合同概述

（1）航次租船合同的含义。航次租船合同是指船舶所有人按双方事先议定的运费率（或包干运费）与条件将船舶租予租船人，自某港口或若干港口装运整船货物或部分货物至指定的目的港或某地区的若干港口而签订的租船合同。

（2）航次租船合同的种类。基于不同的角度，航次租船合同可以分为不同的种类。

按航次租船合同的形式，可分为单航次租船（single trip charter）合同、往返航次租船（return trip charter）合同、连续单航次租船（consecutive single trip charter）合同、连续往返航次租船（consecutive return trip charter）合同、包运租船（contract of affreightment，COA）合同等多种形式。

按船舶载运货物的种类，可分为件杂货航次租船合同、干散货航次租船合同、油轮航次租船合同等。

（3）航次租船合同格式。国际租船市场上租船合同的格式很多，既有由英国航运公会（GCBS）、波罗的海国际航运公会（BIMCO）等公共机构制定的被公认并被广泛使用的标准租船合同格式（standard C/P forms），也有虽不属于标准租船合同格式，但合同格式仍有一定的规律性并被广泛采用的非标准租船合同格式（non-standard C/P forms），以及由大厂商仅就某特定货物所制定的并只在自己租船时使用的厂商租船合同格式（private C/P forms）。

在航次租船中，目前以"金康"（GENCON）格式的应用最为普遍。"金康"是统一杂货租船合同（uniform general charter）的租约代号，它是由国际上著名的船东组织——波罗的海国际航运公会于 1922 年制定的，历经 1939 年、1950 年、1966 年、1976 年、1994 年多次修改的标准航次租船合同格式，也是一个适用于各种货物、各种航线的标准格式。金康除了绕航条款、代理条款、经纪人费用条款、普通罢工条款、普通冰冻条款保持不变外，删除了原赔偿条款，新增了双方互有责任碰撞条款，还对其余条款进行了修改、补充，并增加了若干条款。

2. 航次租船合同的主要内容

一般来说，航次租船合同主要包括合同当事人的名称、船舶概况与船舶动态、货物种类与数量、装卸港口、受载期限与解约日、装卸费用、提单、运费、滞期费、速遣费、双方当事人的责任与免责、经纪人佣金、船舶代理的指定、留置权、绕航、燃料补给、共同海损、仲裁等条款。

当然，航次租船合同的内容与合同的种类有较大的关系。例如，与一般航次租船合同格式相比，油轮航次租船合同通常具有如下主要特点：

第一，普遍采用由作为承租人的大型石油公司所制定的租船合同格式，而由航运公会和船东组织制定的合同格式很少使用。

第二，使用特殊的运价标准，油轮的运价不是按吨计收，而是以《世界油轮运价标准》的百分之几来确定的。此外，在未确定运价或未确定装卸港口的情况下也可以签约。

第三，虽有滞期费的规定，但没有速遣费的规定。此外，在因收货人的原因而产生爆炸或因其他原因而发生滞期时可以采用"滞期费折半"的特殊方法折半收取滞期费。

第四，专门增加了防止因无货可供而使船舶长期滞留的条款，即 JUPITER 条款。

第五，有一些与防止油污有关的详细规定和特约条款。

（1）合同当事人。合同当事人通常是真正的货主（托运人或收货人）和船东（船舶所有人），但也可能是国际货运代理、租船经纪人等其他人。

（2）船舶概况与船舶动态。船舶概况与船舶动态包括船名、船籍、船级、载重吨、舱容、船吊、船长、船宽、吃水以及船舶所处的位置与状况等。

1）出租人必须保证陈述内容的正确性。《海商法》第九十六条规定："出租人应当提供约定的船舶；经承租人同意，可以更换船舶。但是，提供的船舶或者更换的船舶不符合合同约定的，承租人有权拒绝或者解除合同。因出租人过失未提供约定的船舶致使承租人遭受损失的，出租人应当负赔偿责任。"

2）合同中对船名的规定可以采取如下 4 种形式之一：①指定具体船名，如"M/V XIN TONG"。②指定具体船名＋代替船条款，如"M/V XIN TONG OR SUBSTITUTE AT OWNER'S OPTION"。③列出若干个船名供船东选择，如"M/V A OR M/V B OR M/V C AT OWNER'S OPTION"。④船名待指定，如"VESSEL TO BE NAMED"。很明显，第 4 种形式对出租人最为有利。

3）在航次租船中，尤其是在运费包干的情况下，承租人对影响装货数量、装卸效率与装卸费用等有关的船舶参数（如载重吨、包装舱容与散装舱容、舱口数量、舱口尺寸、船吊数量、船吊负荷等）极为关心，船东应做到如实陈述。

（3）货物的种类与数量。关于货物的种类，有关的规定与惯例如下：

1）合同中对货物种类的规定可以采取如下 5 种形式之一：①明确规定某种货物，如袋装大米；②规定几种货物，如大米或/和面粉或/和糖；③规定某类货物，如袋装谷物；④规定某种货物＋承租人货物选择权，如袋装大米，租船人有选择装面粉或/和原糖的权利；⑤可装运所有合法商品。很明显，第 5 种方式对租船人最为有利，这在运费包干的情况下有时会采用。

2）除非发生不可抗力等事件，承租人有义务提供约定的货物；经出租人同意，承租人可以更换货物，但更换的货物对出租人不利的，出租人有权拒绝或解除合同；因承租人未提供约定的货物而使出租人遭受损失的，承租人应当负赔偿责任。

3）在包干运费航次租船时，为了保护自己的利益，出租人应要求承租人列出拟装船的货物清单，对于禁止装船的货物应在合同中予以列明。

4）当装运多品种货物时，合同中应明确规定分隔货物的费用、衬垫物料的费用由谁负担；当用杂货船装运散装货物时，合同中应明确平舱费用、压舱费用等由谁负担。

5）对于出租人而言，为了保护自己的利益，在合同中还应规定货物的积载因数。

关于货物的数量，有关的规定与惯例如下：

1）合同中对于货物数量的规定可以采取如下几种形式之一：①规定一个精确的数量，如"MIN/MAX 6 000MT RICE IN BAG"。②在规定一个精确数量的基础上，允许一定百分比的浮动。至于浮动的选择权既可以规定为出租人设定，也可以规定为承租人设定，如"6 000MT RICE IN BAG 10% MORE OR LESS AT OWNER'S OPTION"。③满舱满载（full and complete）某种货物，即指船舶所能装运的最大限度的某种货物。如果约定货物为轻泡货，承租人提供的货物应使船舶达到满舱；如果约定货物为重货，承租人提供的货物应使船舶达到满载吃水线。④在规定满舱满载的基础上，允许一定百分比的浮动。例如，"A FULL AND COMPLETE CARGO OF RICE IN BAG NOT EXCEEDING 7 000MT，NOR LESS THAN 6 000MT"。此时，出租人应保证船舶能装载货物的下限，而承租人有义务将供货数量选为规定的上限与船舶满舱满载货物数量中的较小者。

2）除了合同中约定了具体数量或由承租人确定数量外，出租人或船长应事先向承租人宣载①（declaration），以明确约定货物可装载的数量。当发生不能按原装船计划将全部约定货物装上船舶而需要减退部分货载［即退载或退关（shout out）］时，如果是由于出租方的原因所致，出租人应向承租人赔偿退载损失；如果是由于发货人、港方或其他第三者的原因所致，出租人不负责任，且可视情况向承租人索取空舱费（dead freight）或亏舱费。② 同样，在承租人未能提供足够的货物而造成船舶空舱时，承租人也应向出租人支付空舱费。

在实务中，由于诸方面的原因，当船舶抵达装货港后，承租人可能无法提供任何货物，或者提供非合同约定的货物，或者提供的货物未达到合同约定的数量。出租人应针对以上 3 种情况采取相应的对策。

1）在承租人未提供任何货物时出租人的对策。

第一，在合同中增加保护自己的条款。例如，GENCON 94 第 7 条的滞期费支付与解约条款、INTERTANKVOY 76 第 7 条的 JUPITER 条款或出租人询请条款等均是为了防止因承租人无货可供并使船舶长期滞留而在合同中增加的保护性条款。

第二，以承租人拒绝履约或不能履约为由解除合同。承租人拒绝履约是指承租人用语言或行动明确表示，或者通过其言辞和行为能默示推断出他将不履行合同义务，不打算再受合同条款的约束，即承租人没有正当理由而完全拒绝其合同义务。

承租人不能履约是指承租人因客观情况而没有能力履行合同，它可分为自始不能履行和事后不能履行两种情况。

在判断承租人是否拒绝履约或不能履约时，出租人必须格外小心，应尽可能取得船舶

---

① 宣载是指船舶抵达装货港后，在装货前，由船长向租船人或者发货人或其代理人书面宣布本航次能够承运货物数量的行为。除非合同另有约定，船长宣载的时间一般应在船舶抵达装货港前。从原则上说，宣载应以一次为准，但如果因承租方原因或船方事先无法预料的原因导致船长的宣载有误，船长有权进行第二次宣载。

② 由于租船人的原因，他未能提供足够数量货物来满足合同约定或船长宣载吨数，导致船舶空舱，租船人必须支付因空舱而使船舶所有人损失的费用。

在提前开航这一事实之前和之后承租人在备货方面的有关证据。否则，在不具有承租人拒绝履约或不能履约证据的情况下，出租人的解除合同行为反而构成自己违约。

第三，与承租人协商解除合同。经过协商一致，双方当然可以解除合同。

2）在承租人提供非合同约定的货物时出租人的对策。

第一，出租人可以选择解除合同。

第二，出租人可以要求承租人更换货物，如果更换后的货物对其不利，出租人仍可拒绝或解除合同；若更换后的货物未对其不利，出租人应该接受。

第三，如果货物已装上船且驶离装货港后，出租人或船长才发现承租人提供的货物与合同约定不符，尽管法律仍赋予出租人享有解约权，但此时出租人以承租人违约为由向其索赔损失可能更为实际。

3）在承租人提供的货物未达到合同约定的数量时出租人的对策。

在这种情况下，出租人可索赔亏舱费损失（包船运费除外）而无权解除合同，除非合同明确规定出租人在承租人提供的货物数量低于一定数量时享有解约权。

（4）装卸港口。

第一，合同中对于装卸港口的规定通常采取如下 3 种方式之一：①明确指定具体的装货港和/或卸货港，即列名装货港和/或卸货港；②规定了一系列列名港，供承租人选择；③规定由承租人在某个区域内选择装货港和/或卸货港。与此同时，装卸泊位既可以规定为某个特定的装卸泊位，即列名装货泊位和/或卸货泊位，也可以是不列名泊位。在实务中，以列名港和不列名泊位较为常见，如 "ONE SAFE BERTH AT THE PORT OF DALIAN, CHINA"。

第二，如果装卸港为列名港或列名泊位（包括上述第二种情况），则港口或泊位的安全性应由出租人负责；反之，港口或泊位的安全性应由承租人负责，即此时承租人有义务保证港口（泊位）的安全性。因此，对于列名港口（泊位），出租人在签约前应通过当地代理人对装卸港口（泊位）的水深、航道宽度、潮汐等地理情况有足够的了解。例如，假设某船载货抵达某卸货港后的吃水大于该港口允许的吃水，为此，该船不得不在港外卸下部分货物（即减载），以便能进港卸货。对于由此发生的减载费用，如果出现在合同中列名的卸货港，则减载费用应由出租人承担，否则应由承租人承担。

第三，当合同规定装货港或卸货港是两个或两个以上的港口时，合同中应明确挂靠的顺序；否则，船长应按地理位置的顺序安排船舶挂靠作业。

第四，对于锚地至约定泊位之间以及约定泊位之间所发生的移泊费、拖轮费等通常由出租人承担，但对约定泊位以外的移泊费与拖轮费则由承租人承担。例如，合同约定 "2 个安全泊位"，则意味着承租人有权免费移泊 1 次（即可用 2 个泊位），超过 1 次的移泊费用需要由承租人承担。此外，为了避免引起争议，合同中应对非因承租人的过失，而是由于港口当局的命令所发生的移泊费用及其时间损失由谁承担做出明确的规定。

第五，当合同规定承租人有权选择装卸港时，承租人应在合同规定的时限内，或在未规定时限时在合理时间内以书面的形式向出租人或其代理或船长通知装卸港名称（即宣港）；否则，承租人应对造成的船舶滞期或绕航损失负责。根据《海商法》第一百零一条的规定，如果承租人未及时宣港，船长可以从约定的选卸港中选定一个港口卸货。

第六，在装卸港不止一个时，为了保持船舶在适航平衡状态下从一个港口驶往下一个港口，在某一港口装卸货后往往还要对货物进行倒舱、重装等附加作业。由于保持船舶适航是出租人的一项基本义务，如果合同未规定为保持船舶适航平衡状态而发生的倒舱、重装费用由承租人负担，这些费用应由出租人自行承担。因此，当承租人享有在两个或更多的港口装卸的选择权时，通常合同中应列入适航平衡条款（seaworthy trim clause）。该条款的内容是：如果所装货物在两个或以上港口装卸时，承租人应使船舶从一个卸货港航行到下一个卸货港时处于令船长满意的适航平衡状态。如果合同列入了此条款，对于出租人在先卸港卸下货物后，为了使船舶保持适航平衡开往下一个港口而产生的费用，比如货物倒舱费、重装费等，承租人应予以负责，并赔偿出租人由于倒舱、重装而产生的提单持有人提出的货损索赔（如果有的话）。

第七，在合同规定承租人享有宣港权的情况下，出租人签发的提单上的装卸港应与承租人宣港确定的装卸港相一致，即出租人既要符合租船合同的要求，又要符合提单合同的要求，应做到两者一致。

第八，在船舶接近或抵达装卸港口前，因战争等原因使港口被封锁、封闭或港口航道堵塞而阻碍或延误船舶的正常航行，出租人有权根据合同中的"附近港条款"，将船舶驶往"附近港口或地点"装卸货物。

（5）受载期与解约日。受载期是指船舶抵达合同约定或承租人指定的装货港准备装货的预定期限。受载期可以具体定在某一天，但习惯上规定为一段期限，以适应海上船舶航行和货运活动的实际情况与要求。

解约日是指船舶必须抵达合同约定或承租人指定的装货港并做好装货准备的最后期限。解约日通常定在受载期限的最后一天，但也有合同规定解约日为受载期届满后的某一天。如果合同未规定解约日，在实务中通常以受载期的最后一天作为解约日。

第一，船舶应于受载期内抵达指定的装货港。当船舶在受载期最早日期之前抵达时，承租人并不承担提前装货的义务；当船舶在解约日之前仍未抵达，则承租人享有取消合同的选择权。至于解除合同后承租人是否还有权向出租人索赔损失，应视船舶不能在解约日前抵达装货港的原因而有所不同：①如果船舶不能在解约日前抵达装货港是由于出租人故意谎报船舶位置或没有使船舶尽速航行到装货港或者船舶在开往装货港途中发生了非法绕航所造成的，则承租人有权向出租人索赔损失；②如果船舶不能在解约日前抵达装货港是由于自然灾害、不可抗力或合同中明确规定的其他例外原因所致，则承租人无权向出租人索赔损失。

第二，解约日中所说的"船舶抵达与做好装货准备"与装卸准备就绪通知书中的规定相近，但由于解约日是作为解除合同的依据，而装卸准备就绪通知书是作为装卸时间起算的依据，因而两者对抵达与装备就绪的要求并不相同。一般来说，解约日中的规定与要求相对宽松：①解约日中的"抵达"只要求船舶抵达装货港的法律管辖范围之内即可。例如，合同规定装货港为某列名泊位，如果船舶未在解约日前抵达该列名泊位，但只要船舶在解约日前已抵达该装货港，则承租人就不再享有解除合同的权利。②即使船舶存在某些影响装货的缺陷，但只要该缺陷对装货影响较小，并且能很快修复，则这种缺陷并不构成出租人未在解约日前做好装货准备的依据，即承租人不能以此为由要求解除合同。

第三，如前所述，如果船舶未能在解约日前到达装货港并准备就绪，承租人有权解除合同。针对这种可能发生的情况，出租人通常在合同中增加询问条款（interpellation clause），即在船舶预计延迟抵达装货港的情况下，出租人在规定的时间内有权向承租人询问是否解除合同，承租人应在规定的时间内（例如，有的合同规定在船舶预计抵达装货港48小时以前，或者规定最迟于船舶抵达本港时）做出是否有意解除合同的决定。如果超过此时间未做答复，则被认为承租人自愿放弃了"解除合同的选择权"。至于询问条款的具体规定，请查阅相关的合同范本。

（6）运费。

第一，运费在出租人签发提单之前支付。为了规避风险，通常应在合同中列明如下条款："无论船舶和/或货物损失与否，货物一经装上船，或运费一经支付，就视为出租人所赚取，一概不予退回。"

第二，运费在出租人签发提单后若干天内支付。在这种方式下，出租人可能面临既未收到运费又要自付费用履行本航次。其原因在于，既然出租人已签发了"运费预付"提单，就要受到提单条款的约束。对于善意提单持有人而言，提单上"预付运费"的记载构成绝对证据，因此，即使承租人未按约支付运费，出租人也不能以此为由采取拒绝航行、扣货等方式要求提单持有人支付运费。

第三，运费在货物交付收货人之前支付。在这种方式下，出租人需要承担因船舶和/或货物灭失而造成的无法收取运费的风险。对此，出租人必须为运费投保。

第四，运费在货物交付收货人之后支付。在这种方式下，出租人除了需要承担运费损失的风险外，还因为失去了货物留置权而无法通过扣押货物来要求收货人支付运费。

在实务中，有些租船合同综合运用以上条款，即部分运费预付、部分到付。例如，合同规定："90％的运费于提单签发后3天内支付，余下10％的运费连同滞期费、速遣费等在货物交付后30天内支付。"

（7）装卸费用。常用的装卸费用条款主要有：

第一，出租人不负担装卸费条款（free in and out，FIO），是指出租人不负担装货费和卸货费。

第二，出租人不负担装卸费、平舱费和积载费条款（free in and out，stowed and trimmed，FIOST），是指出租人除了不承担装卸费外，也不承担平舱费和积载费。在涉及货物绑扎费用时，为了避免引起双方争议，合同通常采用"FIOS lashed"条款，以明确绑扎费用由承租人负担。

第三，出租人负担装卸费条款，又称班轮条款（liner term）、泊位条款（berth term）、总承兑条款（gross term）、船边交货接货（free alongside ship，FAS）条款，是指出租人装卸货物的责任与班轮运输方式下的船东责任相同。

除上述条款以外，还有出租人不负担装货费用但负担卸货费用条款（FI，FILO）以及出租人负担装货费用但不负担卸货费用条款（FO，LIFO）等。

（8）出租人的责任与免责。在航次租船合同中，对出租人的责任与免责的规定基本上与《海牙规则》对承运人的规定相同，但由于租船合同是根据租约自愿的原则，由合同双方洽商确定，因此在实务中，对出租人的责任与免责的规定有宽有窄，既有与《海牙规则》同步的，也有完全不一样的。

（9）船舶代理的指定。在定期租船中，装卸港的船舶代理一般由承租人指定，但在航次租船中，对装卸港的船舶代理既可能由出租人指定，也可能由承租人指定。如果出租人不得不接受由承租人指定船舶代理，那么出租人最好应安排保护代理，以维护自己的利益。

二、定期租船合同

1. 定期租船合同概述

（1）定期租船合同的含义。定期租船（time charter party，TC）合同（以下简称"期租合同"）是指船舶所有人按一定的条件，以收取租金的方式，在一定的期限内把船舶出租给承租人，由承租人按约定用途使用的租船合同。

租期的长短主要由出租人与承租人双方根据实际情况洽商而定。短期的通常为2～3个月，长期的长达3～5年。在实际业务中，当事双方也有采取以抵达装货港交船时起到目的港卸货完毕时止的航次时间为租期，并按期租方式进行业务运作、支付租金的租船方式，即航次期租（time charter on trip basis or trip time basis，TCT）。

（2）定期租船合同格式。目前，常见的定期租船合同格式主要有"波尔的姆"合同和"土产格式"合同。

1）统一定期租船（uniform time charter）合同，租约代码为巴尔的摩（BALTIME），它是由BIMCO于1909年制定的，后经1911年、1912年、1920年、1939年、1950年、1974年数次修订的标准定期租船合同。它较多地维护出租人的利益。

2）定期租船（time charter）合同，租约代码为土产格式（produce form）。它是由美国纽约土产交易所（NYPE）于1913年制定的，后经1946年和1993年修订的标准定期租船合同，又称NYPE格式。NYPE格式较多地维护了承租人的利益。目前，使用比较多的是1946年的NYPE格式。

2. 定期租船合同的主要内容

定期租船合同通常包括船舶说明条款、交船条款、租期条款、合同解除条款、货物条款、航行区域条款、出租人提供的事项条款、承租人提供的事项条款、租金支付条款、还船条款、停租条款、出租人责任与免责条款、使用与赔偿条款、转租条款、允许承租人派人随船监督条款、共同海损条款、仲裁条款、美国首要条款、新杰森条款、双方互有过失碰撞条款、战争条款、佣金条款等。

（1）船舶概况与船舶位置。在定期租船合同中，除了要对船名、船籍、船级、吨位、船舶动态等有关船舶的事项做出明确说明外，还要对航速和燃料消耗量做出特别的说明。

如果船舶的实际航速低于合同规定的数值，对因此造成的时间损失，承租人可向出租人索赔，称为航速索赔；如果船舶实际燃料消耗量大于合同规定的数值，承租人可就船舶多消耗燃料而造成的损失向出租人索赔。

承租人在向出租人就航速、燃料消耗量行使索赔权时受到如下约束：

1）时间上的限制。出租人需要保证船舶在订租约以及交船时达到合同规定的航速，并不是指在整个租期内，除非合同对此做出明确的规定。当然，如果租期内船舶的航速减慢是由于出租人对船舶没有合理保养或尽速航行所致，承租人同样有权提出航速索赔。

2）数量上的限制。如果在航速、燃料消耗量前加上大约（about）字样，则允许有一定范围的伸缩，国际航运惯例一般对此限定在5％以下。

3）天气条件限制。除非合同特别说明，航速和燃料消耗量是指在良好天气条件下的数值。良好天气条件一般理解为风力不超过蒲氏4级（最大风速16海里/小时），浪不超过道格拉斯3级（浪高3英尺～5英尺）。但是，对于超大型船舶而言，上述标准应有所提高。

4）载重量限制。除非合同特别说明，航速和燃料消耗量是指在船舶满载下的数值。至于出租人在船舶非满载或空载时应保证的船舶航速与燃料消耗量通常可根据满载时规定的数值推算，因此，为了避免引起争议，有的合同对满载、半载、空载等状态的航速和燃料消耗量分别做出规定。

5）燃料品质限制。有些合同订有"燃料品质条款"，以明确燃料的品质。如果事实证明，船舶燃料消耗量的增加是由于承租人安排不符合"燃料品质条款"所规定的燃料，出租人对此不承担赔偿责任。

6）特殊情况的限制。合同规定的燃料消耗量通常是指正常消耗量，对于船舶在进出港口、过水道、过运河等特殊情况下所增加的燃料消耗量（在这些情况下，主机通常使用柴油作为燃料，故柴油消耗量增加），承租人无权提出索赔。当然，为了避免引起争议，出租人最好要求在合同中对此做出明确规定。

7）相互抵消方面的限制。第一，如果航速减慢时燃料消耗量减少，则在承租人进行航速索赔时，出租人是否可以以所节省的油价作为抵消？对此，尚未取得一致意见，但从大多数仲裁案来看，仲裁庭一般依据赔偿"复原"原则裁决可以相互抵消。第二，某航次的航速减慢和燃料消耗量增加是否可以与另一航次的航速提高和燃料消耗量减少相抵消？从目前的判例来看，法庭判决应以航次为依据分别计算，不可相互抵消。为了避免引起争议，合同中最好对此做出明确规定。

（2）交船。交船是指出租人按合同规定将船舶交给承租人使用，交船有地点、船舶状态、期限等方面的规定与要求。

1）交船地点。交船地点一般规定为某一具体港口，有的定明港口内的具体交船地点，如引航站（on arrival pilot station，APS）、引航员登轮（on taking inward pilot，TIP）或者由承租人指定的某泊位。第一，当合同约定"泊位交船"时，出租人应争取泊位前加上"可抵达的"，即"在可抵达的泊位交船"（at the reachable berth），以便由承租人承担等泊时间损失。第二，当合同约定"引航员登轮交船"时，出租人应争取"因港口拥挤或承租人的原因而使引航员未能登轮，则等引航员的时间损失由承租人承担"条款，以保护自己的利益。第三，在实务中，有些承租人希望享有指定交船地点的权利。对此，出租人最好予以拒绝。

2）交船状态。在交船时，船舶应适航和适于约定的用途，并使各方面均已处于准备状态。此外，合同对船上存油、船舶证书的齐全和有效性以及船舶检验及其报告等一般都有相应的规定。如果交船状态不符合合同约定，承租人有权解除合同，并有权要求赔偿因此遭受的损失。

在交船时涉及船上的存油数量、计价以及租船人何时支付燃油费的问题：①关于在交船时所存的燃油数量，合同通常规定了最低额和最高额；②关于船上所存燃油如何计价，目前常见的是由双方约定一个固定价格，当然也可以采取按当时的市场价格或按最近的主要加油港的价格或按最后几次实际加油的发票价格的平均值等方法计价；③关于燃油费，通常规定与第 1 期租金一并支付给出租人。

3）交船时间。交船时间既可以规定一个具体的交船日期，也可以规定一个最迟的交船日期，但更普遍的做法是规定一个交船期限，并以期满的最后一天作为解约日。与航次租船相同，为了保护自己的利益，出租人应要求在合同中增加"询问条款"。

（3）还船。

1）还船地点。还船地点通常规定两个或几个港口，或者一个区域，由承租人选择具体的还船地点。

2）还船状态。关于还船状态，合同通常规定：除自然损耗外，在还船时船舶应处于与交船时相同的良好状态。在实务中，双方通常是将完租验船报告与起租验船报告进行对比，用以决定船舶在还船时的状态是否符合合同的要求。

与交船一样，合同中通常应对还船时船上的存油数量、计价等做出明确规定。在还船时，以最后几次实际加油的发票价格的平均值来计价较为常见。

3）还船时间。从原则上说，承租人通常应在租期届满时将船舶还给出租人。然而，由于海上运输的特点，租期届满之日与承租人使用船舶的最后航次结束之日很难吻合。因此，合同中通常都规定一个宽限期或在租期前加上"约"字，承租人在租期届满之前或之后还船不构成违约。

第一，提前还船。如果提前还船超出允许的宽限期，承租人应赔偿出租人所遭受的损失，但出租人也有义务采取措施减轻损失，如尽快将船舶再行出租或以其他方式从事营运等。

第二，超期还船。对于经合理计算，完成最后航次的日期约为合同约定的还船日期，但可能超过合同约定的还船日期时，承租人有权超期用船完成该航次，但应支付约定租金直至租期届满，对于超期期间的租金应按合同约定的租金率与市场租金率中的高者支付。对于不属于上述情况下的超期还船，出租人或船长有权拒绝接受承租人的指示，并要求承租人另行指示合法的最后航次。若承租人未能另行指示，出租人有权视合同已经终止，并以承租人违约为由，请求合同提前终止所遭受的损失。如果出租人或船长接受承租人的指示，承租人应支付约定租金至租期届满，对于超期期间的租金应按合同约定的租金率与市场租金率中的高者支付。

4）还船通知。出租人为了掌握船舶情况、及时将船舶再出租，都要求承租人在还船前的一定期限内做出还船通知。

（4）对承租人使用船舶的限制。为了保护自己的利益，出租人通常在合同中对承租人使用船舶的权利进行一定的限制，主要体现在如下两个方面：

1）对货物的限制。第一，承租人使用船舶只能从事合法贸易、装运合法货物。第二，承租人不能装载船舶装运租船合同中规定的不允许装载货物。在实务中，由于多方面的原因，船长可能允许装运合同中列明的除外货物或者出租人知晓后也未提出抗议。承租人时常以此为由认为出租人已构成对禁装合同列明的除外货物权利的放弃，进而继续要求船舶承运合同列明的除外货物，但从判例来看，法庭并不支持承租人的主张。当然，为了安全起见，出租人应要求船长严格执行合同的规定，以免使自己陷于被动。

2）对航行区域与挂靠港口的限制。由于受船舶保单、某些政治原因以及地理条件等方面的限制，租船合同中在列明承租人可以指示船舶前往区域的同时，还专门列明了除外区域。

承租人不仅应保证船舶前往合同允许的区域，而且在由承租人选定港口和泊位的情况下还应保证船舶前往的港口或泊位是安全港或泊位，即在列名港口和泊位的情况下，安全港、安全泊位的责任由出租人承担；在非列名港口和泊位的情况下，安全港、安全泊位的责任由承租人承担。当然，如果船长或出租人明知或应知道承租人指定的港口或泊位是不安全的，仍接受承租人的指示，即出租人或船长本身也有过错时，则根据双方的过错程度，按比例承担由此对船舶所造成的损害。

（5）费用分担。在期租下，原则上由出租人负责直接的或间接的船舶和船员的维持费用，而由承租人负责有关船舶的营运费用。合同应对各方承担的费用项目予以详细列明，在实践中易发生争执的主要有船舶附加保险费、船舶在港发生的交通费、通信费等。对此，合同也应根据实际情况做出具体规定。

（6）租金与撤船。

1）租金的确定。租金由双方依据船舶吨位大小与舱位容量、船龄长短与船舶技术状况、船舶经营条件及租期长短、租船市场的行情及其发展变化趋势等因素协商而定。在实务中，出租人为了减小外界环境对合同租金水平的影响，以使租金水平随出租人承担的费用增加而增加，有时会要求在合同中订有"租金调整条款"。

2）租金计算方法。在实务中，通常以夏季载重吨作为租金计算的基础，租金通常以日租金率并按有效租赁日数计收，也有按每载重吨、每日历月或每30天为单位进行租金计算的。

3）租金支付时间。租金支付时间应是租金到达出租人指定的收付银行的时间，而不是承租人汇出租金的时间或出租人通知汇出的时间。

4）租金的扣除。承租人扣减租金的项目必须是法律上或合约内所允许的，主要包括应付款之前已出现的船舶停租、承租人为出租人所垫付的款项以及承租人向出租人提出的航速索赔和船舶额外燃料消耗的索赔等。

5）撤船权的限制。出租人行使撤船权受到如下限制：①如果合同规定了"若承租人未准时和足额支付每一期租金，出租人应书面通知承租人在若干银行工作日内予以弥补"等抵御市场波动条款，则出租人应事先给予警告并在期满后撤船。②如果在撤船时船舶并非空载（比如正在装货、卸货或者载货航行），则出租人行使撤船权时还负有履行提单合同的义务，不能损害提单持有人的利益。③出租人应在未准时收到租金的一段合理时间内行使撤船权，若超过了这一合理的时间则构成撤船权的放弃。此外，出租人接受承租人迟付租金的行为也被认为是放弃撤船权。

（7）停租。停租是指在租期内，并非由于承租人的原因，承租人不能对船舶按合同规定予以使用的，可以停付租金。

1）停租的原因。不同的合同对停租的规定有所不同，归纳起来，停租的原因主要有：①人员或物料不足；②船体、船机或设备的故障或损坏；③船舶或货物因遭受海损而引起延误；④船舶入坞；⑤合同规定的其他原因等。

2）停租条款的运用。由于停租条款实际上是保护承租人的"免责条款"，因此停租事项必须是合同明确规定的，而且承租人应负举证之责。

3）停租的起讫时间。目前，视具体情况的不同，合同对此的规定也有所不同，归纳起来主要有：①自缺陷开始至恢复原状的一段期间停付租金，即停航时间一律停付租金。②不能有效地使用船舶所造成的时间损失停付租金，即按停航时间与正常航行时间的差额（净时间损失）计算停付租金；③连续停航若干小时（如 24 小时）不能使用时停付租金，即不但要求存在净时间损失，而且还必须净时间损失超过规定的数额后才能停付租金。很明显，第三种方式对出租人最为有利，第一种方式对承租人最为有利。

4）租期是否可以顺延。关于租期内所发生的停租时间是否可以在租期届满后顺延，有些合同规定由承租人决定，有些合同则规定停航超过一定时间以上，承租人有权解除合同。很明显，这一规定对出租人极为不利，即使接受此条款，也应规定较长的时间。

5）船舶灭失时租金的处理。船舶灭失意味着合同已解除，当然应从船舶灭失之日起停租，但问题在于：如果不能具体确定船舶灭失的时间或在船舶失踪时，租金应如何支付？对此，不同的合同有不同的规定：有的规定从最后与船舶联系之日起停付租金，有的则规定从最后一次得到船舶报告之日起到预计抵达目的港期间，租金按半数计付。

（8）出租人的责任与免责。在定期租船的情况下，虽然承租人有任意安排船舶营运的权利，但有关船舶运行的责任仍由出租人负责。因此，除非合同另有特别约定，出租人对于装船、积载和卸货等是不能免责的。

1）船舶应保证适航。这与班轮运输和航次租船合同中所述的条件并无不同之处。此外，出租人为了缩小自己的责任，通常在合同中定有关于出租人免责的特殊约定。

2）船长和船员应尽力执行各航次的任务，提供所有习惯性的协助。若船长和船员未依从承租人正当的命令和指示，则出租人应赔偿由此给承租人造成的损失；反之，船长和船员因执行承租人的命令和指示给出租人造成的损失，承租人应予以赔偿。

3）船长和船员在下列情况下可以拒绝承租人的命令和指示：①承租人的命令和指示已超出营运方面，扩展到航行及船舶安全方面；②承租人的命令和指示与租约无关，比如为了图利要求船长加满超出本航次需要的廉价燃油；③承租人的命令和指示是不合理的或非法的，如倒签提单等；④承租人的命令和指示超出租约的范围，如装运合同列明的除外货物、执行非法的最后航次等。

第三节　租船操作程序

从广义上说，租船操作程序是指从租船、船舶抵港前准备、船舶在港与航行直至船舶租期结束等不同阶段有关货运作业的基本程序。从狭义上说，租船操作程序仅指租船合同的洽谈与签署以及有关运费/租金、滞期费与速遣费的计算及收取等方面的业务操作规程。

如前所述，与班轮业务不同，租船业务通常是由租船经纪人与海运代理分工协作来完成的。租船经纪人负责租船合同的洽商与签署以及有关运费/租金、滞期费与速遣费的计算及收取等方面的内容；海运代理（国际货运代理和船舶代理）则代表委托人（出租人或承租人）完成货物、船舶通关以及在港作业等事宜。

一、航次租船操作程序

航次租船操作程序包括合同洽谈与签署、交付货物、货物装卸、运费支付、提单签发、滞期费/速遣费的计算、货运事故索赔与理赔等各个环节。下面仅介绍租船合同的洽谈与签署。

在通常情况下，一个完整的租船合同从洽谈到签订，一般需要经过询盘、洽商和签署合同3个阶段。这3个阶段可细分为询盘、发盘、还盘、接受或确认、签订订租确认书以及签订租船合同6个步骤。

1. 询　盘

询盘（quote，enquiry）又称询价，是指船舶承租人（以下简称"承租人"）或船舶所有人（以下简称"出租人"）直接或通过租船经纪人在租船市场上询问租用船舶或承揽货物的表示。目前，询盘主要采用电报、电传、传真、E-mail等形式来表示。询盘对于承租人和出租人均无法律上的约束力，而且不是租船的必经步骤，有时可未经对方询盘而直接向对方发盘，但它往往是租船的开始，对此不应忽视。

由承租人发出的询盘应视租船的不同方式（如程租、期租和光租）而有所不同。如果是程租，一般包括货物名称、数量、装卸港口、装卸率及装卸条款、受载期与佣金、要求对方报价等。由出租人发出的租盘一般包括船舶的规范、预计船舶可用的时间及船舶出租的方式等。

2. 发　盘

发盘（offer）又称报价，是承租人或出租人向对方提出一定的交易条件，并愿意按照这些条件达成租船合同的一种表示。在事先存在询盘的情况下，发盘通常是以询盘为基础。

出租人和承租人在洽谈过程中需要进行航次估算。

航次估算主要有每天净收益（每天净利润）法、每吨船每月的净利润法和保本运费率法。

[案例 5-1]　某杂货船目前在台湾高雄港卸货，欲承载大连—天津—胡志明的件杂货 12 000t，请采用保本运费率法进行航次估算。

案例评析：

（1）确定航行天数。根据实际航程和船舶航速计算船舶航行所需要的时间。需要注意的是，在计算航行时间时应将预备航次的航行时间（即抵达装货港前的船舶空载时间）考虑在内。因此，航行天数包括高雄—大连的空驶天数和大连—天津—胡志明的航行天数。根据船舶航速和里程计算，空驶天数约 5 天，大连—天津—胡志明的航行天数约 13 天，共计 18 天。

（2）确定在港停泊天数。船公司一般需要事先向装卸港的船舶代理咨询港口泊位是否紧张以及实际的装卸效率，然后根据待装货物的数量推算停泊天数。在本例中，大连、天津两港的泊位并不紧张，如果货物已备妥，则实际装卸率至少在 2 000t/d～2 500t/d，而胡志明港的实际装卸率为 1 000t/d～1 200t/d。据此，再结合各港预计的装卸数量可推算出大连港、天津港、胡志明港预计的停泊时间分别为 2 天、4 天和 12 天，总计停留时间为 18 天。

（3）计算船舶的港口使费支出。如果事先知悉拟挂靠港口的费率标准，则可结合停泊时间、货物种类与数量计算出港口使费。如果可能，最好请装卸港的船舶代理予以报价（即提供预计港口使费数额）。在本案例中，根据测算，该船舶在大连港、天津港、胡志明港的港口使费分别为 1.5 万美元、2 万美元、2.5 万美元，总计为 6 万美元。

（4）计算船舶燃料费用支出。根据船舶燃料（IFO、MDO）消耗量及其价格、船舶航行时间和船舶在港时间计算本航次所需的燃料费。该船舶每天的燃料消耗定额及其相应的油价如下：主机用燃料油 IFO，16t/d，110USD/t；副机用柴油 MDO，1t/d（航行时）、2t/d（停泊时），220USD/t。因此，根据航行天数与停泊天数可确定燃料费用支出，即

$$燃料费用支出=(16×110+1×220)×18+2×220×18=43\ 560（美元）$$

（5）计算船舶的固定费用支出。根据本航次船舶所用时间（航行时间与在港时间）和该船舶每天分摊的固定费用（包括船员工资、船壳保险费、协会责任险费、折旧费、管理费等）计算出该航次应支付的固定费用。经测算，该船舶每天分摊的固定费用为3 500USD，据此可得：

$$固定费用支出=3\ 500×(18+18)=126\ 000（美元）$$

（6）计算基本保本运费总额。本航次保本运费总额应为港口使费、燃料费、固定费用等各项费用之和，即

$$保本运费总额=60\ 000+43\ 560+126\ 000=229\ 560（美元）$$

从理论上说，出租人可接受的运费率不能低于保本运费率，但考虑到市场行情等因素，有时出租人也不得不接受较低的运费率。在合同谈判实践中，运费讨价还价的范围一般在±40%。如果报价相差太大，双方成交的可能性不大。

3. 还　盘

还盘（counter-offer）是指受盘人对发盘条件不能完全接受而对原发盘提出相应的修改或变更意见。还盘是对原发盘的拒绝，也是受盘人对原发盘人做出的一项新发盘，只是内容较一般的发盘简单，仅涉及受盘人要求修改的部分。

还盘不是租船的必需步骤，有时承租双方无须还盘即可成交；有时需要经过多次还盘才能对各项租船条件达成一致；还有虽经反复还盘，但终因双方分歧太大而未能成交。

4. 接受或确认

接受或确认（confirm）是指一方（承租人或出租人）无条件地同意对方在发盘或还盘中所提出的各项洽租条件，并以声明或行为表示愿意按这些条件与对方成交、签订租船合同。

发盘必须是无条件地予以接受，但发盘人有时可能要求受盘人先确认接受附有保留条件（subject to）的货盘，而自己则在约定的时间内维持这些保留条件不变。以下为租船中常常附带的"保留条件"：

1) 以细节内容为条件（subject to details，sub details）。

2) 以董事会批准为条件（subject to board's approval）。

3) 以收货人同意为条件（subject to receiver's approval）。

4) 以货物备妥为条件（subject to stem，sub stem）。

5) 以取得信用证为条件（subject to L/C obtainable）。

6) 以政府批准为条件（subject to government approval）。

7) 以检验为条件（subject to survey and inspection）。

对于附带保留条件的发盘与接受的法律效力，目前尚无一致的观点。除了英国等国的法律认为该确认书或承诺书对任何一方均无约束力外，大多数国家的法律均视附带的保留条件是否构成合同中的主要项目来判断其效力。比如按美国和中国的法律，如果双方已就合同中应具备的主要项目达成一致，该保留条件并不影响合同的成立，除非明确说明该保留条件的解除是合同成立的前提。

5. 签订订租确认书

订租确认书（fixture note）实质上为简式租船合同。本来在发盘接受以后，合同已经成立，一项租船业务即告成交。但根据国际租船业务中的惯常做法，承租双方常常通过经纪人或者由自己制作包括双方共同承诺的主要条件的订租确认书，等承租双方签署后，每一方将各留存一份备查。

订租确认书无统一的格式，除了包括当事人的名称、地址、合同编号、双方代表签名栏及签署日期外，还需要包括前面所提到的租船合同的主要条款，只不过通常较为简单且大多采取缩略语（详见附录5）。

6. 签订租船合同

由于订租确认书仅包括了合同的主要条款，缺乏对合同细节内容的解释与说明，因此，为了避免引起争议和更好地保护自己，建议承租双方签署正式的租船合同。

二、定期租船操作程序

在定期租船下，有关船舶揽货，调度，进出港，装卸货，加油、水等营运工作均由承租人或其代理人来安排。在这种情况下，承租人或其代理人应做的工作与程序可比照航次租船合同中有关出租人或其代理人应做的工作与程序办理。

限于篇幅，以下仅介绍交船、还船、退租、续租、停租与复租等业务环节的内容和程序。

1. 交船业务与程序

（1）在合同签订后，承租人向出租人通知具体的交船地点和交船地承租人的代理人等事项。

（2）一方面，承租人同样需要将合同的主要条款内容通知自己的代理人，指示代理人与出租人或船长办理交船手续；另一方面，还需要代理人安排装货、加油、靠泊等与营运有关的手续。

（3）一方面，出租人应向船长下达航运指令，指示船长必须在装船时间和解约日之前让船舶抵达交船地点，并做好交船准备；另一方面，还需要向交船地的代理人下达委托书[①]，委托该代理人代表出租人与承租人或其代理人办理交船手续。

（4）船长按合同规定向承租人或承租人交船地的代理人通知船舶动态和预计交船时间。

（5）船舶抵达交船地点并准备就绪后，船长向承租人的代理人递交交船通知书。

（6）双方代表安排测油、货舱检验及其他检验，并共同签署接船协议书或起租验船报告，详细记载交船时的剩余燃油量、起租开始时间、船舶损坏记录等。

（7）承租人向船长递交载货清单，船上大副编制配载计划，以备装货。

2. 还船业务与程序

（1）承租人向出租人发出还船通知，同时还需要向还船港代理人下达委托书，委托其代办还船业务。

（2）出租人向还船港代理人下达委托书，委托其代办还船业务以及还船后的船舶代理业务。

（3）双方共同测定存油数量、检验货舱以及有关费用的分配与核收等，并签署还船协议或完租验船报告。如果发现船舶损坏，则应按照合同约定要求承租人予以修理或赔偿。

3. 退租、续租、停租与复租

（1）在租期中退租。在租期内，因某种原因，经承租双方同意，双方可以委托代表办理退还船手续，相关的要求和程序与还船相似。

（2）租期期满后续租。在租期届满后，若承租双方愿意续租，可委托代理人同时办理还船、接船手续。还船证书和接船证书可分别签署，若还船和接船的时间一致、存油量相同，也可合为一份。

（3）停租。由于出租方责任，船舶不能继续为承租人营运，双方可以委托代理人办理停租工作，签署停租证书，做好事实记录，并以此作为承租双方划分责任、结算租金和燃料的证明。

（4）复租。在停租事故清除后，船舶可以继续为承租人服务，双方应委托代理人办理复租工作，并签署复租证书。

第四节　租船提单及其业务

一、租船提单概述

租船提单是出租人或承租人为了履行租船合同而签发的提单，它除了具有班轮提单的一般特征外，还具有自己的特征。

1. 提单内容与格式的选择权

在租船运输中，出租人通常并不印制自己的提单，提单的内容与格式通常由租船人决

---

① 在实务中，有时也可由船长代表出租人直接与承租人或其代理人办理交船手续。

定。在租船运输实务中，租船提单通常由租船人或国际船东组织①印制。班轮提单的拟定往往是由班轮公司自行决定，而且绝大多数的班轮提单都印有班轮公司的名称，以收广告和建立商誉之效。

2. 提单运输栏目

租船提单是港至港提单，其运输栏目通常仅包括装货港、卸货港、船名与航次3项；班轮提单大多采取"一式两用"，既可作为港至港提单，也可作为国际多式联运提单，其运输栏目通常包括收货地、前程运输工具、装货港、卸货港、船名与航次、交货地6项。

3. 提单背面条款

租船提单的背面通常仅包括租约并入条款、首要条款、共同海损条款、新杰森条款、共同碰撞条款。班轮提单的背面条款非常完整，除了包括有关规范提单的国际公约或国内法律的基本规定外，还通常列有光船租赁（过户）条款、承运人身份条款、无船承运人条款。班轮提单的格式与条款不会因不同航次或不同发货人而轻易改变。

4. 提单附加条款

租船提单除了加批"运费支付方式"外，还需要加批"租约并入条款"（以下简称"并入条款"），以便使租约约束提单持有人。班轮提单通常并不加批并入条款，如果班轮提单加批并入条款，则该班轮提单转化为租船提单。

租船提单上加批并入条款，使得提单持有人也受租约的制约，从而可以有效地避免出租人承担比租约更大的责任以及日后追索的麻烦。然而，由于租约是由出租人与承租人签署的，当提单转让给善意的第三人时，为了保护善意的第三人，各国均对并入条款的效力以及可并入的范围采取严格的解释。

二、租船提单的签发

在租船实务中，提单通常由船长、承租人或其代理人签发。

1. 船长签发提单

（1）租约定明由船长签发承租人提供（as presented）的提单。在这种规定下，不管承租人提供的提单是何种形式（班轮提单或租船提单）、提单条款是否比租约所定的条款更为苛刻，船长都无权拒绝签发，除非提单具有欺诈性（fraudulent）、与租约有根本性矛盾的条款（terms manifestly inconsistent with C/P）或完全不正常的条款（extra-ordinary terms）。

（2）租约定明了提单的格式。在这种情况下，承租人提供的提单应符合规定的格式，否则船长有权拒绝签发。实际上，这与前面所称的"与租约有根本性矛盾的条款"相一致。

总之，在租船运输中，尤其是在期租下，船长有义务签发承租人提供的提单，但船长在这方面的权力较小。

2. 承租人或其代理人签发提单

在租船实务中，由承租人或其代理人签发提单较为常见，但对于出租人而言，他将面

---

① 考虑到广泛适用性，船东组织和船舶代理印制的班轮提单无班轮公司的名称。

临较大的风险。第一，即使承租人出具虚假提单，对于善意的提单持有人而言，提单仍会被视为有出租人的表面授权或外观授权，从而对出租人有约束力。第二，如果由船长签发提单，则可以有效避免提单中存在欺诈性、与租约有根本性矛盾的条款或完全不正常的条款。为此，出租人最好坚持由船长签发提单或者在由承租人签发提单时应确保承租人的信誉是一流的。

第五节　滞期费、速遣费及其计算

一、滞期费与速遣费概述

1. 滞期费

滞期费是指并非因为船方责任，而是承租人未在合同规定的时间内完成装货或卸货而按规定的滞期费率向船舶所有人支付的损害赔偿金。

滞期费通常是根据滞期费率、按照船舶滞期的天数计收，不足一天按比例计收。其中，滞期费率通常以船舶定期租金的租金率为基础，由双方在租约中确定；滞期天数是指自允许的装卸时间到期时起一直到装货或卸货结束时止所使用的天数，通常不应被除外事项所中断，即所谓"一旦滞期，永远滞期"。

2. 速遣费

速遣费是指承租人在约定的装卸时间之前，提前结束货物的装卸作业后，从船舶所有人处取得的报酬。

速遣费通常根据速遣费率、按照船舶节省的天数计收，不足一天按比例计收。其中，速遣费率通常按照滞期费率的50%计算，节省的天数通常是指从装卸货完毕时起一直到可用装卸时间终止时的天数，通常星期日、节假日及不良天气的时间应从节省时间中扣除。

二、装卸时间的起算

一般来说，船舶只有在满足了船舶到达装卸货地点、船舶在各方面已做好装卸货准备和已递交了准备就绪通知书（notice of readiness，NOR）3 个条件之后才开始起算装卸时间。

1. 船舶到达装卸货地点

目前，在航次租船中，装卸地点可以是泊位或港口，其中约定装卸地点是泊位的较常见。在实务中，船舶所有人通常附加如下 3 种条款，从而使泊位合同转化为港口合同：

（1）（租家保证）船舶抵达时泊位是可靠泊的（berth reachable on arrival）。

（2）不论靠泊与否（whether in berth or not，WIBON）。

（3）等泊时间记入装卸时间（time waiting for berth to count）。

2. 各方面准备就绪

船舶在各方面准备就绪通常包括法律上的准备就绪和实质上的准备就绪。

（1）法律上的准备就绪是指船舶应具备齐全的法定文件。在实务中，为了避免因法律上未准备就绪而影响装卸时间的起算，船舶所有人通常在合同中规定"不管检疫与否""不管清关与否""不管联检与否"等条款。

（2）实质上的准备就绪是指船舶本身应做好装卸货的准备。与法律上的准备就绪相同，对于属于例行手续的事项或部分货舱具备装卸条件的，船长仍可以递交准备就绪通知书，其余未准备就绪的货舱按实际可装卸时间计算。例如，若干个货舱因班轮条款的货物压在上面而妨碍程租条款货物的装卸，但如果至少还有一个舱口可以装卸货，船长就可以递交 NOR，承租人或其代理人可以将其余舱口实际可以开始装卸的时间在装卸事实记录上如实注明，以便在计算滞期费/速遣费时按比例扣除。

3. 准备就绪通知书

准备就绪通知书是一份由船长或船舶代理在船舶抵港并做好一切准备工作后，向承租人或其代理人递交收货通知，声明本船已准备就绪以待装卸货物的书面通知。

（1）装货与卸货的 NOR 应分别递交，即使装货与卸货在同一港口同一泊位进行也是如此。

（2）NOR 递交的时间。如果合同已明确规定了递交 NOR 的具体时间，如当地办公时间内，则应在规定的时间内递交 NOR；否则，在船舶准备就绪后即可递交。

（3）只要船长递交的是一个完全有效的 NOR，则装卸时间的起算不以 NOR 是否被承租人或其代理人接受为先决条件，即使合同规定 NOR 应由承租人或其代理人接受也是如此。但作为船长，除了应保证所递交的 NOR 有效外，还应取得已递交的书面证据。

（4）在实务中，船舶代理接受承租人或其代理人的委托，代表承租人或其代理人签收 NOR 的较为常见，但也有些船舶代理事先并未取得承租人或其代理人的委托，就擅自签收船长的 NOR，一旦事后承租人或其代理人否认 NOR 的效力，船舶代理将不得不面临船舶所有人的索赔。

（5）无效 NOR 的递交与接受。为了谨慎起见，承租人或其代理人在接受 NOR 时应注明无妨碍租约的条款条件（without prejudice to terms and conditions of C/P），以表明其接受行为并不代表他放弃权利。同理，在实务中，船长习惯于在船舶抵达装卸地点后就递交 NOR，而忽略了合同规定的其他条件。例如，船舶于星期天抵达装卸地点后，船长就递交了 NOR，这与租船合同规定 NOR 应在当地办公时间内递交相矛盾。对于船长递交的无效 NOR，是否意味着只要船方弥补了不足，真正完成到达和准备就绪义务之后，装卸时间便自动起算，对此尚未取得一致意见。在英美法系国家，根据 The "Mexico Ⅰ"（1990）1 LLR 507 一案的判决，过早的 NOR 完全无效，也不会自动生效，船方如同没有或忘记递交 NOR 一样。在该案中，船舶于 1985 年 1 月 1 日抵达卸货港，并在当天递交了 NOR，但由于 NOR 所指的那票货上面压有其他货物，因此直至 2 月 6 日上面的货物卸完后才算真正准备就绪，但船长并未递交新的真正准确的第 2 份 NOR。承租人于 2 月 19 日 11:30 才开始卸货，最终导致双方对装卸时间是从 2 月 6 日起算还是从 2 月 19 日 11:30 起算发生争议。法院支持承租人的主张，认为先前的 NOR 既然无效，法律上就等于不存在，因此装卸时间应从实际卸货时开始起算，即从 2 月 19 日 11:30 起算。由此可见，为了保护船方的利益，在实务中，要么要求船长严格按照租船合同的规定递交 NOR，要么在租船合同中订立"船长可以在船舶到达后立即递交 NOR，但装卸时间从船舶实际做到租约内的到达并准备就绪时开始计算"条款，使 NOR 的递交与装卸时间的起算分开。

三、装卸时间的中断与终止

1. 装卸时间的中断

在通常情况下，装卸时间一旦起算就应一直计算到装货或卸货结束才终止，但在下述两种情况下，装卸时间将中断计算。

（1）在租约中规定的不计算装卸时间的事件发生。这种规定通常反映在租约的除外或免责条款之中，常见的有"移泊时间不计入装卸时间""减载时间不计入装卸时间""罢工条款"等。对于除外或免责条款的运用，我们应注意如下几点：①当条款规定不明确或可有多种解释时，根据逆利益方解释原则，应做出对承租人不利的解释。②合同双方都可以免责的一般免责或除外条款，如罢工、停工、当局限制、航行疏忽等，由于针对的是一般性事情，并不是针对装卸时间的中断，因此不能作为装卸时间中断的依据。③如果承租人对除外或免责事项的发生有过错，则不能援引除外或免责条款保护自己，即此时的装卸时间并不中断。

（2）船舶所有人违约或为自己的利益妨碍承租人使用装卸时间。这方面的例子有船长错误地拒绝装货、船上装卸设备发生故障、将船舶驶往另一泊位加油等。需要注意的是，船舶所有人的过错必须要导致承租人有时间上的损失，才可以中断装卸时间，否则不能引起装卸时间的中断。

2. 装卸时间的终止

租船合同中一般并不规定装卸时间的止算时间，而习惯在装货或卸货作业结束时终止计算装卸时间。第一，装卸作业结束是指装卸作业完全结束，并使船舶处于可开航状态。因此，它不仅包括装卸过程，也包括货物装卸船后的捆绑、加固、平舱、积载、装卸货工具搬离等工作过程。第二，装卸时间止算后的时间损失风险，如等潮水、引水员或拖轮等，应由船舶所有人承担，除非合同规定由承租人承担或是由于承租人的违约行为而延误船舶开航。

四、确定装卸时间的方法

目前，在租船合同中确定装卸时间的方法通常有 3 种，即规定具体的日数、规定平均每天应装卸货物的效率和不规定装卸时间。

1. 规定具体的日数

这种方法是指在合同中不规定装卸率，只规定固定的装货和卸货的天数，如装货 10 天、卸货 15 天。这种方法在国内租船业务中使用得较多。

为了避免合同双方在计算具体日数时对时间单位有不同的理解，合同双方需要在租约中对"装卸日"的含义做出明确的规定。

目前，租约中有关装卸日的约定主要有如下 6 种方式（其中，以连续 24 小时晴天工作日最为常见）：

（1）日或日历日，是指午夜至午夜连续 24 小时的时间。

（2）连续日（running day），是指一天紧接一天的时间。

（3）工作日（working day，WD），是指除星期天、法定节假日以外，港口可以作业的时间。

（4）晴天工作日（weather working day，WWD），是指除星期天、法定节假日以外，因天气原因不能进行装卸作业的工作日也不计装卸时间。

（5）24 小时晴天工作日（WWD of 24 hours），是指不论工作小时数是跨了几天的时间，以累计 24 小时作为一个晴天工作日的时间。

（6）连续 24 小时晴天工作日（WWD of 24 consecutive hours），是指除去星期天、法定节假日、天气不良影响装卸作业的工作日或工作小时后，以真正的连续 24 小时为一日。

为了避免双方对装卸时间的理解差异，有关国际组织制定了相关的解释规则。目前，有关装卸时间的定义有两个版本：

（1）1980 年，由 BIMCO、国际海事委员会（CMI）、英国全国船舶经纪人和代理人协会联合会（FONASBA）、英国航运总会（GCBS）四大组织联合制定的《1980 年租船合同装卸时间定义》（Charterparty Laytime Definitions，1980）。

（2）1993 年，由 BIMCO、CMI、FONASBA、国际干散货船东协会（INTERCAR-GO）联合制定的《航次租船合同装卸时间解释规则》。

后者与前者相比较，在条款的数量、内容及名称上都做了适当调整，甚至同一名称的术语在不同版本中做出的解释也不一样。例如，在《1980 年租船合同装卸时间定义》中，晴天工作日、24 小时晴天工作日和连续 24 小时晴天工作日的含义并不相同（见上面的定义），但在《航次租船合同装卸时间解释规则》中，它们的含义相同，均按连续 24 小时晴天工作日来理解。因此，在使用连续 24 小时晴天工作日等术语时，承租双方最好在合同中约定选用哪个版本的定义进行解释，以免引起误解。

在租船实务中，除非事先说明，一般均将晴天工作日（WWD）视为连续 24 小时晴天工作日。此外，为了避免引起争议和保护自己的权益，在晴天工作日后常常附加很多除外事项，常见的条款主要有：

（1）WWDSHEXUU（晴天工作日，星期天、法定节假日除外，除非已使用，但仅计算实际使用的时间）。

（2）WWDSHEXEIU（晴天工作日，星期天、法定节假日除外，即使已使用也不算）。

（3）WWDSHINC（晴天工作日，星期天、法定节假日包括在内）。

（4）WWDSSHEX（晴天工作日，星期六、星期天、法定节假日除外）。

（5）WWDSAT12HRTOMON8AMHEXUU（晴天工作日，星期六中午 12：00 至星期一上午 8：00 及法定节假日除外，除非已使用）。

2. 规定平均每天应装卸货物的效率

在租船实务中，租船合同中通常采取以约定的装卸率和装卸货物的数量来计算装卸时间。

（1）装卸率。在实务中，对于装卸率，双方既可能约定"×××吨/天"，也可能约定"×××吨/天·可工作舱口"，或"×××吨/天，基于×××可工作舱口"。

1）装卸率中的"天"一般规定为晴天工作日。当然，合同双方也可以做出其他约定。

2）由于承租双方对可工作舱口的理解不同，双方对于"×××吨/天·可工作舱口"下装卸时间的计算有较大的差别。下面以案例说明承租人与船舶所有人对此所采用的计算方法。

[**案例 5 - 2**]　假设某船有 5 个舱口，最大的舱口可装载货物 5 000 吨。租约规定：载货 20 000 吨，装卸率为 200 吨/PWWD/WORKABLE HATCH。求装卸时间。

案例评析：

承租人基于最后装卸完毕的应是最大舱口的假设，主张按船舶最大舱口实际装货数量除以约定的各可工作舱口每天的装卸率作为船舶的总装卸时间，而不考虑其他舱口的装卸货情况，即承租人认为：

$$装卸时间 = \frac{5\ 000}{200} = 25\ \text{WWD}$$

船舶所有人主张，不必考虑每个货舱的大小和货舱是否装满，而是按各舱实际平均装卸量（即以各舱实际装卸量的总和除以舱口数所得的值）除以约定的各可工作舱口每天的装卸率作为船舶的总装卸时间，即

$$每舱平均装卸量 = \frac{20\ 000}{5} = 4\ 000（吨）$$

$$装卸时间 = \frac{4\ 000}{200} = 20\ \text{WWD}$$

很明显，基于不同的角度，双方的计算结果相差较大。在英国，法院已明确支持船舶所有人的计算方法，主要理由是承租人的上述假设只有在各舱装运同一种货物且均为满舱的情况下才成立。其他国家对此尚无定论。

同理，对于"×××吨/天，基于×××可工作舱口"下装卸时间的计算也有不同的算法。下面仍以案例予以说明。

[**案例 5 - 3**]　假设某船有 5 个舱口，最大的舱口可装载货物 5 000 吨。租约规定：载货 20 000 吨，装卸率为 1 000 吨/PWWD，BSS 5 WORKABLE HATCH。求装卸时间。

案例评析：

承租人主张以最大舱口的实际装货量除以平均每个舱口的装卸率（每个舱口的装卸率为约定每天的装卸吨数与约定的舱口数相除所得的值）作为整艘船的装卸时间，即

$$平均每舱装卸率 = \frac{1\ 000}{5} = 200（吨/PWWD）$$

$$装卸时间 = \frac{5\ 000}{200} = 25\ \text{WWD}$$

船舶所有人认为，应以实际装货量除以约定的装卸率作为装卸时间，而舱口数只是作为当某个或几个舱口因船方的原因（如吊机出故障无法装卸货）造成装卸货时间损失时按比例扣除的依据，即

$$装卸时间 = \frac{20\ 000}{1\ 000} = 20\ \text{WWD}$$

在英国，法院已明确支持船舶所有人的计算方法。其他国家对此尚无定论。

综上所述，在实务中，承租双方（尤其是船舶所有人）应避免采用这些易引起争议的方法；即使采用，也应在合同中明确说明其计算方法。

（2）装卸货物的数量。在计算装卸时间时，装卸货物的数量应以货物的实际处理量为基础。换言之，对于装货，它是已装上船或提单上的货量；对于卸货，它是卸出的货量。至于装货时因备货不足所造成的亏舱，船舶所有人可以另行索赔亏舱费；卸货时因货损等原因造成实际卸货量的短少，租船人可以向船舶所有人索赔。

3. 不规定装卸时间

有时，租船合同中可能不规定装卸时间，而是采取一些不规定装卸时间的术语来间接对装卸时间做出规定。目前，属于这种情况的主要有以下两个条款：

（1）按港口习惯尽快装卸（customary quick dispatch，CQD）。它是指承租人应按照装卸港口的实际情况，尽快完成装卸工作。该条款意味着船舶所有人承担装卸时间损失的风险，船舶所有人只有在承租人违约（如货物或文件未备妥）造成延迟装卸时才有权索赔延滞损失（damages for detention），其他情况的延滞损失无法向承租人索赔。因此，只有船舶所有人对港口较熟悉，而且该港装卸速度较高或自己能够予以控制时才能接受 CQD 条款。

（2）以船舶能够收货或交货的速度（as fast as the vessel can receive/deliver）装卸货。它是指承租人按船舶处于完全工作状态下所能达到的最高装卸率装卸货物。此条款对承租人大为不利，因而在运输市场货源紧张的情况下，承租人不会接受这样的条款。

五、装卸时间的计算

1. 装卸时间分开计算

这种办法是指分别为装货港和卸货港编制单独的装货时间表和卸货时间表，然后分别计算装货时间和卸货时间。在使用此术语时应注意如下两点：

（1）如果合同未做特别约定，装货所用时间与卸货所用时间应分开计算，而且不论装货港或卸货港的数量多少，均只算 1 次。如果合同双方欲改变这种计算方法，则应在合同中列明。

（2）在存在多个装货港或卸货港的情况下，对于船舶抵达第一装货港或卸货港之外的其他装货港或卸货港后的装卸时间是立即起算还是仍如抵达第一装货港或卸货港那样在NOR 递交后一段时间才起算，大多数人认为应立即起算。但为了避免引起争议，船舶所有人应在合同中规定船舶抵达第一装货港或卸货港之外的其他装货港或卸货港后的装卸时间应立即起算条款，以减少时间损失。

2. 装卸时间统算

装卸时间统算（以下简称"装卸统算"）是指装货港与卸货港的装卸时间一并计算。目前，装卸统算主要有 3 种形式：

（1）装卸时间共用（all purpose，以下简称"共用"）。它是指将装货港和卸货港的时间加在一起连续使用，即将装货港的装货时间和卸货港的卸货时间合在一起编制装卸货时间表，进行一次包括装卸货在内的计算。采用此术语计算，即使因所规定装货港和卸货港的效率不同，实际所用的装货时间（或卸货时间）已超过了按规定的效率计算的装货时间（或卸货时间），即在装货港（或卸货港）已发生了滞期，只要装货和卸货所用的总时间未超过规定的合计时间，仍不计算滞期时间；相反，如果装货港和卸货港所用的总时间超过了规定的合计时间，只要装货港未超过所规定的合计时间，即按共用时间计算的滞期时间不是发生在装货港，则总的滞期时间仍按通常的计算滞期时间的办法计算。然而，如果装货港所用的装货时间已超过了原规定的可用于装货和卸货的合计时间，即按共用时间计算的滞期发生在装货港，则根据"一旦滞期，永远滞期"的原则，除在装货港的滞期连续计算外，当船舶到达卸货港后，应立即连续计算滞期，直至在卸货港卸完全部货物为止。也就是说，在这种情况下，承租人将丧失享受在卸货港的正常通知时间（即规定递交装卸货准备就绪通知书的时间至起算装卸时间的正常间隔时间）的权利。

（2）装卸时间抵算或可调剂使用（reversible laydays，以下简称"互换"）。它是指在装货港的装货工作结束后，把节省时间或滞期时间（与在装货港的可用时间相抵后得出）与卸货港的可用时间抵消后，得出卸货港的实际可用时间。也就是说，将装货港的速遣时间计入卸货港的可用时间，从而使卸货港的可用时间延长；或者将装货港的滞期时间从卸货港的可用时间中扣除，从而使卸货港的可用时间缩短。

在使用此术语时，应分别为装货港和卸货港编制单独的装货时间表和卸货时间表，并且在卸货完毕后才能算出装、卸两港总的速遣时间或滞期时间，从而算出抵算后的速遣费或滞期费。

（3）装卸时间平均计算（to average laydays，以下简称"均分"）。均分也是用于表明装货时间和卸货时间可以相互抵用的术语，而且需要分别为装货港和卸货港单独编制装货时间表和卸货时间表，但与"互换"的含义不同。它不是以装货港的节省时间或滞期时间来调整原规定的卸货港的可用时间，而是全航次中所产生的滞期时间与速遣时间总的对销。

［案例 5 - 4］ 租约规定：装货时间为 1WWDSHEX，星期六下午至星期一上午 8：00 即使使用了也不算；卸货时间为 3WWDSHEX，星期六下午至星期一上午 8：00 即使使用了也不算；准备就绪通知书在上午递交时，装卸时间从当日 12：00 起算，在下午递交时，装卸时间从次日早 8：00 起算。船舶装卸货的事实如下：船舶于某日星期四上午 10：00 抵达装货港并递交准备就绪通知书，然后从星期五开始装货，直至下周一上午 8：00 结束并起航驶往卸货港；船舶于某日星期四上午 10：00 抵达卸货港并递交准备就绪通知书，然后从星期五开始卸货，直至下周一上午 8：00 结束；假设装卸过程中未发生任何装卸中断。请分别采用上述四种方法计算滞期/速遣时间。

案例评析：

采用上述四种方法的计算结果如表 5 - 3 所示。

表 5 - 3　　　　　　　　　不同术语下滞期/速遣时间的计算结果

装卸时间分开	装卸时间共用	装卸时间互换	装卸时间均分
装货港：周四 12：00 起算，周五 12：00 进入滞期，共计滞期 2 天 20 小时。卸货港：周四 12：00 起算，扣除周六 12：00 至周一 8：00 不计时间，实际使用 2 天，即速遣 1 天。	装货港的使用时间为 3 天 20 小时，扣除周六 12：00 至周一 8：00 不计时间，实际使用 2 天，则卸货港允许使用的时间仅剩 2 天，因此从周六 12：00 进入滞期，合计滞期 1 天 20 小时。	装货港滞期 2 天 20 小时冲抵卸货港后，卸货港的可用时间为 1 天 20 小时，因此卸货港从周五 16：00 进入滞期，共计滞期 2 天 16 小时。	装货港滞期 2 天 20 小时与卸货港速遣 1 天均分后，滞期时间为 1 天 20 小时。

假如上述案例中的卸货时间也为 1 天，在采用装卸时间共用术语计算滞期/速遣时间时，由于在装货港已将装、卸两港合计可用时间（2 天）用完，则卸货港滞期应该从船舶抵达卸货港的时间周四 10：00 而不是当日 12：00 开始计算；而在使用装卸时间互换术语时，当装货港已进入滞期时，承租人在卸货港仍享有包括通知时间在内的除外时间的权利，即本例的卸货起算时间并非从周四 10：00 而是从周四 12：00 开始计算。

六、滞期费与速遣费的计算与结算步骤

1. 取得滞期费与速遣费计算的必备资料

这些必备资料包括：

（1）租船合同。它是滞期费与速遣费计算及结算的依据。

（2）准备就绪通知书。它是确定装卸时间起算的依据。

（3）装卸时间事实记录（laytime statement of facts，LOF）。它是船舶在港装卸时间的记录文件，记录船舶从到达、等待被引领入港的地点时起，到船舶装货或卸货完毕时止的这段时间内进行各项作业的起止日、时和各项待时的起止日、时的记录。它通常由船舶所有人和承租人委托的代理人按照船舶在港期间的工作和作业过程随时、不间断地予以记录，是计算滞期费与速遣费的依据。

（4）其他与滞期费和速遣费的计算与结算有关的文件及资料。例如，用于证明装货或卸货数量的提单、舱单或理货报告等。

2. 计算装卸时间，确定滞期费与速遣费的金额

根据以上资料，我们可以计算装卸时间，最终确定出滞期费与速遣费的金额。目前，有关的国际船东组织已专门制定了用于计算装卸时间、滞期费与速遣费的"装卸时间计算表"。当然，我们也可以自行设计出相应的表格，以便计算。

目前，对于滞期时间和速遣时间的计算，主要有如下两种形式：

（1）时间连续计算，包括所有不计算装卸时间的除外时间，如星期天、节假日等。

（2）时间非连续计算，采取与计算装卸时间同样的办法将除外时间扣除，即按"同样日"（per like day）计算。

对于滞期时间和速遣时间的计算采取何种形式应在合同中约定。如果未约定，航运惯例认为：对于滞期时间的计算通常采取时间连续计算的办法，即"一旦滞期，永远滞期"。对于速遣时间的计算则采取时间非连续计算的办法，即装卸时间中有关除外时间的规定同样适用于计算速遣时间。

3. 结算滞期费或速遣费

船舶所有人或承租人应根据合同的约定，及时将计算结果交付对方，请其确认并付款。

在实务中，船舶所有人根据实际情况的不同，也可以采取预先留置货物等手段，迫使承租人支付滞期费，以避免发生日后无法有效地追索滞期费。

［案例 5-5］ 某轮于 2017 年 3 月 18 日星期一 10：00 抵达装货港锚地，并递交准备就绪通知书（NOR），合同约定装卸时间应在递交 NOR 后 24 小时起算，但若提前装货则

计入装卸时间，装卸率为 2 000MT/WWDSHEXUU，每天的滞期费/速遣费为 3 000 美元/1 500美元。该轮于 3 月 18 日 14:00 开始装货，并于当日 24:00 停止装货，3 月 19 日 10:00 恢复装货，直至 3 月 24 日 10:00 结束。在此期间，除了 22 日 00:00—10:00 因下雨停止作业之外，其他时间一直在装货作业。该轮最终装货 6 000 吨。试按时间连续计算与非连续计算装货港发生的滞期费。

案例评析：

根据该实际装货数量和约定的装卸率，可知该轮在装货港的可用时间为 3 天。表 5-4 显示了根据以上资料按滞期时间连续计算所得出的该轮装卸时间计算表。我们从中发现该轮滞期 2 天 10 小时，即 2.42 天，故

滞期费＝3 000×2.42＝7 260（美元）

同理，按非连续计算，则滞期为 2 天，滞期费为 6 000 美元。

表 5-4　　　　　　　　　　装卸时间计算表（LAYTIME COMPUTATION）

星期 (Day)	日期 (Date)	工作时间 (Working Time)		说明 (Remarks)	可用时间 (Laytime Allowed)			实用时间 (Laytime Used)			节省/滞期时间 (Time Saved/Lost)		
		Fm	To		D	H	M	D	H	M	D	H	M
Mon	18/3	14:00	24:00			10			10				
Tue	19/3	00:00 10:00	10:00 24:00	EX		14			14				
Wed	20/3	00:00	24:00		1			1					
Thu	21/3	00:00	24:00		1			1					
Fri	22/3	00:00 10:00	10:00 24:00	Raining					10 14			10 14	
Sat	23/3	00:00	24:00					1			1		
Sun	24/3	00:00	10:00						10			10	
合计					3			5	10		2	10	

本 章 小 结

首先，本章简述了租船运输与租船经纪人的基本概念、分类与特点等；其次，本章对航次租船合同与定期租船合同的条款进行了详细分析，然后在此基础上阐述了航次租船和定期租船的操作程序，尤其是对租船提单和滞期费等进行了专题分析。

一、单项选择题

1. 统一杂货租船合同（uniform general charter），简称"金康（GENCON）合同"属于（　　）。

A. 航次租船合同　　　　　　　　　B. 定期租船合同

C. 光船租船合同　　　　　　　　　D. 航次期租合同

2. 航次租船合同中的"解约日"通常是指（　　）。

A. 出租人有权解除合同的日期　　　B. 承租人有权解除合同的日期

C. 出租人实际解除合同的日期　　　D. 承租人实际解除合同的日期

3. 在航次租船方式下，（　　）规定表明船舶出租人不承担货物装卸费用。

A. FILO　　　　　　　　　　　　　B. FIOST

C. LIFO　　　　　　　　　　　　　D. LINER TERM

二、多项选择题

1. 航次租船合同关于装卸时间的计算主要有（　　）约定方法。

A. 装卸共用时间　　　　　　　　　B. 可调剂使用装卸时间

C. 装卸时间加权计算　　　　　　　D. 装卸时间平均计算

2. 船舶出租人和船舶承租人签订一份航次租船订租确认书，（　　）一般应包括在订租确认书中。

A. 装卸港名称　　　　　　　　　　B. 交船的时间和地点

C. 还船的时间和地点　　　　　　　D. 合同范本

3. 航次租船合同的主要特点包括（　　）。

A. 船舶出租人配备船员　　　　　　B. 船舶出租人负责船舶营运

C. 船舶承租人配备船员　　　　　　D. 船舶承租人负责船舶营运

三、计算题

假如一船舶某航次的租船合同及装卸事实如下：

（1）租船合同的有关内容。装货与卸货速度分别为 500 吨/天和 1 500 吨/天，星期天和节假日均不予以计算；无论船舶在装货港或卸货港靠泊与否，只要报告船舶已做好装卸准备并已通过检疫，则装卸时间从此后的上午 8:00 起算；船方应在习惯的办公时间内提交报告；如果在星期天、节假日或装卸时间起算之前承运人安排装货，或者收货人安排卸货，船长应允许装卸作业，作业时间的一半计入装卸时间，但星期六中午至星期一上午 8:00，或节假日前一天的中午至该节假日的后一天上午 8:00 这段时间，无论使用与否，均不计装卸时间；若有滞期，按每天 1 200 美元支付滞期费，不足一天按比例计算；对于在装卸港节省的时间，按滞期费的一半支付速遣费。

（2）装卸事实的有关内容。

装货情况：8 月 28 日，星期五，10:30，在装货港接受准备就绪通知书；13:30，开始装货，装货作业持续 6 小时；此后，从 8 月 29 日开始无间断地持续装货，到 9 月 22 日 19:15 装货结束，共计装货 7 650 吨。

卸货情况：11月5日，星期四，15:20，在卸货港接受准备就绪通知书，16:00开始卸货，无间断地持续到11月7日14:00卸货结束为止。

在上述装卸货时间内，除了星期六中午至星期一上午8:00这段时间外，再没有任何节假日或非工作日。

试分别按装卸时间分开、装卸时间共用、装卸时间互换、装卸时间均分计算滞期费/速遣费。

第六章

国际陆路货运代理操作实务

中国正式启动 TIR 道路运输

　　黑龙江龙运集团是我国首批获得《国际公路运输公约》(TIR) 单证的两家企业之一。2018 年 5 月 18 日，中国海关和交通运输部在辽宁大连共同举办中国 TIR 运输启动仪式，仪式结束后，由 4 辆载有 43.01 吨大连鲜苹果的 TIR 运输资质车辆在大连海关的监管下顺利启运，运输全程 5 500 公里，历时约 9 天，终抵新西伯利亚。在采取 TIR 运输模式前，应用传统运输模式从大连到新西伯利亚需要 11 天，采取 TIR 模式后在口岸不需要换装、倒装，从而降低了运输成本，节约了运输时间。此次道路运输采取冷链运输方式，出境货物主要为当地水果，入境货物为俄罗斯冷饮。参与运输的企业分别是俄方全球卡车集团、大连交通运输集团和黑龙江龙运集团货运车辆。这是双边国际道路运输中运行距离最长、途经城市最多、通达程度最深的一条线路，也是在我国加入 TIR 后，我国国际道路运输车辆首次使用 TIR 单证从事国际道路运输活动，具有里程碑的意义。

第一节　国际铁路货运代理操作实务

一、国际铁路联运、大陆桥运输与中欧班列概述

1. 国际铁路联运

　　国际铁路联运是指使用一份统一的国际铁路联运票据，在跨及两个及两个以上国家的铁路货物运送中，由参加国的铁路部门负责办理两个或两个以上国家铁路全程运送货物的过程，由托运人支付全程的运输费用，而无须收、发货人参加的铁路运输组织形式。

　　目前，国际铁路联运存在两套规则体系：一个是由奥地利、法国、德国等西欧国家签订的《国际铁路货物运送公约》(Convention Concerning International Carriage of Goods by Rail)，英文简称 CIM，中文简称《国际货约》；另一个是由苏联、中国等社会主义国家签订的《国际铁路货物联运协定》(Agreement Concerning International Carriage of Goods by Rail)，英文简称 SMGS，中文简称《国际货协》。

(1)"两个国家"：每运送一批货物都要涉及两个或两个以上国家、几个国境站。这是有别于国内铁路运输的重要标志。

(2)"一种方式"：国际铁路联运仅使用铁路一种运输方式。这是有别于多式联运的重要标志。

(3)"一人负责"：国际铁路联运在运输责任方面采用统一责任制，运输全程由承运人负责。也就是说，发货人在始发站托运货物，取得一份国际铁路联运运单，铁路方根据国际铁路联运运单将货物运往终点站交给收货人。在由一国铁路向另一国铁路移交货物时，不需收、发货人参与，途经各国按国际条约承担国际铁路联运的义务。

(4)"一张单据"：使用一份铁路货物联运票据完成货物的跨国运输。这是指在参加《国际货协》或《国际货约》范围内的国际铁路联运，全程使用《国际货协》运单或《国际货约》运单，当然，在跨区域的情况下未必如此，有关内容将在后面予以说明。

(5)有时需要换装作业或更换轮对。如表6-1所示，各国铁路的轨距并不完全相同。例如，俄罗斯铁路的轨距为1 520 mm、蒙古铁路的轨距为1 524 mm、越南铁路和中国昆明铁路的轨距为1 000 mm，中国除昆明以外的其他铁路以及朝鲜、德国、波兰、捷克、匈牙利、罗马尼亚、保加利亚等国铁路的轨距均为1 435 mm。由于俄罗斯和蒙古铁路的轨距与我国不同，因而需要换装作业或更换轮对作业（只有油品等少数货类采取更换轮对作业），这也成为铁路联运方式的最大缺陷。

表6-1　　　　　　　　　　　我国与邻国的边境铁路车站站名及其他

通道名称	我国国境站的站名	邻国国境站的站名	邻接轨距（mm）	距国境线的距离（km）	
				我国国境站	邻国国境站
中俄	满洲里	后贝加尔	1 520	9.8	1.3
	绥芬河	格罗迭科夫	1 520	5.9	20.6
	珲春	马哈林诺	1 520	—	—
中蒙	二连浩特	扎门乌德	1 524	4.8	4.5
中哈	阿拉山口	多斯特克	1 520	4.02	8.13
	霍尔果斯	阿腾科里	1 520	0.21	14.79
中朝	丹东	新义州	1 435	1.4	1.7
	集安	满浦	1 435	7.3	3.8
	图们	南阳	1 435	2.1	1.3
中越	凭祥	登	1 000	13.2	4.6
	山腰	新铺	1 000	6.5	4.2

(6)运输条件高。每批货物的运输条件（如包装、转载、票据的编制、添附文件及车辆使用）都要符合有关国际联运的规章、规定。

2. 大陆桥运输

大陆桥运输（land bridge transport）又称陆桥运输，是指将横贯大陆的铁路、公路运输系统作为中间桥梁，把大陆两端的海洋连接起来，形成跨越大陆、连接海洋的运输组织形式。由于大陆起了两种运输方式之间的"桥梁"作用，因此人们从地理概念出发，形象地将这种海-陆-海联运中的铁路主干线和干线公路称为大陆桥，而将通过大陆桥实现的海-陆-海联运称为大陆桥运输。

显然，大陆桥运输是海-陆-海多式联运，其中"陆运"部分采用的组织方式为国际铁路联运。换言之，我国的国际铁路联运主要依托西伯利亚大陆桥和新亚欧大陆桥。

（1）西伯利亚大陆桥。西伯利亚大陆桥，或称亚欧第一大陆桥，全长 13 000km，东起俄罗斯东方港，西至俄芬（芬兰）、俄白（白俄罗斯）、俄乌（乌克兰）和俄哈（哈萨克斯坦）边界，过境欧洲和中亚一些国家。

经过海上运输"上桥"后，西伯利亚大陆桥运输主要采用如下三种方式：

第一，铁-铁（transrail）方式。该联运路线出前苏联地区的边境站有鲁瑞卡（去芬兰）、布列斯特（去波兰、德国）、乔普（去匈牙利、捷克、斯洛伐克、南斯拉夫、意大利、奥地利、瑞士）、温格内（去罗马尼亚、保加利亚）、朱尔法（去伊朗）。

第二，铁-海（transea）方式。该联运路线出前苏联地区西部边境的主要港口有圣彼得堡（去荷兰、比利时、德国和美国）、塔林（去芬兰、瑞典、丹麦和挪威）、里加（去法国、英国）、日丹诺夫（去意大利、希腊、土耳其、西班牙和法国地中海沿岸各港）。

第三，铁-卡（tracons）方式。该联运路线出前苏联地区西部边境布列斯特附近的奥托布列斯特，再用卡车将货运至德国、瑞士、奥地利等国。

与全海运相比，这条大陆桥运输线具有三个明显的优点：

第一，运输距离缩短。从远东到西欧，经西伯利亚大陆桥的路程是 13 000km，比绕道非洲好望角的航程缩短约 1/2，比经苏伊士运河的航程亦可缩短 1/3。

第二，途中运行时间减少。西伯利亚大陆桥在过境时间上有优势，而且与多个港口和多条铁路干线相连，运输潜力巨大。途经西伯利亚大陆桥的集装箱运输，一般比全程海运要提前 15～35 天。

第三，运输成本降低。在一般情况下，其运输成本比全程海运要便宜 20%～30%。

当然，这条大陆桥运输线亦有局限性。例如，冬季严寒，使运输能力受到影响；来回运量不平衡；西向大于东向的 2 倍；前苏联地区使用宽轨铁路，必须换轨才能进入欧洲其他各国。

（2）新亚欧大陆桥。新亚欧大陆桥于 1992 年开通，全长 10 870km；在中国境内长 4 131km，占 1/3 多，东端直接与东亚及东南亚诸国相连，进而与美洲西海岸相通；它的中国段西端，从新疆阿拉山口站换装出境进入中亚，与哈萨克斯坦多斯特克站接轨，西行至阿克斗卡站与土西大铁路相接，进而分北、中、南三线接上欧洲铁路网通往欧洲。

第一，北线。由哈萨克斯坦阿克套北上与西伯利亚大铁路接轨，经俄罗斯、白俄罗斯、波兰通往西欧及北欧诸国。

第二，中线。由哈萨克斯坦经俄罗斯、乌克兰、斯洛伐克、匈牙利、奥地利、瑞士、德国、法国至英吉利海峡港口转海运，或由哈萨克斯坦阿克套南下，沿吉尔吉斯斯坦边境经乌兹别克斯坦塔什干及土库曼斯坦阿什哈巴德西行至克拉斯诺沃茨克，过里海到达阿塞拜疆的巴库，再经格鲁吉亚第比利斯及波季港，越黑海至保加利亚的瓦尔纳，并经鲁塞进入罗马尼亚、匈牙利，通往中欧诸国。

第三，南线。由土库曼斯坦阿什哈巴德向南入伊朗，至马什哈德折向西，经德黑兰、大不里士入土耳其，过博斯普鲁斯海峡，经保加利亚通往中欧、西欧及南欧诸国。

与西伯利亚大陆桥相比，新亚欧大陆桥具有地理位置和气候条件优越、运输距离短、腹地广大、对亚太地区吸引力更大等优势。

3. 中欧班列

中欧班列（China Railway Express，CR Express）是指按照固定车次、线路、班期开行的集装箱国际铁路联运班列，往来于中国与欧洲以及"一带一路"沿线国家。

中欧班列的开通源于重庆的"发明"——解决惠普落户重庆后其出口笔记本电脑的物流运输问题。在空运贵和海运慢的情况下，重庆市争取到海关总署、原铁道部的支持，经过复杂谈判于 2011 年开辟了渝新欧班列，实行一次通关检查，直通欧洲。此后，许多城市组织开行了中欧班列。

中欧班列以其海运时间的三分之一、航空价格的五分之一，以及班列化、客车化开行的组织方式，为客户提供了良好的物流体验，货源吸引范围已远远超出开行班列的国内城市和欧洲城市，越来越多的城市、省份乃至亚洲、欧洲国家纷纷加入中欧班列，中欧班列"快捷准时、安全稳定、绿色环保"的品牌效应逐步显现。

（1）中欧班列通道。目前，我国铺划了西、中、东 3 条中欧班列运行线，西部通道由中西部经阿拉山口（或霍尔果斯）出境，中部通道由华北地区经二连浩特出境，东部通道由东南沿海经满洲里（或绥芬河）出境。

（2）开通城市。截至 2017 年年底，我国已在国内 38 个城市与欧洲 12 国 34 个城市间建立了 61 条中欧班列运行线，开行范围和辐射范围正不断扩大。从地域分布看，开通中欧班列的城市多居中西部地区，这与处于内陆的中西部地区希望通过中欧班列打通对外贸易的新渠道、提升区域竞争力紧密相关。

在中欧班列集群之中，渝新欧（重庆—杜伊斯堡）、蓉欧快线（成都—罗兹）、郑欧（郑州—汉堡）、苏满欧（苏州—华沙）、汉新欧（武汉—捷克、波兰）、湘欧快线（长沙—杜伊斯堡）、义新欧（义乌—马德里）、哈欧（哈尔滨—俄罗斯、汉堡）和沈满欧（沈阳—汉堡）9 个班列属于"五定"班列，而"粤新欧""西新欧""洛新欧""昆新欧"等则是不定期国际班列。

二、国际铁路联运运单

1. 国际铁路联运运单的概念与分类

国际铁路联运运单（international through rail waybill）是国际铁路联运的主要运输单据，它是参加国际铁路联运的发送铁路与发货人之间订立的运输契约，其中规定了参加国际铁路联运的各国铁路和收、发货人的权利及义务，对收、发货人和铁路都具有法律约束力。

国际铁路联运运单属于 UCP 600 规定的公路、铁路或内河运单（road，rail or inland waterway transport documents）的范畴，具有运输合同证明和货物收据的功能，但与海运提单不同，它并不具有物权凭证的功能，不具有流通性。因此，《国际货协》和《国际货约》均明确规定国际铁路联运运单中的收货人一栏必须是记名的。

目前，国际铁路联运运单包括《国际货协》运单、《国际货约》运单和《国际货约》/《国际货协》统一运单三种。

(1)《国际货协》运单（SMGS 运单），是指参加《国际货协》各国（以下简称"货协国"）之间办理国际铁路联运时所使用的货运单据。《国际货协》运单适用于货协国之间以及货协国与退出或虽未参加《国际货协》但适用《国际货协》规定的国家之间的铁路联运。

2015 年版《国际货协》取消了旧版《国际货协》的慢运与快运之分，增加了电子运单，即《国际货协》运单可分为纸质运单与电子运单。

2015 年版《国际货协》第 15 条"运单"第 4 项规定：《国际货协》运单可以办成电子运单形式。电子运单履行纸质运单的功能，是与整套纸质运单数据相同的电子数据。

(2)《国际货约》运单（CIM 运单），是指参加《国际货约》各国（以下简称"货约国"）之间办理国际铁路联运时所使用的货运单据。《国际货约》运单适用于货约国之间的国际铁路联运。

(3)《国际货约》/《国际货协》运单（CIM/SMGS 运单），是适用《国际货约》和《国际货协》的国家间在国际铁路联运中证明《国际货约》和《国际货协》运输合同已缔结的单据。在货协国与货约国之间进行国际铁路联运时，若发送路和到达路均为《国际货约/国际货协运单指导手册》的参加路，则该货物运送可采用《国际货约》/《国际货协》运单办理，这样可避免在两种不同运输方法间办理转运手续，从而节省时间和费用。

2. 国际铁路联运单的应用

下面简要分析在以下四种情况下，国际铁路联运运单的应用。

(1) 在《国际货协》参加铁路或适用《国际货协》规定的铁路间的货物运送。

例如，中俄、中亚班列全程采用《国际货协》运单，并按《国际货协》的规定办理发运与交付手续。

(2) 通过参加《国际货协》国的港口向其他国家运送货物。

1) 铁-铁-海。比如中亚货物，由铁路经连云港下海转运至日本。发货人在铁路始发站用《国际货协》运单办理至过境铁路港口站，然后由发货人或收货人委托在港口站的代理人办理海运至最终目的地。

2) 海-铁-铁。比如日本货物，经海运至大连港，再由铁路转运至中亚。发货人或收货人委托在过境铁路港口站的代理人，以发货人的全权代理人的身份，负责填制《国际货协》运单，将货物发送至最终到达站。

(3) 货协国与货约国之间的铁路货物运送。例如，中欧班列通常属于货协国与货约国之间的铁路货物运送，它可以采用以下两种方式签发运输单据。

1) "两单制"——《国际货协》运单＋《国际货约》运单。旧版《国际货协》规定，通过参加本协定国家的铁路，向未参加本协定国家的铁路及相反方向的货物运送，若不采用其他国际铁路联运协定，则按各有关路采用的用于这种国际联运的过境运价规程所规定的办法和条件办理。也就是说，发货人在发送路用《国际货协》运单办理至参加《国际货协》

的最后一个过境铁路的出口国境站或进口国境站，由国境站站长或发、收货人委托的代理人办理转发运手续，然后将货物送至最终到站。在 2015 年版《国际货协》中，对这种国际铁路联运，除规定可使用《国际货约》/《国际货协》运单外，并无其他更加明确的规定。

目前，随着国际货运代理业的快速发展，在实际工作中，国境站站长不再负责办理转发运手续，而是由国际货运代理公司完成，并负责其他作业，如接货、报关报检手续、接运车辆的提供、转运票据的填制和运费支付等。

2）"一单制"——《国际货约》/《国际货协》运单。根据铁组委员会第 II-05/17OK 号函，自 2017 年 5 月 1 日起，经阿拉山口、满洲里、二连浩特、绥芬河、霍尔果斯铁路口岸开行的中国至欧洲国家及返程方向的集装箱列车，可采用《国际货约》/《国际货协》运单办理货物运送，由发货人自愿选择。

（4）货协国与未参加《国际货协》（或《国际货约》）国之间的铁路货物运送。由于未加入《国际货协》或《国际货约》（包括虽未加入，但适用该公约规定）的国家极少，因而此类情况并不常见。

1）向未参加《国际货协》或《国际货约》的国家运送货物。发货人采用《国际货协》运单办理至参加《国际货协》国的最后一个过境铁路的出口国境站，由国境站站长或由发货人或收货人在这些站委托的代理人以发货人的全权代理人身份负责办理转发至最终到达站。

2）从未参加货协国或货约国向参加货协国运送货物。发货人采用适当的运单办理至参加《国际货协》的第一个过国的进口国境站的手续，再由该国境站站长或由发货人或收货人在这些站委托的代理人以发货人的全权代理人身份负责填制《国际货协》运单并附原运单，将货物发送至最终到达站。

3. 国际铁路联运运单的构成、流转与栏目设置

旧版《国际货协》运单由运单正本、运行报单、运单副本、货物交付单、货物到达通知单以及必要份数的补充运行报单组成，2015 年版《国际货协》运单增加了一张货物接收单。根据 2015 年版《国际货协》附件第 1 号《货物运送规则》第 2 章"运单"中的规定，《国际货协》运单是一整套票据，由带编号的 6 张运单和必要份数的补充运行报单组成，见表 6-2。

表 6-2 　　　　　　　　　《国际货协》运单构成、用途及流转程序

	名称	领受人	用途
1	运单正本	收货人	随同货物至到站
2	运行报单	将货物交付收货人的承运人	随同货物至到站
3	货物交付单	将货物交付收货人的承运人	随同货物至到站
4	运单副本	发货人	运输合同缔结后，交给发货人
5	货物接收单	缔约承运人	缔约承运人留存
6	货物到达通知单	收货人	随同货物至到站
	补充运行报单	承运人	给货物运送途中的承运人（将货物交付收货人的承运人除外）

补充运行报单的份数应同参加运送的承运人数量一致（但将货物交给收货人的承运人除外），是否需要为缔约承运人编制补充运行报单，应由缔约承运人确定。

在运单栏目的设置上，2015 年版《国际货协》运单基本保留了原运单的内容，只是将个别栏目合并，或调整了它们在运单中的位置。2015 年版《国际货协》运单共有 65 个栏目，其中，第 1～29 个栏目为所有单证正面共同设置的栏目，第 30～34 个栏目是第 3 张（货物交付单）和第 6 张（货物到达通知单）背面共同设置的栏目，第 35 个栏目和第 36 个栏目是第 3 张（货物交付单）增设的栏目，第 37～65 个栏目是第 1、2、4、5 张及补充运行报单的背面栏目，用于计算运送费用。对于这些栏目来说，有的由发货人填写，有的由承运人填写，有的则视由何人办理货物装车或车辆施封，而由发货人或承运人填写。另外，还有一个栏目是由海关或行政机关填写的。

4. 国际铁路联运运单的制作

（1）运单记载的语言。旧版《国际货协》规定，运单应用发送国文字以及铁组工作语文（中文、俄文）中的一种或两种文字印制，可用发送国文字填写，并附铁组工作语文（中文、俄文）中的一种译文即可。

根据 2015 年版《国际货协》第 2 章运输合同第 15 条运单第 3 项的规定，运单的印制及运单的填写，应采用铁组工作语文（中文、俄文）中的一种。

1）至/自阿塞拜疆、白俄罗斯、保加利亚、匈牙利、格鲁吉亚、伊朗、格鲁吉亚、哈萨克斯坦、吉尔吉斯斯坦、拉脱维亚、立陶宛、摩尔多瓦、蒙古国、波兰、俄罗斯、斯洛伐克、塔吉克斯坦、土库曼斯坦、乌兹别克斯坦、乌克兰、爱沙尼亚运送或经由这些国家过境运送时，采用俄文。

2）自越南、中国和朝鲜运送时，采用中文。

3）自俄罗斯、哈萨克斯坦或过境俄罗斯和哈萨克斯坦运往越南、中国和朝鲜时，采用俄文。

运单用纸及运单各栏目或某些栏目的填写内容，可附其他语文的译文。

经运送参加方商定，运单的填写可采用任何一种语文。

显然，对货主而言，2015 年版《国际货协》的规定更加灵活、便捷。

（2）运单用纸及其印制要求。运单以及补充清单、车辆清单和集装箱清单的用纸为 A4 格式，并在白纸上用黑色铅字印制。

印制运单时，作为防伪措施，准许采用带水印的纸张、加印微字码、全息图。这些防伪措施不得影响运单的填写和辨认。

记入运单、补充清单、车辆清单和集装箱清单的事项，使用黑色字体记载或打印，或采用戳印。加盖的戳记应有清晰的印文。

发货人在运单上所附的添附文件应贴附在运单上，以免在运送途中脱落。

（3）对运单中记载事项的责任。在 2015 年版《国际货协》中，保留了关于发货人应对运单中记载和所声明事项的正确性负责、运单填写不正确必须重新填制以及运单的填写违反相关规定应向承运人支付违约金的相关规定，并将原《国际货协》中对运单和货物仅需检查的相关规定纳入了《货物运送规则》。根据 2015 年版《国际货协》第 2 章运输合同第 15 条运单第 16 项的规定：

1）发货人应对其在运单中记载和所声明事项的正确性负责。由于记载和声明的事项不正确、不确切或不完备，以及将上述事项记入运单中无关的栏目所发生的一切后果均由发货人负责。比如根据《国际货协》的条款，承运人在运单中记载了发货人的指示，则认为承运人是以发货人的名义行事，除非提出相反证据。

2）在缔结运输合同前，若承运人发现运单中的事项不正确、不确切或不完备，且根据《货物运送规则》，不允许修改运单中记载的事项和声明，则发货人必须填制新运单。

3）在缔结运输合同以后，若承运人发现发货人在运单中记载的事项和声明不正确、不确切或不完备，且存在下列情况，则发货人应向承运人支付违约金：

第一，承运的货物中有禁止通过应经由国家中任何一国的国境运送的物品。

第二，承运了危险货物而未遵守其运送条件。

第三，发货人装车的货物超过车辆最大载重。

第四，运送费用额度过低。

第五，出现了危及行车安全的情况。

对于第一、二、四、五款的违约金，根据《国际货协》第 31 条运送费用和违约金的支付的规定，按违反上述规定的承运人运费的 5 倍核收。

对于第三款的违约金，根据《国际货协》第 31 条运送费用和违约金的支付的规定，按超载部分的承运人运费的 5 倍核收。

承运人有权核收本项规定的违约金，而不管赔偿可能损失和发货人或收货人根据《国际货协》条件支付的其他违约金如何。

（4）运单修改。2015 年版《国际货协》附件 1《货物运送规则》中的第 2 章运单对运单的修改做了如下规定：

1）发货人和承运人在发站修改运单上记载的事项时，应将原有事项划消并列入新事项，此时发货人和承运人仅可对各自在运单中记载的事项做修改。发货人所做的修改不得超过一栏或相互关联的两栏，而且应在"发货人的声明"栏内做"已修改第…栏"的记载。承运人应加盖戳记证明其所做的修改。

2）承运人根据《货物运送规则》的规定修改和补充运单中记载的事项时，应加盖戳记证明。

三、国际铁路联运费用

1. 国际铁路联运费用概述

（1）国际铁路联运费用的构成与核收原则。国际铁路联运费用由发送路运送费用、过境路运送费用和到达路运送费用三部分构成。国际铁路联运费用核收原则见表 6-3。

显然，国内段发生的发送路运送费用、到达路运送费用按我国《铁路货物运价规则》及相关规定计算；国外发生的发送路运送费用、到达路运送费用分别按发送国和到达国铁路收费标准计算；过境路运送费用则按《国际铁路货物联运统一过境运价规程》（以下简称《统一运价》）计算核收，其中，过境我国的运送费用主要依据《统一运价》和《关于过境中国铁路国际联运货物运送费用核收暂行规定》等相关规定计算。

表 6 - 3   国际铁路联运费用的核收原则

	发送路（货协国）	过境路（统一货价）	到达路（货协国）
适用规章	承运当日发送路国内规章	承运当日的统一货价	加盖日期戳当日到达路国内规章
支付货币	发送国货币	瑞士法郎折成核收国货币	到达国货币
支付地	发站	国境站或港口站（由港口接入时）	到站（我国为国境站）
支付人	发货人	发货人	收货人

（2）铁路运送费用的支付人与支付方式。根据 2015 年版《国际货协》的规定，发送费用与过境费用由发货人支付，到达费用由收货人支付，发货人或收货人也可委托承运人认可的代理人支付。

显然，上述支付方式将对贸易术语的选择产生重大影响，比如在贸易双方约定 EXW（工厂交货）条款成交的情况下，所有运费均由买方（收货人）支付，但按《国际货协》的上述规定，发货人（卖方）仍有义务向发送站支付发送路的运费，甚至过境路的运费，因此买卖双方在签订贸易合同时应正确处理贸易术语与铁路运输费用支付的关系，以避免一方承担额外的运费。

（3）《国际货协》与《国际货约》铁路间运送费用的核收。对于《国际货协》与《国际货约》铁路间运送费用的核收，除发货人与承运人之间签有特殊协议外，《国际货约/国际货协运单指导手册》规定按以下方式核收：

1）从适用《国际货约》统一法律规定的国家发送时，与《国际货约》运输合同有关的费用，由发货人支付；收货人有义务支付与《国际货协》运输合同有关的运送费用，如果收货人通过支付人支付运送费用，则发货人应在运单上注明这些支付人。

2）从适用《国际货协》的国家发送时，发货人有义务支付与《国际货协》运输合同有关的运送费用；如果发货人通过支付人支付运送费用，则发货人应在运单上注明这些支付人。与《国际货约》运输合同有关的费用，由收货人支付。

2. 中欧班列运价

（1）中欧班列运价的构成与特点。

1）各国运价差别较大。

目前，中国段的 40 英尺集装箱的每箱每公里的运价为 0.7～0.8 美元，哈萨克斯坦段为 0.5 美元，俄罗斯段为 1.2～1.3 美元。波兰到德国段的运费执行欧盟运费标准，每箱每公里的运价为 1.40 美元。此外，欧盟地区的人工和管理费用均比中国要高很多。

从铁路运费来看，由于中欧间铁轨的轨距不同，在运行中需要换轨，这部分主要为租用所在国车皮的费用。运距越长，平摊到每公里的费用就越少。以渝新欧为例，中国段（重庆到阿拉山口）为 3 777 公里，哈萨克斯坦段（多斯特克—伊列茨克）为 3 412 公里，俄罗斯段（伊列茨克—克拉斯诺耶）为 1 497 公里，白俄罗斯段（克拉斯诺耶—布列斯特）为 587 公里，欧盟段（马拉舍维奇—杜伊斯堡）为 1 906 公里。显然，中欧班列在我国境内和哈萨克斯坦境内的运行里程较长，都有 3 000 多公里。一般来说，经由阿拉山口出境，每箱每公里的运价为 0.66～0.74 美元；而经由满洲里路线出境，每箱每公里的运价为 0.39 美元；在欧洲境内波兰到德国这一段，运价高达每箱每公里 0.97 美元。如此算来，每只集装箱的单程成本约需 1 万美元。在没有回程货源的保障下，加之开行频次不高，中欧班列的运输成本将更高。

2) 可能会产生空箱成本。由于没有返程运输货物（或者说没有人补贴返程运费），所以集装箱只能在当地低价销售，造成运输成本增加。目前，各地发运所使用集装箱基本是海运二手箱。在重庆，一个二手箱的价格为 1 500 美元，到了德国后只能按废箱价格（约200 美元）卖出，从而产生 1 000 多美元的箱成本。如果可以使用空箱进行往返，从理论上说可以节约一些集装箱成本。不过，由于欧洲各国对集装箱箱况的要求比较高，而国内去程基本使用二手箱，这些二手箱的箱况无法满足欧洲的要求，所以一般还是在欧洲采购集装箱用作回程，因而其运输成本更高。

3) 中欧班列自行议价，"量价捆绑"尚未得到充分实施。目前，各中欧班列线路的运价未能统一，各班列各自为政，致使中国铁路总公司提出的建立统一的"量价捆绑"优惠打折机制尚未得到充分实施。由于各中欧班列分别与境外铁路运营方谈判，洽谈通行费，从而很难获得国际段运费和通关的优惠及便利。例如，俄铁为了充分利用西伯利亚大陆桥，对从不同口岸入境的中欧班列实行不同价格，阿拉山口与满洲里口岸的中欧班列入境运输价格分别为 0.7 美元/箱·公里（指长度为 40 英尺的集装箱）和 0.4 美元/箱·公里；同时仅渝新欧纳入"安智贸"试点，其余中欧班列仍需经多国多次查验。

4) 依赖于地方政府补贴，各中欧班列线路的总运价不尽相同。目前，政府补贴是绝大部分中欧班列开行的必要条件。为了保证运行和吸引货物，各地方政府都出台了补贴方案，规定超出海运价格的成本由政府补贴，补贴至少在 2 000 美元/箱～3 000 美元/箱。例如，成都以专项资金形式进行运费补贴；重庆对本地电脑企业参照海运价格进行专项补贴；郑州参照海运价格对班列进行财政补贴等。在以上前提下，许多中欧班列的运输成本才勉强等于海运，或略高于海运但节约时间。如果地方取消补贴，所有中欧班列都很难维持运营。补贴政策促使各中欧班列的竞争升级为地方政府的竞争，地方政府不但没有退出前期的补贴政策，反而加码跟进。许多地区甚至"长三角"和"珠三角"的货物"舍海求铁"，选择先转运到郑州、武汉甚至更远的重庆再发往欧洲。非市场化措施导致各中欧班列之间形成了恶性竞争，造成物流组织的资源浪费和不经济，并违背了运输规律。

由于各地对中欧班列的财政补贴力度不同，其货运运费也不尽相同。例如，一个 40 英尺集装箱的运行成本大概为 1 万美元，郑欧班列的价格仅为 3 000～6 800 美元，而成都和重庆的站到站价格也只有 7 000～9 000 美元。郑州除参照海运价格对中欧班列进行财政补贴外，还对 1 500 公里以内货源地的货物实行免费集结；武汉补贴了铁路运价的60%～70%。

（2）中欧班列成本核算实例。渝新欧班列的名称源于沿线中国、俄罗斯、哈萨克斯坦、白俄罗斯、波兰和德国铁道部的共同商定。"渝"是指重庆，"新"是指新疆阿拉山口，"欧"是指欧洲，合称渝新欧。渝新欧班列是指利用南线欧亚大陆桥这条国际铁路通道，从重庆出发，经西安、兰州、乌鲁木齐，向西过北疆铁路，到达边境口岸阿拉山口，进入哈萨克斯坦，再经俄罗斯、白俄罗斯、波兰，至德国的杜伊斯堡，全长 11 179 km，见表 6-4。

表 6-4 渝新欧班列

途经主要站点	过境	运输时间（小时）	距离（km）
重庆—阿拉山口	中国	100	3 777
阿拉山口—多斯特克	转关/换轨	64	0
多斯特克—伊列茨克	哈萨克斯坦	74	3 412
伊列茨克—克拉斯诺耶	俄罗斯	54	1 497
克拉斯诺耶—布列斯特	白俄罗斯	20	587
布列斯特—马拉舍维奇	转关/换轨	44	0
马拉舍维奇—杜伊斯堡	欧盟	36	1 906
总计		392	11 179

资料来源：渝新欧（重庆）物流有限公司网站，http://www.yuxinoulogistics.com/detailed.asp? sid=213.

在渝新欧班列没有正式开通前，重庆及周边产品主要是依靠铁-海联运、江-海联运以及航空运往欧洲。从时间上看，渝新欧班列为 16 天左右，比铁-海联运要节约 20 多天，运价仅为航空运价的 1/4，但与海运相比，渝新欧班列在时间上有优势，但在价格上并无优势。

重庆地处内陆，为了打破地理的界限，重庆政府提出了"一江两翼三洋"的国际物流通道战略。一江是指长江，也就是从重庆走水运到上海，再从上海跨太平洋经海运到西欧，全程是 22 000km，耗时 40 天；两翼中的西南翼就是指渝新欧班列，从重庆到乌鲁木齐，经大陆桥直通大西洋至西欧，全程是 11 197km，耗时 16 天；而西北翼是指从重庆到云南瑞丽再到东盟，走印度洋出海，全程 20 000km，耗时 30 天。

当前重庆到欧洲已开通了 5 条运输路线：重庆—深圳—欧洲的铁-海联运；重庆—比利时的航空运输；渝新欧班列；上海—重庆—莫斯科—卢森堡的航空运输；重庆—上海—欧洲的铁-海联运。表 6-5 显示了不同运输方案的运行时间与运价情况。

表 6-5 不同运输方式的运行时间与运价情况

运输方式	路线	时间（天）			运价（元/FEU）		
航空运输	重庆→欧洲	1			35 元/kg		
铁-海联运	重庆→深圳→欧洲	重庆→深圳	货物停留	深圳→欧洲	重庆→深圳	深圳→欧洲	合计
		2.2	2	25.8	1 700	21 384	23 084
	重庆→上海→欧洲	重庆→上海	货物停留	上海→欧洲	重庆→上海	上海→欧洲	合计
		8	2	25	1 688	22 701 元	24 389
渝新欧班列	重庆→欧洲	16			55 975		

以宏碁笔记本电脑为例，资料显示，2011 年"重庆制造"的宏碁笔记本电脑大概有 250 万台出口欧洲。价格平均为 3 600 元/台，包含国际运输成本在内的每台毛利润为 200 元。下面以一台宏碁笔记本电脑为基础对相对成本进行计算：

一个 40HP 集装箱的容积约为 50 立方米；每个笔记本电脑包装的体积为 0.033 立方米，且每台宏碁笔记本电脑的重量约为 4.5kg。因此，每个集装箱的运输量为：

$$50/0.033＝1\ 515（台）$$

空运总费用为：

$$35×4.5×1\ 515＝8\ 612.5（元）$$

目前，渝新欧班列的运价为 0.86 美元/箱·公里，因此渝新欧班列的运价为逾 9 000 美元/箱·公里，最低时为 7 000 美元/箱·公里。而从上海、广州通过海运到达欧洲，一个 40 英尺集装箱的运价大概为 5 000 美元/箱·公里，时间为 45 天左右。显然，由于现在渝新欧班列运送的大多为电子产品，每箱货的价值为 80 万～100 万美元，渝新欧班列的运行时间比海运节省 20 天，而 80 万美元 20 天的利息也达 2 000～3 000 美元，因此与海运比，虽然渝新欧班列的运价相对贵一些，但它可节省时间、加快资金周转、减少利息成本，这一点在信息技术（IT）等高附加值产品上体现得更明显。

综上所述，若一个 40 英尺集装箱的货值超过 200 万元人民币，可以选择渝新欧班列；若货值为 200 万元人民币以下，应该选择海上运输；当然，如果货值更高或者急于交付，则应选择航空运输方式。

四、国际铁路联运的操作流程

（一）国际铁路联运的出口操作流程

在实际业务中，客户（发货人、收货人）往往委托国际货运代理向中欧班列经营人或铁路公司办理国际铁路联运的进出口手续。图 6-1 显示了国际铁路联运的出口操作流程。

1. 发运准备

（1）订舱。在国际货运代理接受委托后，如果查询到合适的中欧班列或中亚班列，可向相关的班列经营人订舱；如果查不到合适的班列，则应通过铁路订舱管理系统，提报国际铁路联运计划，待铁路总公司与国外铁路部门商定批准后执行。在一般情况下，普通货物有 10 日左右，超限、超长、超重、危险品货物应提前 1 个月左右。如果有特殊要求或工程急需货物运输，需要向铁路总公司提报临时加急特批计划的时间。待国际铁路联运商定条件获批，货主就可按规定办理发货事宜。

在订舱前，货主或国际货运代理除了需要了解各班列的运营状况外，还需要提前调查发运站、集散站的装卸及储运能力，装车地的短途运输能力和道路情况，以便确定运输交付条件——上门取货还是自行送货等。

在订舱时，货主或国际货运代理应按规定提供货物清单，包括货物名称、规格、数量、包装、采购地点、运输批次、运输时间。如果是大型成套工程设备，货主还应提供工程方案或进度表，以便班列经营人或铁路部门根据现场工程进度和供货地距离设计组织最佳方案。

班列经营人或铁路部门应审核货主提供的运输资料是否符合我国铁路运输限制，是否符合所通过国境口岸、所到达和过境运输的国家限制。

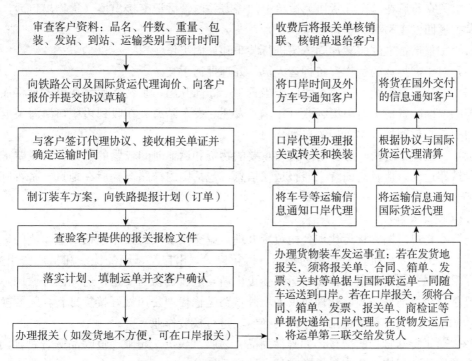

图 6-1 国际铁路联运的出口操作流程

（2）制定集装箱配置、货物配载及加固方案。

1）制定集装箱配置方案（如采用集装箱运输的话）。根据货主提出的货物发运批次、发运地、运输时间要求，制定集装箱配置方案，比如集装箱的类型、数量以及是选择自备箱还是选择承运人箱等。

2）制定配载方案。根据货主提供的货物清单，确定各发运地发运车的数量和批次，供货商的供货时间，各发运地的发运组织安排，做出各批次货物的装车清单和相应报关单据（报关单、装箱单、商务发票等）的准备安排。

3）制定装载加固、包装方案。根据货主提供的货物明细规格等，列出应在发车站准备的装载加固、包装材料。

（3）制作《国际货协》运单。要求货主准确提供与运单制作相关的事项，比如收货人的名称、收货人的地址、收货人的联系方法、货名、规格、包装、数量、到站、到站编码、出口合同号码等。

（4）安排报关。货主自行报关或委托代理人报关。至于报关地点，既可选择在发车站报关，也可选择在边境口岸站报关。

2. 发 运

（1）按约定发出时间，准备货物短运、上站等工作。

（2）在货物报关后，凭编制好的《国际货协》运单向车站报请日装车计划。车站货运室根据货物情况请上级货运调度批准后，即可配车发运。

（3）如果是已报关货物装车，需要在《国际货协》运单上加盖海关监管戳记。如果不在发车站报关而在边境口岸站报关，则只需按规定填写运单后，即可发送。货物要由国境站海关报关查验后在《国际货协》运单上加盖海关监管戳记交接出境（货物出口后，边境口岸海关返回发车站海关货物出境回执）。

（4）按报请批准的装载加固方案进行装车和加固工作。

（5）对于需押运的货物准备押运人员，办理押运手续。

（6）在装车后交纳运费。车辆应于当日18:00前开出，车站货运室在第二日将加盖车站戳记的《国际货协》运单第一联（正本）发还。发车站海关在收到边境口岸海关返回的出境回执后，返回核销单等报关单据。

（7）运输途中货物跟踪。对于比较重要的物资和运输时间较紧的货物，货主要求跟踪国内段铁路运输，应及时向货主通报运输信息，包括国内铁路车辆所在地点、是否有事故滞留等。

3. 国境站交接

（1）委托口岸国际货运代理公司负责办理口岸交接手续，具体包括到达车辆的车站交接手续，海关需要随机查验货物的卸货、拆箱检验，出口车、箱的检疫和检疫费用交纳，需要在口岸报关货物的报关报检，运输变更申请，进口货物的发运；通知国外段国际货运代理接货（应提前通知签有代理协议的境外铁路运输代理公司做好接货准备，需要换装铁路车辆的货物，安排在接运国口岸站的换装场进行换装作业）。

（2）对于特殊货物的交接，如鲜活商品、易腐、超重、超限、危险品等货物，则按合同和有关协议的规定，负责具体的交接方法和手续。

（3）如果货主委托在国境站办理出口货物的报关，要在货物发运前，将内容准确、详细，并与货物、运单及其他单证记载相符的报关委托书交付口岸代理。

（4）对于需要办理商品检验的货物，要向产地商品检验局办理商品检验手续，以确定品质、规格、重量和体积，并取得商品检验证书或工厂出具的检验证书或商检换证凭条。

（5）对于出境货物的包装，应尽量不使用或少使用木制包装材料和托架，否则需要由商检部门检验检疫，并出具熏蒸证明和熏蒸戳记。上述检验和检疫证书须在发车站托运货物时，同运单、报关单随车同行，并在国境站由海关凭有关检验部门签发的证书执行监管、查证放行。当然，如果在国境站办理商检熏蒸，则要花费更多的时间和费用。

（6）货运事故的处理。在国境站换装交接时，若发现货物短少、残损、污染、湿损、被盗等事故，国境站的国际货运代理应会同铁路查明原因、分清责任，再加以处理，然后提请铁路编制商务记录，并由国境站的国际货运代理负责协调。

4. 境外运输

（1）根据货物品种、规格和到达国家（地区），选择合适的境外运输。在货协国，必须是在国家主管部门和铁路当局注册的运输公司才能从事外贸和过境运输业务。

（2）办理口岸接货、换装、单据交接等问题的相关工作。

（3）办理境外各过境国、到达国铁路运费交付。

（4）办理各过境国边境口岸交接及问题协调工作。

（5）境外运输的交货条款通常是到达车站车板交货，即境外铁路不负责卸货事宜，但也可以委托代理人负责卸货，只不过费用较高。

（二）国际铁路联运进口操作流程

图 6-2 显示了国际铁路联运代理的进口操作流程。

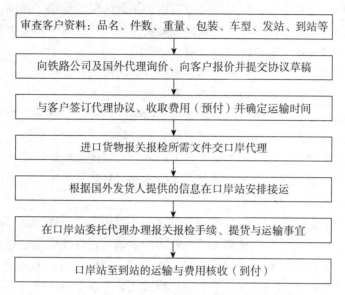

审查客户资料：品名、件数、重量、包装、车型、发站、到站等

↓

向铁路公司及国外代理询价、向客户报价并提交协议草稿

↓

与客户签订代理协议、收取费用（预付）并确定运输时间

↓

进口货物报关报检所需文件交口岸代理

↓

根据国外发货人提供的信息在口岸站安排接运

↓

在口岸站委托代理办理报关报检手续、提货与运输事宜

↓

口岸站至到站的运输与费用核收（到付）

图 6-2 国际铁路联运代理的进口操作流程

1. 发运前的准备工作

国际铁路联运进口货物的发运工作是由国外发货人根据合同规定向该国铁路办理的。因此，买方（收货人）与卖方（发货人）在签订贸易合同时，应特别注意以下事项：

（1）收货人唛头须按规定的方法编制，在合同的"收货人"栏内要填写收货人唛头。

（2）审核货物的数量。一张运单中记载的重量和件数应符合《国际货协》的规定，必要时还应订明溢短装条款。

（3）审核货物到达路局和车站的名称，货物数量和品种要符合到站的办理种别。需要注意的是，到站应是中国境内实际到站（如北京东站、上海西站等），而不能填写中国的国境站（如满洲里站、二连站等）；否则，按《国际货协》运单到站满洲里，将被认为是一票运输完成，应在满洲里车站卸货、清关后，再申请国内运输计划装车发往国内实际到站。接收国铁路原则上不允许在国境站接受货物，而国境站发往国内的运输计划十分难申请，会增加很多环节和费用。

（4）合同中应明确注明经由国境站。

（5）包装条件须严格按《国际货协》和其他有关规定办理。

（6）对于需要押运的货物，要在合同中具体订明。

（7）对于超限、超长、超重货物，合同中应规定发货人向发送铁路提供必要的资料，有关国家铁路同意后才能发运。

（8）有关运送费用的划分应与《国际货协》的规定相一致。

（9）对于发货人在运单中错填经由口岸、到站、收货人等而使收货人遭受经济损失的，合同中应规定约束性条款。

2. 国境站的交接与分拨

（1）进口货物的交接程序。进口货物的交接程序与出口货物的交接程序基本相同。进口国境站有关单位根据货车预报和确报做好检查准备工作，货车到达后铁路会同海关接车，然后两国国境站交接所根据交接单办理货物和车辆的现场交接，我国进口国境站交接所通过内部联合办公做好单据核放、货物报关验关工作，然后由铁路负责将货物调往换装线进行换装作业，并按流向编组向国内发运。

（2）进口货物的核放。进口合同资料是核放货物的依据，也是纠正货运错乱的重要资料。口岸国际货运代理在收到合同资料后，若发现内容不齐全、有错误、字迹不清，应迅速联系有关单位修改更正。当进口货物抵达国境站时，口岸国际货运代理根据合同资料对各种运输单证进行审核，只有单、证、票、货完全相符，才可核放货物。

（3）口岸货运代理的工作。除负责上述工作外，口岸国际货运代理还要负责进口货物的报关报检、发运以及交纳运费和换装费，并负责进口货物的关税、增值税交纳。

3. 运送用具和空容器的返回

（1）属于发货人的运送用具与容器。若发货人希望将不属于铁路的运送用具或空容器从到站返还发站，应在运单"对铁路无约束效力的记载"栏内注明运送用具或空容器应予返还，由进口国境站海关填发运送用具或空容器返还运送证明书，该证明书附在运单上交给收货人。收货人凭该证明书有权从货物到达到站之日起 3 个月内返还，在返还时应经原经由的国境站出境，运送费用照收。

（2）属于发送路的运送工具与容器。发货人在发运国际联运货物时，在发车站使用发送路的运送工具（篷布、粮谷挡板、运送牲畜或水果用的车门栅栏、钢丝绳、炉子、铁制拴马棒等）随同货物运往到站或换装站时，发车站应按车辆使用规则格式编制运送工具寄送单随同运送工具直至返还所属路。寄送单号码应在运单"货物名称"栏注明。若运送工具仅到达进行货物换装的邻路国境站，则不编制寄送单。

第二节　国际道路货运代理操作实务

一、国际道路运输的概念与特点

1. 国际道路运输的概念

按运输对象不同，国际道路运输可分为国际道路旅客运输和国际道路货物运输。鉴于本书仅涉及国际道路货物运输，因此，如未特殊说明，以下所称的国际道路运输均指国际道路货物运输。

国际道路运输又称跨境道路运输或出入境道路运输，是指根据相关国家间的有关协定，经过批准，利用载货汽车通过国家开放的边境口岸和道路完成货物运送活动。

国际道路运输最突出的特点是涉及两个或两个以上的国家，即通过载货汽车将货物从一个国家的某个地点运到另一个国家的目的地。鉴于香港、澳门实行"一国两制"，因此对港、澳地区的道路运输，既不同于国际道路运输，也不同于国内道路运输，而是比照国际道路运输采取特殊的方式进行。

2. 国际道路运输的特点

（1）与国内道路运输相比的特点。由于各国间经济发展水平、国情、法律法规及行业管理方式等方面存在差异，国际道路运输需要进行出入境监管，而且具有运作风险更大、更复杂等特征。

国际道路运输涉及人员签证、货物及车辆的海关手续和检疫手续、交通安全和运输管理等诸多方面，从政府管理上看，内部需要外交、海关、交通、边防检查、检验检疫等多个行政职能部门的协调配合，外部需要与相关国家及国际组织的沟通合作。

（2）与其他运输方式相比的特点。

1）机动灵活、运输方便。国际道路运输的灵活性主要表现在批量、运输条件、时间和服务上的灵活性：在运输时间上，可以随时调度，装车和起运具有较大机动性；在运输空间上，可以进行长、短途运输，并且可以深入到工厂、车站、码头等；在批量上，既能满足大批量的运输，又能满足零散、小批量的运输。由于贸易商品的种类繁多，有着不同的运输和时限要求，而国际道路运输灵活便捷的组合方式及运输路线，特别是集装箱运输的发展，使得国际道路运输的发展潜力尤为可观。例如，能装 40 英尺集装箱的一单货，找一辆卡车就可以运输；如果只有一半的货物，装在一个 20 英尺集装箱里也可以运走；而铁路运输在一般情况下，需要有 40～50 个集装箱，而且要等货物都准备好了才可以发货。2014 年乌克兰危机爆发，俄罗斯受西方经济制裁后，将出口重心东移，向中国大量出口农产品和半成品，如大豆、玉米、糖果制品、冰激凌、谷物、葵花籽油等，由于生鲜品保质期短，迫切需要更便捷的道路运输，以缩短运输时间。

2）点多面广、流动分散。国际道路运输是一种地区性的"面"上的运输，由于道路网密布全国城乡、覆盖区域大，因此国际道路运输能满足各种需要。通过铁路运输货物，需要有铁路线路，而与中国接壤的一些国家中，铁路网络并不是那么发达，而道路运输网络却四通八达：在中国周边的一些"一带一路"沿线国家，尤其是中亚国家，甚至包括高加索地区的国家，不是所有地方都有铁路，因而铁路运输在很多情况下不是一个最佳选择，在这种地理和经济发展的形势之下，有时道路运输或许是唯一的选择。例如，哈萨克斯坦运输公司正从中国承揽货物运到德国、波兰等地。

3）送达速度快，可实现"门到门"的直达运输。一方面，国际道路运输可以做到取货上门、送货到家，实现"门到门"的直达运输，减少中转环节和装卸次数，因而送达速度快；另一方面，国际道路运输可以实现"门到门"的运输，即可以实现从工厂到客户或者两个工厂之间的"门到门"运输。以从中国将 40 英尺集装箱运到波兰（波兰是中欧铁路的重要目的地）为例，经测算，用海运需要 30 天、成本约 3 000 美元，用铁路运输需要 12～14 天、成本约 9 000 美元。然而，如果使用道路运输，哈萨克斯坦运输公司（目前，中国汽车还不允许直达波兰）从相关口岸揽货运到波兰与白俄罗斯交界口岸，距离约 6 000 公里，大概耗时 10 天，成本约 5 000 美元。显然，与海运、铁路运输相比，国际道路运输在运输成本和效率上具有综合优势。

4）原始投资少，资金周转快，回收期短。国际道路运输对基础设施的依赖较小，仅需要投入运营车辆，因而原始投资回收期短、运输的资本周转快。

5）载运量小、单位成本相对较高、不适宜长距离运输、易造成货损货差。从传统上说，国际道路运输的合理运距一般认为不超过 200～500 公里，但随着高速公路的建设与发展、运输车辆的大型化与高速化，目前许多干线道路的合理运距已经超过 1 000km。

二、国际道路运输的分类

基于不同的角度，国际道路运输可有不同的类型。

1. 按作用不同划分

（1）独立实现"门到门"运输。作为一种独立的运输体系，国际道路运输可以独立完成货物运输的全过程。目前，国际道路运输是欧洲大陆国家之间进出口货物运输的最重要方式之一。我国与邻国之间，以及供应港、澳物资和通过港、澳中转物资的运输，很大部分也是由汽车运输独立承担的。

（2）进出口货物的集疏运短途运输。国际道路运输可以配合进出境的船舶、火车、飞机等运输工具完成国际货物运输的全过程，是外贸港口、车站、机场集散货物的重要手段。特别是鲜活商品、集港疏港抢运，往往能够起到其他运输方式难以起到的作用。可以说，其他运输方式往往要依赖国际道路运输来最终完成两端的运输任务。

（3）参与国际多式联运。国际道路运输可以将两种或多种运输方式串联起来，实现多种运输方式的联合运输，以便向进出口货主提供"门到门"运输服务。

2. 根据运输车辆要求不同划分

根据交通部《国际道路运输管理规定》（2005 年交通部令第 3 号）的规定，国际道路运输行政许可为国际道路货物运输（普通货物运输、货物专用运输、大型物件运输）和国际道路危险货物运输规定了相应的运输工具技术标准要求（具体内容将在后面介绍）。其中，货物专用运输包括国际道路冷藏保鲜、罐式容器等专用运输以及国际道路集装箱运输。

3. 按其流向不同划分

（1）入境运输，是指始发地在国外的道路运输。

（2）出境运输，是指目的地在国外的道路运输。

（3）过境运输，是指始发地与目的地均在国外的道路运输。

4. 按运输工具在口岸是否进行换装作业划分

（1）直通运输，是指运输工具在边境口岸无须换装作业，可直通运行。

（2）非直通运输，口岸过驳运输，是指运输工具必须在边境口岸将货物换装到另一国的运输工具，而无法直通运行。例如，中国出口至哈萨克斯坦的货物，若使用非直通运输工具，则该运输工具需要在边境口岸将货物卸下，并装上哈萨克斯坦的运输车辆，由其运至目的地。显然，在这种模式下，全程运输需要由两国车辆共同完成。为此，有人将其称为国际道路联运。然而，需要注意的是，国际铁路联运和国际多式联运之所以发生换装作业，前者是因两国铁路的轨距不同，后者是因不同运输方式之间运输工具大小不匹配或某一种运输方式无法单独完成全程运输所致，而国际道路运输的最大优势是可实现"门到门"直达运输，而中途进行换装作业自然会增加运输成本、降低运输效率。由于直通运输相对口岸接驳运输具有通关费用低、货损货差少、运输时间短、物流成本低等优势，因此在实践中，除非因为出入境监管限制或者货源不足或过多而需要在边境口岸进行集运与分拨，应避免发生这种所谓的"国际道路联运"。

5. 按海关监管模式不同划分

根据海关总署发布的《关于进出境公路运输工具及其所载货物、物品舱单电子数据有关事项的公告》（海关总署公告 2014 年第 7 号），海关规定了 16 种监管模式（海关通关代码依次为 RD01-RD16）。显然，它实际上是按直通与非直通（装卸货/箱、掏箱）、贸易货物与非贸易货物、集装箱货与散装货物、进境/出境与过境、空车（箱）与重车（箱）等，对道路直通运输与非直通运输做了进一步的细化。

（1）公路口岸进出境直通模式，适用于承运需要在口岸海关监管场所办结海关手续，但不在口岸海关监管场所装卸货物（集装箱）的进出境运输工具（载运非贸易货物的进出境运输工具不适用此种模式）。

（2）公路口岸进出境直通转关模式，适用于承运需要在口岸海关监管场所办理转关手续，但不在口岸海关监管场所装卸货物（集装箱）的进出境运输工具。

（3）公路口岸进境卸货模式，适用于承运需要在口岸海关监管场所卸货并办结海关手续的进境货物的运输工具。

（4）公路口岸进境卸货转关模式，适用于承运需要在口岸海关监管场所卸货并办理转关手续的进出境货物的运输工具。

（5）公路口岸进境掏箱模式，适用于承运需要在口岸海关监管场所掏箱办结海关手续，并以散装货物方式提离海关监管场所的进境集装箱货物的运输工具。

（6）公路口岸进境掏箱转关模式，适用于承运需要在口岸海关监管场所掏箱办理转关手续，并以散装货物方式提离海关监管场所的进境集装箱货物的运输工具。

（7）公路口岸进境卸箱模式，适用于承运需要在口岸海关监管场所卸箱办结海关手续，并继续以集装箱货物方式提离海关监管场所的进境集装箱货物的运输工具。

（8）公路口岸进境卸箱转关模式，适用于承运需要在口岸海关监管场所卸箱办理转关手续，并继续以集装箱货物方式提离海关监管场所的进境集装箱货物的运输工具。

（9）跨境快速通关模式，适用于承运跨境快速通关货物（非过境货物）的运输工具。

（10）进出境空车模式，适用于未承运货物、物品及集装箱的运输工具。

（11）暂时进出境空集装箱公路直通模式，适用于承运不在口岸海关监管场所卸箱的暂时进出境空集装箱的运输工具。

（12）暂时进境空集装箱公路口岸卸箱模式，适用于承运需要在口岸海关监管场所卸箱的暂时进境空集装箱的运输工具。

（13）非贸易进出境货物公路口岸直通模式，适用于承运需要在口岸办结海关手续，不在口岸海关监管场所装卸非贸易货物（集装箱）的进出境运输工具。

（14）出境散货公路口岸装车模式，适用于承运需要在口岸装车以及办结海关手续后载运出境的散装货物的运输工具。

（15）出境集装箱货物公路口岸装车模式，适用于承运需要在公路口岸装车以及办结海关手续后载运出境的集装箱货物的运输工具。

（16）过境货物快速通关模式，适用于承运采取跨境快速通关的过境货物的运输工具。

6. 按运输区间不同划分

跨境道路运输按运输的路途区间，可划分为国界间运输和国内段运输，分界地点为边境口岸海关监管区。

(1) 国界间运输，是指运输车辆经公路口岸来往于我国与邻国之间，在口岸海关监管区内装卸货物或经监管出入境的国际道路运输。

(2) 国内段运输，是指边境口岸海关监管区至国内装卸车站（点）之间的国际道路运输。

7. 根据途经国家多少划分

(1) 双边道路运输，是指中国与接壤的国家通过签订双边道路运输协定而开展的国际道路运输。

(2) 多边道路运输，是指接壤或非接壤国家之间通过签订多边道路运输协定而开展的国际道路运输，即通过第三国的领土且货物的运输起讫点均不在通过国的国际道路运输。

目前，已运营及试运行的多边道路运输线路主要有以下四条：

1) 中哈俄国际道路运输线路。俄罗斯利用汽车向中国运送货物，除了经远东的布拉戈维申斯克的线路外，就是经由哈萨克斯坦的线路。中哈俄国际道路运输线路于 2016 年 2 月 16 日开通，在未开通前，从新疆运输货物到俄罗斯，要通过吉木乃或巴克图口岸过境，先到哈萨克斯坦卸货，再由具备资质的运输企业将货物运送到俄罗斯，全程需要一周时间；中哈俄国际道路运输线路正式开通后，中方货车不需要经停哈萨克斯坦共和国进行卸货、中转等环节，即可直接驶至俄罗斯联邦口岸，最快两天就能到达。

2) 中巴哈吉国际道路运输线路。中国、巴基斯坦、哈萨克斯坦和吉尔吉斯斯坦四国签署的《四方过境运输协议》确定的运输线路是从巴基斯坦卡拉奇经中国喀什地区、吉尔吉斯斯坦、哈萨克斯坦至中国霍尔果斯口岸，这也是中亚地区国家最近的入海通道。

据悉，《四方过境运输协议》签署于 1995 年，于 2004 年 5 月开始生效实施。根据该协议，四方中的任何一方均可在一年内经另一方进行 200 车次货物过境运输，并且免征过境费和通行费。2010 年 1 月，因沿线发生大型山崩，KKH 高速公路部分路段封闭。在中国和巴基斯坦两国的共同努力下，先前封闭的路段于 2015 年 9 月 2 日重新开通。2016 年中、巴、哈、吉四国重启《四方过境运输协议》，四国运输企业可持过境运输行车许可证在商定的线路上运行。

3) 中蒙俄国际道路运输线路。2016 年 8 月 18 日上午，中蒙俄国际道路运输首班车从太平洋国际集装箱码头出发，途经北京、河北、内蒙古，从二连浩特口岸出境进入蒙古国扎门乌德口岸，再经乔伊尔、乌兰巴托、达尔罕，从阿勒坦布拉格出境进入俄罗斯恰克图口岸，终点到达乌兰乌德，全程历时 7 天。中蒙俄国际道路运输试运行活动沿亚洲公路网 3 号公路（AH3），自中国天津港经蒙古乌兰巴托市至俄罗斯乌兰乌德市，全程 2 152 公里。其中，中国境内段 900 公里，几乎全程高速公路；蒙古国境内段 1 012 公里；俄罗斯境内段 240 公里。

该国际道路运输线路的开通，对于冷链运输、肉制品运输、海产品运输是非常有利的，而且对于蒙古国来说，这是非常便捷的出海通道，也将成为俄、中之间的最短路线。目前，已经有俄罗斯企业，包括经过蒙古国向中国大批量供货的木材加工企业与瓶装水生产商,对该运输路线产生了兴趣;据测算,汽车从广西南宁到天津需要 48 小时,如果通关顺利,走这条新开通的跨境道路,全程最快用时 4 天,而铁路运输一般需要 10 天。从越南到俄罗斯乌兰乌德,单车全程费用约 2 万元,而空运需要 20 万元,铁路也需要 1.7 万元,并且时间更长。因此,这条线路的开通有助于越南等东盟国家和中国南方的热带水果等产品进入蒙古国和俄罗斯。

4)中吉乌国际道路运输线路。2017 年 10 月 30 日至 11 月 1 日,中国、吉尔吉斯斯坦、乌兹别克斯坦联合开展的国际道路运输试运行活动成功举行。由中、吉、乌三国 9 辆卡车组成的车队,10 月 30 日从乌兹别克斯坦首都塔什干出发,途经安集延、奥什、伊尔克什坦,于 10 月 31 日成功抵达终点"丝路明珠"新疆喀什,并于 11 月 1 日在喀什综合保税区举行接车仪式,圆满完成了该试运行活动的各项任务。

中吉乌国际道路运输的试运行通道——中吉乌公路,是中国—中亚—西亚国际经济走廊的重要组成部分。该公路东起中国新疆喀什,穿过吉尔吉斯斯坦南部城市奥什,最终到达乌兹别克斯坦首都塔什干,全长约 950 公里,是从新疆塔里木盆地到中亚阿姆河流域的一条重要的公路大通道。然而,长期以来,中国和乌兹别克斯坦的卡车却无法驶入对方国家。

此前,中国出口至乌兹别克斯坦的货物以铁路和汽运中转吉尔吉斯斯坦的方式为主,现在两国公路货运直达不仅能节约运输时间,还降低了货物损耗。

三、国际道路运输的行车许可证

从事国际道路运输,除了必须取得《国际道路运输经营许可证》外,在运营过程中还必须向口岸管理部门提供所要求的单证,见表 6 - 6。其中,《国际道路运输经营许可证》规定的经营许可事项包括国际道路货物运输(普通货物运输、货物专用运输、大型物件运输)和国际道路危险货物运输;《运输证》又称《营运证》,实行"一车一证"制度。下面对行车许可证予以介绍。

表 6 - 6　　　　　　　　　　　　**国际道路运输单证的种类与功能**

序号	名称	功能
1	行车许可证	从事国际道路运输经营时车辆行驶的通行凭证
2	国籍识别标志	识别从事国际道路运输车辆国籍的标志,固定于车辆前后保险杠的右侧。中国车辆的国籍识别标志为"CHN"
3	人员资格证	从事国际道路运输驾驶员、道路危险货物运输从业人员的上岗证
4	行车路单	国际道路客运车辆的行车命令,是记录车辆运行情况的原始凭证
5	货物运单	具有道路运输合同证明和货物收据的功能
6	车辆审批表	用于国际道路运输车辆在各级国际道路运输管理机构备案
7	线路标志牌	从事国际道路旅客运输线路的经营许可标志
8	道路运输证	从事国际道路运输经营活动的车辆的合法凭证

1. 行车许可证的种类

行车许可证是国际道路运输经营者在相关国家境内从事国际道路运输经营时车辆行驶的通行凭证。

根据《国际道路运输管理规定》（2005年交通部令第3号）的规定，国际道路运输行车许可证分为A、B、C及特别行车许可证四种。

（1）A种行车许可证，用于定期旅客运输，一车一证，一年多次往返有效。

（2）B种行车许可证，用于不定期旅客运输，一车一证，在规定期限内往返一次有效。

（3）C种行车许可证，用于货物（含行包）运输，一车一证，在规定期限内往返一次有效。

（4）特别行车许可证，用于大型物件运输或危险货物运输，一车一证，在规定期限内往返一次有效。

需要注意的是，多年来，中、越两国所签发的A、B、C、D四种行车许可证只能在边境省的城镇转运旅客，或在边境地区换装货物，无法超越毗邻第三省的范围运营，也就是货车无法实现"门到门"的直达运输。为此，2012年中、越两国签订了《关于建立国际汽车运输行车许可证制度的协议》，并规定了7种行车许可证，见表6-7。其中，对A、B、C、E、F、G六种行车许可证实行定期交换制，每年交换两次；对D种特别行车许可证不进行交换，实行申请发放制度。在承运人向缔约另一方的主管机关申请D种特别行车许可证前，应取得缔约双方主管部门关于超限货物或危险货物的运输许可。这表明两国已允许拥有行车许可证的运输车辆在两国间从事"点到点"的直达运输活动，从而将运输合作范围扩大到了两国非边境地区，并将运输方式由转运、换装改为"点到点"的直达运输。

表6-7 中、越两国国际道路运输行车许可证

种类	适用范围	有效期
A	两国边境地区的定期旅客运输车辆	当年多次往返有效
B	两国边境地区的不定期旅客运输和公务车辆	当年1次往返有效
C	两国边境地区的货物运输车辆	当年1次往返有效
D	两国间危险货物运输和超限货物运输车辆	当年1次往返有效
E	两国超出边境地区的定期旅客（含游客）运输车辆	当年多次往返有效
F	两国超出边境地区的不定期旅客（含游客）运输和公务车辆	当年1次往返有效
G	两国超出边境地区的货物运输车辆	当年1次往返有效

2. 行车许可证的使用管理

（1）国际道路运输实行行车许可证制度。我国与有关国家签署的双边和多边汽车运输协定都确定了国际道路运输实行许可证制度，出入邻国的运输车辆和公务车辆必须持有行

车许可证，一车一证，否则不得进入对方境内。

我国从事国际道路运输的车辆进出相关国家，应当持有相关国家的国际汽车运输行车许可证。外国从事国际道路运输的车辆进出我国，应当持有我国国际汽车运输行车许可证。

根据双边协定，缔约双方主管机关每年应交换一次双方共同制定的统一格式的行车许可证，这些行车许可证应有缔约双方主管机关指定的汽车运输主管部门的印章和负责人的签字。行车许可证的交换程序，由缔约双方主管机关商定。

此外，根据双边协定，一般下列运输项目无须办理行车许可证：

1）死者的骨灰或尸体。

2）搬家时的动产。

3）为举办展览和交易会而使用的展品设备及材料。

4）为举办体育活动而使用的交通工具、动物以及各种器材和财产。

5）为演出而使用的舞台布景和道具、乐器、设备以及拍摄电影、制作广播和电视节目所需的用品。

6）邮件。

7）损坏的汽车运输工具。

8）从事技术急救的工程车辆进入缔约另一方国境，无须办理许可证。

（2）国际汽车运输行车许可证不得转让、伪造、倒卖。

（3）国际汽车运输行车许可证应一车一证，在有效期内使用。运输车辆为半挂汽车列车、全挂汽车列车时，仅向牵引车发放国际汽车运输行车许可证。

（4）非边境省区的国际道路运输企业应向拟通过口岸所在地的省级道路运输管理机构申领国际汽车运输行车许可证。

四、国际道路运单

1. 国际道路运单的概念与性质

国际道路运单是用以证明国际道路货运合同和货物已由国际道路承运人接管或装上国际道路运输工具的一种货运单证。与海运提单相比，尽管国际道路运单也具有合同证明和货物收据的功能，但它不具有物权凭证的性质。因此，国际道路运单不能转让，只能做成记名抬头，在货物到达目的地后，承运人通知运单抬头人提货。

2. 国际道路运单的种类

（1）CMR运单。为了统一道路运输所使用的单证和承运人的责任，联合国所属欧洲经济委员会负责草拟了《国际道路货物运输合同公约》（Convention on the Contract for the International Carriage of Goods by Road，CMR），以下简称《CMR公约》，于1956年5月19日在日内瓦由欧洲17个国家参加的会议上通过，并于1961年7月2日起生效。《CMR公约》第六条规定，CMR运单（CMR international consignment note，CMR road waybill）包括19项内容，由3份正本组成；其中，第1份交发货人，第2份随货同行，第3份由承运人留存。当待装货物装在不同车内或者装有不同种类货物或数票货物，发货人或承运人有权要求对使用的每辆车、每种货或每票货分别签发运单。

（2）我国的国际道路运单。为了加强对出入境汽车运输单证的管理，根据我国的《国际道路运输管理规定》，从事国际道路运输的车辆应当使用国际道路运单，一车一单，并在规定期限内往返一次有效。国际道路运单由承托双方填写并签字盖章，随车同行。国际道路运单由省级国际道路运输管理机构或者其委托的口岸国际道路运输管理机构发放。

3. 国际道路运单的制作

（1）发货人填写国际道路运单的基本要求。

1）一张国际道路运单托运的货物必须属于同一发货人，对于拼装分卸的货物，应将每一拼装或分卸情况在国际道路运单的记事栏内注明。

2）易腐、易碎、易溢漏的液体，危险货物与普通货物，以及性质相抵触、运输条件不同的货物，不得用同一张国际道路运单托运。在托运普通货物时，不得夹带危险货物、易腐货物、流质货物、贵重物品、货币、有价证券等物品。

3）一张国际道路运单托运的货物，凡不具备同品名、同规格、同包装的，以及搬家货物，应提交物品清单。

4）轻泡货及按体积折算的货物，要准确填写货物的数量、体积、折算标准、折算重量及其有关数据。

5）当发货人要求自理装卸作业时，经承运人确认后，应在国际道路运单上注明；当发货人不自理装卸作业时，应提交装卸机械作业申请书或委托承运人办理装卸机械的作业申请，并在国际道路运单中注明。

6）发货人委托承运人向收货人代递有关证明文件、化验报告或单据等，须在托运人记事栏内注明名称和份数。

7）对于有特殊要求的货物，应在记事栏内注明商定的运输条件和特约事项。

8）发货人应对所填写的内容及所提供的证明文件的真实性负责，并签字盖章。

9）已签订年度、季度、月度或批量运输合同的，必须在国际道路运单的"托运人签章或运输合同编号"栏中注明合同编号，托运人委托发货人签章。

10）应使用钢笔或圆珠笔填写，字迹清楚，内容准确。

11）已填妥的国际道路运单，如有更改，必须在更改处签字盖章。

（2）当发货人托运集装箱货物或集装箱时国际道路运单制作的特殊要求。

1）一张国际道路运单托运的集装箱货物或集装箱，必须是同一托运人、收货人、起运地。

2）托运拼箱货物要写明具体品名、件数、重量；托运整箱货物除要写明具体品名、件数、重量外，还要写明集装箱箱型、箱号和封志号，并注明空箱提取和交还地点。

3）易腐、易碎、易溢漏的液体，危险货物与普通货物，以及性质相抵触、运输条件不同的货物，不得用同一张国际道路运单托运。

4）托运的整箱货物，应注明船名、航次、场站货位、箱位，并提交货物装箱单。

5）当托运人要求自理拆装集装箱或自理装卸集装箱时，经承运人确认后，应在国际道路运单内注明。

6）当托运须经海关查验或商检、卫检、动植检的集装箱时，应连同检验地点在国际道路运单中注明。

7）托运特种集装箱货物，应在国际道路运单中注明运输条件和特约事项：一是托运冷藏保温集装箱，托运人应提供冷藏保温集装箱货物的装箱温度和在一定时间内的保持温度；二是托运鲜活货物集装箱，应提供最长运输期限及途中管理、照料事宜的说明书，货物允许的最长运输期限应大于汽车运输能够达到的期限；三是托运危险货物集装箱，应按交通运输部颁布的标准《汽车危险货物运输规则》办理。

五、国际道路运输操作实务

1. 跨境道路运输操作实务

图 6-3 显示了过境道路出口货运操作流程。其操作内容主要为：

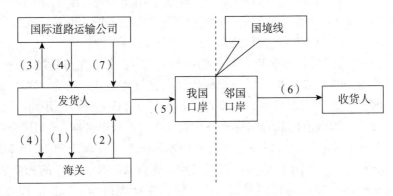

图 6-3　过境道路出口货运操作流程

（1）发货人备齐出口报关资料，填制报送单向海关报检（或由国际道路运输公司代理报关）。

（2）海关审核后放行。

（3）通知货运公司（行内又称外运车队）发货。

（4）国际道路运输公司接受委托并安排车辆前往发货人仓库装车，然后在海关监管下封关，并填写国际道路货物运单，由发货人确认。

（5）当车辆抵达边境口岸时，接受口岸国际道路运输管理机构的查验，查验车辆驾驶员的国际驾照、国际汽车运输行车许可证、国际道路运输国籍识别标志、国际道路运输有关牌证及货物出口相关单证。过境到对方口岸也要接受对等的查验。

（6）在通过口岸查验后，按规定线路将货物运达外国海关指定停车地点（其他要由收货人办理本国进口报关），然后再将货物运到收货人处，并与收货人进行货物与相关单证的交接及确认。

（7）国际道路运输公司凭相关承运单证与发货人进行运输费用的结算。

图 6-4 显示了过境道路进口货运操作流程。有关各环节的具体操作内容，可参照过境道路出口货运操作流程中的相关说明。

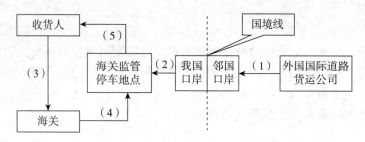

图 6-4　过境道路进口货运操作流程

2. TIR 操作实务

（1）《TIR 公约》。《TIR 公约》的正式名称是《根据国际道路运输手册进行国际货物运输的海关公约》（Customs Convention on the International Transport of Goods under Cover of TIR Carnets），又称《国际道路运输公约》（Transport International Router）。该公约制定于 1959 年并于 1975 年进行修订，同年 3 月 20 日生效。

《TIR 公约》作为一种国际制度，目前的缔约方有 73 个。在与我国接壤或相邻的周边国家中，俄罗斯、哈萨克斯坦、塔吉克斯坦、乌兹别克斯坦、吉尔吉斯斯坦、土库曼斯坦、蒙古、阿富汗、韩国、日本、印度都已加入了《TIR 公约》，并相应开展了运输。

2016 年 7 月，我国政府向联合国递交公约加入文书并获得批准，《TIR 公约》于 2017 年 1 月 5 日在我国正式生效。作为一项海关公约，我国海关总署于 2017 年 7 月授权中国公路运输协会作为"中国 TIR 证的发证担保机构，履行《TIR 公约》的相应职责"，并指定我国的 TIR 运输试点口岸为霍尔果斯口岸、伊尔克什坦口岸、二连浩特公路口岸、满洲里公路口岸、绥芬河口岸以及大连港口岸。自 2018 年 5 月 18 日起，上述六个口岸同时开放接受 TIR 运输。

（2）TIR 制度的基本原理。TIR 制度是一个建立在联合国《TIR 公约》基础上的全球性货物运输海关通关制度。在 TIR 制度下的国际道路运输承运人，可以凭 TIR 单证在《TIR 公约》缔约方的内陆海关接受查验并施关封后，中途可不受检查、不支付关税，也可不提供押金，直接运往目的地国家。

TIR 制度成为目前国际上比较通用的一种国际公路运输制度，遵循 TIR 制度的车辆，车头面板上都要挂蓝底白字的 TIR 标记。

（3）TIR 制度的基本原则。TIR 制度规定了五项基本原则，即 TIR 制度的五大支柱：

1）采用符合标准的运输车辆或集装箱。《TIR 公约》要求使用符合海关监管要求、具有海关监管设置、能够确保安全的车辆或集装箱装载货物。

2）国际担保。为承担整个运输过程中的海关关税和税收的风险，《TIR 公约》建立了国际担保制度，由国际道路运输联盟（IRU）管理。所有《TIR 公约》缔约国的国家担保协会（通常为国家级道路运输协会）和国际道路运输联盟共同构成了联保系统，在《TIR 公约》缔约国中形成一个支持 TIR 单证运输的国际担保链。该联保系统又由几家大保险公司担保，并由 TIR 执行理事会监督。在担保总额方面，各缔约国可以确定担保金的限额，但国际道路运输联盟确定的最大担保限额为每张 TIR 运单 5 万美元，其中，运输酒精和烟草的最大担保限额为每张 TIR 运单 20 万美元。

3）TIR 单证。TIR 单证是 TIR 制度下所载运货物具备国际担保条件的法律证明文件，更是起运国、过境国和目的地国海关监管的依据。

TIR 单证由国际道路运输联盟向各缔约国的担保协会发放，各国担保协会再根据自己与承运人的相关协议发放给承运人。

4）海关监管的相互承认。由起运国海关查验并施加关封后的道路车辆或集装箱，在通过过境国及目的地国家边境海关时无须开封检查。只有在有充分证据怀疑 TIR 单证运输存在违法可能或存在欺诈行为的情况下方可开封检查。

5）控制使用。各国政府主管部门（通常是海关）授权国家担保协会向符合条件的企业发放 TIR 单证，并对承运人使用 TIR 单证实行行政许可管理。

（4）TIR 的操作程序。TIR 包括起运、出境、过境、抵达四大环节。

1）起运。起运地海关根据承运人在 TIR 单证上填报的内容检查所载货物；在检验合格后由海关对装载室或集装箱施加关封，同时在 TIR 单证上做相应记录，然后保留第一联凭单并填写相应的存根；此后，将 TIR 单证交还运输经营人，由其开始 TIR 单证运输作业。

2）出境。在装载货物和 TIR 单证的运输车辆离开起运国国境时，由起运国出境海关检查封志，而后从 TIR 单证上撕下第二联，填写相应的存根，并将撕下的凭单寄给起运地海关（通常为内陆海关），或使用电子邮件等其他方式发给起运地海关，以加快审核速度；起运地海关核对收到的凭单与自己原来保存的凭单，如果出境海关没有任何反对意见或保留意见，则放行，出境海关填写的存根则作为 TIR 业务在该国已经完成的凭据。如果出境海关撕下的一联凭单含有保留意见，或没有送达起运地海关，或出境海关因其他原因怀疑 TIR 业务，则出境海关有权利进行调查，即"TIR 业务例外性调查"。

3）过境。装载货物和 TIR 单证的运输车辆在途经每一个过境国时都适用与起运国相似的海关过境制度。沿途过境国的入境海关对封志进行检查，并从 TIR 单证中撕下一联凭单，各过境国的出境海关也像起运国的出境海关一样处理 TIR 单证。通过核对该国入境海关与出境海关所取下的两联凭单，在填写无误和一致后即放行 TIR 作业。若出现异常情况，则依出境环节所述程序进行处理。

4）抵达。若入境海关同时也是目的地海关，便由入境海关填写 TIR 单证，并保存两联凭单，进行进口货物贸易清关处理；若货物入境后还需运往该国的另一个海关（通常为内陆海关），则入境海关成为一个入境边境海关，执行过境环节中入境海关的类似程序，而该国境内的另一个海关成为目的地海关，执行开箱查验、清关等程序。

3. 直通港澳道路运输操作实务

直通港澳道路运输是指取得挂香港、澳门与内地两块牌照的直通车指标，从事我国内地与香港特别行政区、澳门特别行政区之间的道路运输经营活动。

直通港澳道路运输的服务区域主要是针对香港的码头、机场、仓库与广东的深圳、东莞、广州、惠州、佛山、顺德、中山、珠海等各地区之间的往返道路运输。

（1）直通港澳道路运输车辆指标。依据 2002 年 6 月 7 日广东省人民政府办公厅发布的《直通港澳运输车辆管理办法的通知》（粤府办［2002］39 号），直通港澳运输车辆实行指标管理和有偿使用。

1）直通港澳运输车辆指标调控，由广东省粤港澳直通车管理联席会议统一负责。其中，入境运输车辆年度指标由广东省商务厅会同广东省交通、公安部门提出方案，报广东省粤港澳直通车管理联席会议审定；出境运输车辆年度指标由广东省外事、公安部门牵头组织广东省有关部门与港澳有关部门通过过境车辆技术会谈等渠道商定。

2）外商投资企业、对外加工装配企业自货自运厂车，由广东省商务厅会同广东省公安部门审批。

3）其他省、市、区直通港澳运输车辆指标，由广东省粤港澳直通车管理联席会议分配给各省、市、区自行审批。其他省、市、区的直通港澳汽车运输公司车辆指标必须到广东省商务厅办理登记备案手续，经确认后，到广东省公安厅和海关办理车辆牌证及车辆入境手续。

（2）直通港澳道路运输经营许可证与运输证。直通港澳道路运输行政许可的依据为《广东省道路运输条例》（2014 年）和《直通港澳运输车辆管理办法》（2002 年）。

根据《广东省人民政府关于将一批省级行政职权事项调整由广州、深圳市实施的决定》（广东省人民政府令第 241 号）的要求，自 2017 年 7 月 27 日起，注册地在广州市、深圳市行政区域内的直通港澳道路运输企业经营许可证及车辆道路运输证核准（货物运输）行政职权事项已正式下放调整由广州市、深圳市组织实施。

（3）直通港澳道路运输的操作流程。图 6-5 和图 6-6 显示了直通港澳道路运输的出口与进口操作流程。下面以出口操作流程为例。

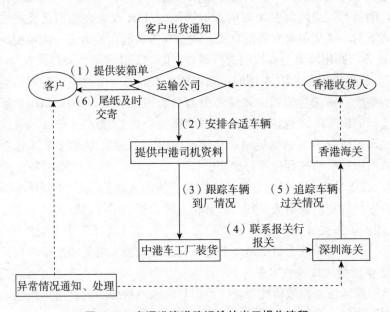

图 6-5　直通港澳道路运输的出口操作流程

1）接受委托。客户将订仓单或"仓库落货纸（入仓单）"和运输委托书传真给运输公司，运输公司审核无误后，接受其委托，为其办理中港道路运输及相关事宜。

2）安排合适车辆。运输公司根据业务联系单及客户提供的运输委托书安排粤港运输车辆，并在客户要求装货时间的前一天提供相关资料给客户核对装货及报关。司机资料包

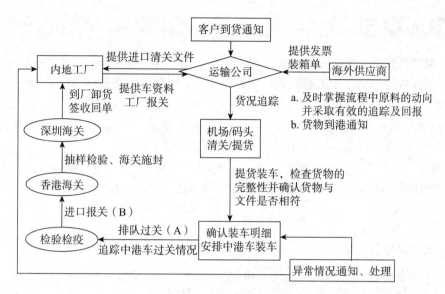

图 6-6　直通港澳道路运输的进口操作流程

括以下内容：司机姓名、海关编号、内地车牌、香港车牌、IC 卡号、内地电话、香港电话、吨位、牌头、组织机构代码、捆绑电话及传真、柜型及柜号、拖架型号及重量，若封关则要注明封关行走口岸并通知司机。同时，应填写派车单并注明装货地点、车型、装货时间、联系人及电话、报关方式及海关、报关员联系电话、香港入口报关公司及地址、卸货地点、联系人、电话及其他要求。若为粤港车辆过车派送则要传真来内地的司机资料、入仓单及交货地址给香港公司负责人，并注明交货的最后时间及派送的先后次序。

3）装车。在深圳海关的监管下装车，装车完毕后封柜。

4）出关。应在深圳海关和香港海关办理车辆报关并取得其放行许可。运输公司应追踪车辆报关情况，并通知香港公司负责人车辆预计到港过车时间。车辆到港过车若有异常状况（如数量与客户提供的不相符、包装损伤、文件不齐全等），要与客户确认无误后方可交货。

5）交货。运输公司或司机应与收货人办理货物交接手续，并在交货时取得收货人的交货确认与签收。

6）签收单寄回。运输公司向客户寄送相关费用单据及货物签收单并结算相应的费用。

 本 章 小 结

本章重点阐述了国际铁路货运代理与国际道路货运代理的业务特点、业务流程、业务单证、运杂费计算等。

一、单项选择题

1.《国际货协》运单由五联组成，下列（　　）单据的流转程序为发货人→发站→到站→收货人。

    A. 运单正本　　　　　B. 运单副本　　　　　C. 运行报单　　　　　D. 货物交付单

2. 我国与下列哪个国家尚未开通正常的集装箱货物运输？（　　）

    A. 越南　　　　　　　B. 朝鲜　　　　　　　C. 俄罗斯　　　　　　D. 蒙古

3. 我国国际道路货物运输企业应使用的运输单据为（　　）。

    A. CMR 运单　　　　　　　　　　　　　B. 国际道路货物运单

    C. 国内道路运单　　　　　　　　　　　D. 出入境汽车载货清单

二、多项选择题

1. 道路运单具有（　　）的基本特点。

    A. 道路运输合同证明　　　　　　　　　B. 物权凭证

    C. 货物收据　　　　　　　　　　　　　D. 可以转让

2. 下列哪些国家的铁路不是标准轨？（　　）

    A. 越南　　　　　　　B. 朝鲜　　　　　　　C. 俄罗斯　　　　　　D. 蒙古

3. 目前，已有的横跨亚欧大陆的大陆桥包括（　　）。

    A. 西伯利亚大陆桥　　　　　　　　　　B. 新亚欧大陆桥

    C. 南亚亚欧大陆桥　　　　　　　　　　D. 北美大陆桥

三、判断题

1. 我国的国际铁路货物联运费用由国内段费用、国境口岸费和国外段费用组成。

    （　　）

2. 国际铁路联运与大陆桥运输是同一概念。（　　）

3. 我国尚未加入《TIR 公约》。（　　）

四、简答题

1. 简述国际铁路联运的特点。

2. 简述国际道路运输行车许可证的类型。

3. 简述国际道路运输的特点。

第七章

国际航空货运代理操作实务

危险品瞒报风险

2000 年 2 月，大连化建公司委托大通公司空运 80 桶总价值 15 万元左右的 "8-羟基喹啉"（每桶 28.37 公斤）的化工产品从北京运至印度金奈（旧称"马德拉斯"），托运时未声明该货物属于危险品。2000 年 3 月 15 日 16：55，北京迪捷姆空运咨询服务有限公司"取样检查"之后，这批 "8-羟基喹啉" 按普通货物标准包装上了马来西亚航空公司航班并飞离北京首都国际机场。同一天晚上 23：20 左右，该航班抵达马来西亚吉隆坡国际机场进行中转卸货。当装卸工人进入飞机货舱准备卸货时，这批"安全货物"已发生大量泄漏，其中 5 名装卸工人因为吸入有害气体而突发晕厥。经检测，这批货物是强腐蚀性化学物品"草酰氯"，其强腐蚀性已经腐蚀了飞机的众多部位。2001 年 2 月 28 日，法国空中客车飞机制造公司对飞机状况进行了评估，认为修理成本远超飞机全额保险金 9 500 万美元的 75％，该飞机已无修理价值。因此，2002 年 3 月 13 日马来西亚航空公司及曼班通用保险公司等 5 家境外保险公司将大连化建公司等 6 家中国企业诉至北京市高院，开出了 8 000 多万美元（折合 6 亿多元人民币）的"索赔单"，开始了这起历时 5 年的民事诉讼。2007 年 12 月 5 日，北京市高院一审判决大连化建公司赔偿 5 家境外保险公司 6 500 余万美元，该金额创下航空运输索赔之最。该判决认定了本案的侵权事实和损害结果，并判决大连化建公司承担主要赔偿责任。北京迪捷姆空运咨询服务公司因不经取样测试就出具内容不真实的《空运普通货物鉴定书》而承担补充赔偿责任，但判给后者的赔偿责任与其侵权过错程度本应承担的赔偿责任极不相称。

这个案子得出的教训实实在在：危险品瞒报使不得。究竟是谁在瞒报中起了决定性作用？货主是否吃了个哑巴亏？这都不得而知。可以肯定，对于草酰氯这样的高危货物，随之而来的繁杂认证程序、高昂的空运价格可能就是货主或国际货运代理瞒报的出发点。

第一节　国际航空货运代理概述

一、国际航空货运代理的种类与业务范围

1. 国际航空货运代理的种类

通常所称的国际航空货运代理实际上包括以下几类代理人：

（1）航协代理（IATA cargo agent）。航协代理是指经国际航空运输协会（International Air Transport Association，IATA）（以下简称"国际航协"）注册，取得国际航协颁发的 IATA 执照，可以代表 IATA 所属的航空公司从事货物销售等业务的国际航空货运代理。

欲成为 IATA 空运代理，除了应取得国际航空货运代理资格，并被 IATA 所属的一家航空公司指定为代理之外，还应有一定的资信、业务量以及雇用了至少 2 名取得 IATA 国际危险品和特殊货物运输代理证书的业务人员。

经批准成为 IATA 空运代理，除了标志着实力、能力、专业水平、效率、质量及信誉等均达到国际公认标准，有助于扩大业务和销售范围之外，它们还有权使用 IATA 代理人的专用标志、运单和信用服务，可取得世界各大航空公司的代理权，使用 IATA 的统一结算系统（cargo accounts settlement systems，CASS），参加 IATA 的各类培训计划等。

（2）航空销售代理（sales agent）。根据《中国民用航空运输销售代理资格认可办法》的规定，航空销售代理是指取得中国航空运输协会（以下简称"中航协"）所颁发的"中国民用航空运输销售代理业务资格认可证书"（以下简称"资格认可证书"），接受航空运输企业委托，依照双方签订的委托销售代理合同，在委托的业务范围内从事销售代理活动的企业法人。

航空销售代理作为货主和航空公司之间的桥梁及纽带，一般具有以下两种职能：

第一，为货主提供服务的职能，代替货主向航空公司办理托运货物或提取货物。

第二，航空公司的代理职能，经航空公司授权，代替航空公司接收货物，出具航空公司主单和自己的分单，或从事机场地面操作业务。

（3）航空货运代理（air cargo agent）。航空货运代理是指《中华人民共和国国际货物运输代理业管理规定》中所称的国际航空货运代理，即受进出口发货人、收货人的委托，在约定的授权范围内，代为处理国际航空货物运输过程中的各项业务。

在实务中，通常将航空销售代理称为一级代理（俗称"空运一代"），而将航空货运代理称为二级代理（俗称"空运二代"）。与空运一代相比，空运二代既没有领单权（即不可以向航空公司领取运单），也没有订舱权（即不可以向航空公司订舱交货），还难以向海关申请监管仓库。

（4）航空地面代理（airport handling agent）。航空地面代理是指接受航空公司的委托，在装卸机场为其办理装卸货物、分解处理货物和集装箱板，为飞机加油、配餐、清洁飞机，为旅客办理乘机手续、托运行李、飞机维修检查等业务。这类代理一般拥有货运

站，兼有货运站和航空销售代理/航空货运代理的双重职能。

2. 国际航空货运代理的业务范围

国际航空货运代理除了提供订舱、租机、制单、代理包装、代刷标记、报关报检、业务咨询等传统代理业务之外，还提供以下服务：

（1）地面运输业务，是指提供机场至机场之外的地面运输服务。在这种业务下，有些国际航空货运代理是以代理人身份提供地面运输服务，有些国际航空货运代理是利用自身拥有或租赁的地面运输工具以承运人身份提供地面运输服务。

（2）集中托运、多式联运和现代物流业务。有关具体内容将在后面予以介绍。

二、国际航空货运代理的设立

1. 审批机构

2006 年 3 月，《中国民用航空运输销售代理资格认可办法》实施，航空运输销售代理从行政审批、政府管制模式转变为协会认可、自律管理模式。根据规定，航空运输销售代理企业从事航空运输销售代理活动，应当取得中国航空运输协会颁发的资格认可证书。未取得资格认可证书的任何单位和个人，均不得从事航空运输销售代理活动。航空运输企业（含外国航空运输企业）必须从经中航协认可的航空运输销售代理企业中自主选择代理人，从事本企业的委托销售事宜。

2. 类型与设立条件

（1）类型。航空运输销售代理资格分为一类航空运输销售代理资格和二类航空运输销售代理资格。

一类航空运输销售代理资格是指经营国际航线或者中国香港、中国澳门、中国台湾地区航线的民用航空旅客运输和货物运输销售代理资格。

二类航空运输销售代理资格是指经营国内除中国香港、中国澳门、中国台湾地区航线外的民用航空旅客运输和货物运输销售代理资格。

（2）设立条件。从事一类航空运输销售代理业务的，除了应取得工商执照外，其实缴的注册资本应不少于人民币 150 万元，有至少 3 名取得航空运输销售代理人员相应业务合格证书的从业人员。航空运输销售代理企业每申请增设一个分支机构，必须增加注册资本人民币 50 万元和至少 3 名合格的航空运输销售代理人员及《中国民用航空运输销售代理资格认可办法》要求的其他条件。

在中华人民共和国境内依法设立的中外合资、中外合作企业可以申请一类旅客运输和货物运输以及二类货物运输销售代理资格，外商投资及其比例应当符合国家有关法律法规的规定。

外资企业不得独资设立航空运输销售代理企业或从事航空运输销售代理活动。中国香港、中国澳门、中国台湾地区企业申请航空运输销售代理资格的，其投资比例按照国家有关规定执行。

第二节　国际航空货物运费

一、国际航空货物运价概述

1. IATA 区域的划分

国际航空运输协会（IATA）将世界各地划分为 3 个航空运输业务区，即 Area TC1、Area TC2、Area TC3（以下简称 TC1、TC2、TC3），其下又可以进行次一级的分区，称为次区（sub-area）。

（1）TC1 区：北美、中美、南美、格陵兰岛、百慕大群岛和夏威夷群岛。该区可细分为北美洲、中美洲、南美洲和加勒比 4 个次区。

（2）TC2 区：整个欧洲（含前苏联的欧洲部分）、冰岛、亚速尔群岛、非洲和毗邻岛屿与中东（含伊朗）。该区可细分为非洲、欧洲和中东 3 个次区。

（3）TC3 区：从巴基斯坦开始的亚洲、澳大利亚、新西兰及太平洋岛屿（夏威夷群岛除外）。该区可细分为南亚次大陆、东南亚、西南太平洋、日本/朝鲜 4 个次区。中国、俄罗斯乌拉尔山以东地区均在该区内。

通过以上分区可以看出，TC1 区为西半球，TC2 区与 TC3 区为东半球。IATA 的分区与传统地理上的概念不尽一致。例如，欧洲不仅包括地理上的欧洲，还包括摩洛哥、阿尔及利亚、突尼斯、土耳其等；同样，塞浦路斯、埃及和苏丹也包括在 TC2 区的中东区域内。

为了便于有关航空运输当事人使用，IATA 出版了每个小区域内所包括国家或地区的名单和主要城市及机场，这些城市分别用 3 个字母表示，如上海用 SHA 表示、新加坡用 SIN 表示。

2.《国际航空货运费率手册》

《国际航空货运费率手册》（The Air Cargo Tariff Books，TACT Books）由 3 卷组成：第 1 卷为《规定手册》（TACT Rules），包括一般的运输要求、操作程序和承运人的规定，每年 4 月和 10 月各出版一期；第 2 卷为《北美运价手册》（TACT Rates，North America），包括与美国、加拿大、波多黎各、美属维尔京群岛、圣皮埃尔、密克隆有关的各类运价；第 3 卷为《世界运价手册》（TACT Rates，Worldwide），是除北美以外的世界范围内的运价。第 2 卷、第 3 卷运价手册每两个月出版一期。除了上述手册外，有时还不定期地出版一些资料，用以对该手册的内容进行补充、修改或更正。

3. 空运价格的构成与货币单位

空运价格是指机场至机场间的航空运费，除非运价有特别说明，公布的运价仅指基本运费，不包括声明价值附加费和其他附加费用。

当货物的毛重价值每公斤超过 20 美元（或等值的其他货币）时，托运人可办理货物声明价值，并交纳声明价值附加费。

一般来说，此费用按超过 20 美元部分的 0.5% 计收，即

$$附加费＝（整批货物的声明价值－20美元×货物毛重×汇率）×0.5\%$$

（1）托运人在办理声明价值时必须整批货物办理，不得办理分批声明价值或在整批货物中办理两种不同的声明价值。

（2）供运输用的声明价值仅适用于货物的毛重，不包括航空公司的集装箱（器）。

（3）根据IATA的规定，发货人必须在运单上对发运的货物声明其价值；若无声明价值，也要在运单上写上无声明价值（no value declared，NVD）。

（4）中国民航规定，每票货物的声明价值不得超过10万美元，声明价值附加费的最低标准为10元人民币。

运价的货币单位一般以起运地当地货币单位为准，费率以承运人或其授权代理人签发的空运单为准。

4. 计费重量

航空运输货物与其他运输方式的计费标准相同，航空货物也是按货物的实际毛重与体积重量孰高作为计费重量。

（1）重货与轻泡货的划分标准。重货与轻泡货的具体界限是以6 000cm³/kg为基准。当每公斤货物的体积小于6 000cm³时为重货；反之，当每公斤货物的体积不小于6 000cm³时为轻泡货。

（2）计费重量单位。空运计费重量以0.5kg为单位，尾数不足0.5kg者，按0.5kg计费，如货物重量为300.15kg，则计费重量为300.5kg；尾数在0.5kg以上、不足1kg者，按1kg计费，如货物重量为300.54 kg，则计费重量为301.0 kg。若用b表示重量，不足1磅的尾数进为1b。

（3）体积重量的确定。空运中的体积重量不是指货物的实际体积，而是指货物的实际体积除以6 000 cm³/kg的值。实际体积应按货物的长、宽、高的最大值乘积求得。例如，一批货物的毛重为250kg，体积为1 908 900cm³，则

$$体积重量＝1\ 908\ 900/6\ 000＝318.15（kg）$$

因此，这批货物的计费重量应为318.5 kg。

5. 最低运费

最低运费是航空公司办理一批货物所能接受的起算运费。最低运费不包括声明价值附加费。不同地区规定了不同的最低运费，比如从广州到香港以及从福州、昆明、宁波、上海到香港的最低运费分别为35CNY和65CNY。

6. 不能采取运费到付的货物

下列情况不能办理运费到付：

（1）到达国的货币管理制度不允许从收货人处收取费用。

（2）承运人不允许运费到付。

（3）收货人是托运人本人、政府临时代理机构（除非货物是由有适当证书的政府机构托运）或自由受到限制的人。

（4）收货人所在地为机场、宾馆或其他临时性地址。

（5）无价样品，报纸和其他印刷品，新闻图片、影片和电视片，礼品，酒精、饮料、尸体、骨灰，活体动物，易腐货物，私人用品及无商业价值的家具，以及本身商业价值低

于运输费用的货物等。

二、国际航空货物运价的计算

目前，国际航空货物运价主要包括普通货物运价（general cargo rates，GCR）、指定商品运价（specific commodity rates，SCR）、等级货物运价（class commodity rates，CCR）及集装货物运价。

1. 普通货物运价（GCR）

GCR 适用于普通货物 45kg 以下没有数量折扣的 N 运价（normal rate）以及诸如 45kg、100kg、200kg、300kg、500kg、1 000kg、1 500kg、2 000kg 等不同重量的有数量折扣的 Q 运价（quantity rate）。

普通货物运价的计算步骤：

（1）volume：体积。

（2）volume weight：体积重量。

（3）gross weight：毛重。

（4）chargeable weight：计费重量。

（5）applicable rate：适用运价。

（6）weight charge：航空运费。

如果计算结果低于最低运费（M），则按最低运费计费；由于托运的货物越多，运价就越低，为了保证货方的利益，便产生了运价临界点规则，即如果一批货物的重量接近于下一个较高重量等级分界点，我们应该将计算的运费结果与下一个较高重量等级分界点运价的最低值相比较，将其中的较低者作为该批货物的运价。

[案例 7-1]　计算航空运费。

Routing:　　　　　 SHANGHAI, CHINA (BJS) TO PARIS, FRANCE (PAR)

Commodity:　　　　 TOY

Gross weight:　　　 5.6kg

Dimensions:　　　　 40cm×28cm×22cm

公布的运价如下：

SHANGHAI	CN			SHA
Y. RENMINBI	CNY			kg
PARIS	FR	M		320.00
		N		50.22
		45		41.43
		300		37.90
		500		33.42
		1 000		30.71

案例评析：

      volume＝40×28×22＝24 640（cm³）

      volume weight＝24 640÷6 000＝4.11（kg）⇒4.5（kg）

      gross weight＝5.6（kg）

      chargeable weight＝6.0（kg）

      applicable rate＝GCR N 50.22 CNY/KG

      weight charge＝6.0×50.22＝301.32（CNY）

由于

      minimum charge＝320.00（CNY）

因此，此票货物的航空运费应为 320.00（CNY）。

[案例 7-2]　计算航空运费。

Routing：　　　　　　BEIJING，CHINA（BJS）TO AMSTERDAM，HOLLAND（AMS）

Commodity：　　　　PARTS

Gross weight：　　　 38.6 kg

Dimensions：　　　　101cm×58cm×32cm

公布的运价如下：

BEIJING	CN	BJS	
Y. RENMINBI	CNY	kg	
AMSTERDAM	NL	M	320.00
		N	50.22
		45	41.53
		300	37.52

案例评析：

第一，按实际重量计算：

      volume－101×58×32 ＝187 456（cm³）

      volume weight＝187 456÷6 000＝31.24（kg）⇒31.5（kg）

      gross weight＝38.6（kg）

      chargeable weight＝39.0（kg）

      applicable rate＝GCR N 50.22 CNY/KG

      weight charge＝39.0×50.22＝1 958.58（CNY）

第二，采用较高重量分界点的较低运价计算：

      chargeable weight＝45.0kg

      applicable rate＝GCR Q 41.53 CNY/kg

      weight charge＝41.53×45.0＝1 868.85（CNY）

将以上两者进行比较，取运费较低者，则运费为 1 868.85CNY。

2. 指定商品运价（SCR）

SCR 是针对某些从指定始发地至指定目的地的指定商品而公布的运价。SCR 是一种优惠性质的运价，一般较 GCR 低。

目前，对于自中国运出的货物来说，采用 SCR 运价的主要为中国至日本、美国、加拿大或新加坡的食品、海产品、药品、纺织品等。

为了方便使用，IATA 在公布 SCR 时，将指定商品以品名编号（item number），并根据货物的性质、特点、用途，按每 1 000 号为一组，分成十大组，每一大组内又以 100 号为一组分成若干小组，以便更详细地分列各种货物。在空运单中，指定商品通常用字母"C"与商品品名编号组成，如"C 1 201"表示"1 201 号指定商品"。

SCR 的计算步骤如下：

（1）先查询运价表，如果运输始发地至目的地之间有公布的指定商品运价，则考虑使用指定商品运价。

（2）查找 TACT RATES BOOKS 的品名表，找出与运输品名相对应的指定商品编号，然后在公布的运价表上查看该指定商品编号是否公布有指定商品运价。

（3）计算计费重量。此步骤与普通货物的计算步骤相同。

（4）找出适用运价，然后计算航空运费。

此时，需要比较计费重量与指定商品的最低重量。

第一，如果货物的计费重量超过指定商品的最低重量，则优先使用指定商品运价作为商品的适用运价。

第二，如果货物的计费重量没有达到指定商品的最低重量，则需要比较计算：一是按普通货物运价算出运费。二是按指定商品运价算出运费。此时，因货量不足，托运人希望适用指定商品运价，那么货物的计费重量就要以所规定的最低重量为准，即该批货物的运费＝最低重量×所适用的指定商品运价。三是比较两者计算出来的航空运费，取低者。

（5）比较第四步计算出的航空运费与最低运费，取高者。

[案例 7 - 3]　计算航空运费。

Routing：　　　　　　BEIJING, CHINA（BJS）TO OSAKA, JAPAN（OSA）
Commodity：　　　　FRESH APPLES
Gross weight：　　　 EACH 65.2 kg，TOTAL 5 PIECES
Dimensions：　　　　102cm×44cm×25cm×5

公布的运价如下：

| BEIJING | CN | | BJS |
Y. RENMINBI	CNY		kg
OSAKA	JP	M	230.00
		N	37.51
		45	28.13
	0008	300	18.80
	0300	500	20.61
	1093	100	18.43
	2195	500	18.80

案例评析：

查找 TACT RATES BOOKS 的品名表，品名编号"0008"所对应的货物名称为"FRUIT，VEGETABLES-FRESH"，现在承运的货物是 FRESH APPLES，符合指定商品代码"0008"，而且货主所交运的货物重量也符合"0008"指定商品运价使用时的最低重量要求。

volume＝102×44×25×5＝561 000（cm³）

volume weight＝561 000÷6 000＝93.5（kg）

gross weight＝65.2×5＝326.0（kg）

chargeable weight＝326.0（kg）

applicable rate＝SCR 0008/Q 18.80 CNY/KG

weight charge＝326.0×18.80＝6 128.80（CNY）

［案例7-4］ 计算航空运费。

Routing： BEIJING，CHINA（BJS）TO NAGOYA，JAPAN（NGO）

Commodity： FRESH ORANGES

Gross weight： EACH 47.8kg，TOTAL 6 PIECES

Dimensions： 128cm×42cm×36cm×6

公布的运价如下：

BEIJING	CN		BJS
Y. RENMINBI	CNY		kg
NAGOYA	JP	M	230
		N	37.51
		45	28.13
	0008	300	18.80
	0300	500	20.61
	1093	100	18.43
	2195	500	18.80

案例评析：

volume＝128×42×36×6＝1 161 216（cm³）

volume weight＝1 161 216÷6 000＝193.536（kg）⇒194.0（kg）

gross weight＝47.8×6＝286.8（kg）

chargeable weight＝287.0（kg）

由于计费重量没有满足指定商品（代码0008）的最低重量要求300公斤，因此只能先用普通货物来算。

（1）按普通货物运价使用规则计算：

applicable rate＝GCR Q 45 28.13 CNY/kg

weight charge＝287.0×28.13＝8 073.31（CNY）

(2) 按指定商品运价使用规则计算：

actual gross weight＝286.8（kg）

chargeable weight＝300.0（kg）

applicable rate＝SCR 0008/Q 300 18.80 CNY/kg

weight charge＝300.0×18.80＝5 640.00（CNY）

对比（1）与（2），取运费较低者，即运费为 5 640.00 CNY。

3. 等级货物运价（CCR）

CCR 是指在规定地区范围内，在普通货物运价的基础上附加或附减一定百分比作为某些特定货物的运价，包括附减等级货物运价（运价种类代号为 R）和附加等级货物运价（运价种类代号为 S）两类。前者适用于报纸、杂志、作为货物运送的行李等，后者适用于活体动物、贵重物品、尸体、骨灰等。

等级货物运价的计算步骤如下：

（1）根据货物品名判断其是否适用等级货物运价。

（2）用适用的公布运价×百分比，并将计得的运价进位。

（3）适用的等级货物运价×计费重量。例如，自北京发运至东京的杂志 500 kg。经查，杂志属于附减等级货物运价，其公布的运价为：M：230.00，N：37.51，45：28.13，附减比例为 N 运价的 50%，则

适用的运价＝37.51×50%＝18.755(元)⇒18.76(元)

因而，有

运价＝500×18.76＝9 380.00(元)

4. 集装货物运价

集装货物运价又称成组货物运价，通常以集装器作为计价单位，具体采用如下三种形式：

（1）集装器运价。集装器（unit load device，ULD）又称单位装载容器，是指装载航空货物的标准化集装设备，主要分为航空集装箱、集装板 & 集装网的组合两大类。

1）该运价按集装器重量与规定费率予以收费，但它根据集装器归属（航空公司集装器、货主自备集装器）规定不同的费率。目前，我国始发站不允许使用货主自备集装器。

2）在计算运价时应考虑集装器运价种类代号、最低计费重量（pivot WT）、最低运费率（pivot rate）、超重时的最低重量（over pivot WT）与超重费率（over pivot rate）。

3）在使用航空公司集装器时，应用总重量减去 ULD 标准重量或实际重量（两者选其轻者）作为货物重量。若货物计费重量未超过最低计费重量，则按最低计费重量计算运费，并在货运单中用符号 U 表示；反之，超重部分的运费按超重费率计算超重附加费，并在货运单中用符号 E 表示。例如，某种集装器的不同计费重量与费率为 700 kg：40 元；100 kg：30 元。假设货物重量为 600 kg，则运费应按 700 kg 计费，即

运费＝700×40＝28 000(元)

假设货物重量为 800 kg，对超重的 100 kg 应按 30 元/kg 计算附加费，即

附加费＝100×30＝3 000(元)

因此，有

合计运费＝28 000＋3 000＝31 000（元）

4）使用航空公司集装器需要收取集装器租赁费。目前，有些航空公司对集装器的最低收费重量、最低租赁费、是否扣除集装器自重以及集装器租赁费是否可议价等做出了详细的规定。例如，某航空公司对挂装箱的计费规定为："运费按装完货物的集装器计收，不扣除集装器自重，最低收费重量不得少于 600 kg，集装器租赁费可协商。"

（2）大宗货集装器运价（bulk unitization charge，BUC）。这是对大宗货物给予比ULD 费率更低的运价，但这种低价只适用于那些预先装在 ULD 内，可直接进入飞机的货物。此外，BUC 不适用危险品、活体动物、贵重货物、遗骸等。

（3）包箱运价（FAK）。这种运价是不论装运货物的种类，而是根据装运在集装器中的货物体积制定统一的费率，从而简化了手续，也有利于市场竞争。

在使用集装器运输时，货主可能需要支付集装器滞期费、装拆箱（板）服务费。

1）托运人、收货人或其代理人在始发站和目的站提取航空公司集装器装卸货，在 48小时内不收取费用，如果超过 48 小时，则要收取滞期费。其时间的计算如下：在始发站自托运人或其代理人提取集装器当日午夜 24:00 起算，在目的站则是自货物到达后第 2 天午夜 24:00 起算。星期六、星期天、节假日不计在内。

2）装拆箱（板）、送提箱（板）、重整箱（板）及其他服务，一般由货主自行负责；如果由航空公司提供这些服务，需要收取服务费。

第三节　国际航空货运单

一、国际航空货运单概述

1. 国际航空货运单的概念与性质

国际航空货运单（以下简称"空运单"）是航空承运人签发给托运人、用以证明双方之间存在运输合同和货物已装上飞机的凭证。与海运单一样，空运单也不具有物权凭证的作用，不能进行背书或转让流通。由于空运单是记名式（straight consigned）而不是指示式，因此不可转让。当货物到达目的地机场，经证明身份后，收货人无须提供正本运单即可提货。

2. 国际航空货运单的构成

如附录 8A 所示，目前经营国际货物运输的航空公司及其航空货运代理公司使用的都是统一的一式 12 份的空运单，包括 3 份正本（original）、6 份副本（copy）和 3 份额外副本（extra copy）。正本的背面印有运输条款。正本和副本的用途及流转如表 7-1 所示。

表 7-1　　　　　　　　　　　　空运单的构成及其用途

顺序	名称	颜色	用途
1	正本 3	蓝	交托运人。作为承运人收到货物的证明，以及作为承托双方运输合同成立的证明。

续前表

顺序	名称	颜色	用途
2	正本1	绿	交承运人财务部门。除了作为承运人财务部门的运费账单和发票外，还作为承托双方运输合同成立的证明。
3	副本9	白	交代理人。供代理人留存。
4	正本2	粉红	随货物交收货人。
5	副本4	黄	交付联。收货人提货后应签字并交承运人留存，以证明已交妥货物。
6	副本5	白	交目的港机场。
7	副本6	白	交第三承运人。
8	副本7	白	交第二承运人。
9	副本8	白	交第一承运人。
10	额外副本	白	
11	额外副本	白	
12	额外副本	白	

二、国际航空货运单制作与签发的依据

1. UCP 600 第二十三条的适用

（1）如果信用证要求提交机场到机场的运输单据，则适用 UCP 600 第二十三条。

（2）如果信用证要求提交"航空运单"或"航空发货通知书"等类似单据，则适用 UCP 600 第二十三条，只要空运单据覆盖了机场到机场的运输就适用，不一定非要使用上述用语或类似用语才符合 UCP 600 第二十三条的要求。

2. 空运单应满足的基本条件

UCP 600 第二十三条规定，空运单的制作与签发应满足如下基本条件：

（1）表明承运人名称并由承运人或承运人具名代理人签发（Indicate the name of the carrier and be signed by the carrier，or a named agent for or on behalf of the carrier）。

（2）表明货物已被收妥待运（Indicate that the goods have been accepted for carriage）。

（3）表明出具日期（Indicate the date of issuance）。

（4）表明信用证规定的起飞机场和目的地机场（Indicate the airport of departure and the airport of destination in the credit）。

（5）为开给发货人或托运人的正本（Be the original for consignor or shipper）。

三、国际航空货运单的制作

（一）有关货主栏目的制作

1. 发货人

（1）Shipper's Name and Address（托运人的名称及地址）：填写托运人的名称、地址、国家（或国家的两字代码）以及联系电话等。

（2）Shipper's Account Number（托运人的账号）：一般不填，除非第一承运人需要。

2. 收货人

（1）Consignee's Name and Address（收货人的名称及地址）：填写收货人的名称、地址、国家（或国家的两字代码）以及联系电话等。

（2）Consignee's Account Number（收货人的账号）：一般不填，除非最后承运人需要。

需要注意的是，空运单不是物权凭证，因此不应做成"凭指示"式或"凭某具名人指示"式抬头，即使信用证要求空运单做成"凭指示"式或"凭某具名人指示"式抬头。若提交的单据表明收货人为该具名人，那么即使该空运单没有做成"凭指示"式或"凭某具名人指示"式抬头，也可接受。

3. 通知人

（1）如果信用证未规定到货通知人，则空运单上的相关栏位可以空白，或以任何方式填写。

（2）当托运人要求将货物的到达通知其指定的另一通知人时，应在 Handling Information（处理事项说明）栏填写通知人的名称、地址、国家以及电话等，并注明"ALSO NOTIFY"（另请通知）字样。

（3）如果货物寄交某空运企业转交收货人或其代理人的地址为宾馆等临时地址，则应在 Handling Information 栏填写收货人或其代理人的永久地址，并注明"IN CASE OF INABILITY TO DELIVER TO CONSIGNEE CONTACT"（如不能交付，请与收货人联系）。

（二）有关运输栏目的制作

1. 基本要求

（1）空运单必须标明信用证要求的出发地机场和目的地机场。机场名称应用 IATA 代码而非机场全称（如用 LHR 来代替伦敦希思罗机场）。

（2）如果信用证规定了出发地机场及/或目的地机场的地理区域或范围（如"任一欧洲机场"），则空运单必须注明实际的出发地机场及/或目的地机场，而且该机场必须位于规定的地理区域或范围内。

2. 相关栏目的制作要点

（1）Issuing Carrier's Agent Name and City（签发空运单的承运人的 IATA 空运代理人的名称与城市）：填写向承运人收取佣金的 IATA 空运代理人的全名及其所在城市。

（2）Agent's IATA Code（代理人的 IATA 代码）：填写代理人的 IATA 代码。

（3）Agent's Account Number（代理人的账号）：本栏一般不填，除非签发空运单的承运人需要。

（4）Airport of Departure（Address of First Carrier）and Requested Routing（始发站机场及要求的路线）：填写始发站机场的 IATA 三字代码，如果不知道机场名称可填写所在城市的 IATA 三字代码。托运人要求的路线在必要时填写。

（5）Account Information（会计事项）：由参加运输的有关承运人填写有关的会计事项。

1）填写付款方式，如现金、支票或旅费证（MCO）。当承运无人押运的行李时，应在此栏内注明机票号码、航班号/日期、路线、MCO 编号。

2）当货物无法交付而回运时，承运人应将原始空运单号填入为退运货物所填开的新空运单的本栏内。

（6）Flight/Date（For Carrier Use Only）［航班/日期（仅供承运人用）］：在实务中，本栏通常不填，但当承运活体动物、鲜活易腐物品、贵重物品、灵柩等特种货物时，应注明已订妥的各航段航班号/日期。

（7）Routing and Destination to/by First Carrier/to/by/to/by（路线与目的站 至/由第一承运人/至/由/至/由）：第一承运人一般要填写，对于运费到付货物、特种货物或必须由指定承运人运输的货物，应将运输路线和应指定的承运人全部列明。

1）至/由第一承运人（to/by First Carrier）：填入目的地机场或第一个转运点的 IATA 三字代码。

2）由第一承运人（by First Carrier）：填入第一承运人的 IATA 两字代码。

3）至（由第二承运人）（to）：填目的地机场或第二转运点的 IATA 三字代码。

4）由（第二承运人）（by）：填入第二承运人的 IATA 两字代码。

5）至（由第三承运人）（to）：填写目的地机场或第三转运点的 IATA 三字代码。

6）由（第三承运人）（by）：填写第三承运人的 IATA 两字代码。

（8）Airport of Destination（目的站）：填写最后承运人的目的地机场，如果该城市有不止一个机场或不知道机场名称，可填写城市名称。

（三）有关货物、运费等栏目的制作

1. 基本要求

（1）空运单上的货物描述可以使用与信用证规定不矛盾的货物统称。

（2）如果信用证要求空运单注明运费已付或到目的地支付，则空运单必须有相应的标注。

（3）申请人和开证行应明确要求单据是注明运费预付还是到付。

（4）如果信用证规定运费之外的额外费用不可接受，则空运单不得表示运费之外的其他费用已产生或将要产生。此类表示可以通过明确提及额外费用或使用与货物装卸费有关的装运术语表达。运输单据上提到由于延迟卸货或货物卸载之后的延迟可能产生的费用，不属于此处所说的额外费用。

（5）空运单常常有单独的栏目，分别标明"预付运费"和"到付运费"。如果信用证

要求空运单表明运费已预付，则在标明"预付运费"或类似用语的栏目内填具运输费用，即符合信用证要求。如果信用证要求空运单表明运费到付，则在标明"待收运费"或类似用语的栏目内填具运输费用，即符合信用证要求。

2. 相关栏目的制作要点

（1）Currency（货币）：填写空运单所用货币的代号。

1）一般为始发国货币的 IATA 三字代码。

2）除目的地国家收费栏外，空运单上所列明的金额均用此货币表示。

（2）Charges Code（货币代号）：仅用于承运人，一般不填写。

（3）WT/VAL（PPD COLL）—Weight Charge & Val Charge（Prepaid/Collect）〔运费与声明价值附加费（预付或到付）〕：

1）PPD 栏：如果运费为预付，在此栏记"×"。

2）COLL 栏：如果运费为到付，在此栏记"×"。这种费用必须全部预付或全部到付。如果某段免费，则免费段不填。

（4）Other（PPD COLL）—All Other Charges at Origin—Other（Prepaid/Collect）〔始发站所有其他费用（预付或到付）〕：在 PPD、COLL 栏填写有关费用，该费用必须全部预付或全部到付。

（5）Declared Value for Carriage（供运输的声明价值）：填写托运人为了运输而声明的货物价值总数，若托运人不办理声明价值，则此栏内填入 NVD。

（6）Declared Value for Customs（向海关声明价值）：填写托运人向海关申报的货物价值总数。如果符合始发站、目的站海关的规定，也可在本栏填入 NCV。有关各国海关的规定可参阅 TACT 中的"各国规定"部分。

（7）Amount of Insurance（保险金额）：如果空运公司不代办保险或托运人不要求保险，此栏可不填。

（8）Handling Information（处理事项说明）：

1）货物上的标志、号码和包装方式。

2）危险品货物的记载事项。对于需要附托运人申报单的危险品货物，填写"DANGEROUS GOODS AS PER ATTACHED SHIPPER'S DECLARATION"；对于不要求附申报单的危险品货物，则填写"SHIPPER'S DECLARATION NOT REQUIRED"；对于要求装运在货机上的危险品货物，应填写"CARGO AIRCRAFT ONLY"。

3）另请通知人。详见前面的说明。

4）货物交付地址的补充说明。详见前面的说明。

5）随附文件的名称和对特种货物的操作要求。

6）其他需要说明的事项。例如，在承运无人押运行李时，如果有钥匙带往目的地，则必须将钥匙装在信封内，订在货运单后，并在此栏内注明"KEY OF UBAG ATTD TO AWB"。

（9）No. of Pieces/RCP（Rates and Charges Point）（件数/运价组成点）：填写货物的件数，如果货物运价不同，则分列填写。如果货物运价是分段相加的组成运价，则应另起一行填写运价组成点的城市的 IATA 三字代码。

（10）Gross Weight（毛重）：在与货物件数相对应的同一行填写货物的毛重。

（11）KG/LB（公斤/磅）：以公斤为单位填写"K"，以磅为单位填写"L"。

（12）Rate Class（运价类别）：填写适用的运价类别代号（M、N、Q、C、R或S等）。

（13）Commodity Item Number（指定商品品名编号）：

1）如果适用指定商品运价，则在与运价类别"C"代号同一行的本栏内填写指定商品的品名编号。

2）如果适用等级运价，则在与运价类别"R"或"S"相对应的行上填写相应的百分数，如50％、100％、200％等。

（14）Chargeable Weight（计费重量）：

1）按最低运费计收运费时，本栏可不填。

2）如果体积计费重量大于实际毛重，应填写体积计费重量。

3）如果采用较高的计费重量分界点的运价，则应将较高的计费分界点重量填入本栏。

（15）Rate/Charge（运价/运费）：在对应的运价类别代号同一行上填写所适用的每公斤运价，如果为最低运费，则在运价类别"M"的同一行上填写最低运费的数额。

（16）Total（总计）：每种货物的计费重量与所适用运价相乘所得的运费数额应填写在对应行的本栏内，最后将这些运费数额相加以得出总数。

（17）Nature and Quantity of Goods（Incl Dimensions or Volume）［货物的品名及数量（包括尺寸和体积）］：

1）货名应具体明确，当承运鲜活易腐物品、贵重物品时应在货名、数量后分别注明"PERISHABLE"字样和"VALUABLE CARGO"字样。

2）应按长、宽、高的顺序列明货物每件或整批的最大长度、最大宽度和最大高度。

3）当一批货物中含有危险品货物时，必须分列——危险品货物应列在第一项，而且除了写明品名外，还要有危险品级别、相应的标签及有关说明（如仅限货机载运）。

4）如果本栏所填的实际件数与件数栏中的件数不一致，则应在后面批注"SLAC（SHIPPER'S LOAD AND COUNT）"（由托运人装载与计数）。

此栏也可填入货物的产地国。

（18）Prepaid（预付）：

1）在Weight Charge栏内填写预付运费的总额。

2）在Valuation Charge栏内填写预付声明价值附加费的总额。

3）在Tax栏内填写应付税金。

4）在Total Other Charges Due Agent栏内填写供代理人代垫付款的总数。

5）在Total Other Charges Due Carrier栏内填写供承运人代垫付款的总数。

在Total Prepaid栏内填写本项目所有预付费用的总数。

（19）Collect（到付）：项目内容与前项相同。

（20）Other Charges（其他费用）：填写预付运费、声明价值附加费、应付税金以外的其他费用及金额代号。

（21）Currency Conversion Rates（货币兑换比价）：填写目的地货币代号及其兑换比价。

（22）Collect Charges in Destination（用目的地货币付费的到付费用）：将前述到付费用总额按所列的货币兑换比价折成目的地货币金额填入本栏。

（23）Charges at Destination（在目的地的费用）：最后承运人将目的地发生的费用金额（包括自然增长的利息）填入本栏。

（24）Total Collect Charges（总的到付费用）：将用目的地货币付费的到付费用与在目的地的费用之和填入本栏。

四、国际航空货运单的批注

1. 有关货物状况的批注

（1）载有明确声明货物或者包装状况有缺陷的条款或批注的空运单是不可接受的。未明确声明货物或者包装状况有缺陷的条款或批注（如"包装状况有可能无法满足空运航程"）不构成不符点，而说明"包装是无法满足空运航程"的条款则不可接受。

（2）如果空运单上出现"清洁"字样，但又被删除，并不视为有不清洁批注或不清洁，除非单据上载有明确声明货物或者包装有缺陷的条款或批注。

2. 有关重量证明的批注

如果信用证要求提交重量证明，除非信用证明确规定此项重量证明必须另行提供单据，银行将接受承运人或其代理人加盖于空运单上的重量戳记或重量声明。

3. 转运批注

根据 UCP 600 第二十三条第 b 款、第 c 款的规定，航空运输中的转运具有以下特点：

（1）转运是指在信用证规定的始发地机场到目的地机场的运输过程中，将货物从一架飞机卸下再装上另一架飞机的行为。如果卸货和再装不是发生在始发地机场和目的地机场之间，则不视为转运。

（2）只要同一空运单包括运输全程，则空运单可以注明货物将被转运或可被转运。此外，即使信用证禁止转运，银行也接受注明转运将发生或可能发生的空运单。

4. 装运日期批注

（1）如果单据上有起飞日期的专门批注，则以该专门批注的起飞日期作为装运日期，否则将单据出具日期视为装运日期。

（2）空运单上显示的其他任何与航班号和起飞日期有关的信息不能视为装运日期［参见 UCP 600 第二十三条第 a 款第 iii 项］。例如，有些空运单格式上印有一个 FOR CARRIER USE ONLY 的栏目，该栏中有 FLIGHT/DATE 项目，供承运人缮打预期装运的航班和日期，这个日期不被视为装运日期，因为该栏目并不属于 UCP 600 第二十三条第 a 款第 iii 项中所指的"专门批注"。

［案例 7-5］ 如果空运单中同时包含下述日期，则哪一个日期将被视为装运日期？

A. 空运单出具日期

B. 载有专门批注，注明实际发运日期

C. 与航班号和航班日期相关的信息

案例评析：

参见 UCP 600 第二十三条第 a 款第 iii 项，应选 B。

（3）分批装运下装运日期的确定。

1）如果信用证禁止分批装运，而提交的空运单不止一份，覆盖从一个或一个以上始发地机场（经信用证特别允许或在信用证规定的范围内）的运输，只要单据表明运输的货物是用同一架飞机，并经同一航程，目的地为同一机场，则此种单据可以接受。如果提交了一份以上表明不同装运日期的空运单据，则最迟的装运日期将被用来计算交单期限，且该日期必须在信用证规定的最迟装运日期之前或当日。

2）货装多架飞机就构成分批装运，即使这些飞机在同日出发并飞往同一目的地。

五、国际航空货运单的签发与更改

1. Signature of Carrier or His Agent（承运人或其代理人签字）

正本空运单必须以 UCP 600 第二十三条第 i 项规定的方式签署，且承运人的名称必须出现在空运单上，并表明承运人身份。如果由代理人代表承运人签署空运单，则必须表明其代理人身份，而且必须注明被代理的承运人，除非空运单的其他地方注明了承运人。

2. For Carrier's Use Only at Destination（仅供承运人在目的地使用）

此栏不填。

3. Signature of Shipper or His Agent（托运人或其代理人签字）

托运人或其代理人应予以签字。如果托运人已在托运书中委托承运人或其代理人签署，则承运人或其代理人可代表托运人签字。

需要注意的是，单据上有专供签字的方框或空格并不必然意味着这一方框或空格必须有签字。例如，在运输单据（如航空运单或铁路运输单据）中经常会有一处标明"托运人或其代理人签字"或类似用语，但银行并不要求在该处有签字。如果单据表面要求签字才能生效（例如，"单据无效，除非签字"，或类似规定），则必须签字。

4. Executed on（Date）of（Place）（填开空运单的日期、地点）

（1）空运单必须注明出具日期。应按日、月、年的顺序填入空运单，月份可用缩写或全称，但不能用数字表示。

（2）在地点栏填入空运单签署的地点（一般为始发地或承运人地址所在城市）。

5. 签发份数

运输单据的份数按信用证要求而定，如信用证要求全套（FULL SET），过去习惯于做成两份或两份以上。UCP 600 规定，1 份正本也可视为全套，且空运单以发货人专用联作为正本，即空运单必须是"发货人或托运人的正本"。如果要求提交全套正本单据，只要提交一份表明是发货人或托运人的正本单据即可。

6. 空运单上的修正和变更

（1）空运单上的修正和变更必须经过证实。证实须表面上看来是由承运人或其代理人所为（该代理人可以与出具或签署空运单的代理人不同，只要表明其作为承运人的代理人身份）。

（2）空运单的副本无须承运人或其代理人的签字（或托运人的签字，即使信用证要求正本空运单上有其签字），也不要求对正本单据上可能已做出的任何修正和变更进行任何证实。

第四节　国际航空货运代理操作流程

一、国际航空货运代理出口操作流程

图7-1显示了国际航空货物出口运作流程，图7-2显示了国际航空货物始发机场出港运作流程。不难看出，航空货物的进出港是一个组织严密的生产过程，有严格的工序控制和定时要求，涉及的部门众多，需要统一组织和协调，以密切合作、共同完成。有些航空公司委托航线机场进行货物进出港的组织与管理，而一些大型航空公司则在基地机场自行进行货物进出港的组织与管理。

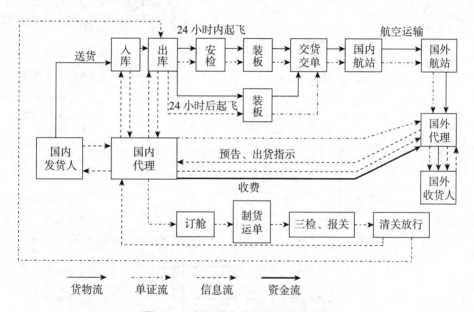

图7-1　国际航空货物出口运作流程

1. 托运人办理托运

托运人除了填写托运书，并附发票、装箱单、报关单、外汇核销单、进出口许可证、商检证等报关单证外，对于特种货物还需要提交额外单证。

2. 货物收运

与海运货运市场不同，空运货运市场的销售较为集中，承运对象主要是一些对时间要求紧、不宜颠簸、容易受损、货价较高的货物，如海鲜、服装、鲜花、精密仪器、邮件等，加之受飞机机型及载重量等方面的限制，因此在货物承运方面，空运比海运的限制更严格。

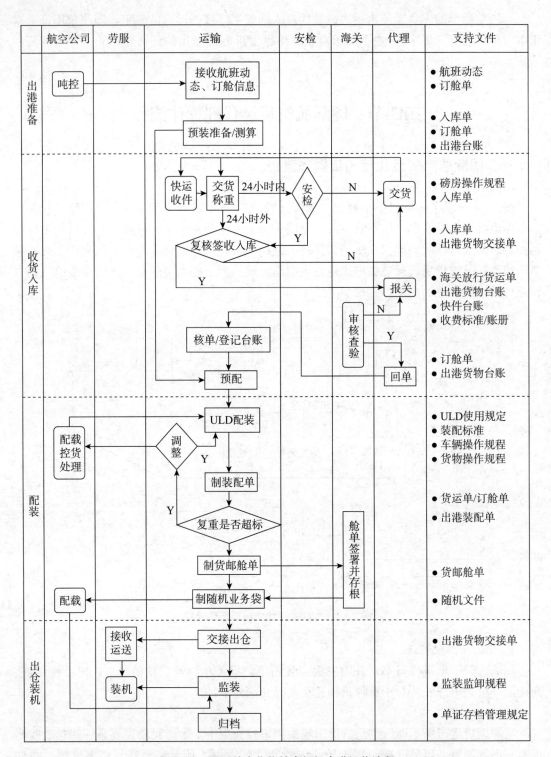

	航空公司	劳服	运输	安检	海关	代理	支持文件
出港准备	吨控		接收航班动态、订舱信息				• 航班动态 • 订舱单 • 入库单 • 订舱单 • 出港台账
收货入库			预装准备/测算 快运收件　交货称重　安检　交货 复核签收入库 核单/登记台账 预配		审核查验	报关 回单	• 磅房操作规程 • 入库单 • 入库单 • 出港货物交接单 • 海关放行货运单 • 出港货物台账 • 快件台账 • 收费标准/账册 • 订舱单 • 出港货物台账
配装	配载控货处理		ULD配装 调整 制装配单 复重是否超标 制货邮舱单 制随机业务袋		舱单签署并存根		• ULD使用规定 • 装配标准 • 车辆操作规程 • 货物操作规程 • 货运单/订舱单 • 出港装配单 • 货邮舱单 • 随机文件
出仓装机	接收运送 装机		交接出仓 监装 归档				• 出港货物交接单 • 监装监卸规程 • 单证存档管理规定

图7-2　国际航空货物始发机场出港运作流程

172

3. 预配舱、预订舱与订舱

国际航空货运代理汇总所接受的委托，应根据托运人的要求选择最佳的航线和最理想的承运人，制订预配舱方案，为每票货物分配货运单号。国际航空货运代理接到托运人的发货预告后，应采取合适的方式向航空公司预订舱或订舱。

4. 接单、接货

接单是指国际航空货运代理从托运人手中接过货物出口所需的一切单证，包括商务单证和货运单证。在接收文件时应检查舱位预订情况，货物品名，适用的运价、运费，随附的文件，限制和禁运情况，货运单内的其他信息。

接货是指国际航空货运代理把即将发运的货物从托运人手中或托运人指定的国内段承运人手中接过来并运送到机场。国际航空货运代理可以安排车辆上门取货，也可按照托运人提供的运单号、航班号及接货地点、接货日期，代为向有关国内段承运人提取货物。如果货物已在起运地办理了出口海关手续，托运人应同时提供起运地海关的关封。

在接货时，双方应办理货物的交接、验收，并进行过磅称重入库。在这个阶段，重点应检查数量、重量、体积、包装、标签等。货物接到机场后，或先入周转仓库，或直接装板或装箱。

一般来说，体积在 $2m^3$ 以上并已预订舱位的大宗货物或集中托运货物，国际航空货运代理自行安排装板、装箱，不能装板、装箱的 $2m^3$ 以下货物作为小件货物交给航空公司拼装或单件运输。

5. 制单

制单是指国际航空货运代理缮制主运单、分运单和货物交接清单等单证、标签的行为。目前，对于在机场拥有自己的仓库及空运单的国际航空货运代理，在货物交航空公司前，通常需要缮制如下货运单证：

（1）缮制"主运单"和"分运单"。

（2）制作"航空货物清单"。

（3）制作"空运出口业务日报表"。

（4）制作航空公司主标签和国际航空货运代理分标签。

（5）制作"出库仓单"。

（6）制作"装箱单"。

（7）制作"国际货物交接清单"。

（8）办理货物出口报关手续。

6. 航空公司签单

货运单加盖海关放行章后还需要到航空公司签单，主要是审核运价是否正确以及货物的性质是否适合空运、有关随附单证是否齐全等。

7. 货交承运人

只有经过航空公司地面代理人签单确认后，国际航空货运代理才能将单、货交承运人。

货交承运人是指国际航空货运代理与航空公司办理交单、交货的过程。航空公司进行验货、核单、过磅称重，确保单单相符、单货相符后，在货物交接清单上签收。对于大宗货物、集中托运货物，以整板、整箱称重交接；对于零散小件货物，按票称重，计件交接。

航空公司接单、接货后，将货物存入出口仓库，单据交吨控部门，以便进行缮制舱单、吨位控制与配载。

8. 办理货物发运后的事宜

在货物交接发运后，国际航空货运代理还需要做好航班跟踪、向托运人交付单证、结算费用等后续工作。

国际航空货运代理应将盖有放行章和验讫章的出口货物报关单、出口货物收汇核销单、货运单正本第三联（在集中托运情况下仅交付分运单第三联，主运单留存国际航空货运代理手中）等单据交付托运人。

二、国际航空货运代理进口操作流程

图 7-3 显示了国际航空货物进口运作流程。不难看出，在飞机卸货后，航空公司通常先将货物卸入监管库，同时根据空运单上的收货人及地址发出取单提货通知，然后就是航空公司与收货人或其代理人的交单、交货过程。在一般情况下，航空公司首先将随货空运单交予收货人或其代理人，收货人或其代理人凭此空运单报关报检；在通关后，收货人或其代理人持加盖了海关放行章的空运单到航空公司换取提货单，然后可持提货单到监管库提取货物。如果属于集中托运货物，并且国际航空货运代理自身拥有海关监管车和监管库，则国际航空货运代理可以在未报关的情况下先将货物从航空公司监管库转至自己的监管库，进行理单、拆单，并在代表实际收货人报关后，通知收货人提取货物或者送货上门。在这种情况下，国际航空货运代理进口（CIF）业务需要经过到货预报→接单、接货→理单与理货→发到货通知→报检→报关→发送货或转运→信息传递→代理费用及垫付款结算→业务归档等环节。

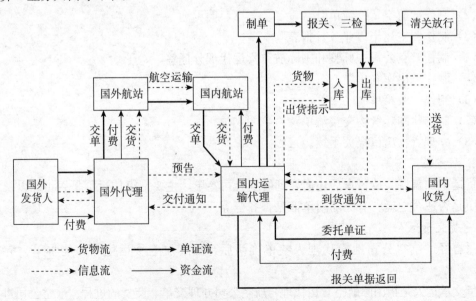

图 7-3　国际航空货物进口运作流程

 本章小结

本章重点阐述了国际航空货运代理的种类、业务范围及其操作流程、单证制作、运杂费计算等。

综合练习

一、单项选择题

1. 从上海运往大阪的一票航空货物，品名是报纸，计费重量是 65 kg，请问选择的适用运价是（　　）。

A. Normal GCR   B. 50% of the Normal GCR

C. 45 kg 的运价   D. 100 kg 的运价

2. 大宗货集装器运价的英文缩写是（　　）

A. BUC   B. ULD   C. SCR   D. CCR

3. 国际航空货物的计费重量以（　　）为最小单位。

A. 0.3kg   B. 0.5kg   C. 0.8kg   D. 1kg

二、多项选择题

1. 下列城市属于 IATA 三个航空运输业务区中的 TC3 区的有（　　）。

A. 伦敦   B. 开罗   C. 大阪   D. 釜山

2. 国际航空货运代理包括（　　）。

A. 航协代理   B. 销售代理   C. 空运货运代理   D. 地面代理

3. 国际航空货运单具有（　　）功能。

A. 货物收据   B. 物权凭证   C. 运输合同证明   D. 流通性

三、计算题

有两批由上海空运至大阪的围裙，第一批 150 kg，第二批 80 kg。假设运价资料为：

M   1 850 元

N   22.71 元/kg

2 195   100   18.80 元/kg

请分别计算航空运费。

第八章

报关报检代理操作实务

《全球贸易安全与便利标准框架》的实施

随着货运与人员交流的大幅增长、国际经济的全球化、有组织国际犯罪的剧增以及全球恐怖主义威胁的不断增长，国际贸易供应链不断受到国际恐怖主义、有组织犯罪和欺诈腐败等的威胁，国际贸易的安全与便利问题已成为国际社会关注的焦点。面对新形势，世界海关组织及时采取了一系列战略行动，其中一个重大举措是制定了《全球贸易安全与便利标准框架》，并在 2005 年世界海关组织理事会年会上获得通过。截至目前，包括中国海关在内的 129 个成员海关向世界海关组织递交了实施意向书，占成员总数的 76%，显示了国际海关界保护合法贸易的安全与便利的决心。

《全球贸易安全与便利标准框架》试图通过采用数据交换、预先申报、风险评估等方式，在保证国际贸易供应链安全的前提下简化海关手续、便利贸易和加强税收。该框架的通过被广泛认为具有里程碑意义，将大大促进世界海关的现代化进程。

第一节 概 述

一、报关报检概述

1. 报关报检管理机构

中华人民共和国海关是我国的进出关境监督管理机关。海关依法监管进出境的运输工具、货物、行李物品、邮递物品和其他物品，征收关税和其他税费，查缉走私，并编制海关统计和办理其他海关业务。

在我国专门设置了出入境检验检疫机构，对出入境的货物、人员、交通工具、集装箱、行李邮包携带物等进行检验检疫，以保障人员、动植物安全卫生和商品的质量。

（1）三检合一。三检是指卫生检疫、动植物检疫、商品检验的总称。从 2000 年 1 月 1 日起实施"先报检，后报关"的检验检疫货物通关制度，将原卫检局、动植物局、商检局进行的检验"三检合一"，成立国家出入境检验检疫局，全面推行"一次报检、一次取样、一次检验检疫、一次卫生除害处理、一次收费、一次发证放行"的工作规程和"一口对外"的国际通用的检验检疫模式。2001 年 4 月，国家出入境检验检疫局与国家质量技术监督局合并，成立中华人民共和国国家质量监督检验检疫总局，简称质检总局。

（2）关检合一。为贯彻落实《深化党和国家机构改革方案》的工作部署，自 2018 年 4 月 20 日起，原出入境检验检疫系统并入海关总署，新海关包括"一关三检"四大业务内容，将实行"关检一体化"操作。

2. 海关监管基本制度

如图 8-1 所示，目前，海关已建立了申报、查验、放行、后续稽查等制度，以便对"物"（货物、载运工具、物品等）的客观状况，以及与物相关的"人"（货主、运输企业、无船承运人、船舶代理、场站企业、理货企业、乘客、司乘人员等）的资格及其"行为"的合法性进行有效的审查。

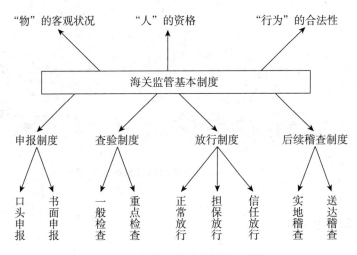

图 8-1 海关监管基本制度示意图

3. 海关物流信息监控系统

海关既要确保物流在各环节的安全顺畅，更要解决好口岸物流与保税物流的衔接，处理好物流"点""线""面"三者之间的关系，实现货物流、信息流、单证流相互印证及始终相符。海关物流监控的"点"是指货物进、出、转、存的各个环节；"线"是指进出口货物在境内转关运输的过程；"面"是指海关监管场所（包括一般监管区和特殊监管区）。海关监管场所是指进出境运输工具或者境内承运海关监管货物的运输工具进出、停靠以及从事进出境货物装卸、储运、交付、发运等活动，办理海关监管业务、符合海关设置标准的特定区域。如果说"监管"是监管体系的灵魂，那么做好监管场所有关物流的监管则是监管最基本、最核心的要求。为了加强对监管场所、进出境运输工具和货物的实际监管，我国海关已建立起物流监控系统，以实现舱单（由承运人或其代理人、无船承运人提供）、运抵报告（由场站企业提供）、理货报告（由理货企业提供）、报关单（由发货人、收货人或其委托的报关行提供）等的相互核对和相互制约（见图 8-2）。

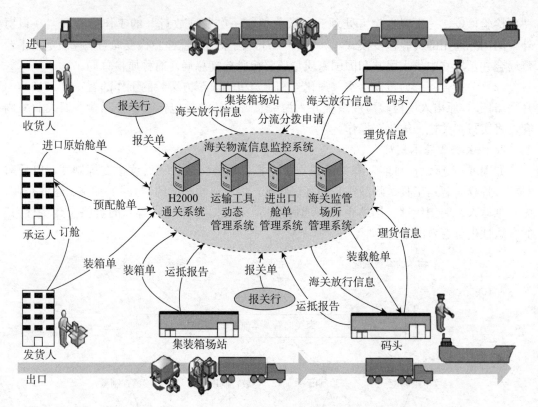

图 8-2　海关物流信息监控系统示意图

二、报关报检代理概述

1. 报关报检代理的概念与服务内容

（1）报关报检代理的概念。报关报检代理是指经海关准予注册登记，接受进出口货物收（发）货人的委托，以委托人的名义或者以自己的名义，向海关办理代理报关报检业务，从事报关报检服务的中华人民共和国关境内的企业法人。目前，我国报关报检代理包括两种：一种是专营报关报检业务的企业，俗称"报关报检行"；另一种是兼营报关报检业务的企业，俗称"代理报关报检企业"。

（2）报关报检代理的服务内容。报关报检代理的服务内容包括：一是报关业务，具体包括按照规定如实申报进出口货物的商品编码、实际成交价格、原产地及相应优惠贸易协定代码等，并办理填制报关单、提交报关单等与申报有关的事宜；申请办理缴纳税费和退税、补税事宜；申请办理加工贸易合同备案、变更和核销及保税监管等事宜；申请办理进出口货物减税、免税等事宜；办理进出口货物的查验、结关等事宜。二是报检业务，包括办理报检手续、缴纳检验检疫费、联系（配合）检验检疫机构实施检验检疫、领取检验检疫证和通关证明、其他与检验检疫工作有关的事宜。

为了提高通关服务的含金量，越来越多的报关报检代理介入了物流衍生服务和咨询服务。

2. 报关报检资质的取得

根据 2018 年 4 月 16 日颁布的《海关总署关于企业报关报检资质合并有关事项的公告》(海关总署公告 2018 年第 28 号),对改革前已在海关和原检验检疫部门办理了报关和报检注册登记或者备案的企业,原报关和报检资质继续有效。仅办理了报关或者报检注册登记或者备案的企业,自 6 月 1 日起,企业可以通过"单一窗口"补录相关信息、资料,补录信息后将同时获得报关报检资质。自 2018 年 4 月 20 日起,企业在海关注册登记或者备案后,将同时取得报关报检资质。

第二节　进出口货物报关代理操作实务

一、基本通关流程

1. 全国通关一体化概述

全国通关一体化是以"单一窗口"为依托,以"三互"大通关为机制化保障,跨地区、跨层级、跨部门的高水平通关协作,是实现国家口岸治理体系和治理能力现代化的重要举措。

在实行全国通关一体化之前,海关总署已经推进了区域通关一体化改革。从 2014 年开始,京津冀地区、长江经济带、广东省内丝绸之路经济带、东北地区等陆续推进了区域通关一体化改革,实现全国 42 个直属海关关区的全覆盖,也在 5 个区之间实行了区区联动的一体化。

自 2017 年 7 月 1 日起,海关通关一体化正式在全国实施。自海关通关一体化实施后,在海关层面,企业可以任意选择通关或者报关地点和口岸,在全国任何一个地方都可办理相关手续。也就是说,企业面对的不是具体的某个海关,而是中国海关这个整体,同一企业在不同海关享受到的是统一通关便利待遇。在口岸层面,目前口岸相关部门已基本建立了跨地区、跨层级、跨部门的通关协作模式。

全国通关一体化以"两中心三制度"为结构支撑,实现海关监管管理体制改革,确保海关全面深化改革的系统性、整体性、协同性。

(1) 两中心。两中心是指全国海关风险防控中心、全国海关税收征管中心。全国海关风险防控中心和全国海关税收征管中心采用 1+3 的机构设置。

建立全国海关风险防控中心是解决放行前的问题,但在新时期面临很多新的挑战,包括打击侵权、反恐,这些均应在通关环节予以拦截。目前,除设立了海关总署风险防控中心外,在青岛、上海、黄埔还设立了 3 个一级风险防控中心。此外,海关总署在各直属海关设立了二级风险防控中心。两级风险防控中心分别负责全域性和本关区安全准入风险防控,形成错位分工、协同叠加的工作格局,合力打造全国水运口岸的安全屏障。

全国海关税收征管中心主要按照商品和行业分工,对涉税申报要素的准确性进行验证和处置,重点防控涉及归类、价格、原产地等税收征管要素的税收风险。目前,海关总署设立了税收征管中心办公室,并在上海、广州、天津设立了 3 个一级税收征管中心。

（2）三制度。

第一，"一次申报、分步处置"，即海关在企业申报后先放行，然后企业再做完整申报，海关完成税收征管，以降低货物在港口、码头、场站的时间，从而大幅提高通关效率。

第二，改革税收征管方式，主要靠企业自报自缴税款。海关实行批量审核和税收稽查方式，以监督税收入库。

第三，实施协同监管，打破原42个直属海关自成体系的状况，建立若干功能型海关，实行协同监管。

2. 全国通关一体化的通关流程

海关现行的通关流程是接受申报、审单、查验、征税、放行的"串联式"作业流程。在全国海关通关一体化后，可采用"一次申报、分步处置"的新型通关管理模式，即在企业完成报关和税款自报自缴手续后，安全准入风险主要在口岸通关现场处置，税收征管要素风险主要在货物放行后处置。

（1）第一步，风险防控分析。全国海关风险防控中心分析货物是否存在禁限管制，侵权、品名、规格、数量伪（瞒）报等安全准入风险并下达布控指令，由现场查验人员实施查验。对于存在重大税收风险且放行后难以有效稽（核）查或追补税的，由全国海关税收征管中心实施货物放行前的税收征管要素风险排查处置；需要在货物放行前核验有关单证，留存相关单证、图像等资料的，由现场验估岗进行放行前处置；需要实施实货验估的，由现场查验人员根据实货验估指令要求实施货物放行前的实货验估处置。货物经风险处置后符合放行条件的可予放行。

（2）第二步，税收征管分析。全国海关税收征管中心在货物放行后对报关单的税收征管要素实施批量审核，筛选风险目标，统筹实施货物放行后的验估、稽（核）查等作业。

二、不同类型进出口货物的报关流程

海关对不同类型的进出口货物，其要求的报关程序有所不同。例如，与一般进出口货物不同，海关对保税加工货物、特定减免税进口货物、暂准（暂时）进出口货物等增加了前期备案和后续解除监管两个阶段。

1. 一般进出口货物的报关流程

一般进出口货物是指在进出境环节缴纳了应征的进出口税费并办结了所有必要的海关手续，而且在海关放行后不再进行监管的进出口货物。其报关流程包括以下环节：办理申报、陪同查验、缴纳税费、海关放行。

2. 保税加工货物的报关程序

保税加工货物是指经海关批准未办理纳税手续进境，在境内储存、加工、装配后复运出境的货物。其报关流程包括以下环节：合同登记备案、申报进口、监管期间接受监督和核查、按最终去向申报出口或办理其他海关手续、核销结案。

3. 特定减免税进口货物的报关流程

特定减免税进口货物是指海关根据国家的政策规定准予减税、免税进口，用于特定地区、特定企业、特定用途的货物。特定地区是指我国关境内由行政法规规定的某一特别限定区域，享受特定减免税优惠的进口货物只能在这一特别限定的区域内使用。特定企业是指由国务院制定的行政法规专门规定的企业，享受特定减免税优惠的进口货物只能由这些专门规定的企业使用。特定用途是指国家规定可以享受特定减免税优惠的进口货物只能用于行政法规专门规定的用途。其报关流程包括以下环节：进口前的减免税申请、申报进口、监管期间接受监督和核查、海关监管期限届满后解除监管。

4. 暂准（暂时）进出口货物的报关流程

暂准（暂时）进出口货物是指为了特定的目的，经海关批准，暂准进（出）境或暂时进（出）境并在规定时间内原状复运出（进）境的货物。其报关流程包括以下环节：进（出）口前备案及担保申请、进（出）口时凭担保报关、监管期间接受监督与核查、复出（进）口时报关、核销结关。

5. 转关货物的报关流程

转关货物是指在海关的监管下，从一个海关运至另一个海关办理某海关手续的进出口货物。转关货物包括三种情况：由进境地入境后，向海关申请转关运输并运往另一设关地点办理进口海关手续的货物；在起运地已办理出口海关手续并运往出境地，由出境地海关监管放行的货物；由关境内一设关地点转运到另一设关地点，并且应受海关监管的货物。

在全国通关一体化后，企业可以任意选取一个海关进行申报，并自报自缴税款。由于申报更自由、手续更简便、通关更顺畅，因而未来转关货物将大大减少。根据 2017 年 10 月 11 日海关总署发布的《关于规范转关运输业务的公告》（海关总署公告 2017 年第 48 号），除以下几种情况外，海关不再允许办理转关运输：

（1）多式联运货物以及具有全程提（运）单需要在境内换装运输工具的进出口货物，其收（发）货人可以向海关申请办理多式联运手续，有关手续按照联程转关模式办理。

（2）进口固体废物满足以下条件的，经海关批准后，其收（发）货人方可申请办理转关手续，开展转关运输：一是按照水水联运模式进境的废纸、废金属。二是货物进境地为指定进口固体废物口岸。三是转关运输指运地已安装大型集装箱检查设备。四是进口废金属的联运指运地为经国家环保部门批准设立、通过国家环保等部门验收合格、已实现海关驻点监管的进口固体废物"圈区管理"园区。五是联运至进口固体废物"圈区管理"园区的进口废金属仅限园区内企业加工利用。

（3）易受温度、静电、粉尘等自然因素影响或者因其他特殊原因，不宜在口岸海关监管区实施查验的进出口货物，满足以下条件的，经主管地海关（进口为指运地海关，出口为起运地海关）批准后，其收（发）货人方可按照提前报关方式办理转关手续。第一，收（发）货人为高级认证企业。第二，转关运输企业最近一年内没有因走私违法行为被海关处罚。第三，转关起运地或指运地与货物实际进（出）境地不在同一直属关区内。第四，货物实际进境地已安装非侵入式查验设备。进口转关货物应当直接运输至收货人所在地，出口转关货物应当直接在发货人所在地起运。

（4）邮件、快件、暂时进出口货物（含 IATA 单证册项下货物）、过境货物、中欧班列载运货物、市场采购贸易方式出口货物、跨境电子商务零售进出口商品、免税品以及外交、常驻机构和人员公（自）用物品，其收（发）货人可按照现行相关规定向海关申请办理转关手续，开展转关运输。需要注意的是，市场采购贸易方式是指由符合条件的经营者在经国家商务主管等部门认定的市场集聚区内采购的、单票报关单商品货值 15 万（含 15 万）美元以下并在采购地办理出口商品通关手续的贸易方式，海关监管方式代码为"1039"。

显然，不再以转关方式运输，意味着原只有转关备案车辆可承接的业务，自公告执行后，所有的车辆均可参与竞争，再无制度性的门槛可言。因此，该公告对那些主要业务为内陆转关运输的公司影响很大，其业务缩减或收入缩减的比例甚至可能超过 80%。

三、国际铁路联运通关业务操作实务

由于《国际货协》在规章、单据、交货条款、贸易术语等重要方面与现行国际惯例尚未统一，因而在国际铁路联运中的海关、商检办理手续时出现了很多特殊的要求。

1. 国际铁路联运对海关监管的特殊规定

（1）可以在发站报关。在报关后，以铁路车辆作为监管运输工具，由海关加封后发往边境铁路口岸，边境铁路口岸海关及联检办在核对关封及电子数据无误后，即予交接出境。此外，还可以在发站按国际铁路联运货物发运，发站使用《国际货协》运单施封运输，车辆到达国境站后，在边境口岸海关查验、报关后交接出境。国际铁路联运货物的进口申报手续有边境口岸报关和到站报关两种形式。一般来说，国际铁路联运货物应在边境口岸报关和缴纳海关应收、代收的税款。如果在到站设有海关或有海关监管条件，在向海关提出申请后，可办理监管转关运输，运抵到站报关，然后办理进口通关手续并缴纳税费。

（2）国际铁路联运中的货物报关，以铁路车辆为单位（即一车一票），每一铁路车辆使用一套报关单据（包括外汇核销单、出口合同、箱单、发票和其他单证）。这是因为铁路运输的特殊性，我国铁路车辆的载重量一般为每车装载 60 吨左右，在发运超过 2 车以上货量的货物时，如果整批货物用一票报关，其报关的关封只能订在其中一车的国际联运运单封套中。而在路途较长的国际铁路联运中，每 250 公里有一次技术作业，在经过主要干线交叉点的编组站时，还要有不同运输去向的重新编组作业，因而很容易把原来一批发运的多车货物编组成两列或多列货物列车发出，造成一批发运的货物到达国境站时分成几批。此时，如果加附关封的车辆晚到国境站，将造成先到的货物无法交接出境、积压车辆和海关监管不便，所以国际铁路联运货物报关采用一车一票。

（3）在内地发站报关时，铁路车辆可以作为监管运输工具使用，由海关加封后准予监管运输到国境站出境。由于用国际铁路联运出口的货物，有部分是无法装载在具备密封条件的棚车或集装箱中的，如大型机具、金属构架、散装货物等，因此内地海关往往以无密闭加封条件为由而不准予在发站报关。

（4）在发站报关后，海关准予放行。然而，此时货物还在铁路车辆运至国境站的途中，并未出境，所以发站海关在未得到国境站海关货物已出境的回执前，是不会退还外汇核销单、出口退税提运单和用于收汇核销的报关单据的，因此在发站报关并未节省海关单据的核销时间。

2. 国境站海关作业

（1）申报。国际联运列车必须在我国境内设有海关的进出口国境站停留，接受海关的

监管和检查。在货运列车载运的货物、物品进出境时，进出境列车站应向海关递交下列单据进行申报：①货物运单或行李、包裹运行报单及添附文件；②货物交接单或行李、包裹交接单；③海关需要的其他有关文件。

（2）查验。在海关查验货物时，进出境车站应当派人按照海关的要求负责开拆车辆封印、开启车门或揭开篷布；货物的收（发）货人或其代理人应当搬移或起卸货物，开拆或重封货物的包装。在海关认为必要时，可以自行开验、复验或提取货样，并对提取货样的名称、数量出具证明。

第三节　进出口货物报检代理操作实务

一、报检的范围与时限

1. 报检的范围

（1）国家法律法规规定必须由出入境检验检疫机构（以下简称"检验检疫机构"）检验检疫的。

（2）输入国家或地区规定必须凭检验检疫机构出具的证书方准入境的。

（3）有关国际条约规定需要经检验检疫的。

（4）申请签发普惠制原产地证或一般原产地证的。

（5）对外贸易关系人申请的鉴定业务和委托检验。

（6）对外贸易合同、信用证规定由检验检疫机构或官方机构出具证书的。

（7）未列入《检验检疫商品目录》的入境货物经收（用）货单位验收，发现质量不合格或残损、短缺，需要检验检疫机构出证索赔的。

（8）涉及出入境检验检疫内容的司法机关和行政机关委托的鉴定业务。

2. 报检的时限和地点

（1）入境报检的时限和地点。对从内地入境的货物，应在入境前或入境时向检验检疫机构办理报检手续，入境的运输工具及人员应在入境前或入境时申报；对从口岸入境（口岸海关报关）的货物，应在口岸办理入境货物通关单（4联），先通关后，再向检验检疫机构申请报检，办理货物的检验检疫手续。

入境货物需要对外索赔出证的，应在索赔有效期（不少于20天）内申请报检。

输入微生物、人体组织、生物制品、血液及其制品或种畜、禽及其精液、胚胎、受精卵的，应当在入境前30天报检。

输入其他动物的，应当在入境前15天报检。

输入植物、种子、种苗及其他繁殖材料的，应当在入境前7天报检。

（2）出境报检的时限和地点。出境货物最迟应于报关或装运前7天报检，对于个别检验检疫周期较长的货物，应留有相应的检验检疫时间。

出境的运输工具和人员应在出境前向检验检疫机构的有关部门报检或申报。

需要隔离检疫的出境动物在出境前60天预报，在隔离前7天报检。

（3）应在口岸检验检疫机构进行的报检。入境货物在口岸报关的，应在口岸检验检疫机构申请入境货物通关单。

出境货物在口岸报关的，应在口岸检验检疫机构凭检验检疫局出具的出境货物换证凭单（出境货物换证凭条）办理出境货物通关单。

动物，大宗散装货物，易腐烂变质货物，废旧物品，在卸货时发现残损或者数量、重量短缺的货物，以及其他需要在卸货口岸检验检疫的货物。

二、报检的流程

在关检合一之前，报检的流程包括以下几个环节：报检申请、受理报检审核、缴费、检验鉴定、签证放行。关检合一后，报检的流程如下：

（1）旅检监管作业的流程及环节。旅检现场海关与检验检疫部分作业环节予以合并，具体如下：

1）入境，海关原有申报、现场调研、查验、处置 4 个环节，检验检疫原有卫生检疫、申报、现场调研、查验、处置 5 个环节，共计 9 个环节，合并 4 个环节，保留卫生检疫、申报、现场调研、查验、处置 5 个环节。

2）出境，海关原有申报、现场调研、查验、处置 4 个作业环节，检验检疫原有卫生检疫、现场调研、查验、处置 4 个环节，共计 8 个环节，合并 3 个环节，保留卫生检疫、申报、现场调研、查验、处置 5 个环节。

（2）通关作业的"三个一"。

1）"一次申报"。在海关现有通关作业信息化系统尚未进行整合的情况下，通过"单一窗口"实现"一次申报"，统一通过"单一窗口"实现报检；进一步加大"单一窗口"标准版的推进力度，提高主要申报业务的覆盖率，使其覆盖范围涵盖检验检疫。

2）"一次查验"。海关原有查验指令下达、实施查验、查验结果异常处置 3 个环节，检验检疫原有查验指令下达、进出口商品检验、后续处置 3 个环节，共计 6 个环节，合并 3 个环节，保留查验指令下达、实施查验、查验结果异常处置 3 个环节。

3）"一次放行"。收（发）货人凭海关放行指令提离货物，海关向监管场所发送放行指令，在放行环节核查，实现一次放行。

（3）运输工具登临检查作业的流程及环节。目前，国际航行船舶登临检查作业的环节由海事部门牵头，会同海关、边防、检验检疫等部门共同实施国际航行船舶登临检查。

海关原有登临检查 1 个环节，检验检疫原有卫生检疫、登船检验 2 个环节，共计 3 个环节，合并 1 个环节，保留卫生检疫、登临检查 2 个环节。负责运输工具登临检查业务的检验检疫和海关科室（组）及人员合并工作，形成统一的运输工具监管队伍，实行统一指挥，根据运输工具检查的不同要求（卫生检疫、动植物检疫、登临检查等）安排调度各种专业人员实施作业。

（4）辐射探测作业的流程及环节。辐射探测业务现场海关与检验检疫部分作业的环节予以合并，具体如下：

海关辐射探测出入境原有一检、二检、人工手持设备检测、后续处置 4 个环节，检验检疫原有一检、二检、定量数据鉴定、取样化验、后续处置5个环节，共计9个环节，合并4个环节，保留一检、二检、人工手持设备检测、取样化验、后续处置5个环节。

（5）邮件监管作业的流程及环节。邮件监管业务现场海关与检验检疫部分作业的环节予以合并，具体如下：

海关原有总包监管、关封和路单监管、邮封监管、邮件装卸监管、邮件开拆监管、移送海关监管区监管、机检查验、人工开拆、处置、放行10个环节，检验检疫原有总包邮袋消毒、接收邮件、放射性检查、机检查验、人工开拆、处置、封发转出7个环节，合计17个环节，合并5个环节，优化为总包监管、关封和路单监管等12个环节。

（6）快件监管作业的流程及环节。海关原有申报、机检查验、开箱查验、放行4个环节，检验检疫原有动植物检疫、申报、机检查验、开箱查验、放行5个环节，合计9个环节，合并4个环节，优化为动植物检疫、申报、机检查验、开箱查验、放行5个环节，其中对于低值货物类快件不再出具通关单。

 本章小结

首先，本章对报关报检及其代理做了简要介绍；其次，本章重点介绍了报关报检的业务操作。

 综合练习

一、单项选择题

1. 不得采用转关运输的货物是（　　）。

A. 多式联运货物　　　　　　　　　B. 中欧班列货物

C. 邮件　　　　　　　　　　　　　D. 一般进出口货物

2. 出境货物最迟应于报关或装运前（　　）报检。

A. 5天　　　　　　　　　　　　　B. 7天

C. 10天　　　　　　　　　　　　　D. 15天

3. 目前我国实行（　　）报关。

A. 区域通关　　　　　　　　　　　B. 全国通关一体化

C. 属地通关　　　　　　　　　　　D. 口岸通关

二、判断题

（1）未来转关运输货物仍将大量存在。　　　　　　　　　　　　　（　　）

（2）我国实行区域通关与全国通关一体化并存的格局。　　　　　　（　　）

（3）进出口货物必须在口岸办理检验检疫。　　　　　　　　　　　（　　）

三、简答题

（1）简述全国通关一体化下的报关代理流程。

（2）简述关检合一后的报检代理流程。

第三篇　当事人操作实务

◈第九章　无船承运操作实务

◈第十章　无机承运操作实务

◈第十一章　国际多式联运操作实务

◈第十二章　无车承运与货运代理物流操作实务

第九章

无船承运操作实务

隐不了"身份"，免不掉"板子"

1996年10月，原告X公司委托被告美商Y公司将一批机翼壁板由美国长滩运至中国上海。实际承运人M公司签发给被告的提单上载明"货装舱面，风险和费用由托运人承担"。而被告向原告签发的以自己为抬头的提单上则无此项记载，同时签单处显示被告代理实际承运人M公司签单。在货抵上海港后，商检结果确认部分货物遭受不同程度的损坏及水湿。

原告遂向法院提起诉讼，请求判令被告赔偿货损68.2万美元，并承担诉讼费。被告辩称，其身份是国际货运代理，不应承担承运人的义务。原告遭受货损系由其未购买足额保险产生，且货损发生与货装甲板无因果关系，据此请求法院驳回原告的诉讼请求。

显然，在实际业务中，国际货运代理既收取代理佣金，又赚取运费差价，一旦涉讼就极力掩饰其承运人身份而逃避责任的情况时有发生。因此，正确识别国际货运代理的身份就显得越来越重要，这既有利于防范、规避国际货运代理的商业风险，又可充分保障国际海运市场上各方当事人的合法权益。

第一节　无船承运人

一、无船承运人的概念与类型

1. 无船承运人的概念

无船承运人（non-vessel operating carrier，NVOC）是一个舶来语，其准确的表达应该是无船公共承运人（non-vessel operating common carrier，NVOCC）。

（1）美国法。追溯"无船承运人"的源头，最早见于美国1984年的《航运法》，其全称为无船公共承运人，《航运法》第十七条第三款规定：无船公共承运人是指并不经营提供远洋运输船舶业务的公共承运人。1998年，美国的《远洋航运改革法》将远洋货运代理和无船公共承运人统称远洋运输中介。无船公共承运人是指不实际操作运输船舶，在与远洋公共承运人的关系中相当于托运人的公共承运人。远洋货运代理是指在美国为托运人订舱或安排货物舱位，同时为远洋公共承运人装运货物提供服务、处理与运输有关的文件资料的实体。由此可见，美国的《航运法》将远洋货运代理规定为仅以纯粹代理人的身份出现，而将以运输合同当事人身份出现且承担承运人责任，但又不拥有、不经营船舶运输服务的提供者称为无船承运人是十分清晰而自然的。有船承运人并不是无船承运人命名时直接相对的概念，更不是为了将承运人划分为有船承运人与无船承运人。

（2）菲律宾法。1984 年 8 月 23 日，菲律宾通过了《关于无船公共承运人与海运货运代理的规定》（Rules Governing Non-Vessel-Operating Common Carriers and Ocean Freight Forwarders）。其中，第二条第二款明确规定：无船公共承运人是指以自己的名义签发提单，对于真正的货主/托运人直接承担公共承运人责任，并且不经营提供远洋运输服务的船舶的公共承运人，其与远洋承运人之间的关系是托运人。在第三款中将远洋货运代理界定为"面向公众提供下列服务的人：安排运输并且完成货物的集拼工作；对于集拼的货物进行卸货和分拨；与前述工作有关的辅助性服务"。同时规定，如果远洋货运代理不是仅以代理人的名义签发运输单证，而是签发自己的运输单证或者对于运输的履行承担责任，则适用本规则关于无船公共承运人的规定。第四款规定，远洋公共承运人是指经营船舶的公共承运人，但不包括从事租船运输的人。与美国的法律规定相比，菲律宾关于无船承运人的界定更加突出了"不经营"船舶的特征，而且明确规定不能用于租船运输，仅限于班轮运输。

（3）中国。《中华人民共和国海商法》中没有关于无船承运人的规定。自 2002 年 1 月 1 日起施行的《中华人民共和国国际海运条例》（以下简称《国际海运条例》）首次采用了"无船承运业务"的概念。《国际海运条例》第七条规定：经营无船承运业务，应当向国务院交通主管部门办理提单登记，并交纳保证金。前款所称无船承运业务，是指无船承运业务经营者以承运人身份接受托运人的货载，签发自己的提单或者其他运输单证，向托运人收取运费，通过国际船舶运输经营者完成国际海上货物运输，承担承运人责任的国际海上运输经营活动。

综上所述，无船承运人可以定义为以承运人身份接受托运人的货载，签发自己的提单或其他运输单证，向托运人收取运费，通过班轮公司（实际承运人）完成国际海上货物运输，承担承运人责任，并依据法律规定设立的企业。

2. 无船承运人的特征

（1）符合规定的市场准入条件。从事无船承运业务经营，应符合一定的市场准入条件，具备相应的责任能力。有关具体要求将在后面予以说明。

（2）在法律地位上为海上承运人。无船承运人与国际海上货运代理、国际船舶代理均为航运中间商，但无船承运人是承运人，而国际海上货运代理、国际船舶代理是代理人，这是无船承运人与国际海上货运代理、国际船舶代理的本质区别（见表 9-1）。

表 9-1　　　　　　　无船承运人与国际海上货运代理、国际船舶代理的比较

比较项目	无船承运人	国际海上货运代理	国际船舶代理
主要服务领域	班轮运输	班轮运输	班轮运输、租船运输

续前表

比较项目	无船承运人	国际海上货运代理	国际船舶代理
法律地位	对货主是承运人，对船公司是货主	代理人	代理人
收入性质	运费（差价）	代理费或佣金	代理费或佣金
资金占用	较高	很少	极少
是否拥有船舶	禁止拥有	禁止拥有	禁止拥有
是否有自己的提单	有	无	无
是否有自己的运价表	有	无	无
经营重点	以货物集拼为中心	以货物订舱、交付为中心	以船进出港及在港服务为中心
委托人	货主	货主，如为订舱代理，委托人为船公司	船公司
注册资金	符合公司法规定	500万元人民币	符合公司法规定
保证金	有	无	无
外商投资	允许	允许	禁止独资，合资时外商不得控股，但在自贸区设立时外商可占51%
是否实行行政许可	备案制	备案制	中资船舶代理：备案制 外资船舶代理：许可证制

对于真正的货主来说，无船承运人是承运人，履行承运人的义务，而对于海运承运人来说，无船承运人是托运人，享有托运人的权利。因此，无船承运人有权制定并公布自己的运价表，签发自己的提单或其他运输单证，收取运费，但同时也应对货物运输承担责任。

（3）不拥有或不经营船舶。"无船"是无船承运人的充分条件，这是无船承运人与船公司的本质区别。从《国际海运条例》第七条对"无船承运业务"的界定看，无船承运人对船舶无实质的占有或控制权，要通过"国际船舶运输经营者"完成运输，表明无船承运人经营的是运输，而不是船舶。

 知识拓展

租船人及舱位互租的承运人是否为无船承运人

在租船运输中，租船人包括光租租船人、定期租船人和航次租船人。由于光租租船人是以光租方式经营船舶的，显然无船承运人不包括光租租船人。航次租船人和定期租船人虽不直接经营船舶，但以程租或期租方式向货主提供国际货物运输，这与无船承运人不实际进行货物运输，而通过国际船舶运输经营者完成运输的特点是相矛盾的。因此，航次租船人、定期租船人也不是无船承运人。

近年来，出于增加班期、降低成本、提高服务质量等因素的考虑，远洋公共承运人更倾向于以联盟（即共用舱位）或互租舱位的形式经营一条航线。这种经营人签发自己的海运提单，与船舶经营人的关系是承运人与承运人的关系，从实务操作看应为远洋公共承运人，但他们自己不经营船舶，从这方面看又应是无船承运人。如何区分他们的身份，这还要从美国对远洋公共承运人的定义修改谈起。新定义将那些虽然经营集装箱班轮航线，但其船舶不挂靠美国港口的船公司排除在远洋公共承运人之外，这种船公司就不能在美国航线上与其他远洋公共承运人签订舱位互租协议，只能以无船承运人的身份从事美国航线的经营活动。因此，能租用舱位的经营人首先应至少在一条挂靠美国港口的远洋航线上经营船舶。由此可见，根据美国联邦海事委员会（FMC）的规定，如果某公司有一条挂靠美国港口的定期班轮航线，则无论它在其他航线上是否配备船舶，都被认为是海上承运人而不是无船承运人。

综上所述，许多航运公司在某些航线上并没有配备船舶，而是采用租船运输、互租舱位或联盟的方式进行经营，那么此时其身份仍是海上承运人而不是无船承运人。

（4）提供海上班轮运输服务。在英美法系中，通常将承运人分为公共承运人和合同承运人，并将无船承运人界定为公共承运人，称为无船公共承运人；在大陆法系中，并无公共承运人和合同承运人之分，因而通常称为无船承运人。实际上，在大陆法系中，尽管不再强调"公共"二字，但我国的《国际海运条例》仍将无船承运人的服务范围限制为从事国际班轮运输。

根据《中华人民共和国国际海运条例实施细则》的规定，取得交通部颁发的无船承运人资格的企业可以从事以下服务内容：

1）以承运人身份与托运人订立国际货物运输合同。

2）以承运人身份接收货物、交付货物。

3）签发提单或者其他运输单证。

4）收取运费及其他服务报酬。

5）向国际船舶运输经营者或者其他运输方式经营者为所承运的货物订舱和办理托运。

6）支付港到港运费或者其他运输费用。

7）集装箱拆箱、集拼箱业务。

8）其他相关的业务。

二、无船承运行业管理

1. 无船承运人管理制度

由于无船承运人本身并不拥有或经营远洋运输所使用的船舶，而需要与实际海运承运人订立分运合同才能完成运输，其经济实力、资信度与拥有或经营远洋运输船舶的实际承运人相比要差一些，因而许多国家对无船承运人仍实行较为严格的管理及监督。目前主要包括审批制与备案制两种管理模式。例如，美国对无船承运人仍实行审批制。在我国，根据2019年2月27日国务院发布的《关于取消和下放一批行政许可事项的决定》（国发〔2019〕6号），无船承运人已由审批制改为备案制，标志着我国交通运输部门对无船承运人实行备案和信用管理制度。

表 9-2 比较了中、美两国在无船承运人管理制度上的异同。

表 9-2 无船承运人管理制度的异同比较

		中国	美国
备案/审批机关		交通运输主管部门	联邦海事委员会（FMC）
准入条件	申请人范围与资格	无要求，企业只要是依《公司法》设立的即可	除了是独资、合伙等企业形式之外，还具有从事过航运中介的经历
	提单登记	要求	不要求
	责任担保	保证金：80 万元人民币（公司），20 万元人民币（分支机构）或保证金责任保险（此规定从 2010 年 11 月 1 日起实行）	保证金、保险金或者其他担保
运价管理制度	运价本报备	报备（此规定从 2010 年 10 月 1 日起实行）	自行公布在规定的网站上
	服务协议 报备	报备（但未实际实行）	要求向 FMC 报备
	服务协议 与船公司	允许订立	允许订立
	服务协议 与货主	不允许订立	允许订立
	服务协议 NVOC 之间	不允许订立	允许订立

办理提单登记和交存保证金是无船承运人管理制度的核心，这有利于建立必要的市场准入条件，防范和减少海事欺诈，建立损害赔偿救济机制，从而保护当事人利益、规范海运市场秩序、促成公平竞争。

（1）保证金与保证金责任保险制度。在美国，根据 1998 年的《远洋航运改革法》（OSRA），从 1999 年 5 月实行 OSRA 后，远洋货运代理的财务保证金从原来的 3 万美元增加到 5 万美元，而无船承运人的财务保证金由原来的 5 万美元增加到 7.5 万美元；在美国未设立法人的外国无船承运人，则需要交纳 15 万美元的财务保证金；在加入无船承运人团体的情况下，各参与者的财务保证金合计不少于 300 万美元。

在我国，根据《国际海运条例》第八条的规定，无船承运业务经营者的保证金为 80 万元人民币，每设立一个分支机构，增加保证金 20 万元人民币，用于无船承运业务经营者清偿因其不履行承运人义务或者履行义务不当所产生的债务以及支付罚款。该保证金存于专门账户，由国务院交通主管部门实施监督。至于最低注册资金也应有所限制，但该条例并未对此做出规定，有待在其实施细则中予以规定。

在《国际海运条例》出台时，由于当时金融、保险等相关市场的发展不成熟，因而未能纳入担保和保险等责任担保方式，仅将交存保证金作为当事人唯一的责任担保形式。为此，从 2010 年 11 月 1 日起，我国已开始实行保证金责任保险制度，详见交通运输部颁布的《关于试行无船承运业务经营者保证金责任保险的通知》（交水发［2010］533 号）。

（2）提单登记制度。《国际海运条例》第七条规定：经营无船承运业务，应当向国务院交通运输主管部门办理提单登记。无船承运人的提单或其他运输单证应在交通运输主管部门登记备案。

无论是国内企业还是国外企业，均必须办理提单登记。对于外国（境外）的无船承运人，在其办理无船承运业务登记手续后，虽然可以从事进出中国港口的货物运输业务，其提单可在中国流通，但其必须委托具有相应资格的代理人签发提单。在中国无住所的外国（境外）无船承运业务经营人须指定一名联络人，负责《国际海运条例》及有关司法程序的联络。

（3）运价报备制度。在美国，对无船承运人运价报备的要求与远洋承运人相比有所不同。远洋承运人无须向FMC进行运价报备，仅要求以可查询和便宜的方式将运价登记在自动运价公布系统上，而且在向FMC登记留存备查后，允许远洋承运人与货主私下签订运输合同，所执行的运价不公开、不上网，执行合同运价并对市场保密。相反，对于无船承运人，其运价必须向FMC报备，并在批准后公开上网、公开全部运价，不允许私下签订运输服务合同。

在我国，根据《国际海运条例》第十八条的规定，无船承运业务经营者的运价和经营国际班轮运输业务的船公司运价，都需要向国务院交通主管部门备案，报备的运价既包括公布运价，也包括协议运价。

（4）班轮公司应遵循相关的规定。

1）班轮公司不得给无船承运人佣金。根据各国的管理规定，对于货主和无船承运人，通常允许他们与班轮公司订立协议运价，国外称为服务协议（service contract，SC），用以从班轮公司处获取比较优惠的运价，但他们不能从班轮公司处获得佣金；而对于国际海上货运代理，一般禁止他们与班轮公司签订协议运价或服务协议，但允许他们从班轮公司处获得佣金或回扣。

2）班轮公司不得与违规公司签订协议运价，不得接受其提供的货物；不得在海运提单"托运人"位置显示违规公司的名称。

（5）实施严格的处罚措施。根据《国际海运条例》的规定，未办理提单登记、交纳保证金，擅自经营无船承运业务的，由国务院交通主管部门或者其授权的地方人民政府交通主管部门责令停止经营；有违法所得的，没收违法所得；违法所得10万元以上的，处违法所得2倍以上5倍以下的罚款；没有违法所得或者违法所得不足10万元的，处5万元以上20万元以下的罚款。

2. 无船承运业务的申请

（1）备案机构。经营无船承运业务应向国务院交通运输主管部门办理备案。

（2）基本条件。在中国境内经营无船承运业务，应当具备下列条件：

1）在中国注册的企业法人或外国（境外）企业。

2）向交通运输主管部门办理提单登记。

3）交纳保证金80万元人民币；每设立一个分支机构，增加保证金20万元人民币，保证金应当向中国境内的银行开立专门账户交存。如前所述，从2010年11月1日起，也可以用保证金责任保险代替交纳保证金。

第二节　无船承运人提单及其应用

一、无船承运人提单的性质与流转程序

1. 无船承运人提单的性质

在无船承运业务中，由船公司签发的提单通常称为母提单、主提单或备注提单（master B/L，memo B/L，ocean B/L），而由无船承运人签发的提单通常称为子提单（house B/L）。无船承运人提单与船公司提单在格式、内容、条款、签发等方面均应符合有关调整海运提单的国际公约、法律法规的规定，它们的法律地位相同，而且基于同一运输目的，它们之间具有一定的关联性，也存在较大的不同。

表9-3显示了无船承运人提单与船公司提单在若干项目上的差别。一方面，无船承运人提单作为子提单，它与主提单——船公司提单有一定的联系与区别；另一方面，它应严格按照信用证的规定进行缮制与签发，以便货方结汇及提货。

表9-3　　　　　　　　　　**无船承运人提单与船公司提单若干项目的对比**

项目	无船承运人提单（子提单）	船公司提单（母提单）
发货人	信用证规定的发货人	无船承运人
收货人	信用证规定的收货人，通常为指示提单	无船承运人在目的港的代理人，通常采取记名提单
通知人	信用证规定的通知人	无船承运人在目的港的代理人
适用运价本	无船承运人运价本	实际承运人运价本
货物名称、数量、体积等	按各个发货人交付的情况记载	按无船承运人交付的情况记载
货物交接方式	按与各发（收）货人约定的方式，如拼箱-拼箱	按无船承运人与实际承运人间的约定方式，如整箱-整箱
签发数量	按发货人数量（每位发货人一式三份）	仅签发一式三份
签发人	无船承运人或其代理人	实际承运人或其代理人或船长
主要用途	结汇	提货

（1）子提单是用以证明货方与无船承运人之间的海上货物运输合同和托运人或其代理人已经将货物交由无船承运人接收或者装船，以及无船承运人保证据此向收货人或其代理人交付货物的单证。母提单是用以证明无船承运人与实际承运人之间的海上货物运输合同和货物已经由无船承运人或其代理人交付给实际承运人接收或者装船，以及实际承运人保证据此向无船承运人或其代理人交付货物的单证。

（2）子提单可作为托运人办理结汇之用，但货方持有此提单却无法直接从实际承运人

处提取货物，货方要么从无船承运人或其代理人处提货，要么需要先到无船承运人或其代理人处换取实际承运人签发的提单后才能到实际承运人或其代理人处办理提货。

（3）无船承运人签发提单的数量及其内容的记载取决于实际发货人的数量和实际发货人与实际收货人之间的买卖合同/信用证的规定，而实际承运人仅需向无船承运人签发一套提单，且其内容应由无船承运人提供。

（4）子提单大多为收货待装船的国际多式联运提单，而母提单的种类较多，也可能是港到港提单或租船提单。

（5）子提单的抬头五花八门，直接称为某无船承运人提单的并不多，原因在于很多无船承运人的资信难以同承运人相比，为了便于货方接受而不得不改头换面称为某运输公司提单或某船务公司提单，而且实务中无船承运人往往以承运人身份而不是以无船承运人的身份签发提单，因而具有很大的隐蔽性。母提单除了绝大多数直接采用公司名称作为抬头外，也可能是无抬头的，如船东组织制作的供船舶所有人使用的无抬头提单。

（6）子提单中未在商务部登记备案属于非法提单的不在少数，这些提单的所有人可能是本身并无任何资产的非法无船承运人，因而其资信显然无法与本身拥有或经营运输船舶的实际承运人相比。

（7）子提单的签发人大多为无船承运人本人，而母提单的签发人大多为船长或承运人的代理人，由承运人本人签署的很少。

需要注意的是，尽管无船承运人提单仍具有物权凭证功能，而且也被银行接受，但若无船承运人的信誉较差，就可能使该"物权凭证"成为"一张废纸"。因此，对于货主而言，若选择接受无船承运人提单，则应确保该无船承运人的信誉良好。

[案例 9 - 1]　2015 年 12 月 12 日，A 公司与美国 WP 公司签订了一份价值 111 万美元的螺丝刀出口售货确认书。信用证规定：

（1）A 公司应以美国 NBM 运输公司（以下简称"NBM 公司"）出具的提单结汇，该提单还要打上"包括港至港运输"字样。

（2）A 公司在议付时须凭香港 YF 公司签署的产品合格证书结汇，该产品证书上的签字还要与付款银行的签名一致。

2016 年 1 月 10 日，A 公司、NBM 公司代表去上海 B 公司处联系货物出运事宜。同年 1 月 23 日，A 公司正式出具两份出口货物明细单，注明：装运日期 2 月 4 日，收货人凭指示，要求出具 NBM 公司提单。2 月 3 日，NBM 公司出具两份提单，载明托运人为 A 公司，收货人凭指示，通知人为香港 YF 公司。当日，实际承运人 C 公司也合并出具一份提单，托运人为 A 公司，收货人和通知人均为 NBM 公司。两家公司的提单编号、承运船名、货物名称及数量等内容完全一样。A 公司付清海运、代理费用后，B 公司将 NBM 提单寄至 A 公司，但 C 公司签发的提单仍在自己手中。2 月 16 日，NBM 公司电话指示 B 公司在出运港上海将 C 公司签发的提单交予 C 公司，以便 NBM 公司在货物运抵卸货港后提取货物。根据 C 公司的要求，B 公司出具了保函一份："提单因客户要求办理电报放货，由此产生的责任由我司负责。"货物抵达洛杉矶后，C 公司收到了 NBM 公司的港口费用，并根据其传真指示，将货物放行给了美国 DL 公司委托的三家卡车公司。2016 年 2 月 29 日，A 公司接到银行通知，因单据与信用证有不符点，不能结汇，急忙传真 B 公司和 C 公司，要求一定要凭正本提单放货。同年 3 月 1 日、4 日，NBM 公司两次传真 B 公司，称"我司已将货柜发完"。因结汇不成且货物流失，NBM 公司在我国境内也无办事机构，该公司在 C 公司放货后已不复存在，A 公司向 B 公司和 C 公司提起诉讼，要求判令被告赔偿全部货物损失 1 113 737 美元、货款利息损失、差费、律师费、诉讼费及保全费。

案例评析：

第一，B 公司是否应承担越权和无权代理的责任？

在货物出运过程中，A 公司从承运人提供的集装箱号、箱体标识以及接货的 NBM 提单编号、船名、航次、班期、船公司运价等方面，都能清楚地表明实际承运人是 C 公司。因此，本案所涉货物的运输实际由 C 公司承担已得到 A 公司的认同。A 公司自 NBM 公司签发提单之日起，至银行结汇受阻，始终未对 NBM 公司作为契约承运人的地位和作用有任何怀疑，也未通过 B 公司主张过实际承运人的提单，由此可以认为 B 公司依据出口货物明细单及此前的订舱指示而实施的代理行为并未超越代理权限。

由于操作不规范，C 公司签发的提单中本应将托运人记载为 NBM 公司，却记载为 A 公司，由此在客观上使 A 公司与 C 公司形成了运输合同关系。因此，C 公司应将其提单交付 A 公司，但由于 A 公司在处理 C 公司提单问题上授权不明，应视为一种放弃权利的表示。B 公司按照国际贸易和航运惯例"托运人就同一票货物不能同时持有两份物权凭证"，在完成委托事项及交付 NBM 公司提单后，为便于货物在目的港交付，向 C 公司退回提单也没有违背委托人的意愿。

关于 NBM 公司的合法性问题。NBM 公司在我国无合法机构，出具的提单是"虚假提单"。这一结论是在 A 公司结汇受阻后才被认识的，但在接受该份提单的当时，涉案各方均未引起警觉。要求 B 公司办理 NBM 公司提单是 A 公司的明确要求，因此接受该份"虚假提单"的后果也只能由委托人自行承担。

关于 B 公司出具的保函。B 公司在退回 C 公司的海运提单后曾出具一份保函，这是为满足承运人的放货要求所为，船公司在收回正本提单的情况下并未以该保函作为放货的依据，故保函在本案中已无实际作用。

第二，C 公司放货是否错误以及放货行为与托运人是否存在联系？

C 公司在船舶抵达目的港之前已收回海运提单，其根据记名收货人的传真指示将货物放行给 NBM 公司指定的提货人不存在过错。在国际海上运输惯例中，承运人见单放货是其义务。本案无证据证明 C 公司将争议的货物放行给了与记名收货人无关的其他人，况且 NBM 公司也未对货物的放行提出异议，反而有传真表明公司已领取货柜。A 公司不持有海运提单，不是提单持有人（提单法律关系中的当事人为承运人和提单持有人），却以托运人身份指责 C 公司放错了对象，要求其赔偿货款损失缺乏事实证据和法律上的依据。同时，C 公司作为实际的承运人，其无权核查记名收货人的地位如何取得，更无义务查明收货人是否已付货款，A 公司要求追究 C 公司的放货责任，理由是不足的。

第三，A 公司存在哪些失误？

在贸易合同 CIF 价格条件下，约定由买方指定使用 NBM 公司提单运输以及须凭香港 YF 公司签署的产品合格证书结汇的软条款，这种约定具有较大的贸易风险。正是由于在审证时没有拒绝并及时要求买方改证，使外商利用影子国际货运代理公司——NBM 公司取得了对货物的控制权，从而为其诈骗铺平了道路。

2. 无船承运人提单的流转程序

在实践中，无船承运人主要在开展集中托运业务时签发提单。在集中托运的情况下，各个实际发货人先与无船承运人按 CFS/CFS 条款交付货物，然后无船承运人再以 CY/CY 交接方式向船公司办理订舱，此时提单的流转程序如图 9-1 所示。

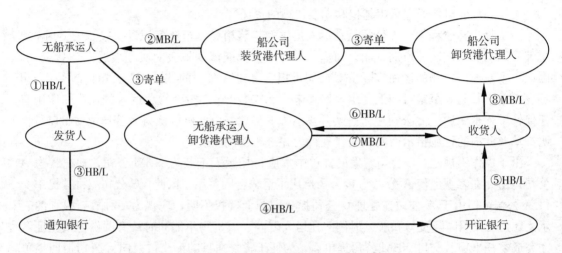

图 9-1　拼箱业务下无船承运人提单的流转程序

（1）在实际发货人将货物送至 CFS 后，无船承运人或其装货港代理人向实际发货人签发待装运子提单（HB/L），待货物装船后再通过加批装船日期使之成为装船提单。

（2）无船承运人将拼箱货装箱，再将整箱货物送至 CY 并装船后，实际承运人或其装货港代理人向无船承运人签发主提单（MB/L）。

（3）无船承运人或其装货港代理人将实际承运人签发的正本主提单和无船承运人签发的副本子提单通过快递方式交付无船承运人在卸货港的代理机构或代理人，以便办理提货与交货事宜。与此同时，实际承运人或其装货港代理人也将自己签发的提单副本等货运单据寄送其卸货港代理人，以便办理交货手续。

（4）实际发货人凭无船承运人签发的全套正本子提单连同其他单证通过通知银行办理货款收取。待开证银行或议付银行支付货款后，通知银行将全套正本子提单连同其他单证交付开证银行，开证银行通知实际收货人付款赎单，实际收货人付款后取得全套正本子提单。

（5）无船承运人卸货港代理人凭收到的全套正本主提单向实际承运人办理提货手续（当然，也可以采取电放形式办理提货手续），并将集装箱运至 CFS 进行拆箱，然后通知实际收货人提货。

（6）实际收货人收到提货通知后，凭全套正本子提单（如尚未得到正本子提单，可凭银行保函）向无船承运人卸货港代理人办理提货手续，无船承运人卸货港代理经与副本子提单核对，如无误，且实际收货人已支付了运杂费（如果有），则签发提货单，实际承运人凭此单可到 CFS 处提取货物。

如前所述，无船承运人或国际货运代理以承运人身份签发提单时，提单不仅具有物权凭证功能，而且也为银行所接受，但若签发人的信誉较差，就有可能使该"物权凭证"成为"一张废纸"。因此，对于货主而言，若选择接受无船承运人提单，则应确保该无船承运人的信誉良好。

二、无船承运人提单的制作与批注

1. 提单制作

提单制作是指按提单正面所列项目逐一填制。提单缮制的义务人应为托运人，但在实务中通常委托国际货运代理或船舶代理缮制提单。在通常情况下，提单应根据大副收据/场站收据来缮制，而根据大副收据/场站收据缮制的单证应符合买卖合同、信用证的规定。

在实践中，无船承运人提单的制作要求应符合信用证的规定。例如，信用证规定为班轮提单，则即使选择签发无船承运人提单，其制作也应符合 UCP 600 对班轮提单的有关规定（见表 9-4）。

表 9-4 　　　　　　　　　　UCP 600 对班轮提单（B/L）的基本规定

应具备的基本条件	1. 注明承运人的名称并由承运人、船长或其具名的代理人签署 2. 注明确定的船名〔即已装船提单（on board B/L）〕 3. 注明确定的装货港和卸货港 4. 开立全套（可以是仅有一份或多份）正本提单 5. 其他方面符合信用证规定
在符合以上基本条件的前提下，银行不拒受的单据	1. 注明将发生转船者，除非 L/C 规定禁止转运 2. 注明不同于装货港的接受监管地及/或不同于卸货港的最终目的地或者注明"预期船"或"预期装货港或卸货港"等。只要提单上加注了确切的船名、装货港、卸货港即可 3. 提单抬头为"联合运输提单""多式联运提单""联运提单""转船提单"者 4. 使用简式提单或以托盘或集装箱等方式运输所签发的提单 5. 加注"重量、数量等不知条款"的提单，除非 L/C 另有规定 6. 货物可能装于舱面，但未特别注明已装或将装舱面的提单，除非 L/C 另有规定 7. 表明以信用证受益人以外的一方为发货人或收货人的提单 8. 注明除装卸费等运费以外附加费用的提单，除非 L/C 禁止接受
银行拒受的单据	1. 注明"租约并入条款"的，即租船提单 2. 以运输代理人身份签发的国际货运代理提单 3. 舱面提单，除非 L/C 明确规定接受 4. 不清洁提单，除非 L/C 明确规定接受 5. 未背书或漏签章的提单 6. 迟（过）期提单，除非 L/C 另有规定 7. 在预付运费提单下，注明"运费可预付"或"运费应预付"的提单 8. L/C 禁止转运时，提单注明将发生转运者，但对于提单证实货物已由集装箱、拖车及/或子母船运输，并且同一提单包括海运全程运输及/或含有承运人声明保留转运权利条款者，银行仍予以接受

目前，提单差错大量存在的原因在于：

（1）国际货运代理和船舶代理往往从运输角度来考虑提单的缮制，对托运人收汇的安全性关注不够，往往造成与信用证不符，因此应注意使提单的缮制符合国际贸易结算的要求。

（2）国际货运代理或船舶代理的单证人员素质不高、责任心不强。因此，必须进一步提高企业管理水平，加强对员工的培训。

（3）外贸企业的制单人员制作的货物明细单不完善，或者自以为自己明白的事，国际货运代理或承运人也会明白，从而使用了省略语或贸易上的习惯用语，导致提单制作出现差错。

[案例 9-2]　2017 年 8 月 1 日，京工公司将价值 112 800 美元（FOB 宁波）的羊毛裤委托沙特阿拉伯国家航运有限公司出运。8 月 6 日，宁波船舶代理公司根据沙特公司在中国的业务代理嘉宏公司宁波办制作的提单代理沙特公司向京工公司签发抬头为沙特公司的记名提单，载明：托运人为京工公司，记名收货人为 FUJI 公司，装货港为宁波港，卸货港为汉堡港，集装箱号及铅封号为 NSAU4990799/272915/40'HQ，货名为 470 箱羊毛裤，由托运人装箱、计数、封箱等。然而，该集装箱的实际箱号为 NSAU4900434。9 月 13 日，货物运抵目的港汉堡港后，当收货人 FUJI 公司持正本提单向沙特公司汉堡港的代理人提货时，发现羊毛裤已被另一票货物的收货人提走，而留下了拖鞋货柜。经查，宁波船舶代理公司于同年 7 月 21 日曾代理沙特公司签发另一票价值 21 060 美元拖鞋（FOB 宁波）的提单，该提单载明：收货人凭指示，装运港为宁波港，目的港为汉堡港，货名为 1 181 箱拖鞋，集装箱号及铅封号为 NSAU4990799/272915/40'HQ。显然，两提单上的集装箱箱号完全一致。由于沙特公司汉堡港的代理人审核不慎，才导致错交货。为此，FUJI 公司起诉了沙特公司与宁波船舶代理公司。

案例评析：

第一，本案错交货/提货不着的原因是什么？沙特公司是否应承担责任？

错交货的原因：一是承运人的装货港代理人制单有误、签单代理审核不慎；二是卸货港代理人审核不慎。《海商法》第五十四条规定，货物的灭失、损坏或者迟延交付是由于承运人或者承运人的受雇人、代理人的不能免除赔偿责任的原因和其他原因共同造成的，承运人应对此承担赔偿责任。因此，沙特公司应承担相应的法律责任。

第二，签单代理——宁波船舶代理公司应否承担连带法律责任？

不承担责任。不符合代理人与委托人承担连带责任的条件。

[案例 9-3]　2016 年 1 月，北京公司与新加坡公司订立 FOB 黑豆出口合同，目的港为印度尼西亚的雅加达港，信用证要求签发以新加坡公司为托运人的指示提单。在货物装船后，北京公司取得了船公司签发的以新加坡公司为托运人的指示提单。在船舶抵达目的港后，船公司根据新加坡公司的指示，凭保函将货物交付印度尼西亚的实际收货人。然而，北京公司却因未能在信用证有效期内向银行交单结汇而被银行退单。为此，北京公司依据所持有的全套正本提单（该提单没有新加坡公司的背书），以无单放货为由要求船公司赔偿其损失。

案例评析：

在 FOB 条款下，作为实际交付货物的卖方，尽管与承运人无任何运输合同关系，但可以通过成为提单上的托运人而享有提单下的诉权。如果放弃了法律赋予的这一权利，则会使卖方在交货上船后就失去了对货物所有权的控制，形成货物所有权的转移并不以支付货款为对价的局面。

第一，北京公司有无诉权？

虽然北京公司持有正本提单，但该提单为指示提单，托运人是新加坡公司，提单未经托运人背书，北京公司未能证明其具有提单合法当事人的地位，因而北京公司没有诉权。

第二，哪两个失误导致北京公司货款两空？

1）放弃成为提单上的托运人，这一失误只是导致了它不能凭该提单向承运人主张物权。

2）未能在信用证有效期内结汇。如果符合信用证的规定，它在向银行交单后收取货款仍有保证。但是，北京公司未能在信用证的规定时间内向银行交单收款，从而货款也无法收回。

[案例9-4]　2017年7月3日，原告远运公司向被告永卓广东公司出具了一份出口货物托运单。该托运单记载：托运人为勤锐公司，货物为1只40英尺的集装箱，内装PVC水管接头，运费为2 150美元。7月13日，被告签发了已装船提单。该提单记载：托运人为勤锐公司，承运人为北京永卓公司，货物为一只40英尺集装箱，装货港为深圳港，卸货港为美国Savannah港。8月15日，被告收到原告运费，并向原告交付了由正航公司出具的该提单项下的运费发票，发票金额为2 150美元。8月30日，被告发传真通知原告，称：由于船公司粗心大意，将本案的货物装错船，船公司已更改装运船舶，货物预计于9月20日运抵Savannah港。9月1日和5日，被告再次通知原告，货物于9月20日运抵目的港。9月4日，原告向被告发函询问本案货物的运输情况。9月11日，被告通知原告，货物从印度中转，印度起运日期为8月1日，9月20日到达美国的目的港。9月20日，勤锐公司向原告发出一份账单，称：由于货物迟延到达目的港，造成收货人和勤锐公司经济损失12 600美元。9月26日，被告通知原告，货物已于9月19日放行。随后，原告根据《中华人民共和国海商法》第五十条第三款的规定，要求被告赔偿因其延迟交货给原告造成的损失12 600美元。

案例分析：

第一，何为法律诉讼中的主体？

法律诉讼中的主体是指有权参与民事诉讼并能在诉讼中主张权利和承担义务者。在海上货物运输合同纠纷中，发货人、托运人、承运人、收货人、提单合法持有人、具有过错责任的国际货运代理等都可能成为诉讼主体。

第二，被告收取运费是否可以证明双方存在运输合同关系？本案原告能否胜诉？

作为证明本案海上货物运输合同的提单所记载的托运人为勤锐公司，而不是本案原告；本案提单所记载的承运人是北京永卓公司，而不是本案被告。被告向原告收取运费的事实，并不足以证明原、被告之间构成海上货物运输合同关系。因此，本案原、被告均不是本案海上货物运输合同的当事人。同时，也没有证据证明原告是本案海上货物运输合同的收货人或者提单持有人。原告凭本案提单请求被告赔偿货物迟延交付损失，没有事实和法律依据，应予驳回。

2. 提单批注

依据《中华人民共和国海商法》第七十五条和第七十六条的规定，承运人应对所承运货物的表面状况进行检查并在所签发的提单上对前述情况予以批注，否则须对第三人承担所交付货物与提单上记载不符的法律责任。

（1）装船批注（on board notation）不完整。装船批注是指"已装船"批注。根据UCP 600 第二十条的规定，装船提单中的船名、装货港和卸货港这三项都是确定的。因此，装船批注除了加"已装船"字样，并加日期和签字以外，还须根据需要加注不同内容：

1）凡在船名、装货港或卸货港前注有"Intended"（预期）字样或类似限制性措辞者，在装船后，应在装船批注内加注实际装运的船名、装货港或卸货港。

2）提单注明的收货地或接受监管地与装货港不同，已装船批注仍须注明信用证规定的装货港和实际装货船名等。例如，信用证规定装货港为青岛，而实际业务中货物于2017年3月1日在烟台收妥后装上支线船只DONGFANG号运往青岛，2017年3月5日抵达青岛后装上远洋船只HONGHE号运往目的港。由于收货地烟台不同于装货港青岛，此时应按以上所述加列"已装船"批注，即装货港为青岛，船名为HONGHE，以及在青岛装船的日期3月5日———SHIPPED ON BOARD HONGHE AT QINGDAO ON MARCH 5，2017，即使提单装货港栏标明了货已装载于HONGHE也不例外，或提单上已印就词语注明了"已装船"时也是如此。

[案例9-5]　中国A公司与英国B公司签订了一份国际货物买卖合同，约定由A公司向B公司销售一批电视机，B公司以信用证方式付款。在合同订立后，B公司依约开立了信用证，该信用证要求A公司提供全套已装船清洁提单。A公司按照合同规定交付了货物，并按信用证要求制作了所有单据。A公司向银行提交全套单据，银行在审单后拒绝付款，理由是A公司提交的提单上没有货物的装运日期，该提单是备运提单而非信用证要求的已装船提单。A公司去电解释，其提交的提单上盖有"已装船"（SHIPPED ON BOARD）字样的印记，证明货物已装船，提单的签发日就是装运日期。银行回电称，A公司提交的提单所做的"装船批注"不符合UCP的规定，由于存在单证不符的情况，银行拒绝付款。

案例评析：

在本案中，银行的拒付是合理的。这是因为信用证要求提交已装船提单，而A公司提交的提单上并无预先印就的"已装船"字样，而只是在提单上盖有"已装船"的印记，因此该提单应属备运提单而非已装船提单。此外，该提单的签发日期不应视为货物的装运日期，只有当提单上批注了货物的装运日期后，该提单才能转换为已装船提单。综上所述，银行有权拒绝付款。

（2）批注条款冲突。

[案例9-6]　2015年3月11日，原告新疆钢铁公司以CFR价格从国外杜菲克公司购买5 000吨冷轧钢卷，信用证要求卖方提交全套三份清洁已装船提单。在货物装船后，卖方凭船公司签发的提单取得了货款，而收货人新疆钢铁公司在目的港提货时发现该批冷轧钢卷的表面出现生锈与破损，已严重影响使用及销售。为此，新疆钢铁公司向船公司提出索赔。经查，收货人持有的船公司提单上同时打印有"清洁已装船"（CLEAN ON BOARD）和"外包装空气锈蚀，少数绑带破损和灭失"（ATMOSPHERIC RUST ON OUTER PACKING，FEW BROKEN BANDS，MISSED）。船公司对此的解释为，提单

是由卖方制作后交由船公司代理人签发的，"清洁已装船"是卖方预先打印在提单上，而船方在发现货物表面状况存在问题后又在提单上做了"外包装空气锈蚀，少数绑带破损和灭失"的批注。

案例评析：

第一，涉案提单是否"清洁"？

涉案提单不是清洁提单。对于既有"清洁已装船"的记载，又有"包装锈损"批注的提单，相关国际条约和法律并没有做出规定。依据《海商法》第二百六十八条第二款的规定，此情形可以适用相关的国际惯例，即 UCP 的规定。根据 UCP 600 的规定，一旦承运人在运输单据上对货物及/或包装有缺陷进行了批注，即使该运输单据上有"清洁已装船"字样，银行也不应认为此运输单据符合"清洁已装船"的要求。因此，被告在本案中所签发的提单虽有"清洁已装船"的文字，但根据 UCP 600 的规定，此提单仍是一份不清洁提单。

第二，涉案提单与买方损失之间是否存在因果关系？

两者没有因果关系。由于是不清洁提单，开证银行在接受此套提单时应向买方做出提示，买方可以此作为信用证的不符点予以拒付。因此，船公司签发的提单并没有致使买方丧失依据信用证约定拒付货款的权利，买方在本案中实际接受了此套提单并支付了货款，而买方的损失与船公司所签发的提单之间并无直接的因果关系。

[**案例 9－7**]　2017 年 11 月 22 日，大华公司与万里公司签订了 4 份进口合同，约定大华公司向万里公司进口氨纶丝 36 吨，CNF 中国港口。上述货物由中运公司承运。2017 年 12 月 4 日，货物在韩国釜山装船，中运公司代理签发了已装船提单。提单上记载：收货人凭指示，通知方为大华公司，交货地为福建泉州，运输方式为 CFS/CY，货物为 A 级氨纶丝（纺织用），货物装在 20 英尺集装箱内，同时批注"托运人装箱和计数"以及"据说装有"，提单记载重量为 36 吨。该提单经数次背书后，最终转让至福建外贸。货物抵达福建泉州并卸至集装箱堆场后，福建外贸申请进口报关，经海关查验发现，集装箱内装的是涤纶丝而非申报的氨纶丝，后申请商检对货物进行检验，认定集装箱箱体无损、铅封完好，装载货物的纸箱上标有涤纶丝字样，箱内货物为涤纶丝。福建外贸因箱内货物与提单记载不符合而拒收货物。海关因福建外贸的申报品名与实际不符，将上述货物予以拍卖，并对福建外贸予以处罚。为此，福建外贸对中运公司提起诉讼，要求中运公司按照提单及有关单证上记载的货物名称交付货物或赔偿等价的货物损失。

案例评析：

第一，当提单上记载的内容有冲突时，承运人的责任如何认定？承运人是否应承担责任？

当提单上记载的内容有冲突时，应采取对承运人不利的解释。因此，应认定"托运人装箱和计数"以及"据说装有"批注无效，而 CFS/CY 批注有效，即承运人负责在装货港、货运站的装箱事宜，同时应保证实际装箱货物的信息，如货名、件数、体积等与提单上的记载完全一致，并有义务按提单表面记载向善意的提单持有人——福建外贸交付货物。据此可知，对于提单持有人而言，承运人应承担责任。

第二，本案承运人应吸取的经验教训是什么？

1）最好从事整箱业务。

2）在从事拼箱业务时，应选择资信良好的装拆箱代理人，以便能做好货物的接收、装载与交付，并如实进行提单批注。

[案例9-8]　2017年10月31日，中粮公司与豫新公司签订代理进口大米合同，由中粮公司代理豫新公司进口10 000吨越南大米。11月1日，中粮公司与香港港富兰公司签订合同，约定由港富兰公司提供10 000吨越南大米，价格条件为CIF黄埔港。12月11日，港富兰公司程租天福公司所属"天元星"船承运该大米，租船订租确认书约定运费预付，并于提单签发后三天内支付运费。因装货速度较慢，以致"天元星"船在装货港发生滞期费约13万美元。2018年1月21日，港富兰公司向天福公司支付了10万美元。1月25日，天福公司要求港富兰公司确认所支付的款项为滞期费。2月2日，港富兰公司确认该款项为滞期费，并提出将运费支付方式由预付改为到付，同时承诺：如果船舶抵达目的港时收货人不支付运费和滞期费，出租人可以扣押船载大米。据此，天福公司签发了一式三份"金康"租船提单，其上载明"收货人凭指示，通知方为中国粮油进出口公司"，在发货人对货物描述栏内写明"运费到付"（FREIGHT TO COLLECT）；同时，在该栏左下角提单格式中的预留空白处打印了租船合同日期，形成了"运费根据2017年12月11日签订的租船合同支付，运费预付"（FREIGHT PAYABLE AS PER CHARTERPARTY DATED DEC 11, 2017, FREIGHT ADVANCE）。船到目的港卸货后，天福公司依据提单上记载的到付运费及租船合同并入条款，向法院申请扣押并拍卖存放于广东外运码头公司仓库的"天元星"船卸载的1 800吨大米，并要求收货人支付运费及装货港滞期费等费用约22万美元。

案例评析：

第一，本提单记载了两个相互矛盾的运费支付方式，即运费到付与运费预付，而且两批注后面均没有注明日期。收货人根据应对企图获利的一方严格解释的合同解释规则，认为应解释为运费预付优于运费到付；承运人则认为应为运费到付。你认为应以哪个批注为准？

应以运费到付的批注为准。收货人提出的适用原则一般仅用于无法确定它们之间先后顺序的情况。在本案中，根据租船合同签订的时间在前、提单的签发时间在后的事实，应认定运费到付的约定在租船合同的运费预付约定之后。根据后约定优于前约定的合同解释原则，运费到付的记载应视为对租船合同中运费预付约定的修改，因而应认定运费到付有效，对提单持有人具有约束力。

第二，收货人以CIF条款下买方没有义务支付运费作为抗辩的理由是否成立？

该抗辩理由不成立。因为在CIF价格条款下是由买方还是由卖方支付运费属于贸易合同方面的事情，与运输合同无关，承运人并无维护贸易合同公平履行的义务，他只需在提单上注明运费到付，告知提单受让人在提货时须交付运费就足够了。

第三，收货人有无义务支付装货港发生的滞期费？

收货人无义务支付装货港发生的滞期费。因为提单中未明确记载提单持有人应承担在装货港发生的滞期费。

第四，本案中收货人有何失误之处？

由于收货人审单不慎，接受了载明运费到付的提单，并且对提单内容未提出异议，从而不得不再一次支付运费。

（3）未批注、漏批注。

[案例9-9]　2014年6月11日，船公司所属的E号货轮抵达青岛港并卸下全部货物。经青岛外轮理货公司理货，确认与提单上记载的数量相比，短少5 564袋，净重278吨，价值128 528美元。在损失发生后，中国收货人作为提单持有人向船公司提出索赔。船公司辩称：在古巴的圣地亚哥港装船后，已就托运人在提单上提供的货物件数和重量不实这一情况向托运人发出了书面声明，托运人已为此致函船长，表示承运人无须对货物抵达卸货港后所出现的任何情况负责。船长正是在托运人做出这样的承诺后才未就上述情况做任何批注而签发了提单。此外，承运人在签发提单后曾向收货人函告提单上载明的货物件数和重量与实际装船的件数和重量不符。

案例评析：

第一，船公司是否应承担货物短少的责任？

船公司应承担责任。中国《海商法》第七十七条明确规定："承运人向善意受让提单的包括收货人在内的第三人提出的与提单所载状况不同的证据，不予承认。"

第二，船公司向收货人发出提单上载明的货物件数和重量与实际装船的件数和重量不符的函件，可否构成对所签发提单货物数量的修正？

该函件不构成对所签发提单货物数量的修正。原因是并没得到收货人的书面认可（事实上，如果收货人予以书面认可，则会使自己处于两难境地：一方面必须根据信用证规定支付货款，另一方面会面临船公司的拒赔）。

[案例9-10]　2017年8月4日，烟台土产公司从美国杜邦公司购买了68吨氰化钠，价格条件为CIF烟台，总金额为93万美元。9月2日，货物装船后，船公司签发了提单，提单记载的装货港为美国圣保罗，卸货港为中国烟台。9月29日，船公司的青岛代理人向烟台土产公司发出到货通知，通知其货物已于9月25日抵达青岛港，要求凭正本提单到青岛办理提货手续。因提单上记明的卸货港为烟台，而氰化钠属于剧毒危险品，青岛海关不允许办理转关手续；如要在青岛提货，只能办理清关手续。烟台土产公司为此传真杜邦公司：在杜邦公司支付了18 000美元作为清关等费用的前提下，同意在青岛提货。10月8日，船公司函告烟台土产公司，在烟台土产公司不能提出更好解决办法的情况下，船公司决定将货物退运至日本，再由日本转船至烟台。11月3日，船公司将上述货物从青岛经由日本运抵烟台。烟台土产公司认为由于船公司的不合理绕航，使货物比预计时间晚一个多月到达烟台，给其造成了严重的经济损失，故向船公司提出索赔。

案例评析：

第一，船公司辩称：由于船公司在承运本案项下货物时没有直接到达烟台港的航线，货物要运至烟台港只能经由日本转船，因此选择了"圣保罗—青岛—日本—烟台"这一习惯航行路线。根据《海商法》的规定，承运人按照习惯航线将货物运往卸货港的，不构成不合理绕航。此辩称正确否？

船公司的辩称错误。船公司在承运本案项下的货物时，虽然没有直接到达烟台的航线，但在双方对航线没有约定的情况下，则应按照习惯的或者地理上的航线将货物送至卸货港。而船公司却只顾自己的便利和利益，先将货物运至青岛，在收货人不同意在青岛提货的情况下，才将货物退运至日本，然后再转船运到烟台。显然，船公司的行为构成不合理绕航，其应对收货人因此遭受的经济损失承担赔偿责任。

第二，本案中船公司的主要失误是什么？

在无直达烟台航线的情况下，没有在提单上批注由青岛、日本转船。

三、无船承运人提单的签发

根据 UCP 600 的规定，班轮提单只能以承运人、船长或其代理人的身份签发；租船提单只能以船东、租船人、船长或其代理人的身份签发。因此，在实务中，尽管国际货运代理可以采取不同的方式签发提单，但会涉及两个问题：一是所签发的提单能否符合信用证的规定；二是由此可能面临的责任与风险。

1. 以承运人身份签发提单

UCP 600 取消了国际货运代理这一用语，以承运人、船东、船长或租船人以外人士取代，即 UCP 600 第十四条：假如运输单据能够满足本惯例第十九条、第二十条、第二十一条、第二十二条、第二十三条或第二十四条的要求，则运输单据可以由承运人、船东、船长或租船人以外的任何一方出具。可见，银行可以接受国际货运代理、无船承运人等以承运人的身份所签发的运输单证。

2. 以自己的名义签发提单

根据是否接受承运人的委托，可以细分为以下两种情况：

（1）间接代理/隐名代理。此时，虽然以自己的名义签章，即未在提单上公开其代理人身份和代理关系，但如果持有承运人、船长、船东或租船人的授权，则可以适用《中华人民共和国合同法》第四百零三条的规定，即国际货运代理可以向提单持有人披露承运人，提单持有人可以选择国际货运代理或者承运人作为提单签发人来主张其权利，但不得变更选定的相对人。

（2）非间接代理/隐名代理。此时，国际货运代理应独立承担责任。如前所述，国际货运代理提单只有在以承运人身份签发时才能被 UCP 600 接受。因此，当国际货运代理以自己的名义签发所谓的"提单"时，该提单只适用于非信用证交易，除非当事人在信用证中另有规定，银行对于这种信用证是不予接受的。如果信用证规定"运输行提单可以接受"或使用了类似用语，则提单可以由运输行以运输行的身份签发，而不必表明其为承运人或具名承运人的代理人。

3. 以代理人的名义签发提单

根据是否事先披露被代理人，可以细分为以下两种情况：

（1）表明代理人与被代理人的名称，即以承运人、船长、船东或租船人的代理人身份签发，并且对作为被代理人的名称加以注明。此时，如果获得了被代理人的授权，而且明确表明其代理人身份并指明被代理人名称，则国际货运代理不承担责任。如果未获得授权便以其名义签发提单，属于无权代理，那么就必须为其签发的提单负责。

（2）未具体披露被代理人名称但表明了自己的代理人身份。此时，应结合具体案例来进一步判断国际货运代理的身份是代理人还是承运人，由此决定是否承担责任。

根据 UCP 600 的规定，班轮提单的签发人可以是承运人、船长、承运人或船长的代理人。此外，无论是承运人、船长还是其代理人，均应做到身份的可识别性，即承运人或船长签署时必须标明其名称与身份，换言之，既要标明承运人公司的名称或船长的姓名，也要标明为承运人或船长；由代理人签署时，除了必须有代理人的签名外，还必须标明被代理人的名称和身份。

显然，当国际货运代理所签发的提单仅标明代理人身份而未明确披露被代理人名称时，除非当事人在信用证中另有规定，否则银行对这种提单是不予接受的。

四、无船承运人提单的收回

在既有无船承运人提单又有船公司提单时，收货人或其代理人应凭无船承运人签发的正本提单向无船承运人在卸货港的代理人换单，而无船承运人在卸货港的代理人应凭船公司签发的正本提单向船公司在卸货港的代理人换单。

下面以拼箱货为例，说明套单下的换单操作流程。

1. 无船承运人或其卸货港代理人到船公司的代理人处办理换单手续

无船承运人或其卸货港代理人收到到货通知后，应凭船公司签发的正本提单（如正本提单未到，经船公司允许，可采取电放或银行保函等形式放货）和到货通知与船公司在卸货港的代理人办理换单事宜。经审核无误，并在支付到付运费和相关费用（如单证费、理货费等）后，船舶代理在提货单上加盖船舶代理的"进口提货章"。然后，无船承运人或其代理人还需要到船舶代理箱管部门办理提重箱与还空箱手续，箱管将开具提箱通知单（或提箱工作联系单）、进场与出场设备交接单，并在提货单上加盖船舶代理的"放箱章"。

2. 收货人或其代理人到无船承运人或其卸货港代理人处办理换单手续

首先，无船承运人或其卸货港代理人从船公司处提取集装箱并卸至自己的货运站拆箱；然后，通知各收货人凭无船承运人提单办理提货手续。经审核符合要求后，无船承运人或其卸货港代理人向收货人签发提货单，收货人报关报检后，凭加盖海关放行章的提货单到无船承运人指定的货运站提取货物，双方签收交货记录。

第三节　海运集中托运业务

一、海运集中托运业务概述

1. 海运集中托运的含义

无船承运人集中托运（以下简称"集中托运"）是指无船承运人作为合并运输人或组装人，将起运地几个发货人运往另一目的地的几个收货人的小件货物汇集成一整批后，以托运人身份向实际承运人办理托运，采用一份总托运单集中发运到同一目的地，由无船承运人在目的地的分支机构或代理人以收货人身份从实际承运人处提取货物后，再根据无船承运人签发的子提单分拨给各个实际收货人的运输组织方式。

在集中托运下，无船承运人以自己的名义提供服务并向每个发货人签发自己的提单，对不同的发货人来说，无船承运人是承运人，而在与实际承运人的关系中，无船承运人是发货人，每个实际托运人和实际收货人与实际承运人之间不存在直接的合同关系。

图9-2是多个销售合同下的拼箱货通过无船承运人实现集中托运时货方（发货人、收货人）、无船承运人及其代理人、船公司及其代理人、货运站（CFS）、码头场站（CY）等各关联方的关系示意图。

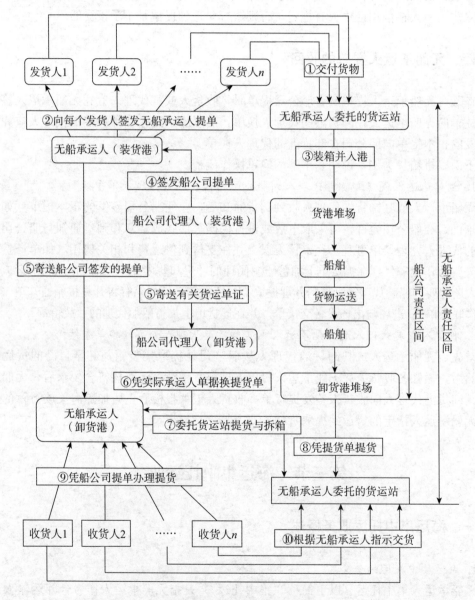

图9-2 集中托运业务示意图

2. 集中托运的优点

集中托运之所以受到有关各方的青睐，主要是它具有如下优点：

（1）托运人、实际承运人和无船承运人均会从集中托运业务中受益。一方面，无船承运人通过"批发"与"零售"舱位或将不同货方的拼箱货装入集装箱后以整箱货托运，从中可以赚取"批发"与"零售"或"整箱货交付"与"拼箱货交付"之间的运费差价。对于这些差价，除一部分支付目的港代理费和装拆箱费外，另一部分会返回给托运人以吸引更多的客户，其余的作为无船承运人的收益。另一方面，无船承运人专心于货物组织工作，不仅解除了实际承运人揽货量不足的困扰，也有利于无船承运人与实际承运人之间的分工与合作。

（2）集中托运业务除了使货方支付较低的运费外，还会为货方提供更全面的货运服务，甚至可以实现"门到门"运输。

（3）由于无船承运人签发的提单与实际承运人签发的提单具有同等的法律效力，因而在集中托运下，托运人交付货物后即可取得无船承运人签发的提单，从而使结汇时间提前、资金的周转更快。

3. 集中托运的缺点

尽管集中托运具有上述优点，但也有以下缺点：

（1）在集中托运下，货物的实际装船时间及交付时间不易确定，这在无船承运人或其代理人资信较差的情况下更是如此。因此，易腐烂变质货物、紧急货物或对时间要求较高的货物一般不易采取集中托运方式。此外，货方应与资信良好的无船承运人办理集中托运业务，以避免上述不足。

（2）很多承运人禁止某些货物采取集中托运的方式运输，如有些无船承运人或实际承运人不允许贵重物品、活动物、危险货物、外交信袋等货物采用集中托运的形式。

（3）与一般的货运服务相比，集中托运要求无船承运人具备更好的"硬件"和"软件"。例如，为了能有效地开展集中托运业务，无船承运人除了应具备集中托运与分拨的设施及能力外，还应该具备良好的通信网络与服务网络。当然，在实际业务中，无船承运人倒不一定必须拥有自己的集中托运与分拨设施或广泛地设立自己的分支机构，他可以通过协议的方式租用集中托运与分拨设施或委托代理人，但无论如何，他都应确保集中托运与分拨的费用低廉且服务质量良好。

（4）集中托运增加了无船承运人的经营风险。在集中托运下，无船承运人承担从收取货物开始至交付货物为止的全程运输责任，而且他还具有双重身份：对于每个托运人而言，他应承担货物运输的责任；对于实际承运人而言，他应承担托运人的责任。

4. 集中托运货物的出口途径

集中托运货物又称拼箱货，按承办人不同，其出口途径一般有三种方式。

（1）船公司或其代理人承办拼箱货——船公司直接受理拼箱货，并以 CFS/CFS 条款签发船公司提单。当然，这种情况有减少的趋势。目前，一般船公司仅接受整箱货，至于拼箱货则大多由国际货运代理或无船承运人承办。

（2）无船承运人承办拼箱货——无船承运人以承运人的身份采用 CFS/CFS 条款接受不同发货人的拼箱货物后，分别向其签发无船承运人提单，然后将货物集中并装入整箱后，再以发货人的身份以 CY/CY 条款向实际承运人订舱，以求赚取更多的利润。

（3）国际货运代理承办拼箱货——国际货运代理接收托运人的货物后，如果自行拼箱并向其签发自己的提单，则成为无船承运人，实际上是无船承运人承办拼箱货；如果再将其交由其他的无船承运人进行拼箱，即通常所称的转拼，此时的国际货运代理尽管未签发自己的提单，但其身份是代理人还是当事人应视具体情况而定，不能一概而论。

5. 集中托运的组织方式

（1）直拼是指在装货港将托运的同类性质、同一流向和目的港的若干票货物拼装在同一集装箱内，交给承运人直接运至目的港进行拆箱交货的运输方式。

（2）混拼是指在装货港将托运的同类性质但不同目的港的若干票货物拼装在同一集装箱内，交给船公司运至既定的中转港，由转运代理人接箱拆拨后再按直拼的条件与要求拼箱后直接运至目的港进行拆箱交货的运输方式。

（3）转拼是指国际货运代理或无船承运人把承接的货物转交给具有拼装能力的其他无船承运人并由其为货物安排拼装运输。

二、海运集中托运的业务流程

图 9-3 显示了无船承运人以拼箱货条款（CFS/CFS）接受若干个发货人的拼箱货，将其集中并委托自己的货运站装箱后，再以整箱货条款（CY/CY）交付船公司承运，在货物到达目的地后，无船承运人在目的地的分支机构或代理人从船公司提取整箱货并送至自己的货运站拆箱，然后再分拨给各个收货人。

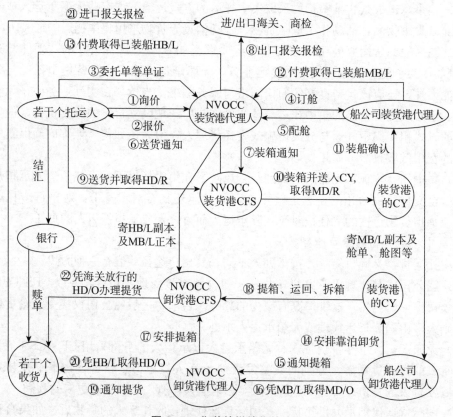

图 9-3　集装箱拼箱货的流程

1. 集中托运

(1) 接受委托，集中订舱。无船承运人与托运人经过询价、报价后，一旦接受托运人递交的委托书及托运单，双方的运输合同即告成立。

无船承运人在接受托运人委托的同时或以后，将汇总各个托运人的托运单，再以托运人身份按 CY/CY 条款向实际承运人递交订舱单。实际承运人确认后，提供总提单号，发放订舱回单，无船承运人与实际承运人之间的运输合同即告成立。在实际业务中，需要注意如下几点：

首先，无船承运人通常根据每月拼箱货业务量的大小，在开航前 10 天左右制作预托单，注明托运人为无船承运人，收货人为国外指定代理人，并在货物说明栏中说明是拼箱货并列出所拼集装箱内每一种货物的名称或直接注上 "CONSOLIDATE GOODS"，向承运人暂订舱。

其次，在拼箱的过程中，应注意将信用证规定的转运期相近的货物尽量装在一起，以便及时出运，同时对货物的特性也要有所了解，防止将相互排斥的货物放在一起。

最后，在实际业务中，通常是无船承运人根据协议或经过临时协商与实际承运人定妥运价，取得船名、航次、总提单号后，再向托运人确认运价，并提供船名、航次、分提单号。

(2) 通知送货，通知装箱，集运报关，收货签单并装箱。无船承运人取得实际承运人的订舱确认后，应告知客户送货及递交报关资料的时间、地点，同时将集运报关清单①和载货清单交给无船承运人指定的拼箱 CFS，CFS 可向实际承运人提取空箱，并做好货物的接收、装箱及送货准备。托运人将货物送到 CFS 后，代表无船承运人的 CFS 应与托运人进行货物（包括单证）的验收交接，在确认无误后，无船承运人的代理——CFS 应签发场站收据给托运人，以便托运人换取无船承运人提单。待办妥报关报检手续后，CFS 还应进行装箱，制作装箱单。

集运货物的报关与整箱货的报关基本相同，所不同的是必须制作集运报关清单。无船承运人于截港前 1 天，与 CFS 核对进库货物情况，制作报关清单一式两份，并附在各票货物的报关单及其他证明的前面，向海关报关。由于所有的集运货物通常都在海关批准的监管场所内装箱，因此在一般情况下，海关在检查有关单据后不再另行验货，通常完税后即告放行，只不过报关清单上必须由装箱点加盖上述"货物确已到站"的印章，并在船开 3 天内，向海关呈交实际装箱出运的货物清单一份，清单上还需注明集装箱箱号、封号。

在实际报关业务中，由于各地海关的要求略有不同，也可能采取二步报关法，即先由各个托运人分别单独报关，等装箱后再由无船承运人办理出口拼箱舱单录入及整箱出口手续，待海关放行后，将整箱货送到港区堆场。

(3) 箱交实际承运人，缮制账单、提单，付费签单。在货物装入集装箱后，无船承运人或其代理人应在规定时间内组织拖车将集装箱连同有关单证（场站收据、关单等）送至实际承运人 CY，双方验收合格后，实际承运人应签发场站收据给无船承运人，以便无船承运人换取实际承运人提单。

如果要求签发收货待运提单，则无船承运人（实际承运人）在收到托运人（无船承运

---

① 报关清单是各票货物报关单的汇总单，主要包括船名、航次、关单号、总批量、总重量、报关单位、报关时间、编号、经营单位、货物名称、件数、重量、价格等。

人）递交的场站收据及运费、港杂费（如果为预付）后，即可签发无船承运人（实际承运人）提单；如果要求签发已装船提单，则只有在集装箱装上船后才能签发相应的已装船提单。

（4）递单结汇。托运人在取得无船承运人提单后，连同其他单证向银行交单结汇，收货人则向银行付款赎单，取得全套正本无船承运人提单。

（5）寄交单据。无船承运人应将实际承运人提单正本、装箱单、无船承运人提单正本复印件及电放电报（如果为电放）、舱单、各分票海运费收费标准（如果运费为到付）等寄送其目的港代理人，并向代理人发布船舶开航报告。与此同时，实际承运人的装货港代理人也应将所签发的提单副本等货运单据寄送给实际承运人的卸货港代理人。

2. 分 拨

（1）接收、核对、缮制并分发单证。无船承运人的目的港代理人在取得这些单证后，首先，应核对有关整箱舱单及各分票舱单数据是否一致；其次，应缮制有关分票舱单及提货单；最后，将有关的整箱舱单和各分票舱单转交给卸货港货运站或拆箱监管场所及拖车公司。

（2）凭提单办理提货手续。在实际承运人发出提货通知后，无船承运人的目的港代理人凭装货港代理人邮寄的实际承运人提单向实际承运人的目的港代理人办理提货手续，实际承运人的目的港代理人将该提单与实际承运人的装货港代理人邮寄的副本提单进行核对，并在收取运费（如果为到付运费）后签发提货单，以便无船承运人的目的港代理人提箱。

（3）向海关办理移库手续，提箱，拆箱。无船承运人或其目的港代理人凭实际承运人签发的提货单、各分票提单副本、舱单及入库清单等，向海关申请将整箱货移至无船承运人自己拥有或指定的监管库，以便拆箱分拨。海关查验单证后将这些单证制作关封并交付监管整箱货堆场的海关官员，海关官员审核无误后盖章放行。无船承运人安排的拖车公司持海关放行手续到码头堆场提取整箱并移至监管库，按集装箱装箱单的顺序进行拆箱，分类进行入库保管，如有短损，应填写溢短单或残损单。

（4）发到货通知，签发提货单。无船承运人或其目的港代理人向收货人发到货通知，收货人向无船承运人的目的港代理人递交全套正本无船承运人提单，无船承运人的目的港代理人将该提单与无船承运人的装货港代理人邮寄来的提单副本进行核对，收取运费（如果为到付运费）后签发提货单。

（5）报关，提货。各收货人可以自行或委托无船承运人持无船承运人签发的提货单及其他通关手续向海关办理各自进口货物的报关，取得海关放行后，收货人可持提货单到无船承运人监管库提取货物。

第四节　海上货运代理身份识别与案例分析

一、海上货运代理身份识别标准

从 2012 年 5 月 1 日起施行的《最高人民法院关于审理海上货运代理纠纷案件若干问题的规定》第三条、第四条对此做出了相应的规定：

第三条　人民法院应根据书面合同约定的权利和义务的性质，并综合考虑货运代理企业取得报酬的名义和方式、开具的发票种类和收费项目、当事人之间的交易习惯以及合同实际履行的其他情况，认定海上货运代理合同关系是否成立。

解读：该条的主要目的在于认定合同的性质，是货运代理合同还是货物运输合同，应根据书面合同约定的权利和义务的性质，并具体考虑货运代理企业取得报酬的名义和方式、开具的发票种类和收费项目、当事人之间的交易习惯以及合同实际履行的其他情况等做出判断，而非仅依据合同名称去判断。例如，有些合同的名称为货物运输合同，但实际上却是货运代理合同。

第四条　货运代理企业在处理海上货运代理事务过程中以自己的名义签发提单、海运单或者其他运输单证，委托人据此主张货运代理企业承担承运人责任的，人民法院应予支持。货运代理企业以承运人代理人名义签发提单、海运单或者其他运输单证，但不能证明取得承运人授权，委托人据此主张货运代理企业承担承运人责任的，人民法院应予支持。

解读：司法解释明确规定货运代理企业以自己的名义签发提单、海运单或者其他运输单证，或不能证明取得承运人授权，以承运人代理人名义签发提单、海运单或者其他运输单证，认定货运代理企业承担承运人责任。

由此可见，在实践中判断海上货运代理的身份是代理人还是无船承运人，主要依据以下三大标准：

（1）当事人签订的书面合同的名称和内容。

（2）提单的格式和签署。

（3）其他因素。

二、海上货运代理身份识别案例分析

1. 当事人签订的书面合同的名称和内容

（1）当事人之间签订了具体的书面合同。通常根据合同的名称和内容判断该合同属于运输合同还是代理合同，进一步判断货运代理的法律身份（无船承运人或货运代理人）。如果合同的名称与合同的内容不一致，如合同的名称为运输合同，而合同的内容中没有运输合同的基本条款，则以合同的内容为准。

（2）当事人之间签订了规范长期业务的框架协议。除非当事人之间就某笔具体业务另订协议，判断某笔具体业务中产生的纠纷，还必须结合该笔业务中签发提单的情况或者其他因素。

（3）当事人之间签订的合同中对其身份没有明确约定、措辞含糊。此时，必须借助提单或者其他因素以识别货运代理的身份。一些国家很可能做出有利于托运人的判定，即认定货运代理为承运人或经营人。理由是货运代理营业范围的扩张造成了混淆，同时，由于缺乏对货运代理意欲充当角色的清楚说明，无经验的托运人有权利将他们之间的合同视为运输合同。

[案例9-11]　2018年4月27日，广州国际与中成公司签订"孟加拉国工程设备物资货运代理合同"，其中约定：中成公司负责按照广州国际的要求将货物安全、及时地运

往目的港，并随时提供航运信息，直到收货人如期提货；中成公司负责自货物运至指定仓库交货起至货物运抵吉大港卸船并交付给收货人为止的全部工作，包括卸车、接货、理货、装箱、码头监装监卸、整理并重新包装、核对标记、丈量尺码、翻译制单、法定商检或换证、代理租船订舱、集港、装船、出口报关报检及运输到吉大港卸船等工作，对货物妥善保管、小心运输，并保持包装完好，如因中成公司存储、运输、装卸不当造成货物损失的，应赔偿广州国际由此而产生的除货运保险责任外的一切损失；中成公司收取的海运费用包括运费、港口包干费、仓储费、报关费。5 月 16 日，广州国际向中成公司出具一份以"广州国际"为抬头的出口货物托运单，其中记载：起运港为上海，运往地点孟加拉国吉大港，托运人为广州国际，特约事项记载为散货，在"托运人盖章"栏中盖有广州国际的公章。5 月 17 日，中成公司向新加坡胜利海运公司的装货港代理人中海公司出具一份以"中成公司"为抬头的出口货物托运单，其记载与广州国际出具的出口货物托运单相同，但在"托运人盖章"栏中盖有"中成公司业务章（1）"。6 月 7 日，中成上海分公司出具并留底的托运单上的记载与前两份托运单相同。6 月 30 日，货物装上新加坡胜利海运公司所属的"顺安"轮。7 月 3 日，广州国际和中成公司共同向中海公司出具一份倒签提单保函，请求将提单倒签至 6 月 20 日。其后，中海公司以船东代理人的身份签发了日期为 6 月 20 日、签发地为上海、抬头为"胜利海运"的已装船提单一式三份，其中记载：托运人为广州国际，收货人为达卡供电局，装货港为上海港，卸货港为吉大港。8 月 31 日，"顺安"轮抵达目的港孟加拉国吉大港并开始卸货，发现有 12 箱配电变压器和 19 箱电缆不同程度受损。原告广东人保赔偿广州国际后取得代位求偿权，请求判令被告中成公司赔偿。广州国际出具的货物发票显示，涉案货物以 CIF 价格条件成交。

案例评析：

第一，广州国际与中成公司签订的货运代理合同是什么性质？

双方的合同为运输合同。被告中成公司与广州国际签订的"孟加拉国工程设备物资货运代理合同"，尽管其中有代为报关等中成公司作为代理人的约定，但其内容主要是关于中成公司作为承运人、广州国际作为托运人的权利和义务的约定以及运费收取、安全运输等规定，符合货物运输合同的条件和特征，因而应认定该份合同为含有货运代理内容的国际海上货物运输合同。广州国际与中成公司之间的海上货物运输合同关系成立。合同的名称虽为"货运代理合同"，但与合同的主要内容不吻合，故不能认定该合同为货运代理合同。

第二，中成公司以"合同约定广州国际放弃因货运保险责任向我方索赔的权利"为由，拒赔保险公司是否成立？

该理由不成立。当事人可以在海上货物运输合同中约定免责条款，但不得减免承运人根据《海商法》规定所应承担的法律责任。《海商法》第五十一条已列明了承运人对其责任期间内的货物灭失或者损坏的免责范围，超出该免责范围的承运人免责约定因违反法律的强制性规定而无效。被告中成公司与广州国际在合同中关于中成公司不承担货运保险责任的货损的约定，超出了法律关于承运人免责范围的规定，故该约定无效。该约定的无效不影响合同其余条款的效力。

第三，被告认为，被保险人广州国际在货损发生时对保险标的不具有保险利益，原告应当对目的港的收货人理赔，其对广州国际的理赔错误，不能取得代位求偿权，这种看法是否正确？

提单记载的收货人是达卡供电局。广州国际出具的货物发票显示，涉案货物以 CIF 价格条件成交，这表明货物在装货港越过船舷之前，由广州国际承担货物灭失或损坏的风险，越过船舷之后则由收货人达卡供电局承担该风险，即当被保险货物越过船舷后，广州国际就不再承担货物损坏或灭失的风险，从而丧失了保险利益，故其虽持有提单和保险单，也无权要求保险人赔付保险单项下的货物损失。原告对不具有保险利益的广州国际的赔付不符合法律规定，其赔付后不能合法地取得代位求偿权。另外，涉案提单为记名提单，记名的收货人为达卡供电局，而货物已在目的港完成交付，有关货物的索赔权已转移给收货人，原告代位托运人广州国际向承运人要求赔偿，亦无法律依据。

2. 提单的格式和签署

提单是辨明法律关系的重要线索，提单的抬头、签署、正面记载、背面条款对于识别承运人、判定承运人的权利和义务都具有重要的证明意义。一般来说，提单上用于确认承运人身份的记载有三处：提单抬头、提单签单章以及提单背面的"承运人识别条款"。对于提单背面的"承运人识别条款"，鉴于其有可能使承运人有机会规避最低限度的义务，因而否认其效力是大势所趋，故在审判实践中一般根据前两者来认定，尤以签单章为优先。

（1）货运代理签发自己格式的提单。有时，货运代理会签发自己格式的提单，包括无船承运人提单、货运代理提单或国际多式联运提单。在这种情况下，法院通常认定货运代理为承运人或国际多式联运经营人，无论其在提单中的签署表示为承运人还是代理人，除非货运代理能够提出类似如下案例中的相反证据。

［案例 9－12］ 2016 年 10 月，原告 A 公司委托被告美商 Y 公司将一批机翼壁板由美国长滩运至中国上海。实际承运人 M 公司签发给被告的提单上载明"货装舱面，风险和费用由托运人承担"。而被告 Y 公司向原告签发的以自己为抬头的提单上无此项记载，同时签单处表明被告代理实际承运人 M 公司签单。在货抵上海港后，商检结果确认部分货物遭受不同程度的损坏及水湿。为此，原告向被告提出赔偿 68 万美元损失的请求，被告虽辩称自己的身份是货运代理，但没有提出相应的证据。

案例评析：

第一，本案被告欲证明自己的身份是货运代理，需要提供哪些证据？

本案提单上的签单章表明被告是作为实际承运人的代理人而代签提单，但提单抬头却是被告本身的。因此，被告欲主张自己为货运代理，必须证明两点：①证明其与实际承运人之间存在代理签单协议；②证明实际承运人在该提单签发时是合法存在的。

第二，被告赔偿后能否向实际承运人追偿？应如何防范此类风险？

不能，因为实际承运人在提单上批注了"货装舱面，风险和费用由托运人承担"。货运代理不签发提单，或在签发提单时确保货运代理提单与船公司提单的责任条款相一致，以便事后可向实际承运人追偿。

（2）货运代理签发其他人（货运代理、无船承运人、船东）的提单。如果货运代理是接受被代理人的委托授权签发提单，则属于隐名代理，适用《合同法》的第四百零二条至第四百零三条的规定；反之，则需要承担承运人的责任。

在实践中，许多货运代理签发提单时会在提单上表明其是"作为代理人，作为承运人的代理人"（as agent, as agent for the carrier）代签提单，发生纠纷后试图以此回避其承运人的身份。在这种情况下，如果货运代理要主张自己为承运人的代理人，必须证明两点：一是其与被代理人确实存在签发提单的委托关系，而且两者确实独立存在；二是被代理人在该提单签发时是合法存在的。

[案例9-13]　U公司向V货运代理托运货物，持有抬头为Globe公司的提单，提单背面条款第三条载明："本提单项下的承运人是指Globe公司。"该提单由V货运代理签署，但没有表明是作为承运人还是作为代理人签署。U公司要求V货运代理赔偿无单放货损失。V货运代理辩称其只是Globe公司的代理人，不承担赔偿责任，并出示了Globe公司在美国合法注册的证明，以及授权V货运代理签发提单的委托书。

案例评析：

U公司是否有权要求V货运代理承担赔偿责任？为什么？

U公司有权要求V货运代理承担赔偿责任。一审：被告在以盖章方式签发提单时虽未注明其身份是承运人还是代理人，但根据提单背面承运人识别条款，涉案提单项下的承运人应是Globe公司，原告与被告之间并不存在海上货物运输合同法律关系。判决：对被告的诉讼请求不予支持。二审：V货运代理属于隐名代理，由于是在事后才披露Globe公司的承运人身份，根据《合同法》第四百零三条的规定，U公司既可以向Globe公司主张权利，也可以选择向V货运代理主张权利。

（3）以代理人的身份签单。在实践中，许多货运代理签发提单时会在提单上表明其是"作为代理人，作为承运人的代理人"（as agent, as agent for the carrier）代签提单，发生纠纷后试图以此回避其承运人的身份。在这种情况下，如果货运代理要主张自己为承运人的代理人，必须证明两点：一是其与被代理人确实存在签发提单的委托关系，而且两者确实独立存在；二是被代理人在该提单签发时是合法存在的。

[案例9-14]　2015年9月，原告A公司将一批风衣交给被告B公司，委托其从中国海运到意大利后取得一套正本提单，该提单的抬头为新加坡F船公司，提单显示托运人为A公司、收货人凭中国银行指示，签单处盖有B公司职员李某和深圳D公司的印章。A公司以两被告无单放货为由提起诉讼，要求两被告承担违约责任。在庭审过程中，C公司自认是本案的承运人，表明其与B公司存在代理协议，并授权B公司职员李某签发提单。B公司也承认自己是C公司的代理人。经查，签发上述提单的深圳D公司不存在，新加坡F船公司既未与C公司签过代理协议，也未向C公司出具授权委托书和事后追认授权。

案例评析：

本案各方当事人的身份如何？各自应承担何种责任？

A公司是托运人，B公司是C公司的代理人，C公司是无船承运人，F船公司是实际承运人，应由C公司承担责任。理由是：A公司未提供证据证明其向B公司订舱，也未证明B公司作为托运人向实际承运人新加坡F船公司订舱出运货物。C公司自认是承运人，并提交证据证明授权李某签发提单，与B公司存在转委托关系。作为实际承运人的新加坡F船公司从未与C公司签过代理协议，也没有向C公司出具授权委托书，事后也没有追认，所以C公司代签单是一种无权代理新加坡F船公司的行为。因此，认定B公司为承运人C公司的代理人，C公司为本案的无船承运人。本案提单为指示提单，C公司作为承运人在未收回正本提单的前提下指示新加坡 F 船公司将货物放行，违反了承运人凭正本提单交付货物的法定义务，造成了 A 公司收不到货款，理应承担违约责任。B 公司作为 C 公司的代理人，其没有过错，对本案海上货物运输合同纠纷不承担责任。

3. 其他因素

以书面合同或者提单作为识别货运代理身份的标准，并不能得出这样的结论，即货运代理没有与委托人（托运人）签订书面运输合同或者没有使用自己格式的无船承运人提单，则必然退居货运代理的地位。

在委托人与货运代理之间不存在书面合同、货运代理也没有签发自己格式的无船承运人提单的情况下，主要依据以下步骤识别货运代理的身份：

（1）从货运代理对委托人的询价答复、托运单或者委托书的内容、第三方（船公司等）签发给货运代理的提单等方面综合考虑。一般来说，如果委托人指定了船公司，或者货运代理在答复委托人的询价时披露了船公司并且/或者提供了多家船公司供委托人选择，托运单或者委托书记载了船名或者以其他方式表明了货运代理的代理人身份，船公司签发给货运代理的提单记载的托运人是委托人，则应当认为货运代理披露了承运人，并且明示或者暗示了其代理人的身份；反之，如果货运代理在相关文件中没有披露承运人，也没有表明其代理人的身份，而且船公司签发的提单中记载的托运人是货运代理，则一般应认定货运代理为无船承运人。

（2）当依据上述因素仍不足以做出判断时，还可以参考其他因素。其他因素包括委托人与货运代理之间的往来函件、双方的交易历史、货运代理的参与程度和发票形式等。这些因素与上段所列的因素相比，它们的正式性、重要性和相关性都比较低，因此只能作为附加因素考虑。此外，贸易条件也可能成为参考的因素。例如，在 FOB 价格条件下，由买方委托境外的货运代理办理相关事务，境外货运代理转委境内货运代理办理境内的部分事务，此时，由于境内货运代理不直接受托于国内的买方，因此其被认定为承运人的可能性极小。

[案例 9 - 15]　原告 A 货运代理与被告 B 贸易公司自 2015 年 7 月起就有货运业务往来，且双方的交易习惯是原告按被告要求对货物进行卸载、装柜并代被告先垫付相关的费用，然后被告根据其职员在原告出具的铁路整车货物、汽车货物中转委托单上的签名确认相关费用并向原告支付费用。2016 年 3 月，原告称履行了对被告所交付货物的装卸、运输工作及代垫了相关的费用，但被告对其确认应支付的款项却迟迟不予给付。在庭审中，原告提供了被告职员胡永红在双方没有争议的月份费用确认单（即铁路整车货物、汽车货物中转委托单上的签名确认）和根据该确认单被告给付款项的银行对账单，以证明双方之间是按这样的交易习惯履行的，而被告则予以否认。经查，胡永红是被告聘请的业务员。

案例评析：

双方是否存在运输合同关系？本案被告是否有权拒付经其职员胡永红签名确认的费用？

在本案中，尽管双方没有订立书面合同，但根据交易习惯可以认定：原、被告双方货运合同关系成立，而且在费用支付方面，首先由原告垫付费用，然后再由被告付款结清。

本章小结

首先，本章简述了无船承运人的含义、特点及行业管理情况；其次，本章对无船承运人提单、无船承运人集中托运业务进行了分析；最后，本章对无船承运人的责任进行了分析，并通过案例分析具体阐述了如何对其身份进行识别。

综合练习

一、单项选择题

1. 无船承运人是（　　）。

A. 发货人的代理人 　　　　　　　　B. 收货人的代理人

C. 承运人的代理人 　　　　　　　　D. 承运人

2. 在我国申请设立无船承运企业，需要交纳（　　）万元人民币保证金。

A. 80 　　　　　B. 200 　　　　　C. 500 　　　　　D. 300

3. 无船承运人与海上货运代理、船舶代理的区别在于前者是（　　）。

A. 承运人 　　　B. 代理人 　　　C. 居间人 　　　D. 经纪人

二、判断题

1. 货运代理签发提单是判断其是否为无船承运人的重要依据。　　　　　　（　　）

2. 货运代理和船舶代理均可申请成为无船承运人。　　　　　　　　　　（　　）

3. 交纳保证金是申请设立无船承运企业的先决条件。　　　　　　　　　（　　）

三、简答题

2018 年 3 月 22 日，福富公司向外海公司出具托运单，要求自江门运至美国芝加哥。外海公司接受委托后，以福富公司的名义，向鹏达公司托运。同日，鹏达公司签发了自己格式的提单，记载：托运人为福富公司，承运人为鹏达公司，收货人为格鲁公司。外海公司取得提单后，交给福富公司，福富公司并未对此提出异议。3 月 29 日，外海公司向福富公司出具运费发票；4 月 11 日，福富公司支付了上述费用。随后，外海公司向鹏达公司支付了相应的运费。由于鹏达公司在收货人没有提供正本提单的情况下直接放货给收货人，故 6 月 18 日福富公司以无单放货为由向外海公司提出索赔。另外，根据外海公司提供的情况，鹏达公司并非船公司，也是货运代理。

试回答以下问题：

1. 识别货运代理身份时应考虑哪些因素？

2. 货运代理赚取了运费差价是不是认定其为货运代理的标准？

3. 在本案中，外海公司的身份是什么？

第十章

无机承运操作实务

国际航空法体系

国际航空法通常是指国际民用航空法，它由一系列多边和双边的条约构成，主要包括三个部分：围绕《芝加哥公约》形成的国际民用航空基本制度；围绕《华沙公约》形成的国际航空民事责任制度；围绕三个反劫机公约形成的国际民航安全制度。

（1）形成了国际航空基本制度。1944年在美国芝加哥签订的《国际民用航空公约》（以下简称《芝加哥公约》）是构成当今国际民航法律制度的基本条约。它包括空中航行、国际民航组织、国际航空运输等部分，规定了国际航空法的基本规则，构建了国际民航制度的框架。根据该公约成立的国际民用航空组织，是当今民航领域最权威和最广泛的全球性组织，也是联合国的专门机构之一。《芝加哥公约》的主要原则和制度包括：领空主权原则，航空器国籍制度，将国际航空飞行分为定期航班飞行和不定期航班飞行，并做出了相应的规定。我国于1974年加入《芝加哥公约》。

（2）确立了国际民航损害赔偿责任。1929年在华沙签订了《统一国际航空运输某些规则的公约》（以下简称《华沙公约》），中国于1958年批准该公约；1955年在海牙签订了《修订1929年10月12日在华沙签订的〈统一国际航空运输某些规则的公约〉的议定书》（以下简称《海牙议定书》），中国于1975年批准该议定书；1961年在瓜达拉哈拉签订了《统一非缔约承运人所办国际航空运输某些规则以补充华沙公约的公约》（以下简称《瓜达拉哈拉公约》）；1971年在危地马拉城签订了《修订经海牙议定书修订的〈统一国际航空运输某些规则的公约〉的议定书》（以下简称《危地马拉城议定书》）；1975年在蒙特利尔签订了第一、二、三、四号《关于修改〈统一国际航空运输某些规则的公约〉的附加议定书》（以下简称《蒙特利尔公约》）。《蒙特利尔公约》于2003年11月4日正式生效。2005年7月31日，我国正式成为《蒙特利尔公约》的缔约国。上述第二项至第五项协议都是对《华沙公约》的修订，因此上述五项文件被统称为《华沙公约》文件。

（3）建立了国际民航安全制度。国际民航安全制度建立在1963年《关于在航空器内犯罪和其他某些行为的公约》（以下简称《东京公约》）、1970年《制止非法劫持航空器公约》（以下简称《海牙公约》）和1971年《制止危害民用航空安全的非法行为的公约》（以下简称《蒙特利尔公约》）三个公约的基础上。1978年和1980年我国先后加入了上述三个有关国际民航安全的公约，并在国内刑法中对有关危害民航安全行为的罪罚做出了规定。

第一节　航空缔约承运人概述

一、航空缔约承运人的概念与特点

1. 航空缔约承运人的概念

《华沙公约》中未包括航空缔约承运人的概念。《瓜达拉哈拉公约》对航空缔约承运人和实际承运人的概念进行了界定。《蒙特利尔公约》将《瓜达拉哈拉公约》的规定纳入其中并专门设立一章，直接对航空缔约承运人、航空非缔约承运人予以规定。我国1995年制定的《民用航空法》吸纳了上述公约的精神，明确规定了航空缔约承运人制度。

根据《瓜达拉哈拉公约》的规定，航空货运中的航空缔约承运人和实际承运人具有如下内涵：

（1）航空缔约承运人（contracting carrier）是指以自己的名义，与托运人或其代理人签订航空运输合同的人。

（2）实际承运人（actual carrier）又称履约承运人（performing carrier），是指根据航空缔约承运人的授权，履行全部或部分航空运输合同任务的人。

2. 航空缔约承运人的特点

航空缔约承运人与实际承运人具有以下特点：

（1）责任。除非另行约定，航空缔约承运人和实际承运人均受《华沙公约》的约束，前者对全程运输负责，后者对自己的运输区段负责。另外，在与航空公司的关系中，航空缔约承运人又被视为集中托运一整批货物的托运人，其地位相当于托运人、收货人。

（2）授权形式。航空缔约承运人授权实际承运人履行航空运输，一般不采用书面形式，因此实际承运人参与履行全部或部分运输的事实，构成航空缔约承运人授权的初步证据。在没有相反证据时，该事实就表明这种授权是存在的。

（3）货主指示。托运人或收货人根据《华沙公约》向承运人提出的任何申诉或发出的任何指示，不论是向航空缔约承运人还是向实际承运人提出，都具有同样的效力；然而，因有关运输变更提出的申诉则只能向航空缔约承运人提出才有效。

二、航空货运代理的法律地位

目前，在理论界和实务界已出现了可将航空货运代理界定为航空缔约承运人的主张。有些学者根据海运中无船承运人的概念提出了无机承运人的概念。不过，承认航空货运代理具有航空缔约承运人地位的法律障碍在于《中华人民共和国民用航空法》（以下简称《民用航法》）第九十三条、第一百零六条的规定。该法第一百零六条对航空缔约承运人的资格做了严格限制："本章适用于公共航空运输企业使用民用航空器经营的旅客、行李或者货物的运输，包括公共航空运输企业使用民用航空器办理的免费运输。"依据该法第九十三条的规定，公共航空运输企业应当拥有民用航空器、航空人员以及符合法律规定的注册资本。显然，按照《民用航空法》的规定，只有拥有航空器、航空人员的公共运输企业，包括航空运输企业或航空货运企业（即快递企业，比如 UPS 等），才有资格成为实际承运人或航空缔约承运人。而航空货运代理一般不具有航空器、航空人员，因而无法取得公共航空运输企业经营许可证，进而无法成为承运人。

由此可见，航空货运代理能否成为航空缔约承运人，其实质是航空缔约承运人是否必须拥有航空器的问题。笔者认为，《民用航空法》的上述规定已不适应目前航空运输业的发展情况，对航空缔约承运人施加上述限制既不符合航空运输的发展规律，也与国际航空运输的统一规则不一致。其理由如下：

1. 航空货运代理成为航空缔约承运人已被许多国家接受

从《华沙公约》到《蒙特利尔公约》，在国际航空运输的统一规则中均没有规定航空缔约承运人的必须拥有航空器。

2. 航空货运代理在航空集中托运模式下的身份已发生变化

尽管航空货运代理并不拥有或经营任何飞行器，但在集中托运模式下，航空货运代理组织全程运输，并以自己的名义向托运人出具分运单。货主将货物交给航空货运代理并提出运输要求，表明货主将航空货运代理视为承运人；航空货运代理以承运人的身份向货主承揽货物，表明其愿意按照货主的指示以合理方式运输货物，双方具有订立运输合同的意思表示，应将航空货运代理认定为航空缔约承运人，分运单可以作为证明航空货物运输合同的初步证据。

第二节　航空分运单操作实务

一、航空分运单的性质

航空分运单与航空主运单在外观上几乎完全一样，其法律效力相同，影响它在信用证交易时可接受性的只是在分运单的名称中多了一个字"house"。因此，很多航空货运代理干脆去掉该字，但因航空货运代理与航空缔约承运人的法律地位不同，其所签发的航空货运单的性质也有所不同。如前所述，现阶段我国的航空货运代理还不能以航空缔约承运人的身份进行经营活动，因此航空货运代理出具的航空分运单也不具有运输合同的性质，只是证明航空分运单所有人或签发人与托运人之间存在合同法律关系，航空分运单所有人及/或签发人按照约定负有交付货物的责任。

1. 航空货运代理同时签发主运单与分运单

在实务中，根据单证记载的不同，可分为两种情况：

（1）航空货运代理以自己为托运人，以航空运输企业的名义出具一份航空货运单，同时又向托运人出具航空货运分单（以下简称"分运单"），航空货运单中注明了分运单的编号，而分运单中也注明了航空货运单的编号。

在这种情况下，可初步推定该企业为航空运输企业代理人的身份，除非具有相反证据，即该分运单可视为航空货运单的补充，航空货运代理及所代理的航空运输企业与托运人、收货人或其代理人之间是航空货物运输合同关系。航空货运单成为托运人/收货人与航空运输企业之间存在运输合同的证明，分运单所有人及/或签发人仅承担代理人的责任。

（2）航空货运代理以自己为托运人，以航空运输企业的名义出具一份航空货运单，又向托运人出具分运单，航空货运单中没有注明分运单的编号，在分运单中也没有注明航空货运单的编号，或者注明的编号不一致。这种情况可分为两种情况：

第一，根据《民法通则》第六十六条"没有代理权、超越代理权或者代理权终止后的行为，只有经过被代理人的追认，被代理人才承担民事责任。未经追认的行为，由行为人承担民事责任"的规定，在无权代理的情况下，并不是托运人与航空运输企业之间直接缔结合同，而是由两种合同关系组成，即航空货运代理与航空运输企业相互之间存在航空运输合同，以及航空货运代理与托运人之间存在航空货运委托合同。这样的法律后果是：托运人无权对航空运输企业主张权利，航空运输企业也没有必要对托运人承担任何义务，托运人只能向航空货运代理主张权利。

第二，如果托运人与航空运输企业可以举证证明非法的航空货运代理存在欺诈，使其利益受到损害，可以主张撤销合同。

需要注意的是，在航空货物运输合同中，一方当事人必然是出具航空货运单的航空运输企业或其代理人，另一方当事人是托运人、收货人或其代理人。当航空货运代理仅出具一份航空货运单，却向其他托运人出具分运单时，如果发生货物运输纠纷，航空货运代理作为承运人的代理人应当向托运人提供航空货运单。托运人可以选择承运人或者承运人的代理人主张其权利。如果航空货运代理改变原定的航班和承运人，仍应当根据航空货运单上的航空运输企业确定诉讼主体。

2. 航空货运代理只签发分运单

当航空货运代理未签发航空货运单、只签发分运单时，即该航空货运代理与托运人通过出具分运单或者其他形式确定权利和义务关系的，他们相互之间形成委托-代理合同。

3. 转委托下签发分运单

具有运输代理资格的非一类航空运输销售代理企业，在揽货并向托运人签发分运单后，再将货物转托一类航空运输销售代理企业签发航空货运单出运，并从中收取一定费用的，可以视为与托运人代理关系的依据，如没有其他致使合同无效的情形，应当认定合同有效。

二、航空分运单的制作

1. 航空分运单制作的基本要求

按照规定，航空货运单应由托运人填写，因航空货运单内容填写不正确造成的损失应由托运人承担。然而，由于航空货运单填写的复杂性，一般的做法是在托运人填好托运书后，由承运人或其代理人按照托运人在托运书上所填的内容逐项填写，以避免由于托运人的不熟悉或缺乏了解造成填写错误。航空货运单不得对托运书的内容有所改动，航空货运单的正确性仍由托运人负责。

（1）航空货运单上注明航班的，货物应在注明的航班出运；没有注明航班的，承运人及其代理人应当在合理期间内出运。合理期间是指在没有约定期间的情况下，营运航空器到达同一约定地点通常所需要的时间。如果在次日从始发地点到约定地点有几个航班（包括经停约定地点或者他处）的，应以营运航空器行驶的最长时间或者最晚的航班确定。

（2）运费预付的债务人是托运人，运费到付的债务人是收货人。航空货运代理出具的航空货运单和分运单均没有注明或者虽然注明运费预付，但航空货运单、分运单没有托运人的签名，也不能证明运单已经交付托运人，同时不能提供托运人出具的注明运费预付的托运书或者有关结算协议，事先又未收取有关费用，可以推定运费到付。

（3）总运单和分运单的数据不一致的，承运人或其代理人应负举证责任，否则应承担对其不利的后果。

（4）货物重量一般应当以航空货运单上确定的重量为准。航空货运单确定的货物重量与航空公司配载交接记录的重量不一致的，应当以配载交接记录上确定的重量为准。承运人及其代理人能够证明两单数据对应性的，可以按照分运单货物重量认定。不按重量确定计费单位的轻泡货，应当明确体积；既注明重量又注明体积的，按照计费规定确定。

（5）在托运人、航空货运代理、航空运输企业的运输销售代理合同中，双方一般均明确了航空货运代理费用的费率和结算方式，其效力优于航空货运总、分运单上的费率规定。

（6）在委托-代理合同中，航空货运代理向托运人出具分运单，其中的费用是运费和报酬之和。当价格存在争议时，可以根据货物的重量乘以公布的运费费率确定。

2. 航空分运单制作存在的问题

（1）签发没有航空公司标识的不符合规范的航空货运单。例如，在某货运公司诉某进出口公司航空货运代理合同纠纷一案中，该货运公司签发了德国汉莎航空公司的货运单，但该运单无汉莎航空公司的标识。又如，在某货运公司诉被告某制衣有限公司航空货运代理合同纠纷一案中，该货运公司签发了没有标识的美国西北航空公司的货运单。

（2）在同一运单号下的数份运单出现运单内容的不同记载。例如，在甲货运公司诉乙货运公司航空货物运输合同纠纷一案中，浦东法院在组织双方对账时，发现在乙货运公司保存的业务单据中有多份"阴阳运单"，表现为在同一运单号项下，运费"预付"和"到付"各有其一，还有的运单则是除运单号相同外，其他内容均不相同。

（3）运单的修改随意性较大。例如，在甲物流公司诉乙货运公司航空货运代理合同纠纷一案中，甲物流公司代理韩亚航空公司签发的航空货运单的计费重量原为 3 750 公斤，后用"×"划去后，直接改为 5 750 公斤，改动处未有任何签章。

（4）航空货运单外借。例如，在多起案件的审理中，发现存在无签发运单资格（未获民航销售资格）的航空货运代理自行签发正规格式的航空货运单的情况。据称，这些空白运单均来自有资格的航空货运代理。部分有资格的航空货运代理的业务员反映，航空公司人员要求其向航空公司熟悉的无资格的航空货运代理提供空白运单。

[案例 10-1]　2017 年 9 月 1 日，被告新世界公司向原告香港保昌物流公司发出一份货运委托书和一份进出口货物代理报关委托书。货运委托书的内容为：起运港为上海，目的港为美国夏洛特；货于 9 月 8 日备妥，请安排出运。提单项目要求：发货人为被告，收货人为 PVH 公司，海运费到付。原告接受委托后，两次向马士基公司订仓，但货物两次都因故未上船。2017 年 9 月 28 日，被告的货物退关出场，从港区运回被告工厂。由于出运日期的延误，原告、被告与美国的收货人决定部分货物改走空运。2017 年 10 月 8—9 日被告将部分货物运至浦东机场。10 月 10 日，原告在上海签发了一份航空货运单。航空货运单上注明了以下事项：托运人为被告，收货人为 PVH 公司；运费到付；始发港为上海浦东，目的港为纽约。原告将上述货物交付收货人。同时，原告以山东天丰上海分公司的名义向实际承运人支付了运费，又以山东天丰上海分公司的名义向被告开出运费发票，向实际承运人支付运费和杂费。因被告收到运费发票后一直拒付费用，所以山东天丰上海分公司扣押了上述空运货物的退税核销单、报关单。此后，被告在向原告追讨退税核销单和报关单的函中明确了扣留两份单证的后果，原告和其代理人仍不予给付，由此造成了被告出口退税的损失。

案例评析：

第一，本案的运费支付方式是什么？托运人有无义务支付运费？原告扣押退税核销单及报关单是否合法？

在没有相反证据的情况下，航空货运单是订立契约、接受货物和承运条件的证明。原告签发的航空货运单是双方签订了航空货物运输合同的证明。运费的支付方在没有其他书面运费协议的情况下，应以航空货运单记载的运费到付为准。在运费到付的情况下，原告应该向收货人收取运费；如果收货人不付运费，原告可以行使货物留置权；相反，原告应将货物交付收货人，并且无权要求被告支付运费及扣留被告的出口货物退税核销单和报关单。

第二，原告是否应该赔偿被告从工厂至海运港区来回的运费及在港区发生的费用？

原告应该支付这些费用。原告接受被告的海运委托后，曾向马士基公司订仓，原、被告之间的海洋货运委托关系成立。原告订舱后通知被告将货物运至港区却未能上船，原告应该承担代理过失责任。两次订舱后未上船无论是原告的过错还是马士基公司（或其代理人）的过错问题，均不影响原告向被告承担代理过失责任。因此，原告应该赔偿被告从工厂至海运港区来回的运费及在港区发生的费用。

第三，原告在庭审中称其在报关中仅是联络人，具体的报关主体是山东天丰上海分公司，故不应承担退税损失责任。此主张是否成立？

报关是货运代理事项的一部分。被告将货运委托书和报关委托书一起交给原告，即将报关和其他货运事项一起委托给货运代理。原告作为一家香港公司，在接到被告的空白报关委托书后，只能再委托其他有报关资质的公司报关。从原告以山东天丰上海分公司的名义支付运费，又以山东天丰上海分公司的名义向被告开出运费发票，可以确认原告和山东天丰上海分公司的长期业务代理关系。被告向原告追讨退税核销单和报关单的函中已经明确了扣留两份单证的后果，原告和其代理人仍不予给付，因而被告的退税损失和公证费损失应由原告承担。

[案例 10 - 2]　2015 年年初，意大利某公司的代理商甲与中国 A 公司签订了丝绸服装国际贸易出口合同。该合同确定的贸易条件为 FOB 上海。同年 4 月 23 日，甲与意大利 C 公司签订了一份委托运输合同，约定由 C 公司为甲实施从中国到意大利全部出口货物的运输，货到米兰后，甲须付清 C 公司的运费才可提货，否则甲须支付仓储费用。同年 4 月 29 日，甲传真告知 A 公司，贸易合同项下的全部出口货物交由 C 公司承运，运费由甲在米兰提货前支付。同年 5—9 月期间，为便于订舱发运，A 公司按照 C 公司的要求改用东航的国际货物托运书，并将填好的托运书传真给 C 公司。C 公司将托运书交给了东航的销售代理 B 公司。A 公司先后 7 次按照 C 公司的指示将货物送到上海虹桥机场 B 公司的仓库。B 公司签收货物后代填并签发了 7 票托运人为 B 公司的航空主运单，同时还有托运人为 A 公司的 7 票航空分运单。在货物发送后，B 公司未将航空分运单正本托运人联交给 A 公司，亦未向 A 公司索要运费。在 7 票货物陆续运到米兰后，甲向 C 公司支付了全程空陆运费后提取了货物。C 公司分别向甲开具了发票和收据，同时声明该批货物运送合同已履行完毕。2017 年 2 月，B 公司致函 A 公司称：当时 A 公司委托 C 公司，C 公司与 B 公司有代理协议，现 C 公司将收款权移交给 B 公司，要求 A 公司依照航空分运单支付上海到米兰 7 票货的全程空运费。A 拒付后，B 公司遂向浙江省湖州市中级人民法院提起诉讼。B 公司在 2015 年 5—9 月陆续发送货物后，15～21 个月后才向 A 公司主张运费，这种违反《华沙公约》有关规定和不符合国际航空货运代理行业惯例的做法亦说明 B 公司不认为自己与 A 公司之间存在委托运输关系。一审、二审法院均认为：双方虽未签订书面委托运输合同，但 A 公司将货物交到 B 公司仓库，并在货物托运书上签字，B 公司已将货物运至目的地，有权向 A 公司收取运费，B 公司主张由外商支付运费的理由无据。判决 A 公司向 B 公司支付运费及逾期违约金。再审法院认为，本案是 C 公司在意大利揽到甲的出口货物，委托中国的航空货运代理 B 公司办理托运出口，A 公司指定的收货人是意大利诸家客户而非 C 公司。C 公司与 B 公司之间是航空货运代理关系，与货主无关。本案 7 票货物的全程运费已由 C 公司向甲收取，并由 C 公司依委托-代理关系向 B 公司偿还垫付运费。B 公司向航空公司支付的运费是为 C 公司垫付的费用，理应由 C 公司偿还。如果 C 公司不予偿还，应属商业风险，而不能以所谓的"权益转让"为由主张权利，损害第三者的利益。

案例评析：

第一，本案各方当事人的身份如何？为何法院认为 A 公司与 B 公司之间不存在委托-代理关系？

C 公司是航空缔约承运人。甲是托运人。按照意大利某公司的代理商甲与 A 公司商定的贸易条件，订立运输合同并支付运费是买方甲的义务。甲与 C 公司签订了委托运输合同，合同内容表明 C 公司是本案 7 票货物的航空缔约承运人、甲是托运人。

B 公司既是承运人——东航的销售代理，也是 C 公司的发货代理。由于 C 公司在出口国中国不具备经营航空货运代理业务的资格，C 公司必须委托中国上海的航空货运代理协助完成在当地的运输事宜，故 C 公司委托 B 公司办理承运。

东航是从事实际运输的承运人。

A 公司并未与 B 公司建立委托运输合同关系，理由如下：

（1）按照本案委托运输合同的约定，A公司应向C公司交付货物，但A公司将货物送到B公司仓库是按照C公司要求将货物送到指定地点的行为，并非向B公司托运。B公司接受货物、填制航空货运单并不是接受A公司的委托，而是作为C公司的发货代理将C公司收到的货物向航空公司托运的行为。

（2）《华沙公约》第十一条（1）项规定："在没有相反的证据时，航空货运单是订立合同、接受货物和承运条件的证明。"在本案中，虽然B公司签发了航空货运单，但本案有甲与C公司按照委托运输合同履行支付运费、交付货物的事实，从而否定了航空分运单作为合同的证明效力。此外，B公司在2015年5—9月陆续发送货物后，一直未将作为运输合同凭证的航空分运单正本托运人联交给A公司，15~21个月后才向A公司主张运费。这种违反《华沙公约》有关规定和不符合航空货运代理行业惯例的做法亦说明B公司不认为自己与A公司之间存在委托运输关系。

（3）B公司以C公司收款权转移为由向A公司主张运费的理由，也是不能成立的。本案证据证明C公司已经收到意大利某公司的代理商甲支付的全程运费，运输合同履行完毕，收款权已不存在，而且航空货运代理之间依代理关系改变支付运费的义务人，违背贸易合同当事人商定的贸易条件，因此所谓的收款权转移对A公司是无效的。

第二，A公司作为FOB条款下的卖方应从中吸取哪些教训？

虽然A公司在最终的诉讼中胜诉，但必定由于长期的诉讼遭受了巨大的损失。因此，在进行国际航空货物运输的过程中，由于"托运书"和"航空货运单"是"承运人"认定"托运人"、索要运费的主要依据，因此当事人在填写时应当谨慎。在FOB国际贸易合同中，买方负责运输，卖方作为货主根据买方指示将货物送达指定地点，应当办理货物交接手续而不是托运手续，更不要轻易将自己的名称填入"托运人"一栏，以免引起不必要的纠纷和损失。

[案例10-3]　　A公司是深圳市手机公司在A市的仓库管理人，负责库存货物的保管及代理发运。B公司是中国国际航空公司在A市的航空货运代理。2018年6月7日，A公司接到手机公司的指令，将一批手机发运至上海。2018年6月8日，A公司与B公司联系，要求B公司代办航空货运，当日发运。B公司将货物以抽样称重的方式称重为198公斤，并填开航空货运单：托运人为A公司，收货人为上海某公司（手机公司的上海收货代理人），未注明承运人，B公司加盖法人公章，货物名称为配件，16件/箱，重量为198公斤，费率为4.5元/公斤，运费为891元，提货方式为机场自提，未注明货物包装有瑕疵。然而，B公司未能赶上乙航空公司当日航班，遂延迟至第二日发运。2018年6月9日，B公司在机场发运时，又重新以逐一过秤方式对货物称重，称重为190公斤，由B公司工作人员（系为A公司填开航空货运单的同一个人）重新填开航空货运单：托运人为B公司，收货人为上海某公司，承运人为中国国际航空公司，B公司加盖其货运科印章，货物名称为配件，16件/箱，重量为190公斤，费率为5.9元/公斤，运费为1 121元，燃油加价38元，提货方式为机场自提（北京中转），未注明货物包装有瑕疵，并以该航空货运单发运货物，但未将上述情况变化告知A公司。2018年6月11日，该批货物经北京中转后运至上海，上海某公司提货时发现某件货物的包装上有黄色胶带缠绕的情况，即进行复秤，全部货物重量为191公斤。随后，上海某公司将货物交手机公司上海公司。经开箱检

查，手机公司上海公司发现丢失 9 部手机及配件，而后通知 A 公司。此后，A 公司与 B 公司多次交涉，因分歧较大，未能达成一致，遂向 A 市人民法院提起诉讼。

案例评析：

本案中有关当事人的法律关系如何？

B 公司在与 A 公司订立合同之后，以自己的名义作为托运人与航空公司订立了真正意义上的航空货物运输合同，填开了新的航空货运单（第二份航空货运单）。第一份航空货运单与第二份航空货运单的主要内容、条款发生了重大的变化。

第一份航空货运单的内容为：托运人为 A 公司，未注明承运人，B 公司加盖单位公章，货物重量为 198 公斤，费率为 4.5 元/公斤，运费为 891 元，提货方式为机场自提，未注明货物包装有瑕疵。

第二份航空货运单的内容为：托运人为 B 公司，承运人为中国国际航空公司，B 公司加盖货运科的印章，货物重量为 190 公斤，费率为 5.9 元/公斤，运费为 1 121 元，燃油加价 38 元，提货方式为机场自提（北京中转），未注明货物包装有瑕疵。

如果 B 公司没有取得中国国际航空公司的销售代理资格，则 B 公司和中国国际航空公司之间存在航空货物运输合同，B 公司与 A 公司之间存在航空货运委托合同。但是，因 B 公司是中国国际航空公司的销售代理人，故 A 公司是托运人，B 公司是航空货运代理，即 A 公司与中国国际航空公司建立了运输合同关系。

由于 B 公司的行为在《民用航空法》中没有明确规定，为了保护 A 公司的合法权益，按《民法通则》的规定，认为 B 公司对其改变托运人名称进行托运的行为负有告知义务，因此应当承担民事赔偿责任。根据《民用航空法》的规定，判决 B 公司赔偿 A 公司 268 元。

[案例 10-4]　2016 年 4 月 23 日，原告海涛货运代理公司委托被告中国货运航空公司将价值约 5 万元的扭力管（系波音 737 飞机轮刹车器件）一件从上海空运至内蒙古。航空货运单由被告填写，原告当初并未声明所运货物的名称及价值。航空货运单记载：托运人为海涛货运代理公司，货物品名为航材，运输声明价值、运输保险价值栏均未填写。原告收到航空货运单（托运人联）后也未提出异议。后因承运的货物找不到了，同年 7 月 11 日，被告最终向原告出具证明，确认该货物已丢失。为此，原告要求被告赔偿 5 万元，而被告辩称，托运人在委托运输时未声明货物为扭力管，标的物难以确定，而且也未声明货物的价值，原告要求的赔偿数额没有依据。

案例评析：

此案最终以调解方式由被告赔偿原告 5 000 元结案。由此可见，原告的失误之处为：未能正确记载航空货运单和声明货物的价值。

[案例 10-5]　航空货运代理 A 受航空货运代理 B 的委托为其空运一批货物至国外，双方约定：运费预付。航空货运代理 A 履行了义务，虽然货物迟延到港，但收货人未提出异议并收货。航空货运代理 A 向航空货运代理 B 索赔运费，航空货运代理 B 称是代货主 C 空运货物，因航空货运代理 A 迟延到港，致使货主 C 拒付运费，故要求追加货主 C 为第三人并由其支付运费。航空货运代理 B 为此提供了货主 C 的报关单、退税核销单以及曾向货主 C 出具了分运单的证据。货主 C 辩称，该纠纷与本公司无关，报关单、退税核销单是

本公司遗失的，已经登报声明，故本公司不应承担责任。然而，货主 C 对其辩称未提供证据。

案例评析：

第一，航空货运代理 B 与货主 C 之间是否存在委托关系？如果存在，航空货运代理 B 委托航空货运代理 A 出运的行为是否属于转委托？货主 C 有无义务支付运费？

航空货运代理 B 与货主 C 之间存在委托关系。根据民事诉讼的优势证据规则，可以认定航空货运代理 B 与货主 C 之间存在委托关系。航空货运代理 B 委托航空货运代理 A 出运的行为属于转委托。航空货运代理 B 向货主 C 出具了分运单，货主 C 并未提出异议，因此应认定货主 C 知悉并认可航空货运代理 B 的转委托行为。由此产生的运费应由货主 C 承担，而不应由航空货运代理 B 承担。

第二，货主 C 是否有权以迟延交付为由拒付运费？

货主 C 无权拒付运费。根据我国《民用航空法》第一百一十九条第三款规定，收货人的权利依照《民用航空法》第一百二十条规定（货物到达目的地）开始时，托运人的权利即告终止；但是，收货人拒绝接收航空货运单或者货物，或者承运人无法同收货人联系的，托运人恢复其对货物的处置权。显然，有关货物迟延损失的请求权通常是收货人的权利。托运人只有在特定情况下才有此权利。本案货物已抵达目的地，而且收货人已提取了货物，故在双方约定运费预付且货物已运抵目的地后，托运人应当支付运费。

[案例 10 - 6] 货主 A 因无进出口经营权，故委托进出口公司 B 办理出口手续，进出口公司 B 委托航空货运代理 C 办理报关与空运手续，航空货运代理 C 转委托航空货运代理 D，航空货运代理 D 向航空公司办理了托运并支付了运费。后因未收回垫付运费，航空货运代理 D 起诉了货主 A、进出口公司 B、航空货运代理 C，要求它们承担连带责任。经查，航空货运单上的托运人记载为进出口公司 B，但进出口公司 B 已向航空货运代理 C 支付了运费。

案例评析：

航空货运代理 D 的主张是否成立？

航空货运代理 D 的主张不成立。航空货运代理 D 与航空货运代理 C 建立了委托–代理关系，故可向其索赔运费；本案无证据证明航空货运代理 C 的转委托行为得到了进出口公司 B 的同意，因此并不构成转委托。显然，由于不存在直接的法律关系，航空货运代理 D 向货主 A 和进出口公司 B 主张运费缺乏法律基础。

[案例 10 - 7] 货主委托航空货运代理 A 托运货物至日本。该货物实际上是经由航空货运代理 A→航空货运代理 B→航空货运代理 C→航空公司出运的。因航空货运代理 B 已向航空货运代理 C 支付了运费，故航空货运代理 B 向货主索要运费，但货主称与航空货运代理 B 无合同关系，且出示了航空货运代理 A 支付运费的证据。经查，航空货运代理 A 和航空货运代理 B 仅具有国际货运代理资格，但不具备国际航空销售代理资格。

案例评析：

航空货运代理 B 是否有权向货主索赔已垫付运费？

航空货运代理 B 无权向货主索赔已垫付运费。航空货运代理 B 仅提供了证明自己揽货后对转手出运及已垫付运费的证据，但对从谁手中接货及与货主之间关系的事实，没有提供证据予以证明；而货主则提供了较完整的从委托他人出运货物，到交付货物、单证及付款完毕的证据。根据民事诉讼的优势证据规则，航空货运代理 B 应承担不利的后果。

[案例 10 - 8]　　2016 年 11 月 22 日，厦门某货主以国际货物托运书形式委托某物流公司将其生产的 27 箱运动器材空运至美国俄亥俄州的克利夫兰市。同年 12 月 4 日，厦门货主又口头委托物流公司空运 3 箱运动器材至同一地点。以上两批货物，双方均未约定运费计算方法、到达时间及其他事项，只对运费的支付方式口头约定为"运费到付"。物流公司接受委托后，填制了航空货运单，航空货运单的背面内容载明"如果收货人不支持到付款项，任何情况下都将由发货人负责偿付"等条款。随后，物流公司分别于 2016 年 11 月 25 日及 12 月 10 日将货物从香港转机运至克利夫兰市，并垫付运费、仓储费和拖车费等，但厦门货主指定的收货人拒收。物流公司遂要求厦门货主承担其已垫付的有关费用，而厦门货主以双方已约定运费的支付方式是"运费到付"以及其未在航空货运单上签章，不受航空货运单背书条款的制约为由拒付。在此次纠纷之前，原、被告之间有过类似的运输合同关系，双方并未产生异议。

案例评析：

被告厦门货主的辩称是否正确？

尽管被告未在航空货运单上签章，但原、被告之间以往也有过类似的运输合同关系，且从未提出异议，故被告应该知道航空货运单上背书条款的内容。在未对此内容提出异议的情况下，其作为托运人应遵守航空货运单背书条款的规定，在其指定的收货人拒付运费的情况下，应向承运人（即原告）支付运费。被告以未签章为由拒付运费显然理由不足。被告的拒付行为是违约行为，应承担相应的民事责任。原、被告之间虽对托运货物的运费计算方法没有约定，但原告依据商业习惯收取，且被告没有相关的证据反驳，应予支持。

在本案中，认定交易习惯的最重要因素在于"类似"。"类似"应从交易条件的角度理解，包括相似的交易价格、相似的交易程序、相似的运输货物、相同的运输性质（即国际运输）、相似的交易程序以及相似的约定事项等。这些可以看作适用交易习惯的条件，没有这些条件，交易习惯就无法在案件中适用；或者说，即使适用了也是不公平、不合理的，有违当事人的真实意思。

[案例 10 - 9]　　在航空货运中，由于机舱的容量有限，因而低密度货物将按体积计费。航空货运代理将低密度货（业内称为泡货）与高密度货（业内称为重货）组合，使低密度货物得以按普通货物计费，而航空货运代理通过向货主收取按体积计费的运费，向航空公司支付按重量计费的运费，以获取利润，业内称为"吃泡"。分泡约定一般记载于委托书中，常见的有 2/8 分泡、3/7 分泡。但是，如果在委托书中未记载分泡约定，航空货运代理以其垫付费用高于按单价乘以总运单上计费重量计算所得的费用为由，主张适用分泡规则时，如何认定航空货运代理之间的这种分泡约定？分泡规则在案件中又如何具体适用？

案例评析：

第一，分泡利润的合理性。分泡之所以能够实现，是航空货运代理将重货与泡货进行拼装后集中向航空公司托运。对于这种拼装行为，航空运输业的法律法规并无禁止性规定。由于现在的航空运输采用集装板等方式，故拼装行为也不会危及飞行安全。航空货运代理在进行拼装的过程中利用了自己能够组织货源的经营优势并付出了劳动，因此只要航空货运代理履行了配货义务，则对其分泡获取的利润应予保护。

第二，航空货运代理主张分泡利润的条件。具体到航空货运代理实践，这种利润的实现需要两个条件：①在委托书中记载了分泡约定的比例。②存在分运单与主运单的计费重量差或者按体积换算的重量大于总运单记载的计费重量。

在多数情况下，委托书会记载分泡比例，但在一些案件中，从货物品名及报关单上的毛重和体积判断应为泡货，然而委托书上并未标注分泡约定比例。受托的航空货运代理主张，货物是泡货，垫付费用高于按单价乘以总运单上计费重量计算所得的费用，因此推定双方之间存在分泡约定。委托方则主张，双方既然无约定，则应按委托书上记载的单价乘以主运单计费重量计算运杂费。对此，笔者认为：在航空货运代理合同中，除非另有证据，应以主运单上载明的计费重量为计算运杂费的依据；即便受托方通过拼装货物按照实际重量计费，其要获取分泡利润也应以与委托方进行了明确约定为前提。不能凭受托方的垫付费用高于按单价乘以总运单上计费重量计算所得的费用，就断定双方之间存在分泡约定。

第二个条件涉及分泡约定下的运费具体计算方式。航空货运代理主张分泡利润的前提是航空公司最终对泡货按照重货进行收费。对货物的实际重量应以航空主运单记载的计费重量为准。对货物体积重量的计算，如果航空货运代理向货主交付了分运单，则分运单上载明的计费重量就是体积重量；如果是航空货运代理之间转委托的案件，航空货运代理无其他证据证明货物体积的，则以委托书上记载的体积按照体积重量与计费重量的换算比例进行折算得出货物的体积重量。此时，以 2/8 分泡比例为例，则

委托人需要
支付的运费金额 ＝运费单价×[计费重量＋(体积重量－计费重量)×80%]

[**案例 10-10**]　1997 年 8 月 5 日，香港国泰航空作为承运人向印度托运人签发了航空货运单，目的地为中国青岛机场，收货人为韩国新汉银行，通知方为中国潍坊柳求公司。1997 年 8 月 22 日，货物经香港运抵青岛后，根据海关和机场的规定，货物交由山东外运货运代理分公司（以下简称"山东外运"），然后运入外运保税仓库，而后山东外运将应随同货物交收货人一联的航空货运单交给了通知方潍坊柳求公司。随后，潍坊柳求公司持正面盖有"韩国新汉银行"字样印章的航空货运单提货，山东外运据此将货物放给了潍坊柳求公司。由于印度托运人没有从潍坊柳求公司收到有关货款，遂要求作为承运人的国泰航空将货物运回印度，但该货物在青岛机场已不复存在。为此，国泰航空先向印度托运人进行了赔付，而后转向山东外运追偿其损失。经查，1997 年 4 月 18 日，青岛海关发布《关于空运进口货物交接仓储的管理规定》和《空运代理公司航线分配一览表》，指定山东外运为香港/日本/韩国航空公司进入中国青岛机场的代理。1997 年 5 月 1 日，民航青岛站与山东外运签署《进港国际货物地面服务代理协议》。该协议规定，山东外运负责处理航空进口货物的放货事宜，在放货过程中所产生的任何争议都由山东外运负责解决。根据香港港龙航空公司（以下简称"港龙航空"）与民航青岛站于 1996 年 8 月 16 日签署的《地面服务代理协议》，由民航青岛站全面负责港龙航空货物的地面服务。港龙航空与国泰航空同为 IATA 多边承运人互运协议的签署者。根据该协议，国泰航空委托港龙航空将上述航空货运单项下的货物由香港运至青岛。对于山东外运作为上述航空货运单项下货物的进

口货物处理代理人，国泰航空予以认可。

案例评析：

第一，原告国泰航空对印度托运人的赔付是否合法？

《民用航空法》第一百一十九条规定，托运人在履行航空货物运输合同规定义务的条件下，有权在出发地机场或者目的地机场将货物提回，或者在途中经停时中止运输，或者在目的地点或者途中要求将货物交给非航空货运单上指定的收货人，或者要求将货物运回出发地机场。但是，本案托运人因未收到货款而向国泰航空行使上述权利时，由于货物已由潍坊柳求公司提取，致使国泰航空无法履行将货物运回的义务。据此，国泰航空被迫向托运人赔付的行为于法有据。

第二，山东外运是否为国泰航空进口货物的代理？

根据相关协议，国泰航空与港龙航空、港龙航空与民航青岛站、民航青岛站与山东外运均形成了委托合同法律关系，而且后者构成了对前者的转委托。在上述委托和转委托的过程中，委托人对转委托的行为均予以认可。根据《民法通则》第六十八条的有关规定，委托代理人为被代理人的利益需要转托他人代理的，应当事先取得被代理人的同意，或者在事后告知被代理人并取得其同意。在本案中，对于山东外运作为上述航空货运单项下货物处理的最终代理人，国泰航空知道且予以认可，因此国泰航空与山东外运之间的代理关系成立。

第三，山东外运在放货过程中是否存在过失？是否有权援引责任限额规定？

山东外运作为国泰航空的代理，应对航空货运单上载明的收货人履行交货义务并妥善保管货物。本案中的航空货运单上虽然未载明收货人的详细联系方式，但已列明了通知方，故上诉人山东外运作为承运人的代理人完全能够将货物到达事宜通过通知方通知收货人。而向通知方发送货物到达通知并不意味着通知方有权提取货物。航空货运单不属于可以背书转让的所有权凭证，本案潍坊柳求公司所持航空货运单的正面所盖的"韩国新汉银行"印章，法律并未对其法律性质予以界定，不能证明韩国新汉银行授权潍坊柳求公司以收货人的名义提取货物。因此，山东外运将货物放给潍坊柳求公司的行为存在主观过错，对错放货物可能造成的损失亦应是明知的。根据《民用航空法》第一百三十二条、第一百三十三条的相关规定，山东外运无权援引赔偿责任限额规定。

[**案例 10－11**] 2016 年 9 月 25 日，上海嘉华公司委托亚东公司空运一批皮装到美国纽约。嘉华公司指示的收货人名称是 UEGL，联系电话则是另一家 PPW 公司的常用电话，同时嘉华公司在货物包装及装箱单、报关单、出口货物明细单等多份单证上标注了 PPW 的唛码。亚东公司接单后委托东航承运，货物于 10 月 2 日安全抵达目的港，亚东公司在美国的代理公司按照嘉华公司提供的 PPW 公司的电话履行了通知义务，并向其交付了运单。10 月 5 日，PPW 公司提取了货物。随后，嘉华公司又在 10 月 5 日、10 月 21 日、10 月 30 日分别委托亚东公司以及华力公司运送同样的货物给同一收货人 UEGL，同时提供了 PPW 公司的联系电话。按照同样的程序，对方收取了货物。4 个月后，亚东公司、华力公司分别向嘉华公司开具了运输发票，嘉华公司接收后没有表示异议。

2017 年 2—3 月，当亚东公司向嘉华公司索要运费时，嘉华公司致函亚东公司，称货运至美国后发生一系列争执，已造成该公司的巨大经济损失，待其处理完毕后立即将运费归还亚东公司。2017年4月，亚东公司向法院起诉催要运费，但嘉华公司反诉亚东公司"错放货物"，理由是其指定的收货方UEGL在美国是一家不存在的公司，亚东公司不可能将出口货物交给UEGL，要求亚东公司赔偿货损160余万元。法院一审判决，认定亚东公司"错放货物"成立，亚东公司负主要责任，承担75%的货损；东航对亚东公司不能赔偿的部分承担赔偿责任；嘉华公司负次要责任，承担25%的货损。二审的判决结果与一审基本相同。

案例评析：

第一，航空货运代理是否已经适当履行了义务？为何货主也承担一定的责任？

亚东公司并没有适当履行交货义务：①嘉华公司指定的收货人不存在，但亚东公司将单证交给了另一家公司，属于不当交付。②亚东公司在交付运单时没有查验对方的身份证件或其他证明，而且没有向嘉华公司提供UEGL的收货凭证，违反了交货程序。

当然，委托人也存在一定过错。按照《华沙公约》等相关法律规则，托运人须对航空货运单上的指示、说明或说明的正确性负责，航空货运代理和承运人没有检查的义务，如因材料、单证、指示、说明、声明不正确给承运人造成的损失，托运人应承担责任。

第二，交付航空货运单是否就是交付货物？

交付航空货运单不是交付货物。交单与交货是两种行为、两个环节：一是航空货运单不是物权凭证，只是运输合同证明。二是交单只是通知到货行为，交货还必须经海关核准放行。

第三，作为航空货运代理或承运人，应从本案吸取哪些经验教训？

1）注意规范操作，避免一旦贸易上有损失，货方转嫁损失，使之成为索赔对象。

2）改变现有的商业习惯，使之符合相关法律法规的要求。

第三节　航空集中托运业务

一、航空集中托运概述

1. 航空集中托运的概念与业务范围

如图10-1所示，航空集中托运是指航空集中托运人或航空集运商（consolidator）将起运地几个发货人运往另一目的地的几个收货人的小件货物汇集成一整批后，以托运人身份向航空公司办理托运，采用一份航空总运单（master air waybill，MAWB）集中发运到同一目的站，由航空集中托运人在目的地的分拨代理（break bulk agent）收货，再根据航空集中托运人签发的航空分运单（house air waybill，HAWB）分拨给各个收货人的运输组织方式。

表10-1显示了航空集中托运与直接运输的区别。由此可见，在航空集中托运方式下，航空集运商除了可以提供航空货运代理提供的服务内容外，还可以承担其他货运服务。

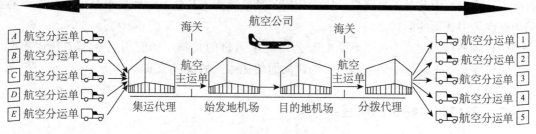

图 10 - 1　航空集中托运过程示意图

表 10 - 1　　　　　　　　　　　　　　　航空集中托运与直接运输的区别

比较项目	直接运输	航空集中托运
货物交付	货物由货主或航空货运代理交付给航空公司	货物由货主交付给航空集运商，航空集运商集运后再交给航空公司
使用运单	航空公司的货运单	同时使用航空公司的主运单和航空集运商的分运单
运单填开	航空货运单由航空货运代理填开托运人栏和收货人栏分别填列真正的托运人和收货人	主运单、分运单均由航空集运商填开主运单上记载的货物收货人、发货人分别为航空集运商或其代理人；分运单上记载的货物收货人、发货人为真正的收货人和托运人

2. 航空集中托运的优点

对于托运人来说，航空集中托运的优势主要表现在以下三个方面：

(1) 节省运费。航空运输的运费按不同重量标准确定了不同的运费率，即托运量越多、费率越低。例如，有 10 批货物空运至美国芝加哥，每批 20 公斤，若单批发运，运价为每公斤人民币 19.34 元；若将这 10 批货物集中托运并开列一张运单，按 200 公斤级运价，仅为每公斤 13.69 元。因此，当航空货运代理将若干个小批量货物组成一大批出运时，能够争取到更为低廉的费率。航空货运代理会将其中一部分用于支付目的地代理人的费用，另一部分会返还给托运人以吸引更多的客户，其余的作为自己的收益。

(2) 提供方便。航空货运代理的专业性服务可使货物到达航空公司无法抵达的地方，从而延伸了航空公司的服务，方便了货主。这包括完善地面服务网络、拓宽服务项目以及提供更高的服务质量。

(3) 提早结汇。发货人将货物交给航空货运代理后，即可取得航空分运单，而后可持分运单到银行尽早办理结汇。

3. 航空集中托运的缺点

航空集中托运的局限性主要体现在以下四个方面：

(1) 托运货种受到限制。根据航空公司的规定，航空集中托运只适合办理普通货物，因而贵重物品、活动物、危险品、外交信袋等不得采用航空集中托运的形式。

(2) 目的地受限制。只有目的地相同或邻近的一批货物才可以办理航空集中托运，否则无法发挥航空集中托运的优势。

（3）出运时间不易确定。由于需要将不同的货物集中托运，导致货物的具体出运时间有时不易确定，因此对于易腐烂变质的货物、紧急货物或其他对时间要求高的货物，不易采用航空集中托运的形式。

（4）对书籍、杂志等可以享受航空公司优惠运价的货物，如使用航空集中托运的形式，则可能不仅不能享受到运费的节约，反而使托运人的负担加重。

二、航空集中托运的流程

集中托运的流程如下：

货主→航空货运代理（起运港）→航空公司→航空货运代理（目的港）→收货人

在这个过程中，航空货运代理以自己的名义对外揽货，货主将自己的货物交给航空货运代理，航空货运代理将多个托运人的货物集中起来作为一票货物交给实际承运人（即航空公司）。航空公司将货物运抵目的地后，目的港的航空货运代理统一办理海关手续，再分别将货物交付给不同的收货人。在航空集中托运模式下，航空货运代理向货主出具分运单，航空公司向航空货运代理出具总运单。

1. 出口货运服务

（1）将每一票货物分别制作分运单。

（2）负责航空集中托运货物的组装。将所有货物区分方向，按照其目的地（即同一国家、同一城市）来集中，制定出航空公司的总运单。总运单的发货人和收货人均为航空货运代理。

（3）打出该总运单项下的货运舱单/清单（manifest），即此总运单有几个分运单，各自号码是什么，其中件数、重量各多少等。

（4）把该总运单和货运清单作为一整票货物交给航空公司。一个总运单可视货物的具体情况随附分运单（也可以是一个分运单，也可以是多个分运单）。例如，一个 MAWB 内有 10 个 HAWB，说明此总运单内有 10 票货，发给 10 个不同的收货人。

（5）货物的信息跟踪。

2. 进口货运服务

（1）货物到达目的地机场后，当地的航空货运代理作为航空总运单的收货人负责接货、分拨，按不同的航空分运单制定各自的报关单据并代为报关、为实际收货人办理有关接货或送货事宜。

（2）实际收货人在航空分运单上签收以后，目的地的航空货运代理以此向发货的航空货运代理反馈到货信息。

三、航空集中托运中使用的单证

1. 航空货运单

航空货运单分为航空主运单与航空分运单。航空分运单的样式如附录 8B 所示。一票航空集中托运货物的所有航空分运单都要装在结实的信封内附在主运单后。

234

2. 集中托运货物舱单/清单

在航空集中托运模式下，航空货运代理应编制出该航空主运单项下的货运舱单/清单，即此航空主运单有几个航空分运单，号码各是什么，其中件数、重量各多少等，其样式参见附录 8C。

3. 集中托运货物识别标签

对于航空集中托运货物，要在每一件货物上贴上识别标签，在识别标签上要特别注明航空主运单号和航空分运单号，其样式参见附录 8D。

第四节　国际航空快递业务

一、国际航空快递的概念与特点

国际航空快递是指由具有独立法人资格的企业，将进出境的急需药品、医疗器械、贵重物品、图纸资料、货样、各种运输贸易商务单证和书报杂志等小件物品从发件人所在地通过自身或代理的网络运达收件人的一种快速运输组织形式。

1. 国际航空快递与国际航空普通货物运输的区别

作为国际航空货物运输业的一个分支，国际航空快递与国际航空普通货物运输既存在许多相似性，又有自己的特点。

（1）国际航空快递的最显著特点是快捷、方便。

（2）国际航空快递承接的货物以商业函件、小型样品为主，其本身的价值并不高，但若在运输途中出现损坏、灭失或延误，却可能引起货方较大的间接损失。

（3）国际航空快递大多提供"桌至桌"服务，国际航空快递经营人的责任期间是从发货地的发货人处收到物件开始，直至在目的地将物件交给收货人止的全部期间，即其责任期间在传统的航空运输的基础上向两端延伸，从而扩大了国际航空快递经营人的责任期间。

（4）国际航空快递大多采取"预先申报，集中验放"的方式通关。发达国家的国际航空快递公司的资料库一般与海关联网，在承运快件的飞机尚未到达时，有关资料已进入了海关的资料库进行电子清关。在飞机到港后，海关决定查验的快件马上送交海关查验，同时海关会立即放行其他快件。这样一来，快件的清关就可缩减到很短的时间。我国海关对进出境快件的监管依据自 2018 年 7 月 1 日起实施的《中华人民共和国海关对进出境快件监管办法》办理。

（5）尽管国际航空快递过程涉及陆运与空运两种运输方式，但整个国际航空快递过程仍统一适用规范国际航空货物运输方面的国际公约或国内法律法规，因而它并不属于《联合国国际货物多式联运公约》中所定义的国际多式联运。

（6）基于国际航空快递的特殊性，与普通的航空货运单相比，各国际航空快递公司所签发的分运单（proof of delivery，POD）（又称交付凭证）均增加了有关间接损失、保险等方面的条款，而且承运人的责任限制也提高到 100 美元/件。

2. 国际航空快递与邮政 EMS、邮政普通服务的区别

国际航空快递旨在为商务客户提供限时服务，其经营行为是与国际惯例接轨的市场行为，国际航空快递的价格由市场调节。

邮政 EMS 是我国邮政部门办理的特快专递业务。它既为商务客户提供服务，又为私人及党、政、军客户提供服务，其价格是国家定价。

邮政普通服务不经营快件业务，只履行万国邮政联盟的规定和《宪法》规定的义务，它只能是"微利"或"保本"经营，而非完全的市场行为。

二、国际航空快递业务的流程

1. 业务流程

国际航空快递业务的流程见图 10 - 2。

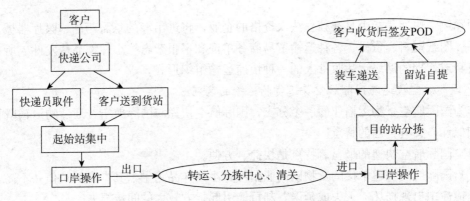

图 10 - 2 国际航空快递业务的流程

2. 案例分析

[**案例 10 - 12**]   上海振华公司为参与也门共和国港务局岸边集装箱起重件投标业务，于 2015 年 7 月 21 日上午委托 UPS 公司办理标书快递，要求其于当月 25 日前将标书投递到指定地点，UPS 公司表示可以如期送达。当日下午，UPS 公司交给上海振华公司一份 UPS 公司运单，让上海振华公司填写。该运单背面印有"《华沙公约》及其修改议定书完全适用于本运单"和"托运人同意本运单背面条款，并委托 UPS 公司为出口和清关代理"等字样。7 月 21 日上午，UPS 公司到上海振华公司处提取托运物标书，并在 UPS 公司收件代表签字处签名，表示认可。UPS 公司收到上海振华公司标书后，未在当天将标书送往上海虹桥机场报关。直至 7 月 23 日晚，UPS 公司才办完标书的出境手续。该标书 7 月 27 日到达目的地，超过了 26 日投标截止日期，使上海振华公司失去投标机会，蒙受较大的经济损失及可能得到的利润。为此，上海振华公司请求法院判令 UPS 公司退还所收运费和赔偿直接经济损失。UPS 公司辩称：UPS 公司与上海振华公司未就标书到达目的地的日期有过明确约定；UPS 公司为上海振华公司快递标书费时 6 天 5 小时，并未超过国际快件中国到也门 4～7 天的合理运输时间，无延误送达标书的事实。标书在上海滞留 2 天，是因为上海振华公司未按规定注明快件的类别、性质，以致 UPS 公司无法报关，责任在

上海振华公司。即使 UPS 公司延误送达、应予赔偿，亦应按《华沙公约》或《海牙议定书》规定的承运人最高责任限额赔偿。

案例评析：

（1）标书快递延误是否构成违约？

UPS 公司作为承运人，理应迅速、及时、安全地将上海振华公司所需投递的标书送达指定地点。但是，UPS 公司于 2015 年 7 月 21 日上午接受标书后，未按行业惯例于当天送往机场报关，直到 23 日晚才将标书报关出境，以致标书在沪滞留两天半，UPS 公司的行为违背了快件运输迅速、及时的宗旨，其行为属于延误，应当承担相应的民事责任。上海振华公司虽未按 UPS 公司运单规定的要求填写运单，但 UPS 公司在收到上海振华公司所填运单后，未认真审核，责任在 UPS 公司。UPS 公司提出的无延误送达标书的事实及致使标书延期出境的主要原因在于上海振华公司运单填写不适当的理由不能成立。

（2）UPS 公司认为其未超过"4~7 天的合理运输时间，无延误送达标书的事实"，从而并不构成违约。其主张是否正确？

快递不同于传统运输，它已逐渐成为一个新兴的行业，已不能再简单地适用原有的行业惯例，"理应迅速、及时、安全"地运送快件，其"未按行业惯例于当天送往机场报关"的行为违背了"快件运输迅速、及时的宗旨"，故应承担民事责任。

（3）违约赔偿是否可以适用承运人责任限额？

可以适用承运人责任限额。责任限额在 UPS 公司运单背面书写明确，故应视为上海振华公司和 UPS 公司双方均接受上述规定，UPS 公司应按"修改议定书"规定的承运人最高责任限额赔偿上海振华公司的经济损失。

 **本章小结**

本章重点阐述了航空缔约承运人的概念、特点，航空货运代理的法律地位，航空集中托运的概念、优缺点及其业务操作，尤其是对航空分运单的性质、制作以及可能面临的风险进行了分析；同时，本章还简要介绍了国际航空快递业务。

 **综合练习**

一、单项选择题

1. 在航空货物集中托运的情况下，航空货运单分为航空主运单和航空分运单。下列关于航空主运单和航空分运单的表述，（　　）是不正确的。

A. 航空主运单是航空货运代理与承运人交接货物的凭证

B. 航空分运单是航空货运代理与发货人交接货物的凭证

C. 在航空主运单中，托运人栏和收货人栏都是实际的托运人和收货人

D. 在航空分运单中，托运人栏和收货人栏都是实际的托运人和收货人

2. 在国际航空货物运输中，航空货运代理和航空公司之间的货物交接凭证是（　　）。

A. HAWB   B. MAWB   C. B/L   D. SLI

3. 在航空集中托运模式下，航空公司向航空货运代理签发（   ）。

A. HAWB   B. MAWB   C. B/L   D. SLI

二、判断题

1. 航空货运代理签发航空分运单给托运人，表明航空货运代理是航空公司的代理人，代理航空公司安排航空运输事宜。   （   ）

2. 在国际航空货物运输中，航空分运单是可以转让的。   （   ）

3. 按现行法律规定，我国航空货运代理可以以缔约承运人的身份签发航空分运单。

                                         （   ）

三、简答题

1. 简述航空缔约承运人的特点。

2. 简述航空集中托运的优缺点。

3. 简述国际航空快递与国际航空普通货物运输的区别。

第十一章

国际多式联运操作实务

国际多式联运经营人承担隐藏损失

大连一家国际物流企业接受发货人委托后，在大连自己的货运站将货物装入两个集装箱，并向发货人签发大连至新德里的全程清洁国际多式联运提单，表明已于良好状态下接收货物，同时将整箱货交付船公司，货物在孟买卸船时发现其中一箱外表损坏，国际物流企业的该地代理人在将货物通过铁路运输前已告知铁路运输公司。当箱子到达新德里后，发现外表损坏的集装箱内货物严重受损，另一集装箱虽然外表完好、铅封也无损，但内装货物也受损。为此，收货人向该国际物流企业进行索赔。

在本案中，作为国际多式联运经营人的国际物流企业，一方面，需要对收货人的索赔要求进行理赔，以确定是否应承担责任以及在承担责任的情况下如何进行赔偿；另一方面，在赔偿收货人之后还涉及能否向两个区段的承运人进行追偿的问题。

第一节　国际多式联运概述

一、多式联运的概念

多式联运起源于 20 世纪 60 年代的美国。在发展初期，凡是经由两种及以上运输方式的联合运输均被称为多式联运。后来，随着技术的不断进步和发展形式的日趋多样，各国对于多式联运的概念和内涵的界定也有所不同。例如，有称多式联运，也有称联合运输、复合运输、一贯制运输、组合运输等。由于长期以来对多式联运的概念一直存在诸多争论，这为理论研究和社会实践带来了一定的障碍，因而我们有必要准确地认识和把握多式联运的概念。

1. 欧　洲

2001 年欧盟发布了《组合运输术语》（Terminology on Combined Transport），对相关概念做了统一规范。从外延自大到小看，多式联运共涉及以下三个基本概念：

（1）复合运输（multimodal transport），泛指"以两种及以上运输方式完成的货物运输形式"(carriage of goods by two or more modes of transport)。显然，不论是否使用集装箱等多式联运箱具，只要运用了多种运输方式就可以称为"multimodal transport"。因此，"multimodal transport"可分为集装化运输（multimodal one-container transport）和非集装化运输（multimodal non-containerized transport），前者是指运用集装箱（或集装化工具）进行的多种运输方式的联运，而后者是指不使用集装式联运箱具的多种运输方式的联运，或者即使使用了集装化工具，在运输过程中仍要对货物本身进行转载，这种运输组织形式也可以用"transloading"一词表示。

（2）多式联运（intermodal transport）。前缀 inter 和 intra 的区别在于，前者是指不同事物之间，而后者是指同一事物内部各部分之间。显然，在一般情况下，intermodal transport 是指多式联运，intramodal transport 是指同一运输方式下的联运。不过，在欧盟发布的《组合运输术语》中，intermodal transport 特指"货物全程由一种且不变的运载单元或道路车辆装载，通过两种及以上运输方式无缝接续，而且在更换运输方式过程中不发生对货物本身操作的一种货物运输形式"(the movement of goods in one and the same loading unit or road vehicle, which uses successively two or more modes of transport without handling the goods themselves in changing modes)；实践中，可将"loading unit"和"road vehicle"合称"多式联运成组器（运载单元）"(intermodal transport unit，ITU)。

（3）组合运输（combined transport），是指 intermodal transport 中"全程仅使用一种标准化成组器"的特定形式。标准化成组器在欧盟国家有三种，即国际集装箱、可脱卸箱体（swap-body）、厢式半挂车（semi-trailer）。

显然，在欧盟发布的《组合运输术语》中，multimodal transport 仅强调了"联"，而 intermodal transport 和 combined transport 更强调应使用集装箱、拖车等标准化成组器实现"联"，以提高联运的效率。也就是说，在欧盟发布的《组合运输术语》中，这三个概念是有区别的：复合运输包含了多式联运、多式联运又包含了组合运输；反过来，组合运输是多式联运的特定形式、多式联运是复合运输的特定形式。

需要注意的是，此处将 multimodal transport 和 intermodal transport、combined transport 分别译为复合运输、多式联运和组合运输，主要是便于说明欧盟对多式联运概念的界定。实际上，在我国，这三个概念并没有严格的界线，如无特殊说明，它们均可译为多式联运。

2. 美 国

在美国运输统计局和运输研究委员会发布的专业术语词典中，multimodal transport 和 intermodal transport 的概念基本等同，均指多式联运。不过，近年来，在美国许多研究报告中，前者主要泛指多种运输方式之间的组合，而后者侧重于针对标准化运载单元的多种运输方式之间的快速转运。显然，这与欧盟发布的《组合运输术语》中有关多式联运的概念界定趋向一致。

3. 国际规则与公约

（1）国际商会的《联合运输单证统一规则》。在国际商会（ICC）1973 年制定的《联合运输单证统一规则》(Uniform Rules for a Combined Transport Document) 中，多式联运用"combined transport"表示，被定义为"至少以两种不同的运输方式，将货物从一国运往另一国的运输"。同时又规定"不同的运输方式是指使用两种或两种以上的运输方式，如海运、内河、航空、铁路或公路等运输货物"。显然，该规则下的"combined transport"包括多式联运和江海联运。

（2）《联合国国际货物多式联运公约》。

1980 年，在《联合国国际货物多式联运公约》（United Nations Convention on International Multimodal Transport of Goods）中，多式联运用"multimodal transport"表示。

根据该公约，国际货物多式联运是指"按照多式联运合同，以至少两种不同的运输方式，由多式联运经营人将货物从一国境内接管货物的地点运至另一国境内指定交付货物的地点。"

这是目前关于多式联运最具权威性和影响力的定义，它与欧美相关术语的定义有角度上的不同。该公约更多地规定了多式联运服务主体与服务对象的关系，强调了"由一个多式联运经营人一票到底、全程负责"。

（3）国际商会发布的《跟单信用证统一惯例》（UCP 600）。国际商会发布的《跟单信用证统一惯例》（UCP 600）在第 19 条"涵盖至少两种不同运送方式的运送单据"［a transport document covering at least two different modes of transport (multimodal or combined transport document)］中，将 multimodal transport 和 combined transport 作为多式联运的术语，认为两者可相互替代。

4. 中 国

（1）《合同法》。考虑到多式联运合同与其他一般运输合同相比有许多特殊之处，为了适应运输贸易发展的需要和规范多式联运合同关系，《合同法》在运输合同一章专门对多式联运合同进行了规定，其中尽管未明定多式联运合同，但在第三百一十七条规定："多式联运经营人负责履行或者组织履行多式联运合同，对全程运输享有承运人的权利，承担承运人的义务。"其隐含之意就是多式联运经营人必然与托运人之间有一项多式联运合同，并且多式联运经营人承担全程运输责任。

（2）《海商法》。《海商法》第四章第一百零二条对多式联运合同做了规定，即多式联运合同"是指多式联运经营人以两种以上的不同运输方式，其中一种是海上运输方式，负责将货物从接收地运至目的地交付收货人，并收取全程运费的合同"。同时，《海商法》第二条第二款规定："本法第四章海上货物运输合同的规定，不适用于中华人民共和国港口之间的海上货物运输。"显然，《海商法》有关多式联运合同的规定只针对国际海上运输方式的多式联运合同。

（3）《物流术语》。国家标准《物流术语》（GB/T 18354-2006）将"多式联运"（英文名称仅使用 multimodal transport，弃用 intermodal transport）定义为多式联运经营人受托运人、收货人或旅客的委托，为委托人实现两种或两种以上运输方式或者两程或两程以上运输的衔接，以及提供相关运输物流辅助服务的活动。

（4）《货物多式联运术语》。我国交通运输部发布的《货物多式联运术语》行业标准（自 2017 年 4 月 1 日起实施），参照欧盟《组合运输术语》的规定，对复合运输、多式联运、组合运输这三个概念做了区别。

显然，由于我国内贸多式联运长期发展滞后，因此有关多式联运的定义较多地借鉴了《联合国国际货物多式联运公约》有关多式联运的内涵表述，只是在最近颁布的《货物多式联运术语》行业标准中才转向欧美国家对多式联运内涵的界定。

5. 结　论

综上所述，尽管各国存在不同的术语定义，但在多式联运内涵的把握上，较有代表性的是以下两类：

（1）广义的多式联运，是指多式联运经营人按照多式联运合同，以至少两种不同的运输方式，将货物运送到目的地的过程。广义的多式联运主要强调各种运输方式之间的无缝衔接。广义的多式联运主要包括国际商会《联合运输单证统一规则》及《联合国国际货物联合运输公约》、美国的《冰茶法案》和我国的《物流术语》所指向的多式联运。

（2）狭义的多式联运，是指多式联运经营人按照多式联运合同，采用集装箱、拖车、公-铁两用车等标准化成组器或道路车辆，以至少两种不同的运输方式，将货物运送到目的地的过程。狭义的多式联运强调两种或多种运输方式在接续转运中，以某种标准化的成组器或道路车辆为载体，从而更好地发挥多式联运的效率。狭义的多式联运主要是欧盟所指向的多式联运。

集装箱多式联运是狭义的多式联运中专门以集装箱为载体的多式联运。目前，许多多式联运的定义都非常强调集装箱的使用，这是因为集装箱的使用可以大大减少货物在运输方式之间进行转载的时间和成本，而集装箱主要在运输方式间的转载过程中才凸显其巨大的优势。因此，多式联运往往就是集装箱多式联运的代名词。

二、多式联运的内涵与构成要件

（一）多式联运的内涵

由于定义者的研究视角和应用领域的不同，对于多式联运的定义在内涵和外延上都有较大的差异，所以不可避免地会存在一些误解，比如只强调多种运输方式参与的定义会使人们夸大多式联运的范围，过多强调集装箱这一种联运箱具作用的定义会使人们对采用非集装箱联运箱具以及不采用联运箱具进行的多种方式的运输感到疑惑，而有些人可能将多式联运同集装箱运输等同起来理解等。此外，还有很多中英文献使用不同的词汇来表述大致相同的概念，这样一来就会给理论研究对象的确定、学术交流以及实际当中的其他工作（如多式联运相关数据的统计等）带来诸多不便。不过，可以肯定的是，这些定义的基本核心和主题还是一致的，对多式联运的定义的共同主题是："以两种或多种运输方式实现货物运输。"然而，如果仅仅认为货物运输只要涉及了两种或两种以上运输方式就是多式联运，则是对多式联运的错误认识。实际上，正因为整个运输过程涉及多种运输方式和多家运输企业，所以必然需要由一个运营主体（多式联运经营人）在履行全程运输责任的前提下做好各区段运输方式和运输企业之间在能力、信息、组织、商务等诸多方面的协调，以实现整个运输过程的"高效"和"经济"。因此，多式联运的核心内涵主要体现在"效率"与"责任"两个方面。

1. 效　率

多式联运的核心内涵在于实现高效。因此，尽管多式联运利用两种或两种以上的运输方式，但利用两种以上运输方式所进行的运输并不都是多式联运。这是因为多式联运并不是不同运输方式的简单叠加，其核心是"联"，它要从过去的分方式、分环节、分区域的运输组织拓展为全程无隙的运输链条，即以统一标准、专业规范构建连续的、综合性的一体化货物运输，从而使多式联运更加方便、简洁、安全、高效。由于以集装箱作为载体组织可使多式联运显著提高运作效率，因而集装箱多式联运是各国发展的重点。此外，由于全程运输"一体化"程度如何，可以反映出多式联运系统的效率水平，因此，"一体化"也可以作为多式联运的核心内涵，用以评价多式联运系统的运作效率。

2. 责　任

此处的"责任"是指多式联运经营人应承担全程运输责任，即多式联运必须以多式联运合同为根据，而且该合同中必须明确规定由多式联运经营人承担全程运输责任。

目前，欧美国家的技术体系较完备，其定义主要是基于技术的视角，强调运载单元和道路车辆作为载货工具必须标准化，因而强调的是效率；我国参照《联合国国际货物多式联运公约》的定义，则是从法律的视角，强调的是"全程运输责任"，即多式联运经营人承担全程运输的责任。

建立"全程责任制"，最终体现在更多的企业采用多式联运提单，形成"一票到底"的结算模式。实现"一票到底"的"全程责任"，需要各种运输方式在运力交易节点做到"无缝衔接"，以保证转运效率的可靠性；需要各种运输方式遵守统一规则；需要形成覆盖主要业务区域的联运网络，以解决空（重）箱调配问题；需要提供一站式运输服务产品和可以承担全程责任的多式联运经营主体。

上述两个要素作为多式联运的核心内涵，两者缺一不可，而且相互影响。通过多式联运经营人的高效组织与管理，在运输组织环节，多式联运下的货物可以在不同运输方式间实现快速、无缝的换装；在货运业务环节，虽然涉及不同运输方式，但对于发货人而言，在多式联运合同下，无须再同各区段的实际承运人打交道，只需面对一个多式联运经营人，这个多式联运经营人必须对全程运输负责，而不管实际承运人到底是谁、到底有几个，这也意味着对于发货人、收货人而言，通过"一次托运、一次付费、一票到底、统一理赔"，不但可以提高效率、降低成本，而且因多式联运经营人承担全程货损/货差责任，也可有效地保护自身的合法权益。

需要注意的是，与其他运输组织形式一样，多式联运当然也应以追求"经济"、"安全"、"绿色"和"智能"等为目标。以"经济"为例，多式联运的运价并非各区段运输方式运价（含换装费用）的简单叠加，而应该是介于所包括的单一运输方式运价之间，比如采用公-铁联运，则客户支付的总费用应该低于分段运输下所支付的铁路费用、公路费用及换装费用之和，否则多式联运经营人的报价就没有竞争优势，也不太可能促使客户放弃分段运输而选择多式联运。换言之，为了使多式联运更"经济"，从宏观层面来看，国家应制定促进多式联运发展的优惠政策，比如降低多式联运换装费用等；从微观层面来看，多式联运经营人应充当"舱位批发商"的角色，通过与各区段承运人、场站经营人进行战略合作，取得运价折扣（"批发价"），同时进一步提高货源的"集聚与分拨"能力和中转速度，以降低相关费用。由此可见，将"效率"与"责任"作为多式联运的内涵，主要目的在于判断一项涉及多种运输方式的运输活动是否构成多式联运，并不意味着多式联运不重视其他目标。

（二）多式联运的构成要件

1. 必要条件

必要条件是应满足的最低条件。构成多式联运的必要条件可概括为"两种方式、两个国家、一份单证、一人负责"。

（1）两种方式。首先，如前所述，多式联运不仅需要通过两种或两种以上的运输方式，而且是这些不同运输方式的有机组合，因而海-海、铁-铁或空-空等，虽经由两种运输工具，但因为是同一种运输方式，所以不属于多式联运的范畴。此外，即使涉及两种或两种以上的运输方式，但如果各种运输方式之间未能有机组合，则仍不能称为多式联运。其次，严格来说，这里所称的运输方式是指铁路、公路、水路、航空、管道五种运输方式。不过，在实践中，有时会根据需要，对运输方式进行扩大或缩小的解释。如前所述，《海商法》仅将包含国际海运方式在内的多式联运纳入管辖范畴，因而排除了公-铁、陆-空等多式联运形式。1973 年，国际商会发布的《联合运输单证统一规则》将"江海联运"视为多式联运，纳入其管理范畴。此外，为了履行单一方式运输合同而进行的该合同所规定的货物接送业务，比如全程签发航空运输单证下机场两端的汽车接送货物运输业务，从形式上看已构成陆空组合形态。不过，作为航空运输的延伸，这种汽车接送习惯上视同航空业务的一个组成部分，它虽称为陆空联运，但由于签发了包括全程运输在内的航空运输单据，因而即使货运事故发生在陆运区段，仍会按航空运输方面的国际公约或法规处理。对此，《联合国国际货物多式联运公约》将这种全程适用某运输方式法规的接送业务排除在多式联运之外，以避免多式联运法规同单一方式法规在这个问题上的矛盾。这说明基于不同法规适用的特定性，在不同的法规下所界定的多式联运的内涵会有所差异。

（2）两个国家，是指货物的接收地和交付地位于不同的国家，这是区别于国内运输和是否适用国际法规的限制条件。也就是说，在多式联运方式下，货物运输必须是跨越国境的一种国家间运输。此外，还应注意以下两点：一是因我国香港、澳门地区实行"一国两制"，因而我国内地与港、澳之间的多式联运，按国际多式联运办理；二是我国东北地区经由俄罗斯水域运至南方的货物，因运输经停点在俄罗斯，故对这种特殊的国内多式联运，应作为一种特殊的国际多式联运，在运输、海关检疫、结算等方面实行特殊的管理。

（3）一份单证，是指由多式联运经营人签发一份多式联运单证，明确规定多式联运经营人与托运人/收货人之间权利、义务、责任与豁免的合同关系和运输性质。在多式联运模式下，多式联运经营人根据多式联运合同的规定，负责完成或组织完成货物的全程运输并一次收取全程运费。因此，多式联运合同是确定多式联运性质的根本依据，也是区分多式联运和一般传统联运的主要依据。然而，在实践中，作为多式联运合同证明的多式联运单证往往取代多式联运合同，成为多式联运不可缺少的必要条件。其原因在于：首先，就货主而言，买卖双方在贸易合同中大多将多式联运单证作为结汇、提货的必备单证；其次，现阶段买卖双方大多不再签订多式联运合同，而是签署托运单，由于托运单并未规定承托双方的权利、义务与责任，这就需要签发多式联运单证，以证明多式联运合同的存在和明确合同的条款。

（4）一人负责，是指由一个多式联运经营人作为当事人，承担全程货物运输责任。这意味着多式联运经营人不但应该承担全程运输组织、全程运输服务，比如向货主提供"一次托运、一次付费、一票到底、统一理赔"的一站式服务，而且应该实现"身份"的转变，成为多式联运合同的当事人和多式联运单证的签发人，负有履行多式联运合同的责任。

《联合国国际货物多式联运公约》规定：多式联运经营人（multimodal transport operator，MTO）是指本人或通过其代表订立多式联运合同的人，他是当事人，而不是发货人的代理人或代表、参加多式联运的承运人的代理人或代表，并且负有履行合同的责任。

上述规定表明，多式联运经营人是指本人或者委托他人以本人名义与托运人订立一项多式联运合同，并以承运人身份承担完成此项合同责任的人。多式联运经营人具有如下基本特征：

1）多式联运经营人是多式联运合同的主体。多式联运经营人是本人而非代理人，他既对全程运输享有承运人的权利，又负有履行多式联运合同的义务，并对责任期间所发生的货物灭失、损害或迟延交付承担责任。

2）多式联运经营人的职能在于负责完成多式联运合同或组织完成多式联运合同。多式联运经营人既可以拥有运输工具从事一个或几个区段的实际运输，也可以不拥有任何运输工具，仅负责全程运输的组织工作。当多式联运经营人以拥有的运输工具从事某一区段的运输时，它既是缔约承运人，又是该区段的实际承运人。

3）多式联运经营人是中间人。多式联运经营人具有双重身份，他既以缔约承运人的身份与货主（托运人或收货人）签订多式联运合同，又以货主的身份与负责实际运输的各区段承运人（通常称为实际承运人）签订分运运输合同。

多式联运经营人为了履行多式联运合同规定的运输责任，可以自己办理全程中的一部分实际运输，把其他部分运输以自己的名义委托给有关区段的运输承运人（俗称分承运人）办理；也可以自己不办理任何部分的实际运输，而把全程各段运输分别委托有关区段的分承运人办理。

2. 充分条件

以上只是从法律构成要件角度分析了构成多式联运的最低条件。不过，从效率与便利等方面考虑，理想的多式联运应该是两个"二"和八个"一"：

（1）两个"二"。

1）两种方式，核心在于实现两种或两种以上运输方式的有机组合。

2）两个国家，实现国内外的一体化运输。

（2）八个"一"。

1）一次托运。货主直接向多式联运经营人办理托运，签署多式联运合同，无须再与各区段承运人签署各区段运输合同。

2）一票到底。多式联运经营人签发多式联运单证，这样既便于结汇，也可以在缺乏多式联运合同的情况下将其作为多式联运合同。

3）一个多式联运经营人全程负责。由多式联运经营人负责全程运输组织、全程运输服务，并承担全程运输责任。

4）一个标准化联运载体。全程以集装箱等标准化联运装置为载体，以更加充分地发挥各种运输方式的优势，提高运输效率与安全。

5）一个费率。全程采用单一费率，有助于简化运费计算，方便货主。然而，目前还无法实现，只能做到一次计费与收费。

6）一次保险。改变目前的分段保险模式，实现全程统一保险。

7）一次通关。在跨关区的情况下能实现一次通关。

8）一次检验检疫。在跨关区的情况下能实现一次报检。

三、多式联运的类型

基于不同的分类标准，多式联运可分为不同的形式。

1. 按运输方式组成分类

多式联运必须是两种或两种以上不同运输方式组成的连贯运输。按运输方式的组成来划分，从理论上说，多式联运的组织形式包括但不限于海-铁、海-空、海-公、铁-公、铁-空、公-空、海-铁-海、公-海-空等类型。

2. 按货物中途是否换装作业分类

在实践中，货物需要中途换装作业的多式联运，主要是指载运矿石、超长超重货等不适于集装化运输的大宗散货和特殊货物；至于货物中途无换装作业的多式联运，是指以集装箱、可拆卸箱体、底盘车等标准化单元为载体所进行的多式联运。对于此类多式联运，还可以根据载货单元是否与原载运工具相分离划分为以下两类：

（1）采用"吊上、吊下"作业方式的多式联运，如集装箱运输、可拆卸箱体运输，也就是载货单元与原载运工具相分离，即载货单元需要在不同运输工具之间进行换装。

（2）采用"滚上、滚下"作业方式的多式联运，即载货单元与原载运工具不分离，除了前面提到的子母船运输，还包括火车轮渡、滚装船运输、驮背运输、箱驮运输、公铁两用车等。

3. 按干线区段所采用运输方式的不同分类

（1）以海运为核心的多式联运，是指整个多式联运过程是以海上运输作为干线运输的多式联运。

按运输方式的组合形式划分，主要包括公-海联运、海-铁联运等。由于内河与海运在航行条件、船舶吨位、适用法规上有所不同，因此江-海联运也可以视为两种不同运输方式之间的联运。

（2）以陆运为核心的国际多式联运，是指整个多式联运过程是以铁路运输或公路运输作为干线运输的多式联运。

按运输方式的组合划分，以陆运为核心的多式联运业务主要包括公-铁联运、公-铁-公联运、大陆桥运输（海-陆-海联运）等。

（3）以空运为核心的国际多式联运，是指以航空运输为干线运输的多式联运，主要包括海-空联运、陆-空联运等形式。

四、多式联运的优点及发展阻碍

1. 优 点

多式联运最明显的优势是将传统的海运"港到港"运输发展成为"门到门"运输。多式联运不仅实现了各种运输方式之间的无缝连接，充分发挥了各种运输方式的优势，而且全程采用一次托运、一次付费、一票到底、统一理赔、多式联运经营人全程负责的组织形式，因而多式联运也具有手续简便、安全可靠、可以提早结汇等优势。

2. 发展阻碍

（1）地区发展不平衡。多式联运在发达国家已处于成熟阶段，而发展中国家由于资金和人才的短缺，再加之起步较晚，一般处于发展阶段，少数还处于起步阶段。例如，在发展中国家的换装地，各种必要的设施不配套、运输环境较差、货主拥有大量自有车辆、缺乏一流的多式联运经营人等。因此，这些地区已成为多式联运路线的薄弱环节，但由于它们处于多式联运路线的途经地点，因而成了多式联运发展的重要障碍之一。

（2）集装箱标准化尚未取得一致。在多式联运实践中，集装箱标准化尚未取得一致。例如，美国集装箱的规格与 ISO 的规格就不一致。在美国的国内运输中，通常使用45 英尺或 48 英尺的集装箱，同时还采用加长、加高的集装箱；而世界其他国家以采用20 英尺与 40 英尺的标准集装箱为主，由此产生了集装箱的换装作业与衔接不畅等诸多问题。

（3）多式联运经营人的责任未统一。由于各国的法律不同、多式联运经营人的规模不同，因而有关规定多式联运经营人责任的多式联运单证及其背面条款存在差异，加之《联合国国际货物多式联运公约》尚未生效，国际上尚无一个可为各国通用的、统一规范的标准多式联运单证，使得有关多式联运经营人责任的法律问题尚未取得一致。

（4）综合优势未得到充分发挥。各国由于体制、观念、管理、技术等诸多方面的原因，使得在实践中多式联运所具有的综合优势未能充分发挥出来，这在一定程度上导致货主倾向于选择单一运输方式，从而影响了多式联运的发展。

第二节　国际多式联运业务操作流程

国际多式联运业务操作流程主要包括发送管理、中转管理、交付管理三个方面的内容。至于各关联方在每个阶段所承担的业务内容，在很大程度上受制于所采用的运输方式以及集装箱交付条款等。

下面以全程由国际多式联运经营人（MTO）负责，一程是公路运输，二程是海上运输，三程是铁路运输的国际多式联运为例说明其操作流程。假设国际多式联运经营人与货主之间采用 DOOR/CY 条款、国际多式联运经营人与各区段承运人之间采用 CY/CY 条款，并使用船公司集装箱。

一、发送管理

发送管理主要包括订舱业务、箱管业务、收费业务、签发单证业务、报关报检及保险业务等。

（1）国际多式联运经营人在起运地的分支机构或代理人接受托运申请，并向海上承运人订舱，海上承运人确认订舱后，委托公路承运人到海上承运人的起运地提箱点提取空箱（如内陆没有空箱，则需要到码头堆场提取空箱），并到工厂收货、装箱，然后公路承运人安排将重箱送至集装箱码头。

（2）在工厂接收货物后，国际多式联运经营人在起运地的分支机构或代理人签发全程国际多式联运提单，其中的正本交给发货人，用于结汇；若干份副本交付国际多式联运经营人，用于国际多式联运经营人留底和送交目的地分支机构或代理人。

（3）代办货物报关报检与保险（如货主委托的话），并向海关申报无船承运人舱单。

（4）国际多式联运经营人在起运地的分支机构或代理人将货物交给公路承运人，在支付相关运杂费后，公路承运人签发以国际多式联运经营人或者其起运地分支机构或代理人为托运人、以国际多式联运经营人或者其分支机构或代理人为收货人的公路运单，在运单上应注有全程国际多式联运提单的号码。国际多式联运经营人在起运地的分支机构或代理人等到货物出运并取得运单后，应立即以最快的通信方式将公路运单副本、舱单等寄交国际多式联运经营人在装货港的分支机构或代理人，以便其分支机构或代理人提取货物或安排转运手续；与此同时，还应向国际多式联运经营人提供运单正本以及载运汽车的离站时间及预计抵达时间等信息，以便国际多式联运经营人能全面了解货运进展和向相关分支机构或代理人发出必要的指示。

二、中转管理

中转作业起着承前启后的作用，它既要及时接收前一程运输的物品，又要通过二程运输及时发送该物品。中转管理主要涉及以下几个方面工作：

（1）衔接运输计划。国际多式联运经营人装货港的分支机构或代理人必须按有关规定，提前将需要中转的运输计划通知海运承运人，并要事先做好接运和中转准备工作。

（2）国际多式联运经营人在装货港的分支机构或代理人收到运单副本后，应到公路承运人或其代理人处办理提货或安排转运手续，公路承运人或其代理人在核对身份后，将集装箱交付海运承运人或其代理人指定的码头堆场。码头堆场向其签发场站收据。

（3）国际多式联运经营人在装货港的分支机构或代理人办理货物转关及报检手续等。

（4）接收中转货物。海运承运人在收到发货预报后，应尽量衔接运力，争取站、港直拨。同时，海运承运人还应有一定的仓库货位，以保证在转运货物临时受阻时，可顺利入库，不压车、船。

（5）发运中转货物。为减少货物待运期，发运中转货物应按货物到达顺序，先来先转；对救灾、易腐鲜活和市场急需的货物应优先转运；在货物中转后，应按规定将货物运单和运输交接单的留存联进行统计、归档、成册，以备查询。

（6）海运承运人或其代理人凭场站收据，签发以国际多式联运经营人或者其分支机构或代理人为托运人，以国际多式联运经营人在卸货港的分支机构或代理人为收货人的提单（当然也可以是指示提单，但通知方应为国际多式联运经营人在卸货港的分支机构或代理人），提单上应注明全程国际多式联运提单号码。国际多式联运经营人在装货港的分支机构或代理人等到货物出运并取得提单后，应立即以最快的通信方式将正本提单、舱单等寄交国际多式联运经营人在卸货港的分支机构或代理人，以便卸货港的分支机构或代理人能用此提货或安排转运手续；与此同时，还应向国际多式联运经营人提供提单副本以及船舶离港报告等，以便国际多式联运经营人能全面了解货运进展和向相关分支机构或代理人发出必要的指示。

（7）国际多式联运经营人在目的港的分支机构或代理人应提前向铁路承运人申请车皮计划和办理托运，并在收到提单后，凭此从海运承运人或其代理人处提取集装箱，然后交给铁路承运人或其代理人。铁路承运人或其代理人收到货物后，签发以国际多式联运经营人在卸货港的分支机构或代理人为托运人，以国际多式联运经营人在目的地的分支机构或代理人为收货人的铁路运单，运单上应注明全程国际多式联运提单号码。国际多式联运经营人在卸货港的分支机构或代理人等到货物出运并取得铁路运单后，应立即以最快的通信方式将铁路运单副本等寄交国际多式联运经营人在目的地的分支机构或代理人，以便目的地的分支机构或代理人提货；与此同时，还应向国际多式联运经营人提供铁路运单正本以及火车动态等，以便国际多式联运经营人能全面了解货运进展和向目的地分支机构或代理人发出必要的指示。

三、交付管理

交付管理主要包括进口换单业务、箱管业务、收费业务、货运事故索赔与理赔业务等。

（1）在收到铁路车站的提货通知后，国际多式联运经营人在目的地的分支机构或代理人向收货人发出提货通知。

（2）收货人在付款赎单后取得国际多式联运经营人签发的全套正本国际多式联运提单，凭此全套正本提单可向国际多式联运经营人在目的地的分支机构或代理人办理提货手续。国际多式联运经营人在目的地的分支机构或代理人经与国际多式联运经营人寄交的副本提单核对，并在收取运杂费后，向收货人签发提货单以及授权收货人到车站办理提货事宜。

（3）收货人凭提货单等办理报关报检手续。

（4）收货人向铁路承运人办理提货手续，在核对身份并收取相关运杂费后，铁路承运人可将集装箱交付收货人。

（5）收货人将集装箱运送到工厂或仓库后，应尽快拆箱，并及时将空箱返还到国际多式联运经营人指定的地点。当然，无论是国际多式联运经营人还是收货人在办理提空箱、交付或提取重箱以及返还空箱时，都应交付押金、签发设备交接单，并在滞期时交付滞期费等。

（6）如果在交付时发生货运事故，国际多式联运经营人应做好签收，并及时办理货运事故的理赔与索赔事宜。

第三节　国际多式联运单据操作实务

一、国际多式联运单据的概念与分类

1. 国际多式联运单据的概念

《联合国国际货物多式联运公约》对国际多式联运单据所下的定义是：国际多式联运单据是指证明国际多式联运合同以及国际多式联运经营人接管货物并负责按照合同条款交付货物的单证。

1991年，《联合国贸易和发展会议/国际商会多式联运单证规则》（或称《UNCTAD/ICC多式联运单证规则》）所下的定义是：多式联运单据是指证明国际多式联运合同的单据，该单据可以在适用法律的允许下，以电子数据交换信息取代，而且可以：（a）以可转让方式签发；（b）表明记名收货人，以不可转让方式签发。

2. 国际多式联运单据的分类

以上定义表明，国际多式联运单据可分为可转让的国际多式联运单据和不可转让的国际多式联运单据两种。

（1）可转让的国际多式联运单据。可转让的国际多式联运单据通常称为国际多式联运提单（multimodal transport B/L, combined transport B/L）。它类似于海运提单，具有国际多式联运合同的证明、货物收据与物权凭证（document of title）三大功能。目前，常见的国际多式联运提单格式主要由行业协会拟定。例如，国际货运代理协会联合会（FIATA）的联运提单（FBL，1992）、波罗的海航运公会（BIMCO）的国际多式联运提单（MT B/L95）以及船公司拟定的国际多式联运提单，如中海集运多式联运提单（见附录3）。

（2）不可转让的国际多式联运单据。不可转让的国际多式联运单据通常称为国际多式联运运单，它不具有物权凭证功能，即类似于运单（如海运单、空运单），仅具有国际多式联运合同的证明和货物收据两大功能。例如，FIATA制定的FWB就是不可转让的国际多式联运单据。

表11-1显示了这两类单据的异同，从中可以看出，这两类单据的共同点是它们均具有运输合同证明和货物收据的功能。两者的最大区别在于：可转让的国际多式联运单据具有物权凭证功能，可以转让，国际多式联运经营人及其代理人在交付货物时遵循"认单不认人"的原则；不可转让的国际多式联运单据不具有物权凭证功能，不具有流通性，收货人一栏必须是记名的，国际多式联运经营人及其代理人在交付货物时遵循"认人不认单"的原则。

表 11-1　　　　　　　　　　两类国际多式联运单据异同比较

比较项目	可转让的国际多式联运单据	不可转让的国际多式联运单据
物权凭证	是	不是

比较项目	可转让的国际多式联运单据	不可转让的国际多式联运单据
货物收据	是	是
证明效力	承、托之间为初步证据，对第三人为绝对证据	初步证据
收货人记载	记名、指示、不记名	记名
是否全套正本单据交付托运人	是	不是
是否凭正本单据提货	凭正本单据提货	不需要（仅需要核对身份）
是否需要托运人签字	不需要	需要（实际业务中有例外）

如前所述，在国际多式联运业务中，既可以使用具有物权凭证的国际多式联运提单，也可以使用不具有物权凭证的其他国际多式联运单据。然而，由于大多数国际多式联运都包含了海运，加之海运提单因其特有的功能和作用而在众多运输单据中居于核心地位，因此实务中的国际多式联运主要以签发国际多式联运提单为主。

二、国际多式联运单据的制作与签发

下面主要对国际多式联运提单予以说明。在信用证结算方式下，国际多式联运提单的制作与签发应符合国际商会公布的《跟单信用证统一惯例》（UCP 600）、《关于审核跟单信用证项下单据的国际标准银行实务（ISBP）》（目前的最新版本为 2013 年发布的 ICC 第 745 号出版物，即 ISBP 745）和《UCP 600 注释》（即 ICC 第 680 号出版物）等相关规定。

1. 国际多式联运提单的制作

限于篇幅，以下简要阐述运输栏目的制作，其他内容的制作可参照第四章中海运提单部分的介绍。

（1）前程运输工具（pre-carriage by）。在国际多式联运的情况下，在该栏内注明铁路（RAIL）、卡车（TRUCK）、空运（AIR）或江河（RIVER）等运输方式。

（2）收货地（place of receipt）。在国际多式联运的情况下，此栏填写国际多式联运经营人开始接收货物的地点。

（3）海运船舶（ocean vessel）。此栏填写船名和航次号，但在国际多式联运的情况下填写此栏时需要注意：当船名不能确定时，可填写"TO BE NAMED"或者"×××（船名）OR HER SUBSTITUTE"。

（4）装货港（port of loading）。此栏填写货物装船的港口名称。

（5）卸货港（port of discharging）。此栏填写货物卸船的港口名称。

（6）交货地（place of delivery）。在国际多式联运的情况下，此栏填写国际多式联运经营人最终交货的地点。

（7）目的地（final destination for the merchant's reference, final destination of the goods—not the ship），此栏仅作为进出口商参考使用，应填写货物实际应到达的目的地。

需要注意的是，如果托运人提供了拼写错误的卸货港名称或交货地点，承运人或其代理人未经托运人核实不能自行更正，因为提单必须符合信用证的要求，必须与舱单相一致，故应联系托运人书面确认并进行更改，否则不接受。此外，如果信用证给出了收货地、装货港、卸货港、交货地的地理区域（如"任一欧洲港口"），则国际多式联运单据必须注明实际的收货地、装货港、卸货港、交货地，而且该地点必须在规定的地理区域或范围内。

2. 国际多式联运提单的签发

根据 UCP 600 的规定，单据的签署（signature）应满足如下条件：

（1）签署可以用手签（handwriting）、摹印（facsimile signature）、打透花字（perforated signature）、印戳（stamp）、符号（symbol）或任何其他机械或电子的证实方法。不过，有些地区可能有特殊规定，如巴西要求提单必须手签。

（2）与 UCP 500 相比，UCP 600 取消了国际多式联运经营人的身份，根据 UCP 600 第十九条的规定，不论其称谓如何，国际多式联运单证必须在表面上显示承运人名称并由承运人、船长或具名代理人签署。国际多式联运单据必须按 UCP 600 第十九条第 a 款第 i 项规定的方式签字，而且承运人的名称必须出现在运输单据表面，并表明承运人的身份。第一，如果国际多式联运单据由代理人代表承运人签署，则必须表明其代理人身份，并且必须表明被代理人是谁，除非国际多式联运单据的其他地方已表明承运人的名称。第二，如果由船长签署国际多式联运单据，则船长的签字必须表明"船长"身份。在这种情况下，不必注明船长的姓名。第三，如果由代理人代表船长签署国际多式联运单据，则必须表明其代理人身份。在这种情况下，不必注明船长的姓名。

[案例 11－1]　一份提单的标题用粗体印刷表明公司名称为 ABC LOGISTICS LTD.，该提单由一个署名的代理人签发，签署为"As Agent for the Carrier of B/L Title"。可否把引号中的词句解释为"As Agent for the Carrier Whose Name Appears on the Heading"，从而该提单就与 UCP 600 的签署要求是相符的？这样的理解正确吗？

案例评析：

这样的理解正确。该提单上出现的承运人名称的表达方式符合 UCP 600 关于承运人名称的要求。

[案例 11－2]　C（Y 国）有限公司以承运人的代理人的身份，代表 C（X 国）有限公司签发了提单，但承运人的身份并没有在提单的正面表明，只是在提单的反面，定义下的第一行明确了 C（X 国）有限公司为承运人。试问银行可否以此推定 C（X 国）有限公司就是承运人？还是必须在提单的正面明确表明承运人的身份？

案例评析：

该提单没有按照 UCP 600 的要求以一种合适的方式标明承运人的名称。UCP 600 提到"银行将不审核承运条款和条件的内容"，包括检查这些条款和条件以确定承运人。

[案例 11－3]　一些运输单据上面有预先印好的声明。在出具单据后，除了那些有关"已装船"、"已收货"或"已被接管"的情况，其他预先印好的声明可能与附加声明不匹配。例如，预先印好的声明显示"代表船长签字"，单据通过附加批注看似由某具名代理人代某具名承运人签字；或者预先印好的声明显示"由代理人代表承运人"，单据通过

附加批注看似由某真正的承运人签字。试问此类预先印好的声明与附加声明之间的不匹配是否可以认为是矛盾的数据，或者还是以附加批注为准，简单地把它看作出单人采取的到出单日为止的实际或最终的情况？

案例评析：

用于证明运输单据签署人员名称和身份的附加印戳或其他形式的批注可以取代提单上与之矛盾的预先印好的签字。如果运输单据的签署方式符合相关运输条款的要求，那么单据可以被接受。

三、国际多式联运单据的批注

1. 装船批注

国际多式联运单据的出具日期应视为发运、接管或装船的日期，除非单据上另有单独的注明日期的批注，表明货物已在信用证规定的地点发运、接管或装船。在这种情况下，该批注日期就被视为装运日期，而不论该日期是早于还是迟于单据的出具日期。

[案例 11 - 4] 信用证要求：从美国的主要港口装运并且要提交"清洁已装运的多式联运单据"（clean on board multimodal transport document）。受益人提交的国际多式联运单据有关运输栏目记载的收货地为孟菲斯，装货港为长滩，卸货港为中国赤湾，交货地为中国黄埔，其他方面均符合信用证的规定，只是已装船批注没有加注日期。

本案例的核心在于，当国际多式联运单据显示第一程运输为海运时，是否需要一个标注日期的装船批注？

案例评析：

参阅国际商会的意见，当信用证如此要求时，无疑是需要装船批注的。若国际多式联运单据显示，从信用证规定地点的第一程运输为海运，即使信用证中没有特别要求加批已装船批注，也是需要装船批注的。例如，信用证要求从 X 港运至内陆地点 M，假设在制作国际多式联运单据时，有关运输栏目记载方面存在以下四种情况，见表 11 - 2。

表 11 - 2 有关运输栏目记载的四种不同情况

	Pre-carriage by	Place of Receipt	Ocean Vessel	Port of Loading	Port of Discharge	Place of Receipt
例 A	空白	X Port	Vessel V	X Port	R	M
例 B	空白	X Port	Vessel A	Y Port	F	M
例 C	空白	空白	Vessel B	X Port	G	M
例 D	空白	空白	Vessel C	X Port	K	M

基于前述分析，可知答案如下：

（1）例 A，运输单据需要显示加注日期的装船批注。

（2）例 B，运输单据需要显示加注日期的装船批注，装船批注中还需注明从 X 港起航的船名和装货港"Y 港"。

（3）例 C，运输单据需要显示加注日期的装船批注。

（4）例 D，运输单据需要显示加注日期的装船批注。

2. 货物外表不良状况的批注

如果承运人在提单上加注了有关货物及包装状况不良或存在缺陷等批注，则该提单构成不清洁提单（unclean B/L, foul B/L）；反之，则称为清洁提单（clean B/L）。

需要注意的是，根据国际航运公会（International Chamber of Shipping，ICS）的规定，下列批注不构成不清洁提单：

（1）没有明确表示货物或包装令人不满意的字句，如"旧箱"或"旧桶"等。

（2）强调承运人对因货物或包装性质所引起的风险不承担责任的字句。

（3）承运人否认知道货物的内容、重量、体积、品质或技术规格的字句。

由此可见，只有附有明示货物或包装缺陷的附加条文或批注的提单，才构成不清洁提单。至于有关数量短少方面的批注并不构成不清洁提单。

根据 UCP 600 第二十七条的规定，银行只接受清洁运输单据。此外，UCP 600 进一步明确："清洁"一词并不需要在运输单据上出现，即使信用证要求运输单据为"清洁已装船"的。

（1）载有明确声明货物及/或包装状况有缺陷的条款或批注的提单是不可接受的，未明确声明货物及/或包装状况有缺陷的条款或批注（如"包装状况可能无法满足海运航程"）不构成不符点，说明包装"是无法满足海运航程的"声明不可接受。

（2）如果提单下出现"清洁"字样，但又被删除，并不视为有不清洁批注或不清洁，除非提单载有明确声明货物或包装有缺陷的条款或批注。

正因为银行拒绝接受不清洁提单，因此在实践中，为了结汇，发货人往往通过出具保函以换取清洁提单。

一般来说，托运人对于两种情况必须提供保函。第一种情况是当托运人与承运人之间就货物数量、重量或包装问题存在分歧时，若承运人怀疑托运人提供的情况有问题，但又没有合适的方法加以检查，或者承运人认为货物的包装不适合长途运输，而托运人此时已不可能另换包装，承运人会要求托运人出具保函，以保护承运人的利益；否则，承运人就在提单上记入不利于托运人的批注。第二种情况是托运人为了某种个人目的，要求承运人在提单上记入与实际货物情况不一致的内容，承运人为了保护自己的利益而要求托运人出具保函，凭保函签发清洁提单（包括要求承运人签发倒签提单和预借提单）就属于后一种情况。对于第一种情况下的保函，各国法律一般都采取认可的态度。这是一种为了使货物及时出口的变通做法，对收货人不存在隐瞒事实的问题。对于第二种情况的保函，在法律上是无效的，因为这种保函的实际意义在于共同欺骗无辜的第三者。

3. 其他批注

例如，整箱货下的"不知"批注等。此外，国际多式联运单据可以另行显示不同的发运、接受监管或装载地点或者最终目的地的地点，只要显示的装运地及最后的目的地符合 L/C，银行就不会介意包含"预期的"船舶、装货港或卸货港的批注。这说明与海运提单不同，国际多式联运单据可以显示"预期的"船舶、装货港或卸货港，而无须另加批注。

四、运用国际多式联运单据应注意的事项

1. 在海上运输中的应用

根据 UCP 600 的规定，在单一运输方式中也可以签发提单抬头为"联合运输提单"、"多式联运提单"、"联运提单"和"转船提单"等的提单，但此时所签发的国际多式联运提单已不属于国际多式联运单据，它应该符合信用证对该运输方式下运输单据的规定。例如，现行的国际集装箱多式联运提单大多是"一单两用"的，当它用于海上运输时，必须符合 UCP 600 第二十条的规定，即提单的船名、装货港和卸货港都是确定的。显然，国际多式联运提单兼作海运提单时，必须符合以下条件：一是国际多式联运提单上必须加注"装船批注"，这是因为国际多式联运提单一般为收货待运提单，而海运提单必须是已装船提单；二是国际多式联运提单有关运输栏目的记载必须符合海运提单"港到港"的原则和要求，这是因为国际多式联运提单包括装货港、卸货港、船名、前程运输工具、收货地、交货地、最终目的地七个栏目，其中前三个栏目既用于海上运输，也用于国际多式联运，而后四个栏目则是专为国际多式联运设置的。因此，当国外开来的信用证要求提供海运提单（marine/ocean B/L）而船公司用国际多式联运提单制作"港至港"提单时，必须明确这两种不同性质提单的界线。

（1）国际多式联运提单上已印就"收妥待运"（received in apparent good order and condition for shipment...）字样，因此必须加上"装船批注"并加上装船日期，即装船批注为"ON BOARD＋装船日期"。

（2）如果国际多式联运提单包含"预期船"（intended vessel）字样或类似限定船只的词语，则装船批注为"ON BOARD＋装船日期＋船名"。

（3）如果国际多式联运提单上的收货地点或接受监管货物地点与装货港不同，或者提单中装货港栏的记载与信用证中规定的装货港不同，或包含"预期"或类似限定装货港的标注，则装船批注为"ON BOARD＋装船日期＋船名＋装货港"。需要注意的是，根据 UCP 600 的规定，即使提单以事先印就的文字表明了货物已装载或装运于具名船舶，装船批注中仍须加批实际的船名，以证明该船舶是从信用证所规定的装货港起运。

（4）信用证要求的装货港名称应在提单的装货港栏中表明。如果货物是由船舶从收货地运输，且有装船批注表明货物在"收货地"或类似栏名下显示的港口装载到该船，也可在"收货地"或类似栏名下表明。

（5）信用证要求的卸货港名称应在提单的卸货港栏中表明。如果货物将由船只运送到最终目的地，且有批注表明卸货港就是"最终目的地"或类似栏名下显示的港口，也要在"最终目的地"或类似栏名下表明。

[案例 11-5] 信用证：全套清洁已装船海运提单，货物从任何欧洲港口发运至日本东京，并允许转船。由于地理上的关系，该货物首先由支线船 A 在丹麦哥本哈根装船运至德国汉堡，然后再转到远洋船 B 运至日本东京。假设选用国际多式联运提单制作上述海运提单，试问以下四种形式所制作的提单能否被银行接受？

（1）第一种制单。

| 前程运输工具：A | 收货地：COPENHAGEN | 装货港：HAMBURG |
| 船名：B | 卸货港：TOKYO | 交货地： |

另在装船批注上加注 HAMBURG 的装船日期。

（2）第二种制单。

| 前程运输工具： | 收货地： | 装货港：HAMBURG |
| 船名：B | 卸货港：TOKYO | 交货地： |

另在装船批注上加注 HAMBURG 的装船日期。

（3）第三种制单。

| 前程运输工具： | 收货地： | 装货港：COPENHAGEN |
| 船名：A | 卸货港：HAMBURG | 交货地：TOKYO |

另批注显示在汉堡转船（VIA HAMBURG）。

（4）第四种制单。

| 前程运输工具： | 收货地： | 装货港：COPENHAGEN |
| 船名：A | 卸货港：TOKYO | 交货地： |

另在装船批注上加注 COPENHAGEN 的装船日期。

案例评析：

根据 UCP 600 第二十条的规定，海运提单如能被接受，必须显示信用证规定的装货港。由于哥本哈根和汉堡都是欧洲港口，所以提单上显示两者之一为装货港都可接受。选择不同的装货港，提单上就有不同的显示方法。

第一，选择汉堡为装货港。在这种情况下，只有前两种制单属于选择汉堡为装货港，但按照 UCP 600 第二十三条的规定，只有第二种制单符合信用证要求，而第一种制单并不符合海运提单的要求。理由如下：由于在收货地栏内打上了"COPENHAGEN"，因此装船批注仅注明在汉堡的装船日期是不够的，还必须清楚显示信用证规定的装货港和船名，即必须加注汉堡为装货港，"B"为装货船名以及货物在汉堡装船的日期。

第二，选择哥本哈根为装货港。在这种情况下，只有后两种制单属于选择哥本哈根为装货港，但按照 UCP 600 第二十三条的规定，只有第四种制单符合信用证要求，而第三种制单并不符合海运提单的要求，它实际上是陆-海联运。

[案例 11-6] 信用证：全套清洁已装船海运提单，货物从丹麦发运至马尼拉，并允许转船。提交的提单如下：收货地为 COPENHAGEN，装货港为 HAMBURG，船名为 MS ABC，卸货港为 KAO HSIUNG，交货地为 MANILA。另有批注"货物在哥本哈根于某日装上 MS ABC 号，从高雄至马尼拉段用 MS XYZ 船运输"（Shipped on board MS ABC at Copenhagen on... Shipment from KAO Hsiung to Manila will take place by MS XYZ）。试问该提单能否被接受？

案例评析：

根据 UCP 600 第二十条第 a 款第 iii 项的规定，当提单显示不同于装货港的货物接管地及/或不同于卸货港的最后目的地时，只要提单仍显示出信用证规定的装货港和卸货港，银行仍予以接受。这意味着信用证所示的"港至港"运输必须在提单上以信用证上的装货港、卸货港名来表达。在本例中，货物从丹麦发运至马尼拉，则要求提单上注明"丹麦港口为装货港、马尼拉为卸货港"，因而该提单不被银行接受。正确的做法是：装货港为COPENHAGEN，卸货港为MANILA，并注明在汉堡转船（W/T HAMBURG），或者要求信用证开成从汉堡发运。

［案例 11 - 7］ 依据 UCP 600 开立的信用证要求，提单显示从"Hamburg Port"运至"Hong Kong Port"。提交的提单包括下列信息：

Place of Receipt："Hannover by truck"　　　　Ocean Vessel："Vessel XX"

Port of Loading："Hamburg"　　　　Port of Discharge："Hong Kong"

提单未包括单独的装船批注，但包括了预先印就的词语，说明货物"已装船"，还包括了一个"出具日期"。试问上述提单是否符合 UCP 600 第二十条第 a 款第 ii 项和第 iii 项的规定？

案例评析：

目前，许多船公司或其代理人会在提单中提及不同于装货港的收货地或接管地。因此，为了使银行审单人员能够确定提单已装船的声明（预先印就的词语或单独的装船批注）与在信用证规定的装货港已装具名船只的情况有关，而与收货地或接管地和装货港之间的货物前程运输情况无关，则提单需要加批"装货港和船名"的装船批注，即使货物是装于提单上指定的船只时也是如此。因此，该提单与信用证规定不符。

2. 在国际铁路联运中的应用

由于单证的名称并不重要，因而很多名称为联合运输单据、联运单据甚至空运单据的单据也会出现在国际多式联运之中，履行着国际多式联运单证的职能。当然，如前所述，这些单证也可作为海运提单来签发，但前提是必须符合 UCP 600 第二十条"提单"的规定。

据此推论，在国际铁路联运下，虽然仅涉及铁路运输这一种方式，但国际多式联运经营人应货主的要求签发国际多式联运提单也未尝不可。然而，根据 UCP 600 第十九条"涵盖至少两种不同运送方式的运送单据"可知，国际多式联运单证必须是"至少包括两种不同运输方式的运输单证"。显然，国际铁路联运下所签发的国际多式联运提单，虽有国际多式联运提单之名，却无国际多式联运提单之实。因此，国际多式联运经营人应拒绝签发国际多式联运提单；倘若必须签发，则应确保自身能成为国际铁路运单中的托运人、收货人，以便掌握提货权，否则将会产生很大的风险。以《国际铁路货物联运协定》（以下简称《国际货协》）规定的国际铁路运单为例，其构成、功能及流转程序与提单有很大的区别，表现为国际铁路运单并非物权凭证，必须是记名的，各铁路车站核对收货人的身份后交付货物，即"认人不认单"。显然，国际多式联运经营人只有成为铁路联运运单上的收、发货人，才有可能行使货物运输中止权和提货权，才能有效地防止收货人未经允许而提走货物。

下面介绍的几个案例表明，单证的名称并不重要，其核心在于所签发的单证是否满足了国际多式联运的构成要件。

［案例 11 - 8］ 2016 年 6 月下旬，宁波四联国贸（以下称为"被告"）为履行出口合

同，电话委托上海天原货运宁波办事处（以下称为"原告"）以海-空联运方式出运该货物。原告接受委托后，签发了航空货运单。该航空货运单载明，一程海运由"新东轮"029航次承运，二程空运航班为KE 061，航班日期为7月2日，托运人为被告，收货人为巴西中间商KETER，运费预付，费率按约定。随后，原告以自己的名义将货物委托中菲行空运（香港）有限公司（以下简称"中菲行公司"）进行国际多式联运。中菲行公司向原告签发编号为SHA103932的航空货运单，载明托运人为原告，收货人为原告在巴西的代理人，运费预付，按约定费率。随后，中菲行公司将货物委托新东轮船公司完成由上海至釜山的一程海运。该海运提单载明，托运人为中菲行公司上海办事处，收货人为大韩航空公司，运费预付。二程空运由大韩航空公司负责承运。该公司航空货运单载明，托运人为中菲行公司上海办事处，收货人为原告在巴西的代理人，运费根据安排。该货物于同年7月8日完成国际多式联运，抵达巴西圣保罗机场。后因运费未付等原因，双方诉讼至法院。

案例评析：

根据涉案航空货运单来看，由于其记载包括一程海运与二程空运的内容，因此该空运单实质上是一份国际多式联运单证。该单证初步证明了国际多式联运合同的订立以及国际多式联运经营人收到单证项下货物的事实。至于原告与中菲行公司以及中菲行公司与新东轮船公司、大韩航空公司建立的实际承托法律关系，与被告无关。依照法律规定，原告作为国际多式联运合同经营人，对国际多式联运的货物应当承担自接受货物起至交付货物止的全部责任。

[案例11-9] 2017年8月，天津经济技术开发区进出口公司（以下简称"进出口公司"）接受了天津开发区商贸联合对外开发公司（以下简称"商贸公司"）的委托，为其做货物出口代理。随后，商贸公司又找到被告香港华远船务有限公司（以下简称"华远船务公司"），要求该公司通过铁路将一批羽绒服由天津运往俄罗斯莫斯科，同时提供了发货人进出口公司和收货人俄港联合企业有限公司莫斯科友谊公司（以下简称"莫斯科友谊公司"）的具体名称、地址以及所运货物的品名、数量、规格、集装箱运输方式等。华远船务公司接受委托后，会同其协作单位中国铁路对外服务公司（以下简称"中铁外服"）共同承担了该批货物的国际铁路运输代办托运业务。此后，商贸公司与被告中铁外服、华远船务公司一起，在海关等部门的监管下，将上述货物装入40英尺的集装箱内，运至指定地点后，由中铁外服按照商贸公司和进出口公司提供的货物品名、件数、发站、到站、发货人、收货人等项内容，于同年9月3日为进出口公司签发了SVB/T/920941号提单。双方对提单中所填记的上述内容均无异议。此后，被告中铁外服和华远船务公司作为国际铁路货物联运的代办托运人，又以自己的名义与天津铁路分局张贵庄车站签订了国际铁路货物联运合同，并按照提单内容填写了国际铁路货物联运运单。运单中除将上述提单中的发货人进出口公司变为中铁外服和华远船务公司外，其他项目均与提单一致；对此，双方亦无异议。铁路张贵庄车站将上述货物经由满洲里车站运往俄罗斯莫斯科车站，后因商贸公司运货前委托的国外收货代理人——莫斯科友谊公司违约，未按委托协议约定的义务为委托人商贸公司代理领取货物，从而造成货物丢失；为此，双方产生纠纷。

案例评析：

在本案中，中铁外服和华远船务公司虽给进出口公司签发了国际多式联运提单，但对该提单项下货物所实施的运输方式是事先与进出口公司的委托人商贸公司约定的铁路运输，不存在其他运输方式，更无海上运输区段，因而本案实质上是铁路运输合同纠纷。同时，法院认为该提单在本案中可作为明确双方委托-代理关系和交接货物的证明，即认定商贸公司是本案的实际托运人，进出口公司是其货物的出口代理人，中铁外服和华远船务公司是其代办托运人，莫斯科友谊公司是其指定的收货人，而承运人则是铁路。

[**案例 11-10**]　2017 年 9 月 17 日，广西机械公司通过福州进出口公司上海办事处向中铁上海公司填写了一份出口货运委托书，该委托书注明发货人为广西机械公司，收货人为俄罗斯收货人的姓名、护照号码、电话号码，运输方式为铁路列车（上海—满洲里—莫斯科）。委托人要求出 3 份提单并送到指定地点，运费预付。广西机械公司交付货物后，中铁上海公司代表华远船务公司签发了大陆桥运输提单并收取了全程运费，提单收货人等填写的内容与委托书基本相同，另有华远船务公司在莫斯科联系人的详细地址，提单背面规定的责任限额为 2 美元/公斤。2017 年 11 月 10 日，华远船务公司经由中铁上海公司向铁路企业办理国际联运货物的托运，上海铁路桃浦站制作的《国际货协》运单上载明发货人为华远船务公司，收货人与委托书填写相同。后因货物在目的地被俄方车站拍卖而发生纠纷。

案例评析：

本案仍是国际铁路联运纠纷，但与上一案例不同，法院认定华远船务公司是契约承运人而不是代理人，应承担货物灭失的责任；同时，法院还认为承运人所主张的海上运输承运人的限额赔偿制适用，必须有海上运输作为基础，而本案根本不存在海上运输的任何环节和事实。因此，基于公平的民事原则，不允许华远船务公司依据提单的背面条款，主张对发货人承担限额赔偿责任。

3. 在国际多式联运中的应用

国际多式联运提单与各区段承运人签发的运输单据（提单或运单等）在缮制和流转上既有一定的联系，又有一定的差别（见表 11-3）。因此，在国际多式联运下，尤其在不含海运的国际多式联运下，应签发不可转让的国际多式联运单据；如果必须签发国际多式联运提单，则应确保能掌握各区段运输的中止权与提货权。例如，在区段承运人签发运单或记名提单时，应确保自己成为该运单或记名提单上的托运人、收货人，在区段承运人签发指示提单时，除了应确保自己成为提单上的托运人外，应签发"凭指示"（to order）的指示提单；如为记名指示提单，则应确保签发"凭自己指示"（to order of…）的提单。否则，一旦货物被实际收货人提走，国际多式联运经营人将承担无单放货的责任。此外，除了有关当事人及部分运输栏目之外，应确保相关栏目的记载一致，尤其不要发生加重国际多式联运经营人责任或减轻、免除区段承运人责任的现象；否则，国际多式联运经营人在赔偿了货主货损货差责任后，无法向造成货损货差责任区段的承运人追偿。

综上所述，在实际承运人签发不可转让运输单据的情况下，国际多式联运经营人固然可以通过成为该运输单据中的收、发货人而掌握各区段运输的中止权与提货权，但目前有些国家（如俄罗斯、中亚国家）的海关，往往要求运输单据上的收货人必须是真正的收货人，且为当地企业，同时要有准确的收货人海关 HS 编码。显然，在这些国家，因海关的特殊要求而使其无法掌握提货权，因此国际多式联运企业应该拒绝签发国际多式联运提单。

表 11-3　　　　　　　　国际多式联运提单与各区段承运人运输单据的区别与联系

项目	国际多式联运提单	各运输区段承运人单据（提单、运单）
收货地	起始收货地点	区段运输工具实际收货地
装货港	一程承运船的装货港	区段运输工具（船）的实际装货港
卸货港	最末程承运船的卸货港	区段运输工具（船）的实际卸货港
交货地	最终交货地点	区段运输工具的实际交货地
签单地	起始收货地点	区段运输工具的收货地（港）
托运人	依贸易合同而定	国际多式联运经营人或其代理人
通知人	依贸易合同而定	国际多式联运经营人或其代理人
收货人	依贸易合同而定	国际多式联运经营人或其代理人
签发人	国际多式联运经营人或其代理人	区段承运人或其代理人
责任区间	承担全程责任	承担各自负责区段责任
主要用途	结汇与提货	货物交接与提取

[案例 11-11]　　根据委托，2016 年 6 月 8 日天华运输公司负责将托运人仁和贸易公司托运的货物由天津经海运运至大连后，经大连转公路运至丹东，然后由天华运输公司的丹东代理人安排货物经丹东出境，由铁路运抵朝鲜新义州。在托运人仁和贸易公司向天华运输公司出具"指定朝鲜真诚公司为唯一收货人，提单只作议付单据"的声明后，天华运输公司向托运人签发了国际多式联运提单。提单载明：托运人为仁和贸易公司，收货人为凭香港中行指示，同时批注有"仅作议付用"（for negotiable only）。铁路签发的运单载明装货地为丹东，卸货地为朝鲜新义州，收货人为朝鲜真诚公司。货物运至朝鲜新义州后，被告天华运输公司在买方朝鲜真诚公司无货运提单的情况下，任由该公司将货物提走，使原告仁和贸易公司不能收回货款。因此，原告请求判令被告赔偿原告货款损失 180 480 美元及利息。

本案双方当事人签订的国际多式联运合同、提单等均合法有效，货物出口委托书和仁和贸易公司签署的声明均可以作为合同的组成部分，其中的提单题为不可转让的单据。依据合同中关于朝鲜真诚公司为收货人、"唯一收货人为朝鲜真诚公司"的约定，天华运输公司仅负有将货物交付朝鲜真诚公司的合同义务，故仁和贸易公司主张天华运输公司负有收回正本提单的义务依据不足。

在货物装船后，承运人签发了国际多式联运提单，但提单正面注明"仅作议付用"，因此该提单不再具有物权凭证的效力，承运人交付货物应凭托运人的指令。在本案中，涉案提单最终未能流转，而为托运人所持有，故提单项下货物的所有权仍为托运人所享有，承运人应按照与托运人的约定交付货物。由于在提单签发前上诉人出具了声明，宣布提单只作为议付单据，而涉案货物的唯一收货人为朝鲜真诚公司，因而被上诉人应将货物交付给指定收货人。

案例评析：

由于托运人出具了"指定朝鲜真诚公司为唯一收货人，提单只作议付单据"的声明，因此法院认为本案所签发的国际多式联运单证是不可转让的国际多式联运单证。但是，由于本案所涉及的海运段是国内沿海运输，并不是《海商法》中国际多式联运合同所指的"海上运输"，因此本案不属于《海商法》中规定的"国际多式联运"，故不能适用《海商法》的规定，而应适用《合同法》对"国际多式联运合同"的规定。

构成承运人因无单放货而承担责任的基础，在于提单具有承运人保证据以交付货物的物权凭证这一功能，而本案所涉提单，因双方在运输合同中的约定（即提单"仅作议付用"）已丧失了作为交付凭证和物权凭证的功能，因此被告按照国际多式联运合同的约定，将货物交付合同指定的收货人后，原告以被告无单放货为由，要求被告对其不能收回货款承担责任，其理由显属不当，不应支持。

第四节　国际多式联运成本管理

一、国际多式联运成本的构成

国际多式联运企业在开展业务时，需要借助船公司、港口、内陆运输公司、装卸仓储公司等运输供应商来完成具体的运输业务。显然，国际多式联运企业的总成本包括以下两大部分：

1. 运输总成本

运输总成本是指国际多式联运企业为获得运输、仓储等功能而需要支付给各运输供应商的运输费用。

运输总成本的构成和大小与多种因素有关，其中影响最大的因素是集装箱交接方式与运输方式的构成。表11-4是由海上运输方式组成的国际多式联运运输总成本的结构。

表11-4　　　　　　　　国际集装箱多式联运运输总成本的结构

交接方式		发货地				海上运输	收货地			费用组成
		A	B	C	D	E	D	C	B	A	
LCL/LCL	CFS/CFS			√		√		√	√		B+C+E+C+B
FCL/FCL	DR/DR	√		√		√			√	√	A+C+E+C+A
	DR/CY	√		√		√	√		√		A+C+E+D+C
	CY/CY			√	√	√		√			C+D+E+D+C
	CY/DR			√	√	√				√	C+D+E+C+A

续前表

交接方式		发货地				海上运输	收货地				费用组成
		A	B	C	D	E	D	C	B	A	
LCL/FCL	CFS/CY		✓	✓		✓	✓	✓			B+C+E+D+C
	CFS/DR		✓	✓		✓		✓		✓	B+C+E+C+A
FCL/LCL	DR/CFS	✓		✓		✓		✓	✓		A+C+E+C+B
	CY/CFS			✓	✓	✓		✓	✓		C+D+E+C+B

说明：字母 A、B、C、D、E 所代表的含义如下：

A 代表内陆运输费（inland transportation charge），包括铁路、公路、航空、内河、沿海支线运输所发生的运输费用。

B 代表拆拼箱服务费（LCL service charge），包括取箱、装箱、送箱、拆箱及理货、免费期间的堆存、签单、制单等各种作业所发生的费用。

C 代表码头/堆场服务费（terminal handle charge，THC），包括船与堆场间搬运、免费期间的堆存及单证制作等费用。

D 代表装/卸车费（transfer charge），包括在堆场、货运站等地点使用港区机械从货方接运的汽车/火车上卸下或装上箱子时的费用。在实践中，该项费用通常是作为装卸包干费用的一部分计入海运费之中。

E 代表海运费（ocean freight），与传统班轮件杂货的费用承担范围相同。

2. 经营管理费

经营管理费是指国际多式联运企业在经营管理过程中自身的费用支出，包括通信费用、单证成本以及管理费用等。这部分费用既可以单独计算，也可以分别加到不同区段的运输成本中一并计算。

此外，经营管理费还会涉及报关报检等费用。从原则上说，这些费用应由实际承运人和货主各自支付，如果国际多式联运企业代收代付了这些费用，可向相关责任人追偿这些费用。

二、国际多式联运成本控制的途径

如图 11-1 所示，除了压缩自己的经营管理费用支出之外，国际多式联运企业应采取相应的措施来控制支付给各运输供应商的费用支出。

1. 选择合理的计费方式

近年来，随着国际多式联运市场的竞争日趋激烈，国际多式联运企业可采取灵活的费用计收方法。目前的费用计收方式主要有单一制、分段制和混合制三种。

（1）单一制。它是指货物从托运到交付，所有运输区段均按照相同的运费率计算全程运费。

（2）分段制。它是指按照组成国际多式联运的各运输区段，分别计算海运、陆运（铁路、汽车）、空运及港站等各项费用，然后合计为国际多式联运的全程运费，由国际多式联运经营人向货主一次计收，最后再由国际多式联运经营人与各区段的实际承运人分别结算。目前，大部分国际多式联运的全程运费均采用这种计费方式。

（3）混合制。由于制定单一运费率是一件较为复杂的问题，因此作为过渡方法，目前有

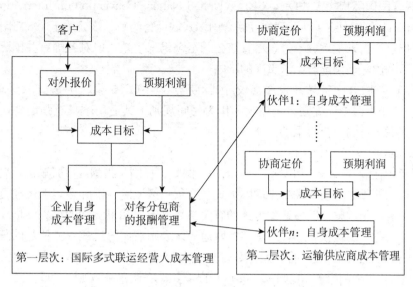

图 11 - 1　国际多式联运企业成本控制层次结构示意图

的国际多式联运经营人尝试采取以下混合计收办法：从国内接收货物地点至到达国口岸采取单一费率，向发货人收取（预付运费）；从到达国口岸到内陆目的地的费用按实际成本确定，另向收货人收取（到付运费）。

2. 适时调整国际多式联运的运价

运输时间和运输成本是与国际多式联运企业竞争力密切相关的两个因素。对于组织、管理水平较高的国际多式联运企业来说，运输时间是比较容易控制的。然而，运输成本的高低在很大程度上受制于各区段的承运人和市场竞争状况，因此在制定运价时，应根据国际多式联运市场运价的变化及时调整费率水平，以使国际多式联运运价始终处于一种最新的状态。

3. 减少对各运输供应商的费用支出

具体说来，可采取与运输供应商签订长期合作协议、集中托运/订舱、优化运输方式组合形式与运输路线等措施。

第五节　国际多式联运事故处理

一、国际多式联运经营人的责任分析

1. 现有的国际多式联运公约和规则

从 20 世纪 50 年代到 70 年代末，一些国际公约已考虑了国际货物多式联运问题，目前比较有影响的国际公约和规则主要包括以下三个：

（1）《联合运输单证统一规则》（Uniform Rules for a Combined Transportation Document）。该规则是由国际商会（ICC）于 1973 年制定的最早的国际多式联运规则。作为民间规则，其适用不具有强制性，须由当事人在国际多式联运合同中自愿采纳。

(2)《联合国国际货物多式联运公约》（United Nations Convention on International Multi-modal Transport of Goods）（以下简称《联合国多式联运公约》）。该公约于 1980 年 5 月 24 日获得通过，但迄今尚未生效。不过，尽管该公约至今仍未生效，但对各国有关国际多式联运的法律及其后的国际惯例都产生了重大的影响。

(3)《1991 年联合国贸易和发展会议/国际商会（UNCTAD/ICC）多式联运单证规则》（以下简称《多式联运单证规则》）。该规则作为民间规则，其适用不具有强制性，须由当事人在国际多式联运合同中自愿采纳。

2. 责任形式

(1) 网状责任制（network liability system）。网状责任制是指国际多式联运经营人对全程运输负责。货物的灭失或损坏发生于国际多式联运某一区段的，国际多式联运经营人的赔偿责任和责任限额适用调整该区段运输方式的有关法律规定。如果货物的灭失、损坏发生的区段不能确定（俗称"隐藏损害"），国际多式联运经营人则按照海运或双方约定的某一标准来确定赔偿责任和责任限制。目前，大多数国家的国际多式联运经营人均采用网状责任制。1973 年的《联合运输单证统一规则》、1991 年的《多式联运单证规则》和我国的《海商法》《合同法》均采纳了该责任制。

(2) 统一责任制（uniform liability system）。统一责任制是指国际多式联运经营人对货主赔偿时不考虑各区段运输方式的种类及其所适用的法律，而是对全程运输按一个统一的原则并一律按一个约定的责任进行赔偿。目前尚没有国际多式联运经营人愿意采用这种责任形式。

(3) 经修正的统一责任制（the modified uniform liability system）。经修正的统一责任制是指国际多式联运经营人对全程运输负责，并且全程运输在原则上采用单一的归责原则和责任限额，但保留适用于某种运输方式的较为特殊的责任限额的规定。《联合国国际货物多式联运公约》采用了这种责任制。

表 11 - 5 显示了国际多式联运公约和与其他单一运输方式有关的国际公约及惯例在国际多式联运经营人/承运人责任限额、诉讼时效等方面的规定。

二、国际多式联运经营人与区段承运人的法律关系分析

1. 国际多式联运经营人对区段承运人的行为负连带责任

《合同法》第三百一十八条规定："多式联运经营人可以与参加多式联运的各区段承运人就多式联运合同的各区段运输约定相互之间的责任，但该约定不影响多式联运经营人对全程运输承担的义务。"国际多式联运经营人与区段承运人的约定，不能对抗承运人。这一原则表明：国际多式联运经营人应当对合同约定的全部运输负责。国际多式联运经营人除了对自己及自己的受雇人或代理人的行为负责外，还必须对区段承运人及其受雇人或代理人的行为负责。可见，国际多式联运经营人的责任范围相当广泛，尤其在实务中，国际多式联运经营人很难控制区段承运人对其受雇人或代理人的选择。然而，如果法律不做出如此规定，而免除国际多式联运经营人对区段承运人的受雇人或代理人的行为负责，货方的利益就难以保障，继而会影响商业关系的稳定。

表11-5

有关国际公约及惯例对承运人责任等方面规定的一览表

公约或法律名称	责任基础	责任形式	责任期间	货损货差责任限额 SDR/件	货损货差责任限额 SDR/公斤	迟延交付损失 责任限额	迟延交付损失 推定灭失	货损货差通知时限 显而易见	货损货差通知时限 非显而易见	诉讼时效
《海牙规则》	不完全过失责任		船/船	100英镑		未规定		交付之前或当时	3个连续日	1年
《维斯比规则》	不完全过失责任		船/船	666.67	2	迟延货2.5倍运费，不得超过总运费	60天	1个工作日	15个连续日	1年，3个月追偿期
《汉堡规则》	完全过失责任		港/港	835	2.5	2倍运费	30天			2年，3个月追偿期 迟延交付：60天
《国际铁路货运公约》	严格责任		站/站		16.66			未做规定		1年，故意或严重过失为2年
《国际公路货物运输公约》	严格责任		站/站		8.33	不超过运费	约定期限：30天 未约定期限：60天	交付之前或当时	7个工作日	1年，故意或严重过失为3年 迟延交付：21天
空运：《华沙公约》及《海牙议定书》	《华沙公约》：不完全过失责任；《海牙议定书》：完全过失责任；《蒙特利尔公约》等：严格责任	经修正的统一责任制	场/场		17	未规定	7天	《海牙议定书》规定：损坏：行李7天，货物14天，延误21天		2年
《联合国国际货物多式联运公约》 含水运	完全过失责任	统一责任制	接货/交货	920	2.75	迟延货2.5倍运费，不得超过总运费	90天	1个工作日	6个连续日	2年，3个月追偿期 迟延交付：60天
《联合国国际货物多式联运公约》 不含水运	完全过失责任		接货/交货		8.33					
《联合运输单证统一规则》(1973年)	确定区段：等同适用公约/法规；非确定区段：完全过失责任	网状责任制	接货/交货	确定区段：适用运输公约规定 非确定区段：2SDR/公斤 如区段适用法律规定限额高，则适用该法		确定区段：适用公约规定；非确定区段：不赔	90天	交付之前或当时	7个连续日	9个月
《多式联运单证规则》 含水运	完全过失责任，但水运区段仍实行不完全过失责任	网状责任制	接货/交货	666.67	2	不超过运费	90天	交付之前或当时	6个连续日	9个月
《多式联运单证规则》 不含水运	完全过失责任			如区段适用法律规定了限额，则适用该法限额	8.33					

2. 区段承运人对其履行的运输承担与国际多式联运经营人同等的法律责任

这一原则表明：区段承运人对自身及其受雇人或代理人的行为责任仅限于自己履行的运输期间。此外，由于他与托运人无合同关系，因而对于国际多式联运经营人与托运人间约定的诸如扩大承运人责任范围、放弃承运人所享有的责任限制或放弃免除责任等超出法定责任的条款，只有在区段承运人以书面方式表示接受时才对区段承运人发生效力。因此，国际多式联运经营人在接受此类义务之前，应考虑区段承运人是否接受，否则将由自己承担此类义务。

3. 国际多式联运经营人、区段承运人及他们的受雇人或代理人的赔偿总额不能超出法定限额

这一原则表明：托运人或收货人无权以分别追索赔偿的方式取得双倍赔偿。这也说明区段承运人对其履行的运输承担责任的同时，也享有法律所规定的有关承运人的权利及责任限制与法定免责事项。

4. 国际多式联运经营人与区段承运人可按他们之间的合同约定相互追偿

当国际多式联运经营人或区段承运人赔偿了托运人或收货人以后，可按他们之间的合同约定相互追偿。

三、国际多式联运经营人的索赔与理赔实务

1. 索 赔

国际多式联运经营人的索赔是指国际集装箱多式联运经营人在赔偿货主（托运人或收货人）的损失后，依约或依法向实际造成损失的责任人（如国际货运代理、区段承运人、港站经营人等）进行追偿的过程。

各种运输方式下货运事故的索赔程序基本相同，主要包括以下步骤：

（1）发出书面的货损通知。目前，规范各种运输方式的国际公约与法规中均要求货主应在索赔通知时限内向承运人发出货损货差的通知，索赔人必须遵循其规定。

（2）提交索赔申请书或索赔清单及随附单证。索赔人除了提交索赔函外，还应该提供能够证明货运事故的原因、损失程度、索赔金额、责任所在以及索赔人具有索赔权利的单证。这些单证主要包括提单或运单正本、商业发票、装箱单、货损货差理货报告及货物残损检验报告、修理单、权益转让书、往来电传等。

（3）解决争议。双方通常采取和解或调解途径解决争议，如果无法解决争议，则可能进入诉讼或仲裁程序。

2. 理 赔

国际多式联运经营人的理赔是指国际多式联运经营人对货主（托运人或收货人）所提出的货运事故赔偿要求予以受理并进行处理的过程。

国际多式联运经营人作为国际多式联运合同的当事人，既享有权利，也要承担义务与责任。在理赔的过程中，国际多式联运经营人应依照图 11-2 的程序处理。

图 11 - 2　国际多式联运经营人的理赔要点示意图

首先，本章简述了国际多式联运的内涵、构成要素、类型、优缺点；其次，本章重点对流程、单证、成本、事故处理等操作内容进行了阐述。

一、单项选择题

1. 国际多式联运经营人是（　　　）。

A. 发货人的代理人

B. 收货人的代理人

C. 承运人的代理人

D. 承运人

2. 国际多式联运经营人承担的货物运输责任是（　　　）。

A. 全程

B. 自己的运输区段

C. 实际承运人区段外的区段

D. 自己的控制区段

3. 目前，国际上使用的国际多式联运提单大多采用（　　　）。

A. 分割责任制

B. 网状责任制

C. 统一责任制

D. 经修正的统一责任制

二、判断题

1. 《联合国国际多式联运公约》已经生效。　　　　　　　　　　　　　　（　　　）

2. 国际多式联运必须以集装箱为载体。　　　　　　　　　　　　　　　　（　　　）

3. 国际集装箱多式联运的责任期间为"门到门"。　　　　　　　　　　　（　　　）

三、案例分析题

2016 年 6 月 5 日，A 货主与 B 国际货运代理签订了一份关于货物全程运输的协议，约定由 B 国际货运代理承运 A 货主的货物，包括从 A 货主所在地由汽车运输至香港和从香港至新加坡的海上船舶运输，A 货主一次性支付全程运费。该协议并无关于运输烟花等危险品的约定，且 B 国际货运代理的经营范围仅为普通货物运输服务。在 A 货主处装车时，B国际货运代理发现所运货物为 16 000 箱烟花并表示拒绝运输，但 A 货主坚持要 B 国际货运代理承运，B 国际货运代理遂接受了运输任务。在汽运过程中，由于司机违章抢道与火车相撞，导致货物发生爆炸全损。双方当事人就有关责任和索赔发生纠纷并诉至法院。

根据题意，请分析回答：

1. 本案是否属于国际多式联运合同纠纷？为什么？

2. A 货主对此是否有责任？为什么？

3. B 国际货运代理是否有责任？为什么？

第十二章

无车承运与货运代理物流操作实务

上海中储国际货运有限公司向现代物流转型

上海中储国际货运有限公司隶属于中储发展股份有限公司，最初主营货运代理及仓储业务，既不拥有订舱权，也不具备签发海运提单的能力，更准确地说是一个具有代理中介能力的仓储公司，其作用只是接收客户进口货物提单、报关、提货、货物入仓，然后按客户需求发运货物等。而国外的国际货运代理企业已不再局限于简单的订船、送货、集港、换单、报关等传统国际货运代理服务，很多国际货运代理企业已经向第三方物流转型，并能提供混载、工程货物运输、杂货运输、国际多式联运、仓储和配送、咨询、保险、银行议付等多项增值业务。基于此，上海中储国际货运有限公司提出了"由国际货运代理企业向以仓储为依托的全球物流经营人转型"的战略定位。具体说来，就是从传统的国际货运代理物流向现代化物流转型，向综合的国际货运代理服务转型，向虚拟经营方式转型，向管理输出转型，扩建全球综合服务网络。

（1）营销向一体化转型。营销一体化就是实行客户经理制，即每位客户经理全权负责相关客户所有操作事宜及全程运输、跟踪。也就是说，对于一票业务，客户只需与某位客户经理联系便可解决所有问题，从而避免了相互推诿扯皮、工作衔接脱节等。为此，公司必须在价格和服务上下功夫。价格就是做好竞标价格，要在运费比较、成本核算、最大效益上进行分析，确定合理的价格，才能取得竞标成功；服务水平就是要做到缩短全程服务时间和提高核心服务的质量及效率。

（2）开发向深层次物流转型。第一，选好目标市场：分析传统市场、新兴市场、重点市场、非重点市场。对于重点市场要强化营销，并集中力量开发内陆新兴发达地区的市场。第二，搞好网络建设：对营销区域进行深层次重点开发，对经营形势好的网点重点开发。第三，加强客户管理：积极改善客户结构，稳定优质客户，发展大客户，优化收入结构。针对不同层次的客户，确定不同的销售策略和服务方针，实施VIP客户拜访服务计划等。第四，做好服务创新：就是要突破传统的经营和模式，以市场为导向，不断提高客户满意度，提倡个性化、高品质服务，加快占领市场。

（3）向综合化物流转型。现代物流对国际货运代理形成的最大挑战是，它直接与消费者主体有机地联系起来，使过去分散的海运、陆运、空运、仓储业有机地结合起来，为客户提供比国际货运代理更全面、更系统的服务。其业务范围涵盖加工、包装、装卸、仓储、运输、分拨、报关、报检以及信息跟踪等过程，并渗透到生产、分销等相关环节，囊括了物流、资金流、信息流等部分，这一内涵与外延都是目前国际货运代理所不能比的。

第一节 无车承运操作实务

一、道路无车承运人及铁路缔约承运人

1. 道路无车承运人

（1）美国。美国的道路货运市场主体有三类：卡车承运人（motor carrier）、货车经纪人（track broker）、国际货运代理（freight forwarder）。

在传统上，卡车承运人不允许将承揽到的货物进行转包或分包；货车经纪人是一个运输中介服务商，不承担货物运输组织工作；国际货运代理可以组织全程运输，并且可以把其承揽的货物依法转交给卡车承运人承运。目前，货车经纪人和国际货运代理这两个概念在美国已经趋于一致，其最大的共同特点就是允许整合各种运输方式的资源，从事全程道路运输的服务。也就是说，美国的一些货车经纪人、国际货运代理本身就具有无车承运人（non-truck operating carrier，NTOC）或无车公共承运人（non-truck operating common carrier，NTOCC）的资格。当然，从事无车承运人服务需要具备三个条件：第一，在联邦汽车运输安全管理局取得注册代码；第二，在每个营业的州有诉讼代理人；第三，提交不少于 7.5 万美元的保证金或者是相应的保险。

［案例 12-1］ 美国罗宾逊（C. H. Robinson）全球物流公司（以下简称"罗宾逊全球物流"）成立于 1905 年，成立之初是一家水果批发商。随着美国运输大解禁，罗宾逊全球物流进入无车承运人领域。到目前为止，其全球性的货运网络已经覆盖了北美、欧洲、亚洲和南美洲，该公司现有涵盖全球的 280 家分公司，超过 14 000 名员工，约 11 万家遍布全球的大大小小的客户和 107 000 个缔约运输伙伴，掌控着大约 100 万辆卡车的运力。根据 2016 年的统计数据，美国 20 余万家卡车公司总共拥有 100 余万辆卡车，其中 96% 的公司只拥有 20 辆以下的卡车，近 80% 的公司只有 1～5 辆卡车。另外，美国大约有 10 000 家注册的运输中介服务商，既包括一些很大规模的无车承运人，也包括很小规模的中介服务商和大型的第三方物流企业。其中，第三方物流企业占整个物流市场的比例正在提高。2016 年，在全美无车承运人的排名中，罗宾逊全球物流的营业收入排名第一位，其营业额是 135 亿美元左右。概括来说，当前全美物流市场产值达到约 1 万亿美元的规模，而其中无车承运人的业务占比为 10%～15%，而在这 10%～15% 的无车承运人业务中，罗宾逊全球物流所占的比例为 25%，由此可见美国的运输市场是非常庞大且分散的。

罗宾逊全球物流的核心竞争力在于人才、流程和科技平台。第一，人才。罗宾逊全球物流与顶尖高校合作，用以引入全球物流行业最高端的人才。罗宾逊全球物流要找的并不是卡车司机，而是帮助客户解决问题的人，即帮助客户节省物流成本、提高供应链运作效率。第二，流程。罗宾逊全球物流管理着全球 68 000 个承运商（从小到只有一辆车的卡

车司机，大到实力雄厚的船公司），如何让承运人理解客户需要的东西，这需要大量的流程，而罗宾逊全球物流需要帮客户做最优化的流程。第三，科技平台（navisphere）。罗宾逊全球物流每年投入超过1亿美元维护与改善科技平台的运作模式和流程。科技平台具有以下三个特点：全球统一的操作系统；可视化的追踪；灵活可定制的方案，可根据客户的个性化需求，设计满足客户供应链流程所需的物流服务。

（2）中国。我国实际上是借鉴美国的管理模式，开展无车承运人制度试点工作。

交通运输部办公厅发布的《关于推进改革试点加快无车承运物流创新发展的意见》（交办运〔2016〕115号）规定："无车承运人是以承运人身份与托运人签订运输合同，承担承运人的责任和义务，通过委托实际承运人完成运输任务的道路货物运输经营者。"

2. 铁路缔约承运人与班列经营人

旧版《国际货协》并未提及"承运人、缔约承运人、接续承运人"的概念，其对应术语是"各参加路和适用路"。现因有些国家已实行"网运分离"，其铁路基础设施所有者与运输设备（货运车辆）所有者和实际运输人已不是一体，国际铁路运输的实际承运人已不是铁路所有者。例如，在实践中，发货人既可以直接与实际承运人签订全程运输合同，然后再由该实际承运人与其他实际承运人共同完成铁路联运货物的运送；也可以选择与缔约承运人签订全程运输合同，再由缔约承运人委托实际承运人完成铁路联运货物的运送。比如在中欧班列下，班列经营人作为缔约承运人，与发货人签订全程运输合同，然后再委托中铁总公司及各参与国铁路公司作为实际承运人，从事各区段的铁路运送工作。因此，2015年7月1日生效的《国际铁路货物联运协定》（以下简称2015年版《国际货协》）明确了"承运人"概念，并将其分为"缔约承运人"和"接续承运人"。

（1）缔约承运人。缔约承运人是指与发货人缔结运输合同的承运人。

此外，2015年版《国际货协》规定：承运人是指参加货物运送（包括在国际铁路-轮渡联运水运区段）的缔约承运人和所有接续承运人。接续承运人是指从缔约承运人或其他接续承运人处接运货物，以继续运送并加入运输合同（由缔约承运人缔结）的承运人。

需要注意的是，《国际铁路货物运送公约》（即《国际货约》）界定了实际承运人的概念。实际承运人是指未与发货人签订运输合同，但承运部分和全部铁路运送的承运人。显然，实际承运人与接续承运人是同一概念，它既包括接受缔约承运人的委托，从事始发区段运输的承运人，也包括接受其他接续承运人的委托，继续从事运送、直接交付货物的承运人。

（2）班列经营人。班列经营人是指与铁路部门签订五定班列运输协议，实际经营班列的承包人。例如，目前中欧班列均由各地组建的班列平台公司负责货源的组织与管理，而铁路总公司仅负责中欧班列的实际运输工作。

在实践中，铁路货运班列既可以由铁路运输企业自己经营，也可以由班列经营人包租经营。

在铁路运输企业直接经营的情况下，铁路运输企业既是缔约承运人，又是接续承运人（实际承运人）。

在班列经营人承包经营的情况下，存在三方法律主体，即托运人（收货人）、班列经营人和提供班列的铁路运输企业。其中，班列经营人是缔约承运人，铁路运输企业是接续承运人（实际承运人）。

二、无车承运人的管理

2016 年 8 月 26 日，交通运输部办公厅印发了《关于推进改革试点加快无车承运物流创新发展的意见》（交办运〔2016〕115 号）（以下简称《意见》），在全国共筛选确认了283 家企业开展无车承运试点工作。

2017 年 11 月 15 日，交通运输部办公厅发布了《关于进一步做好无车承运人试点工作的通知》（交办运函〔2017〕1688 号），明确了无车承运人试点企业运行的考核标准。

2018 年 2 月 8 日，交通运输部办公厅发布了《关于公布无车承运人试点考核合格企业名单的通知》，共有 229 家无车承运试点企业考核合格，54 家不合格。对考核合格的试点企业延续试点期一年，向符合相关规定的试点企业颁发经营范围为道路普通货运（无车承运）的《道路运输经营许可证》，对不在考核合格试点企业名单内的企业，终止无车承运人试点资格。

1. 试点企业条件

《意见》设定了规模条件、信息化条件、安全运营条件、风险赔付条件四个方面，择优选择试点企业。

（1）具有较强的货源组织能力与货运车辆整合能力，运输经营组织化、集约化程度较高。

（2）具备较为完善的互联网物流信息平台和与开展业务相适应的信息数据交互及处理能力，能够通过现代信息技术对实际承运人的车辆运营情况进行全过程管理。

（3）具备健全的安全生产管理制度，经营管理规范，具备较高的经营管理水平和良好的社会信誉。

（4）具备较强的赔付能力，能够承担全程运输风险。

各地可结合本地实际，对以上条件做进一步细化，提出可量化的具体条件。符合上述条件的企业经所在地的地市级交通运输主管部门审核同意后，向省级交通运输主管部门提出试点申请。

2. 试点内容

（1）规范无车承运人经营行为。

（2）推进无车承运人信用建设。

（3）认真落实无车承运人"营改增"相关政策。

（4）鼓励无车承运人创新运营管理模式。

（5）探索创新无车承运人的管理制度。

第二节　国际货运代理物流操作实务

一、第三方物流经营人概述

1. 第三方物流经营人的概念

第三方物流经营人又称第三方物流企业或物流经营人，见图12-1。第三方物流经营人是指专门为客户提供第三方物流服务的供应商。因此，我们有必要进一步了解第三方物流的概念。

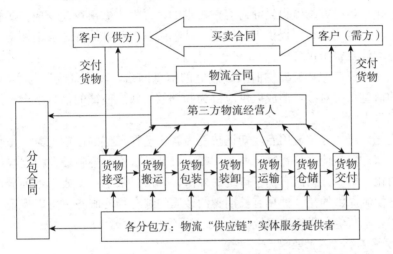

图 12-1　第三方物流经营人与物流功能提供者的关系

第三方物流是为了区别于第一方物流和第二方物流而引入的概念，有广义的第三方物流与狭义的第三方物流之分。

广义的第三方物流可以定义为提供部分或全部企业物流服务的外部提供者。这一广义的定义可以把提供运输、仓储、销售物流、财务等服务的提供者都包括在内。广义的第三方物流的概念没有将传统的运输、仓储业务与现代物流服务进行区别，因而该概念涵盖的范围太宽，不利于研究和认识现代物流。

根据我国国家标准物流术语（GB/T 18354—2006）的规定，第三方物流（third party logistics，TPL，3PL）是指独立于供需双方，为客户提供专项或全面的物流系统设计或系统运营的物流服务模式。显然，这是指狭义的第三方物流。狭义的第三方物流是为客户提供以合同为约束、以结盟为基础的系列化、个性化、信息化的物流服务。因此，狭义的第三方物流又称合同物流（contract logistics）、物流外包（logistics out-sourcing）、物流联盟（logistics alliance）等。

2. 第三方物流经营人的特点

现代物流业是一个新兴产业，不同于传统的运输业或者仓储业。现代物流企业与传统物流企业有本质的区别，见表12-1。

现代物流企业与传统物流企业的区别

对比指标	传统物流企业	现代物流企业
功能	单一功能服务	整合一个以上物流功能，专业化服务
仓储	保存货物	物流服务供应商一般不保存货物
设备	拥有设备	不一定拥有设备，但控制设备
目标	单项业务的最优	强调整个供应链的优化

由此可见，第三方物流经营人具有自己鲜明的特征，突出表现在以下几个方面：

（1）个性化。第三方物流提供商对客户需求的多样性应做出快速反应，不仅要提供基础的物流服务，而且要为客户提供细节服务、特色服务、特殊服务、灵活服务、自选服务等，其服务范围涉及整个供应链。

（2）信息化。第三方物流提供商投资建立的信息网络，其信息资源与客户企业共享，通过与客户的信息系统对接，形成以供应链为基础的高效、便捷的信息平台，进而提高整个供应链的竞争力。

（3）专业化。第三方物流用专业知识技能为客户选择最佳的运输工具、最佳的运输路线、最好的存储方案，使客户在物流业务中投入最低的成本，得到最大的收益。

（4）合同化。第三方物流有别于传统的外协，外协只限于一项或一系列分散的物流功能，而第三方物流提供的是一种具有长期契约性质的综合物流服务，可以保证客户物流体系的高效运作和不断优化供应链系统。

3. 第三方物流经营人的类型

基于不同的角度，可有不同的分类。按拥有资产的多少，第三方物流经营人可分为以下三类：

（1）资产型第三方物流经营人。

（2）管理型第三方物流经营人。

（3）综合型第三方物流经营人。

它们之间的区别见表 12－2。

表 12－2　　　　　　　　　　不同类型的第三方物流经营人的比较

资产型 第三方 物流经营人	运输型第三方物流经营人	主要的优势在于能利用母公司的运输资产（有时也会用其他运输企业的资产完成），扩展其运输功能，提供更为综合化的物流服务。
	仓储/配送型第三方物流经营人	除了提供传统的仓储业务外，还广泛介入存货管理、仓储与配送等物流活动，并且包括很多从较大的企业物流组织蜕变而来的第三方物流企业。
管理型 第三方 物流经营人	货运代理型第三方物流经营人	从当前的货运中间人角色转变为服务范围更广的第三方物流服务商，其优势在于能把不同物流服务项目组合，以满足客户需求的能力。

管理型第三方物流经营人	财务型第三方物流经营人	主要优势在于能提供包括运费支付与审计、成本计算与控制以及监督、跟踪、管理存货等物流管理业务。
	信息型第三方物流经营人	以互联网为基础，通过网络平台，集合全球范围内的托运人和承运人，使他们以最有效率的方式就其物流的计划与执行进行协作。
综合型第三方物流经营人		是以上两种基本类型的物流公司的综合体。通常从属于资产型公司，专门协调母公司内部、母公司与外部承包商之间或外部各承包商之间的物流管理服务与实体物流服务。

4. 第三方物流经营人的法律关系

在实际业务中，基于企业自身的需要，不同货主对物流活动的委托方式和形态差别较大，由此导致第三方物流经营人与货主（发货人、收货人）、第三人之间的法律关系也有所不同。因此，必须结合货主对外委托的物流活动方式与形态来分析他们之间的法律关系。

（1）货主对外委托的物流活动方式。基于实际需要，货主与第三方物流经营人之间的关系既可能是委托-代理关系，也可能是当事人关系，或者是两者兼而有之。相应地，第三方物流经营人在物流法律关系的延续过程中可能会存在三种身份，并会履行不同的作业义务。

1）纯代理人身份。第三方物流经营人与物流服务需求企业之间的物流合同约定，在完成物流作业的过程中，第三方物流经营人作为物流服务需求企业的代理人与物流作业实际履行企业订立物流作业合同时，在物流作业合同中的当事人是物流服务需求企业与物流作业实际履行企业，第三方物流经营人不与物流作业实际履行企业发生权利和义务关系，其只因物流合同的约定，对物流服务需求企业承担代理人的责任。有关各方的法律关系见图 12-2。

图 12-2 第三方物流经营人作为代理人时各方的法律关系示意图

2）纯当事人身份。第三方物流经营人与物流服务需求企业之间订立物流主合同，约定第三方物流经营人可以采用自己履行或分包作业的方式来完成物流全部作业，而第三方物流经营人又与物流作业实际履行企业订立全部或部分物流分合同，由物流作业实际履行企业完成部分或全部物流作业。此时，物流服务需求企业与第三方物流经营人之间依物流主合同确定权利和义务关系。第三方物流经营人与物流作业实际履行企业之间则依物流分合同确定权利和义务关系。物流作业实际履行企业与物流服务需求企业不直接产生权利和义务关系。假设在一个物流作业过程中，第三方物流公司与承运人订立了货物运输合同，但货物在承运人责任期间发生毁损，此时先由第三方物流公司依据物流主合同对货主进行赔偿，然后再依物流分合同对直接负有责任的承运人追偿。

3）混合身份（代理人＋当事人）。第三方物流经营人与物流服务需求企业在物流合同中约定部分物流作业由第三方物流经营人来完成，部分作业由第三方物流经营人代理物流服务需求企业与第三人（即实际履行企业）订立物流合同来完成，在第三方物流经营人作业过程中，其与物流服务需求企业之间存在合同义务关系。在第三方物流经营人作为代理人与实际履行企业订立物流合同并完成物流部分作业的期间，其与物流服务需求方、物流作业实际履行企业之间的法律关系就如（1）所述。

在现代物流服务中，第三方物流经营人通常以当事人身份与货主签订一揽子协议，而第三方物流经营人作为代理人的并不常见。

（2）货主对外委托的物流活动形态。下面以第三方物流经营人作为纯当事人为例，基于实际需要，货主对外委托的物流活动形态有以下三种：

1）货主自行从事物流系统设计以及库存管理、物流信息管理等管理性工作，而将货物运输、仓储等具体的物流作业活动委托给外部的物流经营人。在这种情况下，货主与第三方物流经营人签订的就是单纯的货物运输合同或仓储合同，或者是运输合同与仓储合同等的混合体。

2）第三方物流经营人将其开发设计的物流系统提供给货主并承担物流作业活动，但库存管理、物流信息等管理性工作仍由货主企业自行承担。在这种情况下，第三方物流经营人与货主之间的法律关系可以分为两个阶段：第一个阶段是由第三方物流经营人为货主开发设计物流系统，双方是一种技术合同或技术开发合同的法律关系；第二个阶段是由第三方物流经营人为货主提供具体的物流作业服务，双方之间此时的法律关系与上述第一种情况没有什么区别，即双方之间签订的合同要么是单纯的货物运输合同或仓储合同等，要么是运输合同与仓储合同等的混合体。

3）第三方物流经营人站在货主的角度，代替其从事物流系统的设计，并对系统运营承担责任。但是，第三方物流经营人不一定实际承担具体的物流作业，其可以自行承担具体的物流作业，也可以将这些具体的物流作业外包给其他物流企业。在这种情况下，第三方物流经营人与货主签订的是一种具有特殊性质的新型合同。在该合同中，第三方物流经营人不仅应就货物在具体的物流作业中发生的灭失、损坏等对货主承担责任，还应对因整个物流系统的运行不当等其他物流系统的管理原因造成的货主损失承担责任。

二、国际货运代理物流转型条件分析

1. 国际货运代理物流转型的优势

（1）国际货运代理具有集装箱运输"门到门"服务的经验，这为其延伸服务打下了比较好的基础。一般的运输、仓储、包装、加工、报关、报检企业提供的是单一的物流服务，而国际货运代理能够提供复合物流服务（复合物流服务更接近现代物流服务的要求），这也是国际货运代理与众不同的特色。

（2）"外包"和"虚拟经营"是现代物流的本质特征，国际货运代理具备这种特征。目前，许多国际货运代理实际上已成为运输领域的"第三方"，它们在运作中充分运用掌握的信息资源，为适应世界各地对贸易的不同管制和客户的特殊要求，基本上都是把运输（包括海、陆、空）、仓储、加工、包装、报关、报检等实际运作"外包"给境内外的运输、仓储企业，具有"虚拟经营"的性质。国际货运代理最有经验的就是"虚拟经营"的能力，它们善于发现和挑选优势企业资源，然后将其整合成最优组合，这样就为国际货运代理由第三方运输经营人转变为第三方物流经营人创造了极为有利的条件。

(3) 国际货运代理储备了一定的专业技术人才。国际货运代理的员工一般都具备国际贸易、国际运输、国际仓储、计算机、外语等知识，在业务上具有一专多能的操作技能，他们在处理复杂问题时一般都能较好地把握，这些实践和经验是其他物流企业无法掌握和积累的财富。少数国际货运代理已经开始专注培养知识型、技能型的高素质人才，这使国际货运代理转型为现代物流企业具备了较有优势的人力资源基础。

(4) 国际货运代理具有较好的经营体制和运行机制。国际货运代理一直面对着国内外的激烈市场竞争，它们没有太多传统经营思想、经营做法的束缚，也没有太多历史包袱。独立经营、自负盈亏、自我完善、自我发展的体制锻炼和提高了国际货运代理的生存、应变、发展能力。一些中小型国际货运代理的创新精神、创业激情、运筹能力、管理理念、用人机制、业务的发展速度和企业领导的才干都是很突出的，它们比纯粹的国有企业转型为现代物流企业要容易得多。

2. 国际货运代理物流转型的制约条件

从整体上讲，目前我国国际货运代理业的现状可用 4 个字来概括——"小"（经营规模小、资产规模小）、"少"（服务功能少、专业人才少）、"弱"（竞争力弱、融资能力弱）、"散"（服务质量参差不齐、缺乏网络或网络分散、经营秩序不规范）。同时，我们也应该看到，传统国际货运代理服务与现代物流服务有着本质上的区别，表 12-3 对比了它们的区别。

表 12-3 传统国际货运代理服务与现代物流服务的区别

对比项目	传统国际货运代理服务	现代物流服务
观念上的差别	注重货运安排与设备选用	注重向客户提供一种先进的管理技术服务，着重对物流整体进行控制
能动性的差别	以客户指示为出发点，服务是被动的	主动参与和帮助客户制订物流解决方案、经营策略等，服务是主动的
服务上的差别	重视具体的、单项的与货运有关的活动	把货运代理的具体工作当作物流链的环节并着重各环节运作的控制、管理以及整个物流链的有效运转
技术上的差别	重视船期与航班控制，信息技术差，缺少信息反馈	采用先进的管理与信息技术，并实现信息共享
营销上的差别	推销货运服务品牌	推销综合物流的先进性及一体化货运管理技术和质量保证体系
运作上的差别	即使有网络，也无法做好供应链的管理工作	依托完善的运作网络和 IT 网络，为客户提供网络化的运作服务

3. 国际货运代理物流转型应具备的基本条件

（1）要由职能型企业向知识型、学习型企业转变。国际物流企业以专业化、细致化、科学化为客户提供准时制（just in time）服务，知识化是提供第一流服务的首要条件。现代物流专业知识的整合、创新能力是发展现代物流业的第一生产力。

（2）要努力培育大型现代物流需求主体。现代物流讲究的是规模经营，它以集约化经营降低物流成本。发展现代物流就要走出原有的思维和运作模式，要到大型生产企业中去营销现代物流理念，帮助生产企业整合供应链，设计科学的物流系统，让生产企业能够得到降低物流成本、节省时间的利益，进而与物流企业建立长期契约型业务伙伴关系。

（3）加强信息平台的建设。国际物流要求参与各方的信息全方位开放，一对多。如果说国际货运代理的现有基础不相上下，那么谁能率先建成使用信息的网络平台，谁就占有未来发展的先机。

（4）增强物流资源整合的能力。实施战略联盟，形成共同的现代物流理念和文化意识，以利益为纽带，以契约为基础，共同组织高效的物流供应链系统。

三、国际货运代理向物流转型实务

1. 国际货运代理向物流转型的发展方向

一般来说，我国国际货运代理向物流转型的发展方向应定位为规模化、专业化、网络化、物流化。

（1）规模化。规模化作为我国国际货运代理发展的一项基本战略，是合理配置其现有资源、推动其永续经营的必由之路。

（2）专业化。专业化要求国际货运代理以培育和增强核心竞争力为目的，在空运、整箱、拼箱、海运、租船、集港疏运、仓储分拨、物流配送等业务上选择其中的一两项业务作为主业，在市场开发、企业战略、人才选用、管理规范等资源配置方面采用密集性的营销策略，以便稳扎稳打、滚动发展，最终成为市场领导者。

（3）网络化。网络化包括有形的国内外营运网点的建设、通过对营运网点资源统一调配实现规模效益、构筑无形的信息管理系统。

（4）物流化。我国国际货运代理首先要解决的是如何根据自己的条件融入全球物流体系，把过去传统的国际货运代理加速提升为货运代理物流，开发不同层次的物流服务，最大限度地在物流产业中受益。

规模化和网络化侧重企业的组织结构及经营方式，而专业化和物流化侧重企业的管理形态及经营内容，它们相互渗透、相互贯通，统一于我国国际货运代理发展的实践和战略部署中。其中，专业化是基础，规模化是根本，网络化是必然，物流化是归宿。在这"四化"战略中，最核心的是专业化、规模化，这是因为国际货运代理靠专业化服务创出品牌效应后，为创造新的市场份额，既要通过营运网点的延伸提升经营规模，也必须运用信息管理系统将各支点对接起来，才能真正实现满足客户需求的经营理念；国际货运代理打造特色品牌、加快网络建设无不是为了把市场蛋糕做大，实施这种战略的本身就隐含着推进规模化经营的过程；现代物流的两大核心思想是专业服务和系统整合，联系我国国际货运代理业的现状，国际货运代理向现代物流经营转型的前提就是在培育核心竞争力和壮大网络规模两大任务上有所突破，这恰好反映了专业化和规模化思想的本质要求。

2. 国际货运代理向物流转型应选择的企业类型与服务内容

基于前面的分析，大部分国际货运代理可以向缝隙型物流企业、运输代理型物流企业转型，少数国际货运代理可以向功能整合型、综合型物流企业转型；它们提供的服务内容可以从基于实物运作的物流服务，到基于管理活动的物流服务或基于集成方案的物流服务。具体说来，国际货运代理完全可以转型为第三方物流供应商，并根据需要向客户提供以下物流服务：

（1）功能性外包服务，即作为物流供应商承担客户的运输、仓储等单一的物流外包业务。

（2）支持某特定物流过程的一体化运作服务，比如承担客户的原材料采购物流、制造物流或产成品的实物配送物流。

（3）作为第三方物流企业，向客户提供供应链一体化的解决方案与实际操作。

3. 国际货运代理向物流转型的基本策略

（1）物流服务延伸策略。物流服务延伸策略是指在现有物流服务的基础上，通过向两端延伸，为客户提供更加完善和全面的物流服务，从而提高物流服务的附加价值，满足客户高层次物流需求的经营策略。

（2）行业物流服务策略。行业物流服务策略是指通过运用现代技术手段和专业化的经营管理方式，在拥有丰富的目标行业经验和对客户需求深度理解的基础上，在某行业领域提供全程或部分专业化物流服务的策略。

（3）项目物流服务策略。项目物流服务策略是指为具体的项目提供全程物流服务的策略。这类需求主要集中在我国一些重大的基础设施建设项目和综合性的展会、运动会中，如三峡水电站、秦山核电站、国家体育馆等基建项目以及奥运会、展览会等大宗商品的运输物流服务，实施这种策略的物流企业必须具备丰富的物流运作经验和强大的企业实力。

（4）定制式物流服务策略。定制式物流服务策略是指将物流服务具体到某个客户，为该客户提供从原材料采购到产成品销售过程中各个环节的全程物流服务策略，涉及储存、运输、加工、包装、配送、咨询等全部业务，甚至还包括订单管理、库存管理、供应商协调等在内的其他服务。

（5）物流咨询服务策略。物流咨询服务策略是指利用专业人才优势，深入到企业内部，为其提供市场调查分析、物流系统规划、成本控制、企业流程再造等相关服务的经营策略。

（6）物流管理输出策略。物流管理输出策略是指物流企业在拓展国内企业市场时，强调自己为客户提供物流管理与运作的技术指导，由物流企业接管客户的物流设施或者成立合资公司承担物流具体运作任务的服务策略。在运作时，有系统接管客户物流资产和与客户合资成立物流公司两种方式。

（7）物流连锁经营策略。物流连锁经营策略是指特许者将自己拥有的商标（包括服务商标）、商号、产品、专利和专有技术、经营方式等以特许经营合同的形式授予被特许者使用；被特许者按合同的规定，在特许者统一的业务模式下从事经营活动，并向特许者支付相应费用的物流经营形式。物流连锁经营借鉴了成功的商业模式，可以迅速扩大企业的规模，实现汇集资金、人才、客户资源的目标，同时在连锁企业内部，可以利用互联网技术建立信息化的管理系统，更大程度地整合物流资源，用以支持管理和业务操作，为客户提供全程的物流服务。

（8）物流战略联盟策略。物流战略联盟策略是指物流企业为了达到比单独从事物流服务更好的效果，相互之间形成互相信任、共担风险、共享收益的物流伙伴关系的经营策略。

四、国际货运代理物流运作流程

1. 国际货运代理物流运作流程的特点

国际货运代理物流运作流程是指国际货运代理作为第三方物流经营人开展国际物流业务的操作流程或过程，其运作过程示意图见图 12 - 3。

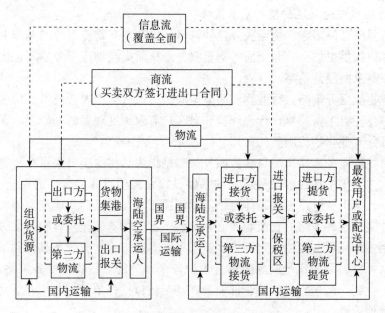

图 12 - 3　国际货运代理物流运作流程示意图

一般来说，国际货运代理物流运作流程具有以下特点：

（1）国际物流是国内物流的延伸与发展。国际物流业务的运作流程涵盖了国内物流运作涉及的所有业务活动，比如运输、保管、包装、装卸、搬运、配送、流通、加工和信息服务等业务。

（2）国际物流具有独特的业务流程。国际物流业务的运作流程增加了与货物跨境移动相关的一些特殊物流业务，比如商检、海关手续、保险、国际货运代理与船舶代理、船舶理货等，这必然带来不同的业务流程。

2. 国际货运代理物流运作流程的构成

一般来说，国际货运代理物流运作流程是各物流业务环节作业过程的融合，换言之，它实际上是由运输、保管、包装、装卸、搬运、配送、流通、加工和信息服务，以及商检、海关手续、保险、国际货运代理与船舶代理、船舶理货等各类业务流程组成的。当然，在实践中因客户的需求不同，物流经营人不可能承担上述所有的物流业务，因此，根据客户所委托的业务内容不同，国际货运代理物流运作流程也会相应变化。

为了便于理解和掌握国际货运代理物流业务各环节的流程，下面基于不同的角度，对国际货运代理物流运作流程进行简要分类。

（1）按流程跨越的部门数量划分，可分为部门内、部门间、企业内、企业间等业务运作流程。

（2）按运输方式划分，可分为铁路物流、公路物流、海运物流、空运物流、多式联运物流等业务运作流程。

（3）按托运形式划分，海运物流可分为班轮物流、租船物流等业务运作流程，公路和铁路物流可分为整车物流、零担物流、集装箱物流、特种物流等业务运作流程，空运物流可分为航班物流、包机物流、集中托运物流、特快专递物流等业务运作流程。

（4）按进出口划分，可分为出口物流、进口物流等业务运作流程。

（5）按运作主体划分，可分为物流运输业务运作流程、物流代理业务运作流程、口岸物流业务运作流程。

 本章小结

首先，本章简述了第三方物流经营人的概念、特点、类型和法律地位；其次，本章对国际货运代理向物流转型的条件、策略以及运作流程等内容进行了阐述。

 综合练习

一、单项选择题

1. 在国际货运代理向物流转型时，通常属于（　　）第三方物流经营人。

A. 资产型　　　　　　　　　　　B. 管理型

C. 综合型　　　　　　　　　　　D. 混合型

2. 无车承运人是（　　）。

A. 承运人　　　　　　　　　　　B. 承运人的代理人

C. 发货人的代理人　　　　　　　D. 收货人的代理人

3. 国际货运代理向物流转型的基础是实现（　　）。

A. 专业化　　　　　　　　　　　B. 规模化

C. 网络化　　　　　　　　　　　D. 物流化

二、判断题

1. 无车承运人与陆运货运代理术语可相互替代。　　　　　　　　（　　）

2. 大多数国际货运代理可以向功能整合型、综合型物流企业转型。（　　）

3. 所有的国际货运代理均应或能够转变为现代物流企业。　　　　（　　）

三、简答题

1. 简述道路无车承运人的概念及其管理。
2. 简述第三方物流经营人的特点。
3. 简述第三方物流经营人的法律关系。

附录1A 集装箱货物托运单

▽		
Shipper　　（发货人）	委托号： Forwarding agents	
Consignee　　（收货人） Tel:	B/L No.（编号）	○ 第一联

集装箱货物托运单
船舶代理留底

Notify Party　　（通知人） Tel:	

Pre-carriage by（前程运输）　　Place of Receipt（收货地点）

Ocean Vessel（船名）Voy. No.（航次）　　Port of Loading（装货港）

Port of Discharge（卸货港）　　Place of Delivery（交货地点）	Final Destination for the Merchant's Reference（目的地）

商户提供的详情	Container No. （集装箱号）	Seal No. （封志号） Marks & Nos. （标记与号码）	No. of Containers or P'kgs. （箱数和件数）	Kind of Packages； Description of Goods （包装种类与货名）	Gross Weight 毛重（公斤）	Measurement 尺码（立方米）
TOTAL NUMBER OF CONTAINERS OR PACKAGES (IN WORDS) 集装箱数或件数合计（大写）						

FREIGHT & CHARGES （运费与附加费）	Revenue Tons （运费吨）	Rate （运费率）	Per（每）	Prepaid （运费预付）	Collect （运费到付）

Ex. Rate （兑换率）	Prepaid at（预付地点）	Payable at（到付地点）	Place of Issue（签发地点）
	Total Prepaid（预付总额）	No. of Original B(s)/L（正本提单份数）	货值金额：

Service Type on Receiving □—CY，□—CFS，□—DOOR	Service Type on Delivery □—CY，□—CFS，□—DOOR	Reefer Temperature Required（冷藏温度）	℉	℃
TYPE OF GOOGS （种类）	□Ordinary，□Reefer，□Dangerous，□Auto （普通）　　（冷藏）　　（危险品）　　（裸装车辆） □Liquid，□Live Animal，□Bulk，□_____ （液体）　　（活动物）　　（散货）	危险品	Class： Property： IMDG Code Page： UN No.	

发货人或代理人的名称、地址：			联系人：	电话：
可否转船：	可否分批：	装期：	备注	装箱场站名称
有效期：		制单日期：		
海运费由　　　　　　　　　　　　　　　　　　支付 如预付运费托收承付，请填银行账号				

附录 1B　场站收据

▽

Shipper　（发货人）

Consignee　（收货人）
Tel：

Notify Party　（通知人）
Tel：

Pre-carriage by（前程运输）　　Place of Receipt（收货地点）

Ocean Vessel（船名）Voy. No.（航次）　Port of Loading（装货港）

委托号：
Forwarding agents

B/L No.（编号）

第四联

场站收据
DOCK RECEIPT

Received by the Carrier the total number of containers or other packages or units stated below to be transported subject to the terms and conditions of the Carrier's regular form of Bill of Lading (for Combined Transport or port to port Shipment) which shall be deemed to be incorporated herein.

场站章

Port of Discharge（卸货港）	Place of Delivery（交货地点）	Final Destination for the Merchant's Reference（目的地）

商户提供的详情	Container No.（集装箱号）	Seal No.（封志号）Marks & Nos.（标记与号码）	No. of Containers or P'kgs.（箱数和件数）	Kind of Packages；Description of Goods（包装种类与货名）	Gross Weight 毛重（公斤）	Measurement 尺码（立方米）
TOTAL NUMBER OF CONTAINERS OR PACKAGES (IN WORDS) 集装箱数或件数合计（大写）						

Container No.（箱号）Seal No.（封志号）P'kgs.（件数）　Container No.（箱号）Seal No.（封志号）P'kgs.（件数）

	Received（实收）	By Terminal clerk/Tally clerk（场站员/理货员签字）

FREIGHT & CHARGES	Prepaid at（预付地点）	Payable at（到付地点）	Place of Issue（签发地点）
	Total Prepaid（预付总额）	No. of Original B(s)/L（正本提单份数）	货值金额：

Service Type on Receiving □—CY, □—CFS, □—DOOR	Service Type on Delivery □—CY, □—CFS, □—DOOR	Reefer Temperature Required（冷藏温度）	°F	℃
TYPE OF GOOGS（种类）	□Ordinary，□Reefer，□Dangerous，□Auto（普通）（冷藏）（危险品）（裸装车辆） □Liquid，□Live Animal，□Bulk，□_____（液体）（活动物）（散货）	危险品	Class： Property： IMDG Code Page： UN No.	

发货人或代理人的名称、地址：		联系人：	电话：
可否转船：	可否分批：　　装期：	备注	装箱场站名称
有效期：	制单日期：		
海运费由　　　　　　　　　　　　　　支付 如预付运费托收承付，请填银行账号			

284

附录 2　设备交接单

中海集装箱运输有限公司
CHINA SHIPPING CONTAINER LINES CO., LTD.
集装箱发放/设备交接单
EQUIPMENT INTERCHANGE RECEIPT

IN 进场

No.

用箱人/运箱人 (CONTAINER USER/HAULIER)	提箱地点 (PLACE OF DELIVERY)

来自地点 (WHERE FROM)	返回/收箱地点 (PLACE OF RETURN)

船名/航次 (VESSEL/VOYAGE NO.)	集装箱号 (CONTAINER NO.)	尺寸/类型 (SIZE/TYPE)	营运人 (CNTR. OPTR.)

提单号 (B/L NO.)	铅封号 (SEAL NO.)	免费期限 (FREE TIME PERIOD)	运载工具牌号 (TRUCK, WAGON, BARGE NO.)

出场目的/状态 (PPS OF GATE-OUT/STATUS)	进场目的/状态 (PPS OF GATE-IN/STATUS)	进场日期 (TIME-IN)
		月　日　时

进场检查记录 (INSPECTION AT THE TIME OF INTERCHANGE)

普通集装箱 (GP CONTAINER)	冷藏集装箱 (RF CONTAINER)	特种集装箱 (SPECIAL CONTAINER)	发电机 (GEN SET)
□ 正常 (SOUND) □ 异常 (DEFECTIVE)	□ 正常 (SOUND) □ 异常 (DEFECTIVE)	□ 正常 (SOUND) □ 异常 (DEFECTIVE)	□ 正常 (SOUND) □ 异常 (DEFECTIVE)

损坏记录及代号
(DAMAGE & CODE)

BR	**D**	**M**	**DR**	**DL**
破损 (BROKEN)	凹损 (DENT)	丢失 (MISSING)	污箱 (DIRTY)	危标 (DG LABEL)

左侧(LEFT SIDE)　　右侧(RIGHT SIDE)　　前部(FRONT)

集装箱内部
(CONTAINER INSIDE)

顶部(TOP)　　底部(FLOOR BASE)　　箱门(REAR)

如有异状，请注明程度及尺寸(REMARK)

除列明者外，集装箱及集装箱设备交接时完好无损，铅封完整无误。
THE CONTAINER/ASSOCIATED EQUIPMENT INTERCHANGED IN SOUND CONDITION AND SEAL INTACT UNLESS OTHERWISE STATED.

用箱人/运箱人签署 (CONTAINER USER/HAULIER'S SIGNATURE)	码头/堆场值班员签署 (TERMINAL/DEPOT CLERK'S SIGNATURE)

(1) 船务公司留底

附录 3 提 单

中海集装箱运输有限公司
CHINA SHIPPING CONTAINER LINES CO. , LTD.
Cable：001   Telex：33200   COSCO CN
Port-to-Port or Combined Transport
BILL OF LADING

1. Shipper	
2. Consignee	
3. Notify Party (Carrier not to be responsible for failure to notify)	

RECEIVED in external apparent good order and condition. Except otherwise noted，the total number of containers or other packages or units shown in this Bill of Lading receipt said by the shipper to contain the goods described above, which description the carrier has no reasonable means of checking and is not a part of the Bill of Lading. One of the original Bills of Lading should be surrendered, except clause 22 paragraph 5, in exchange for delivery of the shipment, singed by the consigned or duly endorsed by the holder in due course, whereupon the other original(s) issued shall be void. In accepting this Bill of Lading, the Merchants
agree to be bound by all the terms on the face and back hereof as if each had personally signed this Bill of Lading.
WHEN the Place of Receipt of the Goods is an inland point and is so named，any notation of "ON BOARD", "SHIPPED ON BOARD" or words to like effect on this Bill of Lading shall be deemed to mean on board the truck, trail car, air craft or other inland conveyance (as the case may be), performing carriage from the Place of Receipt of the Goods to the Port of Loading.
SEE clause 4 on the back of this Bill of Lading (Terms continued on the back hereof Read Carefully).

ORIGINAL

4. Pre-carriage by*	5. Place of Receipt*
6. Ocean Vessel Voy. No.	7. Port of Loading

8. Port of Discharging	9. Place of Delivery*	10. Final Destination (of the goods—not the ship)

商户提供的详情

11. Marks &. Nos. Container Seal No.	12. No. of Containers or P'kgs	13. Kind of Packages：Description of Goods	14. Gross Weight kgs	15. Measurement
		16. Description of Contents for Shipper's Use Only (CARRIER NOT RESPONSIBLE)		

17. TOTAL NO. CONTAINERS OR PACKAGES (IN WORDS)				

18. FREIGHT & CHARGES	19. Revenue Tons	20. Rate	21. Per	22. Prepaid	23. Collect
24. Ex. Rate：	25. Prepaid at	26. Payable at		27. Place and Date of Issue	
	28. Total Prepaid in	29. No. of Original B(s)/L		Singed for the Carrier	

DATE

BY......

03324982
FROM 9701

CHINA SHIPPING CONTAINER LINES CO. , LTD. STANDARD

* Applicable Only When Document is Used as a Combined Transport Bill of Lading.

附录4A 提货单

大连中海船务代理有限公司
CHINA SHIPPING AGENCY DALIAN CO., LTD.

提货单   **No.**
DELIVERY ORDER

致：_____ 港区、场、站

收货人：_____

下列货物已办妥手续，运费结清，准予交付收货人

船名		航次	起运港	目的港		到站	
提单号		标记（唛头）					
交付条款		集装箱号	箱尺寸	货名	件数	备注	
到付运费							
第一程运输							
卸货地点							
到达日期							
进库场日期							
件数							
重量							
体积							
集装箱数	20 英尺						
	40 英尺						

请核对放货。

大连中海船务代理有限公司
年 月 日

凡属法定检验、检疫的进口商品，必须向有关监督机构申报。

收货人章	海关章（一）	海关章（二）	
1	2	3	4
5	6	7	8

附录 4B 交货记录

交货记录

No.

港区、场、站

<table>
<tr><td rowspan="2">收货人</td><td colspan="5">名称</td><td rowspan="2" colspan="2">收货人开户
银行与账号</td></tr>
<tr><td colspan="5">地址</td></tr>
<tr><td>船名</td><td colspan="2">航次</td><td>起运港</td><td>目的港</td><td colspan="3">到站</td></tr>
<tr><td>提单号</td><td colspan="2">标记（唛头）</td><td colspan="5"></td></tr>
<tr><td>交付条款</td><td></td><td>集装箱号</td><td>箱尺寸</td><td>货名</td><td colspan="2">件数</td><td>备注</td></tr>
<tr><td>到付运费</td><td></td><td></td><td></td><td></td><td colspan="2"></td><td></td></tr>
<tr><td>第一程运输</td><td></td><td></td><td></td><td></td><td colspan="2"></td><td></td></tr>
<tr><td>卸货地点</td><td></td><td></td><td></td><td></td><td colspan="2"></td><td></td></tr>
<tr><td>到达日期</td><td></td><td></td><td></td><td></td><td colspan="2"></td><td></td></tr>
<tr><td>进库场日期</td><td></td><td></td><td></td><td></td><td colspan="2"></td><td></td></tr>
<tr><td>件数</td><td></td><td></td><td></td><td></td><td colspan="2"></td><td></td></tr>
<tr><td>重量</td><td></td><td></td><td></td><td></td><td colspan="2"></td><td></td></tr>
<tr><td>体积</td><td></td><td></td><td></td><td></td><td colspan="2"></td><td></td></tr>
<tr><td rowspan="2">集装箱数</td><td>20 英尺</td><td></td><td></td><td></td><td colspan="2"></td><td></td></tr>
<tr><td>40 英尺</td><td></td><td></td><td></td><td colspan="2"></td><td></td></tr>
</table>

交货记录

日期	货名或 集装箱号	出库数量			操作 过程	尚存数		经手人签名	
		件数	包装	重量		件数	重量	发货员	提货人

备注		收货人章	港区场站章

附录 5 航次租船订租确认书

FIXTURE NOTE

REF. NO. 150822   DATE: 24/AUG/15

THIS WILL CONFIRM THE FREIGHT CONTRACT MADE BETWEEN YOUR GOODSELVES AND OURSELVES ON FOLLOWING TERMS AND CONDITIONS:

MV XIN TONG BLT 72 ST VINCENT FLAG 13635 DWT ON 9. 52M 5HO/9HA G/N 8756/5735 C/B 18030/17130 M3 10X3TS DRKS LOA/BM 156. 7/20. 6M

OWRS GUARANTEE LOAD 12, 200MT NON-DANGEROUS G. CGO UP TO FULL LOAD MOLCO BUT ALWAYS SUBJECT TO VSL'S STABILITY AND APPROVED STOWAGE BY MASTER.

CHTR'S OPTION TO LOAD ON DECK AT CHTRS' RISK EXPENSES.

L/PORT: 1SB, 2SP DALIAN THEN XINGANG, CHINA.

DISCH PORT: 1SBP HOCHIMINH, VIETNAM.

LAYCAN: AUG/29-SEP/2/15.

FREIGHT LUMPSUM USD 222,000. 00 FIOST BSS 2/1.

LOADG: CQD DISCHARGING: 1,100MT PWWDSHEXUU.

DETENTION CHARGES USD 3, 500. 00 PDPR IF CARGO/DOCUMENT NOT READY WHEN THE VSL'S ARRIVAL LOADING/DISCH PORT.

USD 3,000. 00. -DHD WTS AT DISCH PORT.

OAP, IF ANY OWRS TO CONTRIBUTE USD 1,500. 00.

100% FREIGHT PREPAID BY T/T TO OWRS' NOMINATED BANK W/I 5 BANKING DAYS ON COMPLETION OF LOADING AND S/R FRT PPD BS/L. FULL FRT IS DEEMED EARNED AS CARGO BEING LOADED ON BOARD DISCOUNTLESS AND NON-RETURNABLE WHETHER SHIP AND/OR CARGO LOST OR NOT LOST.

IF REQUIRED, OWRS AGREE CHTRS TO SWITCH 2ND SET BS/L IN HONG KONG AGAINST CHTRS' SINGLE LOI AND PRESENTATION OF REMITTANCE BILL OF FREIGHT AND COPY OF 2ND SET BS/L.

OWRS TO APPOINT FOLLOWING AGENTS AT LOAD/DISCH PORTS:

DALIAN-PENAVICODALIAN;

XINGANG-SINOAGENT XINGANG;

HOCHIMINH-VOSCO HCM.

LASHING/SECURING/SEPARATION/DUNNAGE IF ANY TO BE FOR CHTRS, ACCT.

LIGHTERAGE/SHORE CRANE CHARGE IF ANY TO BE CHTRS' ACCT, BUT DUE TO DEFICIENCY OR BREAKDOWN OF VSL' TO BE FOR OWRS' ACCT.

TOTAL COMM 3. 75%.

ARBITRATION IN HONG KONG BY ENGLISH LAW ARBITRATORS SHALL BE TO THE THREE PERSONS.

OTHERS SUBJ GENCON C/P DTLS.

TWO (2) ORIGINALS OF THIS FICTURE NOTE HAVE BEEN MADE. EACH OF WHICH SHALL BE KEPT BY EACH PARTY.

FOR AND ON BEHALF OF CHARTERERS: FOR AND ON BEHALF OF OWNERS:

附录 6A 《国际货协》运单①

1 运 单 正 本 — Оригинал накладной (给收货人)—(Для получателя)	210×297	**29 批号—Отправка №** 13×45

45×12

《国际货协》运单—Накладная СМГС
缔约承运人—Договорный перевозчик

1 发货人—Отправитель　　　5×20	2 发站—Станция отправления　　5×20
23×94	10×94
签字—Подпись	**3 发货人的声明—Заявления отправителя**
4 收货人—Получатель　　5×20	
23×94	44×94

5 到站—Станция назначения　　5×20	
15×106	8 车辆由何方提供—Вагон предоставлен / 9 载重量—Грузоподъёмность 10 轴数—Оси / 11 自重—Масса тары　/ 12 罐车类型—Тип цистерны　6×94

6 国境口岸站—Пограничные станции переходов	7 车辆—Вагон	8	9	10	11	12	换装后—После перегрузки	
	4×45						13 货物重量 Масса груза	14 件数 К-во мест
	4×45	4×8	4×10	4×8	4×15	4×10	4×24	4×16
35×65								

15 货物名称—Наименование груза	16 包装种类 Род упаковки	17 件数 К-во мест	18 重量（公斤） Масса (в кг)	19 封印—Пломбы	
				数量 К-во	记号—знаки
65×95	65×20	65×20	65×20	5×10	5×35
				20 由何方装车—Погружено　7×45	
				21 确定重量的方法 Способ определения массы　13×45	
10×95	**22** 承运人—Перевозчики	(区段自/至—участки от/до)	车站代码 (коды станций)		
23 运送费用的支付—Уплата провозных платежей	9×35	9×50	4.5×20		
35×95					
24 发货人添附的文件—Документы, приложенные отправителем					
34×95	**25 与承运人无关的信息，供货合同号码** Информация, не предназначенная для перевозчика, № договора на поставку 20×105				

26 缔结运输合同的日期 Дата заключения договора перевозки	27 到达日期—Дата прибытия	28 办理海关和其他行政手续的记载 Отметки для выполнения таможенных и других административных формальностей
35×47.5	35×47.5	35×105

---

① 此单证系使用中俄文双语编制。

291

附录 6B 《国际货协》运单背面

计算运送费用的各项 — Разделы по расчёту провозных платежей

| | 向发货人计算的费用
Расчёты с отправителем | | 向收货人计算的费用
Расчёты с получателем | |

А

37 区段—Участок	车站代码 Коды станций	38 里程（公里） Расстояние, км	39 计费重量（公斤） Расчётная масса, кг	44 运价货币 Валюта тарифа	45 支付货币 Валюта платежа	46 运价货币 Валюта тарифа	47 支付货币 Валюта платежа
白—От							
至—До				48	49	50	51
40 杂费 Дополнительные сборы	=	=	=	52	53	54	55
41 运价—Тариф	42 货物代码—Код груза	43 兑换率—Курс пересчёта	共计 Итого: ▶	56	57	58	59

Б

37 区段—Участок	车站代码 Коды станций	38 里程（公里） Расстояние, км	39 计费重量（公斤） Расчётная масса, кг	44 运价货币 Валюта тарифа	45 支付货币 Валюта платежа	46 运价货币 Валюта тарифа	47 支付货币 Валюта платежа
白—От							
至—До				48	49	50	51
40 杂费 Дополнительные сборы	=	=	=	52	53	54	55
41 运价—Тариф	42 货物代码—Код груза	43 兑换率—Курс пересчёта	共计 Итого: ▶	56	57	58	59

В

37 区段—Участок	车站代码 Коды станций	38 里程（公里） Расстояние, км	39 计费重量（公斤） Расчётная масса, кг	44 运价货币 Валюта тарифа	45 支付货币 Валюта платежа	46 运价货币 Валюта тарифа	47 支付货币 Валюта платежа
白—От							
至—До				48	49	50	51
40 杂费 Дополнительные сборы	=	=	=	52	53	54	55
41 运价—Тариф	42 货物代码—Код груза	43 兑换率—Курс пересчёта	共计 Итого: ▶	56	57	58	59

Г

37 区段—Участок	车站代码 Коды станций	38 里程（公里） Расстояние, км	39 计费重量（公斤） Расчётная масса, кг	44 运价货币 Валюта тарифа	45 支付货币 Валюта платежа	46 运价货币 Валюта тарифа	47 支付货币 Валюта платежа
白—От							
至—До				48	49	50	51
40 杂费 Дополнительные сборы	=	=	=	52	53	54	55
41 运价—Тариф	42 货物代码—Код груза	43 兑换率—Курс пересчёта	共计 Итого: ▶	56	57	58	59

Д

37 区段—Участок	车站代码 Коды станций	38 里程（公里） Расстояние, км	39 计费重量（公斤） Расчётная масса, кг	44 运价货币 Валюта тарифа	45 支付货币 Валюта платежа	46 运价货币 Валюта тарифа	47 支付货币 Валюта платежа
白—От							
至—До				48	49	50	51
40 杂费 Дополнительные сборы	=	=	=	52	53	54	55
41 运价—Тариф	42 货物代码—Код груза	43 兑换率—Курс пересчёта	共计 Итого: ▶	56	57	58	59

Е

37 区段—Участок	车站代码 Коды станций	38 里程（公里） Расстояние, км	39 计费重量（公斤） Расчётная масса, кг	44 运价货币 Валюта тарифа	45 支付货币 Валюта платежа	46 运价货币 Валюта тарифа	47 支付货币 Валюта платежа
白—От							
至—До				48	49	50	51
40 杂费 Дополнительные сборы	=	=	=	52	53	54	55
41 运价—Тариф	42 货物代码—Код груза	43 兑换率—Курс пересчёта	共计 Итого: ▶	56	57	58	59

64 计算和核收运送费用的记载—Отметки для исчисления и взимания провозных платежей	总计 Всего:	60	61	62	63

65 应向发货人补收的费用—Дополнительно взыскать с отправителя за

43×128

附录7 国际公路货物运单

(CHN)	国际公路货物运单	No: 000000

1. 发货人 名称_____ 国籍_____	2. 收货人 名称_____ 国籍_____
3. 装货地点 国家_____市_____ 街道_____	4. 卸货地点 国家_____市_____ 街道_____

5. 货物标记和号码	6. 件数	7. 包装种类	8. 货物名称	9. 体积（m³）	10. 毛重（kg）

11. 发货人指示				
a. 进/出口许可证号码：		从	在	海关
b. 货物声明价值				
c. 发货人随附单证				
d. 订单或合同号	包括运费交货点			
e. 其他指示	不包括运费交货点			

12. 运送特殊条件	13. 应付运费			
	发货人	运费	币别	收货人
14. 承运人意见				
15. 承运人	共计			

16. 编制日期 到达装货_____时_____分 离去_____时_____分 发货人签字盖章_____ 承运人签字盖章_____	17. 收到本运单货物日期_____ 18. 到达卸货_____时_____分 离去_____时_____分 收货人签字盖章_____
19. 汽车牌号_____车辆吨位_____ 司机姓名_____拖挂车号_____ 行车许可证号_____路单号_____	20. 运输里程_____过境里程_____ 收货人境内里程_____ 共计_____
21. 海关机构记载：	22. 收货人可能提出的意见：

说明：（1）本运单使用中文和相应国家文字印制。

（2）本运单一般使用一式四联单。第一联：存根；第二联：始发地海关；第三联：口岸地海关；第四联：随车携带。（如果是过境运输，可印制6～8联的运单，供过境海关留存。）

293

附录 8A　航空主运单（MASTER AIR WAYBILL）

131 | FRA | 1234 5675   131-1234 5675

Shipper's Name and Address ATU CONSOLIDATOR LANGER KORNMEG D-6092 KELSTERBACH GERMANY	Shipper's Account Number	Not Negotiable Air Waybill JAPAN AIRLINE LTD. TOKYO JAPAN
		Copies 1, 2 and 3 of the Air Waybill are originals and have the same validity

Consignee's Name and Address ATU BREAK BULK KK NARITA AIRPORT 1060 MINATO-KU, TOKYO, JAPAN	Consignee's Account Number	It is agreed that the goods described below are accepted in apparent good order and condition (except as noted) for carriage SUBJECT TO THE CONDITIONS OF CONTRACT ON THE REVERSE HEREOF. THE SHIPPER'S ATTENTION IS DRAWN TO THE NOTICE CONCERNING CARRIAGE'S LIMITATION OF LIABILITY. Shipper may increase such limitation of liability by declaring a higher value for carriage and pay a supplemental charge if required.

Issuing Carrier's Agent Name and City ATU CONSOLIDATOR KELSTERBACH	Accounting Information FREIGHT: PREPAID

Agent's IATA Code 23-4　1234	Account No.	

Airport of Departure (Address of First Carrier) and Required Routing FRANKFURT

To TYO	By First Carrier JAPAN AIRLINES	To	By	To	By	Currency DEM	Chgs Code	WT/VAL		Other		Declared Value for Carriage NVD	Declared Value for Customs
								PPD X	COLL	PPD X	COLL		

Airport of Destination TOKYO NARITA	Flight/Date (For Carrier Use Only) Flight/Date |	Amount of Insurance ××××	Insurance: If Carrier offers insurance…

Handling Information
ATTACHED TO AWB 1 ENVELOPE WITH DOCUMENTS   SCI

No. of Pieces RCP	Gross Weight	Kg Lb	Rate Class	Commodity	Chargeable Weight	Rate/Charge	Total	Nature and Quantity of Goods (incl. Dimensions or Volume)
106	1 662	K	c	9 731	1 662	7.95	1 212.90	CONSOLIDATION AS PER ATTACHED LIST

294

Prepaid	Weight Charge	Collect	Other Charges AWA FEE: 15. 00
	1 212. 90		
Valuation Charge			
Tax			
Total Other Charges Owe Agent 15. 00			Shipper certifies that the particulars on this face hereof are correct and agree to THE CONDITIONS ON THE REVERSE HEREOF. ATU CONSOLIDATOR LTD.
Total Other Charges Owe Carrier			Signature of Shipper or His Agent
Total Prepaid 13 227. 90	Total Collect		20 JANUARY 2001 KELSTERBACH ATU ASSOCIATION DATE PLACE Signature of Issuing Carrier or His Agent

ORIGINAL 1 (FOR ISSUING CARRIER)   NEC 5031 88881 1KNEC   00

附录 8B 航空分运单 (HOUSE AIR WAYBILL)

HWB 77847126   HWB 77847186

Shipper's Name and Address	Shipper's Account Number	Not Negotiable Air Waybill ATU CONSOLIDATOR LTD KELSTERBACH GEEMANY
MESSERSCHNITT-BOELKOW-BLOHM GMBH D—8000 MUENCHEN GERMANY		Copies 1, 2 and 3 of the Air Waybill are originals and have the same validity
Consignee's Name and Address	Consignee's Account Number	It is agreed that the goods described below are accepted in apparent good order and condition (except as noted) for carriage SUBJECT TO THE CONDITIONS OF CONTRACT ON THE REVERSE HEREOF. THE SHIPPER'S ATTENTION IS DRAWN TO THE NOTICE CONCERNING CARRIAGE'S LIMITATION OF LIABILITY.
KAWASAKI HEAVY INDUSTRIES LTD GIFU 504 JAPAN		Shipper may increase such limitation of liability by declaring a higher value for carriage and pay a supplemental charge if required.
Issuing Carrier's Agent Name and City		Accounting Information FREIGHT: PREPAID
Agent's IATA Code	Account No.	
Airport of Departure (Address of First Carrier) and Required Routing FRANKFURT		

To TYO	By First Carrier JAPAN AIRLINES	To	By	To	By	Currency DEM	Chgs Code	WT/VAL		Other		Declared Value for Carriage NVD	Declared Value for Customs
								PPD X	COLL	PPD X	COLL		

Airport of Destination TOKYO NARITA	Flight/Date (For Carrier Use Only) Flight/Date	Amount of Insurance ×××	Insurance: If Carrier offers insurance…

Handling Information
MBB INVOICE NO. 123456，123458 ATTACH
NOTIFY: C. ITOH AVIATION CO. LTD. NAGOYA PHONE: 052-1234567

SCI

No. of Pieces RCP	Gross Weight	Kg Lb	Rate Class	Commodity	Chargeable Weight	Rate/Charge	Total	Nature and Quantity of Goods (incl. Dimensions or Volume)

4	11. 7	K	Q		28. 0	8. 3	234. 40	HELICOPTER PARTS DIMS: 34×28×29CM×1 23×18×11CM×2 120×33×33CM×1

Prepaid	Weight Charge	Collect	Other Charges AWB FEE LEVIED HANDLING FEE: 20. 00
	232. 40		
Valuation Charge			
Tax			
Total Other Charges Owe Agent 20. 00			Shipper certifies that the particulars on this face hereof are correct and agree to THE CONDITIONS ON THE REVERSE HEREOF. ATU CONSOLIDATOR LTD.
Total Other Charges Owe Carrier			Signature of Shipper or His Agent
Total Prepaid	Total Collect 252. 40		20 JANUARY 2017 KELSTERBACH ATU CONSOLIDATOR DATE PLACE Signature of Issuing Carrier or His Agent

附录 8C 集中托运货物舱单

ATU CONSOLIDATOR

LANGER KORNWEG   D-6092 KELSTERBACH   GERMANY

CONSOLIDATION MANIFEST

NWB: 131-1234 5675

AIRLINE: JAPAN AIRLINES   FLIGHT: JL678/23

POINT OF LOADING: FRANKFURT

POINT OF UNLOADING: TOKYO   DATE: 20 JAN.

HWB NR	DEST	NO. OF PACKAGES	NATURE OF GOODS	GROSS WEIGHT	TOTAL CC
77846117	TYO	7	CLOTH	160.5KG	DEM1 460.74
77846118	TYO	4	AIRCRAFT PARTS	10.0KG	DEM122.95
77847005	FUK	4	MUSICAL INSTRU	235.0KG	DEM1 838.60
77847123	TYO	1	PARTS FOR CUTTING MACH	8.8KG	DEM173.40
77847124	TYO	30	PLASTIC SHEETS	360.0KG	DEM5 953.30
77847125	TYO	1	ADVE MAT	45.0KG	PREPAID
77847126	TYO	4	HELICO PARTS	11.7KG	DEM252.40
77847127	OSA	6	SHOES	139.0KG	DEM1 173.69
77847128	TYO	49	PARTS FOR SHOES	692.0KG	DEM5 746.66
		106		1 662.0KG	DEM16 721.74

附录 8D　集中托运货物识别标签

CARGO IDENTIFICATION LABEL FOR CONSOLIDATION

AIR WAYBILL NO.		131-1234 5675	
DESTINATION		TYO	
TOTAL NO. OF PIECES 106		WEIGHT OF THIS PIECE	11.7K
TOTAL WEIGHT OF THIS CONSIGNMENT		**1 662**K	
TRANSFER STATION（S）			
OTHER HANDLING INFORMATION			
HWB NO.	**777874126**		
Japan Airlines			

参考文献

1. 孙家庆. 国际物流理论与实务. 大连：大连海事大学出版社，2005.
2. 孙家庆. 国际物流运作流程与单证实务. 大连：大连海事大学出版社，2007.
3. 孙家庆. 国际物流操作风险防范——技巧·案例分析. 北京：中国海关出版社，2009.
4. 孙家庆. 国际货运代理风险规避与案例分析. 北京：科学出版社，2009.
5. 孙家庆. 海运管理. 北京：北京交通大学出版社，2012.
6. 孙家庆. 集装箱运输实务. 北京：北京大学出版社，2011.
7. 孙家庆. 集装箱多式联运.3 版. 北京：中国人民大学出版社，2016.
8. 孙家庆. 国际货物运输设计与管理. 北京：中国物资出版社，2011.
9. 孙家庆. 国际陆路货运代理与多式联运理论与实务，北京：中国商务出版社，2010.
10. 孙家庆. 国际航运代理理论与实务.2 版. 大连：大连海事大学出版社，2014.
11. 国家铁路局. 国际铁路货物联运协定（国际货协）. 北京：中国铁道出版社，2015.
12. 孙家庆. 国际货运代理.5 版. 大连：东北财经大学出版社，2017.
13. 孙家庆. 国际货运代理资格考试应试指南与模拟试题. 大连：大连海事大学出版社，2003.
14. 李玉茹. 国际货运代理与业务. 北京：人民交通出版社，2002.
15. 中国国际货运代理协会. 国际货运代理理论与实务. 北京：中国商务出版社，2009.
16. 霍红，刘莉. 国际运输实务. 北京：中国物资出版社，2007.
17. 杨占林. 国际物流空运操作实务. 北京：中国商务出版社，2004.
18. 梅赞宾，刘建新. 中国国际货运代理业发展研究报告. 北京：中国物资出版社，2010.
19. 翁子明，等. 货运代理业的商业与法律双重困惑——货运代理人与无船承运人的身份识别. 福建物流网，http://www.fj56.com.cn/.
20. 汪洋. 货运代理人垫付费用返还纠纷的若干法律问题. 中国涉外商事海事审判网，http://www.ccmt.org.cn/.

21. 无单放货纠纷案件的调查与思考. 宁波海事法院网，http://www.nbhsfy.cn/.

22. 上海市高级人民法院关于审理货运代理合同纠纷案件若干问题的解答. 中国海事律师网，http://www.maritimelawyer.cn/.

23. 刘志超. 关于航空货运单具体法律问题的分析. 中国物流人论坛，http://club.jctrans.com/thread-41283-1-1.html.

24. 中国国际货运代理协会网，http://www.cifa.org.cn/.

25. 中国船舶代理与无船承运人网，http://www.casa.org.cn/.

26. 中国航空运输协会网，http://www.cata.org.cn/.

27. 国际货运代理综合服务网，http://www.ciffic.org/.

图书在版编目（CIP）数据

国际货运代理实务/孙家庆，姚景芳编著. —2 版. —北京：中国人民大学出版社，2019.3
"十三五"普通高等教育应用型规划教材·国际贸易系列
ISBN 978-7-300-26763-0

Ⅰ.①国… Ⅱ.①孙… ②姚… Ⅲ.①国际货运-货运代理-高等学校-教材 Ⅳ.①F511.41

中国版本图书馆 CIP 数据核字（2019）第 032478 号

"十三五"普通高等教育应用型规划教材·国际贸易系列

国际货运代理实务（第二版）

孙家庆　姚景芳　编著
Guoji Huoyun Daili Shiwu

出版发行	中国人民大学出版社			
社　　址	北京中关村大街 31 号		邮政编码	100080
电　　话	010 - 62511242（总编室）		010 - 62511770（质管部）	
	010 - 82501766（邮购部）		010 - 62514148（门市部）	
	010 - 62515195（发行公司）		010 -62515275（盗版举报）	
网　　址	http://www.crup.com.cn			
经　　销	新华书店			
印　　刷	北京七色印务有限公司		版　次	2015 年 3 月第 1 版
				2019 年 3 月第 2 版
规　　格	185 mm×260 mm　16 开本			
印　　张	19.75		印　次	2021 年 9 月第 4 次印刷
字　　数	447 000		定　价	49.00 元